检察新探索丛书

未成年人
刑事检察论纲

万　春　黄建波／主　编
刘雅清　张鸿巍／副主编

WEICHENGNIANREN
XINGSHI JIANCHA LUNGANG

中国检察出版社

图书在版编目（CIP）数据

未成年人刑事检察论纲/万春，黄建波主编. —北京：中国检察出版社，
2013.11
ISBN 978 - 7 - 5102 - 1057 - 0

Ⅰ.①未…　Ⅱ.①万…　②黄…　Ⅲ.①青少年犯罪 - 刑事诉讼 - 研究 - 中国
Ⅳ.①D925.204

中国版本图书馆 CIP 数据核字（2013）第 279115 号

未成年人刑事检察论纲

主　编　万　春　黄建波
副主编　刘雅清　张鸿巍

出版发行：中国检察出版社

社　　址：北京市石景山区香山南路 111 号　（100144）

网　　址：中国检察出版社（www.zgjccbs.com）

电　　话：(010)68682164(编辑)　68650015(发行)　68636518(门市)

经　　销：新华书店

印　　刷：三河市西华印务有限公司

开　　本：720 mm×960 mm　16 开

印　　张：18.75 印张

字　　数：342 千字

版　　次：2013 年 11 月第一版　　2013 年 11 月第一次印刷

书　　号：ISBN 978 - 7 - 5102 - 1057 - 0

定　　价：38.00 元

序

"少年智则国智，少年强则国强"。我国有 3.67 亿未成年人，他们是社会主义事业的接班人和未来的建设者，是中华民族的希望所在。

一个人的未成年时期是其发展成为正常健全人格和社会有用之才的根本和基础，是一个特别需要保护、塑造和教育的阶段。在这一阶段，采取的措施适当，就有助于未成年人养成良好的生活习惯和行为态度，确保健康成长；而如果把握不好，应对失当，则可能毁掉整个人生。

近年来，在全社会的共同努力下，防治未成年人犯罪工作取得了明显成绩，但形势不容乐观。未成年人犯罪总量仍在高位徘徊。特别是随着城镇化、工业化、信息化的推进，流动、闲散和留守未成年人犯罪、未成年人涉网犯罪问题日益突出，未成年人犯罪组织化程度增强，犯罪低龄化和作案手段成人化、暴力化倾向明显，恶性极端案件时有发生，直接影响千千万万个家庭的幸福安宁，也给社会和谐稳定带来了消极影响。因此，加强未成年人刑事检察工作，最大限度地教育、挽救涉罪未成年人，最大限度地预防未成年人重新犯罪，使千万家庭重获幸福，是促和谐、保稳定、得民心的大好事，是检察机关服务大局、促进科学发展的重要内容，是以人为本、执法为民的重要体现。检察机关应认真践行执法为民的宗旨，通过加强未成年人刑事检察工作，为维护社会和谐稳定和促进发展作出自身应有的贡献。

本书是由最高人民检察院侦监厅厅长万春同志和南宁市人民检察院检察长黄建波同志倡导主持，北京、上海、天津、湖北、珠海、南宁等地检察院从事未成年人刑事检察工作的同志参加撰写的未成年人刑事检察研究专著，面向基层未成年人刑事检察工作人员，总结改革开放以来我国未成年人刑事检察事业发展的经验与成果，对未成年人检察工作不仅反映了未成年人刑事检察实务工作的基本内容，其中对未成年人刑事检察工作的价值取向、职能定位、基本原则、工作机制、发展特色进行了有益的探索与研究，收录了未成年人刑事检察工作的地方实践调研与案例、未成年人权利保护的法律及规范性文件，介绍了当前不同法域未成年人刑事检察制度，具有一定的实务性、操作性和现实指导性。相信本书的出版将对广大从事未成年人刑事检察工作的同志有所裨益，并为广大少年司法工作者、专家和学者研究未成年人检察理论与实务提供鲜活的教材。

　　是为序。

崔智友

2013 年 6 月于南宁

目　录

第一章　未成年人刑事检察导论

第二章　未成年人刑事检察制度

第三章　一些国家和地区未成年人刑事检察制度

▊ 第四章　未成年人刑事检察的实践调研与案例

▊ 附　录　未成年人权利保护常用法律及规范性文件

第一章　未成年人刑事检察导论

一、未成年人刑事检察的概念与性质

（一）未成年人刑事检察的概念

未成年人刑事检察，是检察机关在刑事诉讼中为了教育挽救罪错未成年人和维护未成年人合法权益而开展的专门刑事检察活动。它通过办理未成年人刑事案件和开展刑事诉讼监督活动，维护未成年人的合法权益，教育、挽救罪错未成年人，为被犯罪侵害的未成年人提供司法保护和救助服务；通过参与未成年人犯罪预防和安全防范等活动，修复、维护和发展未成年人的成长环境，促进未成年人最佳利益的实现，推动未成年人事业健康发展。

1. 未成年人刑事检察的对象

未成年人刑事检察的对象是刑事诉讼活动中的未成年人。未成年人在生理和心理上具有特殊性，法律给予他们特别保护，他们的权利与成年人有很多不同，需要刑事司法的特殊照顾。未成年人刑事检察从普通刑事检察分离出来，就是基于这种特殊性。未成年人刑事检察的对象，既包括未成年的犯罪嫌疑人、被告人及未成年的罪犯，也包括未成年被害人、证人等。虽然未成年人刑事检察活动也涉及一些成年当事人，比如未成年犯罪嫌疑人和被害人的监护人、未成年犯罪嫌疑人的同案成年人等，但这些人不是未成年人刑事检察的主要对象。对象的特殊性，是未成年人刑事检察与其他检察工作相区别的主要特征，是未成年人刑事检察独立性和专业化的基础。

2. 未成年人刑事检察活动的范围

未成年人刑事检察活动的范围主要在刑事诉讼和检察帮教中。未成年人刑事检察的主要业务是办理未成年人犯罪案件的审查逮捕、审查起诉，开展出庭公诉、诉讼监督、刑罚执行监督、考察帮教和未成年被害人的司法救助等。这些业务活动，涉及刑事诉讼的各个环节和全部过程。当然，未成年人刑事检察也参与社会治安综合治理、犯罪预防和安全防范等活动，如未成年人刑事检察部门在办理案件中，发现侵害未成年人权益的违法民事行为、行政行为而提出检察建议或者出面协调处理，虽然跨出了刑事活动范围，但也是未成年人刑事检察业务的必要延伸。可以说，对象的特殊性、机构的专门化、业务以刑事为主并与民事行政结合，构成了未成年人刑事检察的特色与发展方向。

3. 未成年人刑事检察在检察制度中的地位

未成年人刑事检察工作在检察制度中显现出越来越重要的地位和作用。它是中国特色社会主义检察制度的重要组成部分，在我国未成年人保护事业和未成年人司法中具有不可或缺的地位和作用。在未成年人刑事司法中，未成年人刑事检察不仅是侦查与审判之间的重要环节，而且是刑事诉讼全程关于未成年人权益保护和教育挽救的法律监督主体。

目前，我国未成年人刑事检察制度建设正处于新的历史发展机遇期。2012年修改后的刑事诉讼法专门设置未成年人刑事案件诉讼程序，标志着未成年人刑事法制建设进入崭新发展阶段，开启了未成年人刑事检察工作的新纪元。可以预见，随着修改后的刑事诉讼法的贯彻实施，我国未成年人刑事检察将进入机构和人员专门化、队伍专业化、检察业务一体化、管理规范化的全面发展阶段。

（二）未成年人刑事检察的性质

刑事检察的主要功能是诉讼监督和刑事追诉。诉讼监督是基础，包括侦查监督、审判监督、刑罚执行监督等。未成年人刑事检察作为一种专门刑事检察，不仅具有普通刑事检察的性质内涵，而且具有自己内在的特质。由于对象的特殊性和工作任务的特别要求，使未成年人刑事检察性质的内涵进一步深化。除了与普通刑事检察一样追求合法、公正的目标外，未成年人刑事检察工作更重要的任务是教育、挽救涉案未成年人和保护未成年受害人。因此，可以给未成年人刑事检察性质下这样的定义——它是教育、挽救罪错未成年人和保护未成年人合法权益的专门刑事检察。这个定义并不否认未成年人刑事检察的追诉功能，而是把追诉功能当作实现教育、挽救罪错未成年人的一种特殊教育手段，只在必要的时候才使用。未成年人刑事检察性质中赋予教育挽救罪错未成年人的内涵，指明了它的工作方向，明确了它的职责要求，能够落实"教育为主、惩罚为辅"的原则和"教育、感化、挽救"的方针。在未成年人刑事检察的性质中赋予保护受害未成年人的内涵，可以对进入刑事程序中的未成年人给予全面保护，体现刑事司法对所有未成年人的关心与照顾。未成年人刑事检察的性质有了这样明确的定义，它的主要业务和附属业务也就可以确定下来。我国地域辽阔，经济发展和检察工作发展尚不平衡，很多地方检察机关还没有把未成年被害人的刑事案件纳入未成年人刑事检察业务范围，因此，加强和完善未成年人刑事检察业务势在必行。

未成年人刑事检察是检察机关职能活动不可分割的一部分，具有多重属性。

1. 未成年人刑事检察的法律监督性和追诉性

未成年人刑事检察的法律监督性，主要体现在代表国家对未成年人刑事案件实施审查批捕、审查起诉，对相关刑事侦查、审判、监管、刑罚执行活动是否合法实行监督。通过未成年人刑事检察工作，保护未成年人合法权益，预防未成年人违法犯罪，实现社会整体利益和法律规范的要求。

未成年人刑事检察的追诉性，体现在检察机关作为国家行使公诉权的机关，对未成年人刑事案件承担国家公诉人职责，依法指控未成年人犯罪和侵害未成年人合法权益的犯罪，教育、感化、挽救未成年犯罪人。通过上述诉讼及教育活动，表明国家对未成年人的特殊保护、对未成年人犯罪"教育为主、惩罚为辅"的原则以及对侵害未成年人合法权益犯罪行为的追究，恢复被破坏的法律秩序和社会关系，维护国家法律尊严。

未成年人刑事检察的法律监督性和追诉性，统一在未成年人保护和教育、挽救方面。法律监督性，通过监督有关机关依法保护和教育、挽救未成年人的工作来体现；追诉性，通过检察机关依法行使刑事追诉权以教育、挽救未成年人的工作来体现。

2. 未成年人刑事检察的诉讼性与非诉讼性

非诉讼为主是未成年人刑事检察的一个重要特征，是未成年人刑事检察与成年人刑事检察的重要区别。

首先，未成年人刑事检察具有诉讼性的特点。未成年人刑事检察职权主要通过参加诉讼程序具体行使。未成年人刑事检察应当遵循诉讼规律，使之符合客观性、判断性、亲历性、独立性、公正性等诉讼要求。

其次，未成年人刑事检察具有非诉讼性。刑罚的目的在于教育预防而不是惩罚报复，未成年人刑事司法制度的主要任务更是重在教育涉罪未成年人改过自新，尽快回归社会，而不是追求把他们送进监狱的结果。未成年人刑事检察，对于未成年人要依法少捕、慎诉、少监禁，坚持依法能不捕的坚决不捕、能不诉的坚决不诉，并且要花费大量时间精力用于诉讼之外的教育、挽救工作。未成年人刑事检察的方针、原则及基于教育、感化、挽救目的而设置的一些特殊程序及其他教育帮教措施，都体现了未成年人刑事检察的非诉讼性。

3. 未成年人刑事检察的司法性与行政性

未成年人刑事检察的司法性体现在：一是独立性。我国检察机关依法独立行使检察权。未成年人刑事检察是检察活动的重要组成部分。二是法律性。未成年人刑事检察权，不论是对涉嫌犯罪未成年人的审查逮捕、审查起诉，还是诉讼监督活动，都以法律为根据，具有明显的"法制守护"的性质。三是中立性和终局性。在未成年人刑事案件的审查逮捕和审查起诉时，检察人员处于中立地位，以客观性为标准，依法作出批捕与不批捕、起诉与不起诉的决定，不是一味地倾向追诉。这种活动是一种类似法院审判的适用法律进行裁决的"司法"行为。而不起诉决定，与法院的无罪判决及免刑具有相似的效力，具有终局性。四是检察机关特殊的法律地位。我国宪法明确地将人民检察院和行政机关分别规定，在职能上体现了检察院与行政机关的区别。在组织机构上，检察机关独立于行政机关，由同级人大或其常委会产生，对其负责并受其监督。在体制上，检察人员脱离行政系统，拥有相对独立的职权，且与法官具有同等的职业准入条件和职业保障。

未成年人刑事检察还有某些行政性特征。上下领导关系是检察机关行政属性的重要体现。未成年人刑事检察工作接受上级检察院对口业务部门的领导和指导，从事未成年人刑事检察工作的检察人员上下级之间也是领导与被领导的关系。

二、未成年人刑事检察的任务与职权

（一）未成年人刑事检察的任务

未成年人刑事检察的任务包括总任务和基本任务两部分。总任务体现未成年人刑事检察的价值总追求，基本任务体现未成年人刑事检察的工作要求。

未成年人刑事检察的总任务是保护和挽救未成年人。保护，包括对未成年被害人的保护和救助，包括对未成年犯罪嫌疑人、被告人和被判处刑罚未成年人给予保护，还包括涉案其他未成年人的保护。挽救，就是挽救有罪错的未成年人和遭受刑事侵害而陷入痛苦之中的未成年被害人。保护是前提，挽救是目的。未成年人刑事检察，既要在检察环节实施保护和挽救，也要在诉讼各环节、各阶段监督其他诉讼环节实施保护和挽救。把保护和挽救未成年人作为工作总任务，不仅明确了检察机关与案件中未成年人的关系，而且明确了检察机关与刑事司法各部门的关系。

未成年人刑事检察的基本任务包括：

1. 保护未成年人合法权益

我国的刑事实体法律和刑事程序法律规定了未成年人的特殊权利。在司法实践中，只有保障未成年人这些权利的落实，才能有效地贯彻"教育、感化、挽救"方针，才能实现未成年人司法的目的。随着经济社会的发展进步，我国将不断扩大和完善未成年人刑事的实体权利和程序权利。2012 年刑事诉讼法，扩大了未成年人的诉讼权利。未成年人刑事检察，不仅监督和保障刑事司法的合法性，而且关注教育、挽救在刑事司法过程和实体效果。

2. 挽救有罪错的未成年人

对于有严重罪行的未成年人，检察机关经过认真审查并"寓教于审"后，交付审判，法院综合教育后施用刑罚，执行机关采用教育的方法施以矫正，这个过程是教育和挽救过程。在办案中，检察机关对认为有违法行为但不作犯罪处理的或虽构成犯罪但不需要施用刑罚的未成年人，通过附条件不起诉、相对不起诉等法律措施，通过制订帮教计划、组织帮教人员和帮教团体等方法，开展教育和挽救工作。挽救有罪错的未成年人是未成年人刑事检察的基本任务。检察机关需要加强与有关部门、组织的教育挽救协作机制，健全协调机制和制度，才能有效完成这项基本任务。

3. 保护和救助未成年被害人

未成年人是弱势群体，容易遭受非法侵害。国家通过刑事司法惩罚侵害未成年人的犯罪者，是对未成年被害人必要的事后性司法保护。但是，未成年被害人不仅需要这种司法保护，更需要获得必要的物质的和心理的补偿。未成年人司法既要追究犯罪者的刑事责任，促使犯罪者悔过自新，更要致力于协调国家力量和社会力量修复犯罪给相关环境、人员和社会关系造成的损害。让未成年被害人摆脱阴影、走出困境、回归社会，是未成年人刑事司法的基本目标之一，也是未成年人刑事检察的基本任务。检察机关在办理侵害未成年人的犯罪案件中，不仅要惩治犯罪者，也要关注未成年被害人，协调并且监督有关部门和组织救助未成年被害人，落实保护和救助措施。公、检、法、司四机关应该教育犯罪者参与到救助未成年被害人的行动中来，实现刑事司法的社会修复效果。

4. 促进未成年人事业的发展

未成年人刑事检察作为未成年人保护事业的有机组成部分，应当在未成年人犯罪预防和安全防范政策措施的健全完善方面发挥积极的参与作用。检察机关要在办理未成年人刑事案件和开展相关权益保护救助协调工作的同时，注意发现和总结未成年人犯罪和被犯罪侵害的特点与规律，并通过建立收集、评估未成年人犯罪和被犯罪侵害的信息机制，为党委和政府决策提供意见建议，为有关部门提供未成年人犯罪预防和安全防范的意见，促进预防和减少未成年人犯罪和侵害未成年人权益的犯罪，促进社会管理创新和发展。

（二）未成年人刑事检察的职权

根据现行法律规定，未成年人刑事检察除了普通刑事检察的批捕权、不起诉权、起诉权、诉讼监督权等职权外，还享有两项职权：

1. 社会调查权

2012 年《刑事诉讼法》第 268 条规定，公安机关、人民检察院、人民法院办理未成年人刑事案件，根据情况可以对未成年犯罪嫌疑人、被告人的成长经历、犯罪原因、监护教育等情况进行调查。社会调查权，是未成年人刑事检察独有的权力。社会调查报告在审查逮捕或审查起诉前形成。通常情况下，由公安机关进行并向检察机关移送社会调查报告。检察机关认为必要，可以自行进行社会调查或补充调查。

2. 附条件不起诉权

2012 年《刑事诉讼法》第 271 条第 1 款规定，对于符合特定条件的未成年人，人民检察院可以作出附条件不起诉的决定。特定条件是"未成年人涉嫌刑法分则第四章、第五章、第六章规定的犯罪，可能判处一年有期徒刑以下刑罚，符合起诉条件，但有悔罪表现"。

在未成年人司法中，以上这两项职权以及其他法律赋予的职权，都服务于教育和挽救未成年人，体现了职权的服务性；从未成年人保护角度看，它们也是一种义务。这是未成年人司法的性质和任务所决定的。

三、未年人刑事检察的兴起与发展

（一）我国未成年人刑事检察制度的创建

未成年人检察制度是中国特色社会主义检察制度的重要组成部分，在国家未成年人司法制度中占有不可或缺的地位。1986 年 8 月，上海市长宁区人民检察院成立"少年刑事案件起诉组"，成为中国检察史上第一个未成年人检察的专门组织，被视为我国未成年人检察制度的开端。

1. 创建背景

1978 年，具有伟大历史意义的党的十一届三中全会召开，中国开启了改革开放新的历史时期，社会百废待兴。在这个社会变革与转型期中，我国的犯罪形态也随之发生了重大变化，由新中国成立初期以反社会、反政权的成年人犯罪为主，逐步转变为以青少年妨害社会秩序、侵犯财产和侵犯人身权利犯罪为主、青少年刑事犯罪率高发为主的状态。

1983 年 8 月，中共中央作出《关于严厉打击严重刑事犯罪活动的决定》，第六届全国人民代表大会常务委员会第二次会议通过了《关于严惩严重危害社会治安的犯罪分子的决定》，全国公、检、法机关开展了为期 3 年的"严打"专项斗争，有力地遏制了严重刑事犯罪的高发势头。但是，办案中检察官、法官们发现，在犯罪人员中，犯罪低龄化趋势明显，25 岁以下的青少年犯罪约占 65%，甚至其中很多是稚气未脱、年龄在 14 岁至 17 岁的"娃娃"。他们涉世未深，被严重犯罪分子所裹挟而犯罪，主观恶性不大，是可以通过教育、感化和挽救回归社会的。1984 年 10 月，时任中共中央政治局委员、全国人大常委会委员长的彭真同志在研究严打形势时指出："光打不行，还要抓综合治理，教育、挽救那些失足的青少年!"1985 年 10 月 4 日，党中央发布《关于进一步加强青少年教育预防青少年违法犯罪的通知》，建议立法机关加快制定教育保护青少年的有关法律，我国未成年人保护法由此开始了起草工作。1985 年 11 月，联合国第 96 次会议在北京召开，会议通过了《联合国少年司法最低限度标准规则》（又称《北京规则》）。该规则集中了国际社会少年司法的先进性成果，其中，吸收了中国少年司法关于"综合治理"的理念，在国际上显示了中国少年司法发展的新成果。1991 年 6 月，最高人民法院、最高人民检察院、公安部、司法部联合发出《关于办理少年刑事案件建立互相配套工作体系的通知》，将公、检、法、司四机关办理少年刑事案件的一些创新做法上升为共同遵守的司法规范，强调教育感化的司法措施衔接与配合。1991 年 9 月，《中华人民共和国未成年人保护法》颁布，开启了中国保护未成年人法制建设的新纪元。1990 年 8 月 29 日，我国政府签署《联合国儿童权利公约》，成为该公约第 105 个签署国。1991 年 12 月 29 日，经全国人大常务委员会批准，我国正式加入《联合国儿童权利公约》。国际国内迅速发展的未成年人保护和少年司法形势，对我国未成年人检察的理论与实践产生重大影响。在"治病救人"理念与责任的驱使下，全国各地检察机关积极探索实践，涌现出许多寓教于审，成功教育、感化、挽救未成年犯罪嫌疑人、被告人、犯人的事迹和经验，未成年人刑事检察制度由此催生。

2. 兴起与发展

1984 年 11 月，上海市长宁区人民法院为有效开展对未成年被告人的"寓教于审"工作，在独立建制的刑事审判庭中，指定一名具有心理学、犯罪学专业知识的女审判员担任审判长，配备一名具有审判经验且热心教育感化工作的审判员与两名人民陪审员，组成"少年犯合议庭"，专门负责审理未成年人犯罪案件，迈出了在我国未成年人司法专业化道路上重要的一步。1986 年 8 月，上海市长宁区人民检察院成立的"少年刑事案件起诉组"，是中国检察史上第一个未成年人检察的专门组织。1992 年 8 月，上海虹口区人民检察院成立独立建制的"未成年人刑事检察科"，成为全国检察系统中第一个未成年人检察专业职能部门。

1992 年 10 月，最高人民检察院在刑事检察厅成立"少年犯罪检察处"，向全国发出《关于认真开展未成年人犯罪案件检察工作的通知》，总结推广上海长宁区、虹口区人民检察院的经验，在北京举办全国第一届未成年人刑事检察干部培训班，学习班重点探讨未成年人检察理论与实践经验。这次学习班，是检察机关第一次以未成年人检察工作为主题，参加人员的踊跃研讨与授课学者们的激情演讲，使该学习班具有极大的号召性，全国各地检察院纷纷学习、效仿，举办未成年人刑事检察工作内容的学习与培训。至 1993 年，各地检察机关积极与当地人民法院、公安机关建立少年案件联席会议机制（全国法院当时有 3300 余个少年法庭，8200 名审判员和 13000 余名特邀陪审员），迅速建立起未成年人刑事检察专门机构 600 余个，指定专门办案人员 5000 余人，覆盖 1000 余个县市区。至 1996 年 6 月，上海市 20 个区县检察院全部成立独立建制的"未成年人刑事检察科"。2000 年，上海市未成年人刑事检察工作归口在侦查监督部门，设未成年人刑事检察副处长和专职人员。我国未成年人检察工作进入第一个高潮期。

2001 年，最高人民检察院颁布《人民检察院办理未成年人刑事案件的规定》，根据未成年人保护法的规定和要求，将检察机关办理未成年人刑事案件实践中遵循的原则、机构设置、特殊程序等予以规范。2002 年 11 月，党的十六大作出推进司法体制改革的战略决策，党的十七大对进一步深化司法体制改革作出了重大部署。此间，中央先后出台关于深化司法体制和工作机制改革的意见，明确提出了改革和完善未成年人司法制度的任务。

为落实中央的司法改革精神，建设公正、高效、权威的社会主义司法制度，最高人民检察院分别于 2005 年和 2009 年下发《关于进一步深化检察改革的三年实施意见》、《关于深化检察改革 2009—2012 年工作规划》，将完善办理未成年人刑事案件的工作机制作为重要内容。2006 年修订后的《中华人民共和国未成年人保护法》颁布后，最高人民检察院修订并发布了《人民检察院办理未成年人刑事案件的规定》（以下简称《规定》），总结和吸收 20 余年未成年人刑事检察工作的经验。全国各级检察机关贯彻落实《规定》精神，同时积极参加由最高人民检察院与共青团中央联合主办的创建"优秀青少年维权岗"活动。至 2010 年，全国共有 273 个检察院荣获"全国优秀青少年维权岗"称号，有 1500 余个检察院获省级"优秀青少年维权岗"称号。我国未成年人刑事检察工作进入第二个高峰期。

2006 年 10 月 20 日，党的十六届六中全会通过《中共中央关于构建社会主义和谐社会若干重大问题的决定》，明确把加强未成年人司法改革作为构建社会主义和谐社会的重要举措。最高人民检察院在检察机制改革规划中，进一步将未成年人检察改革作为一项重要内容。2007 年，最高人民检察院下发《关于在检察工作中贯彻宽严相济刑事司法政策的若干意见》、《关于依法快速办理轻微刑事案件的意见》以及《关于办理当事人达成协议和解的轻微刑事案件的若干意见》，为构建未成年人刑事检察特殊办案程序，加强对涉及未成年人刑事诉讼活动的监督等，提供了制度保证。2009 年，上海市人民检察院乘检察改革之东风，成立了全国第一个省级检察院未成年人刑事检察专门机构——未成年人刑事检察处，深化和发展了我国未成年人刑事检察专业化建设。2010 年，最高人民检察院会同最高人民法院、公安部、司法部、团中央、中央预防青少年违法犯罪领导小组办公室联合制定并下发《关于进一步建立和完善办理未成年人刑事案件配套工作体系的若干意见》，对于落实中央关于未成年人司法制度改革精神，进一步完善包括未成年人检察制度在内的未成年人司法制度提出具体要求，并制定了专门工作规范，使公、检、法、司多年来行之有效的办理未成年人刑事案件的经验被作为工作制度固定下来。

2011 年 9 月，最高人民检察院曹建明检察长、朱孝清副检察长分别向上海市未成年人刑事检察工作创建 25 周年纪念大会发表贺信和讲话。曹建明检察长提出"要把未成年人刑事检察工作作为检察机关服务党和国家大局的重要内容，作为落实'以人为本、执法为民'宗旨的重要举措，摆在检察工作的重要位置"，强调要更加注重专业化建设，成立专门机构或配备专门人员，不断提高未成年人刑事检察工作的专业化水平；更加注重教育、感化、挽救方针；更加注重改革创新；更加注重整合社会力量，等等。

同年 4 月，最高人民检察院侦查监督厅在江苏省江阴市举办"全国未成年人刑事检察业务培训班暨江阴现场会"，总结检察机关 25 年来未成年人刑事检察工作，提出深入开展未成年人检察工作的任务。会议邀请国内少年司法知名学者、专家授课，讲授了"未成年人刑事司法改革若干问题"、"未成年人检察制度的基本理念与践行"、"比较法视野下的美国未成年人检察制度——兼谈对我国未成年人刑事检察的借鉴与反思"等,学习江阴市人民检察院针对流动人口中青少年违法犯罪人员特点开展帮教工作而创建的"青少年关爱教育基地"。该会议结束后,各地又一次效法最高人民检察院的方式,开展未成年人刑事检察业务培训活动,未成年人刑事检察组织机构再次得到大的发展,制度化、专业化水平明显提高。

2012 年 5 月 23 日,全国检察机关未成年人刑事检察工作会议在上海隆重召开。这次会议是最高人民检察院首次以未成年人刑事检察工作为主题召开的全国检察工作会议。最高人民检察院检察长曹建明向会议致信,提出"要以学习贯彻修改后刑诉法为契机,进一步加强和改进未成年人刑事检察工作,不断发展和完善中国特色社会主义未成年人检察和司法制度,最大限度地保护未成年人合法权益,预防未成年人犯罪,挽救涉罪未成年人,为促进未成年人健康成长,维护社会和谐稳定作出新的更大贡献"。最高人民检察院副检察长朱孝清在会上作了《继往开来 锐意进取 努力开创未成年人刑事检察工作新局面》的讲话,总结全国检察机关 26 年来开展未成年人刑事检察工作的经验与成果,分析当前未成年人刑事检察工作存在的问题和困难,深刻论述了开展未成年人刑事检察工作的重要性和紧迫性,明确当前和今后一个时期未成年人刑事检察工作的思路:以邓小平理论和"三个代表"重要思想为指导,深入贯彻落实科学发展观,充分认识未成年人生理和心理的特殊性,着力贯彻"教育、感化、挽救"方针、"教育为主、惩罚为辅"原则和"两扩大、两减少"(对未成年人的不批捕率和不起诉率进一步扩大,批捕率和起诉率进一步减少)政策;着力加强未成年人刑事检察工作专业化、制度化建设;着力促进政法机关办理未成年人刑事案件配套工作体系和未成年人犯罪社会化帮教预防体系建设;着力加强对未成年人刑事检察工作的领导。最大限度地保护未成年人合法权益,最大限度地教育、挽救涉罪未成年人,最大限度地预防未成年人犯罪,为保障未成年人健康成长、维护社会和谐稳定作出积极的贡献。会议部署全国检察机关贯彻党和国家对涉罪未成年人的特殊方针、原则和法律、政策;着力加强未成年人刑事检察工作专业化建设;着力加强未成年人刑事检察工作制度化建设;着力促进政法机关办理未成年人刑事案件配套工作体系和未成年人犯罪社会化帮教预防体系建设;着力加强对未成年人刑事检察工作的领导五个方面的重点工作。对各地检察院开展未成年人刑事检察工作提出四个要点:一是既要全面要求,又要分类指导。二是既要改革创新,又要总结规范。三是既要内部真抓实干,又要外部多加协调。四是既要抓好业务工作,又要加强队伍建设。会议对最高人民检察院起草的《关于加强未成年人刑事检察工作的决定（稿）》和《人民检察院办理未成年人刑事案件的规定（修改稿）》进行讨论。这次会议为检察机关开展未成年人刑事检察工作描绘了发展蓝图，确定了专业化发展方向，是未成年人刑事检察发展道路上意义重大的里程碑。

（二）我国未成年人刑事检察制度的特征

在各级检察机关和未成年人刑事检察人员的不断探索与努力下，未成年人刑事检察工作取得了长足的进步和可喜的成绩。未成年人刑事检察工作机制、工作方法也得到不断创新和发展，对于建立和完善具有中国特色的少年司法制度起到了积极的、奠基性的作用。

1. 主要特征

（1）坚持具有中国特色未成年人检察制度的发展方向。全国检察机关在探索、发展未成年人刑事检察工作中，始终坚持党的领导，坚持执法为民、维护公平正义的执法理念，服务于党和国家大局，以丰富、完善中国特色未成年人检察制度为着眼点，以预防和减少未成年人违法犯罪，构建社会主义和谐社会为目标，把握未成年人违法犯罪的特点、规律和发展趋势，以宪法、未成年人保护法、预防未成年人犯罪法以及刑法、刑事诉讼法、有关司法解释和规范性文件等为依据，借鉴和吸收国外少年司法的先进经验，不断探索符合中国国情、检察职责和未成年人特点的未成年人检察制度，推动了我国法治文明建设和社会主义和谐社会建设。

（2）坚持"教育、感化、挽救"方针和"教育为主、惩罚为辅"原则。"教育、感化、挽救"方针和"教育为主、惩罚为辅"原则，集我国古今立法、司法之精髓，是党和人民对未成年人司法、政策保护的结晶。检察机关坚持将"教育、感化、挽救"方针和"教育为主、惩罚为辅"原则贯穿于未成年人检察活动的全过程，全面贯彻宽严相济的刑事政策。一方面，认真履行未成年人检察职责，在审查批捕、审查起诉、监所检察、犯罪预防及刑事法律监督等各环节中，坚持"少捕慎诉"等检察刑事政策，从严把握对涉案未成年人适用逮捕措施和提起公诉的条件。对确需判处刑罚的未成年人，根据犯罪情节、社会危害性程度，依法向法院提出适用非监禁刑或最适当刑罚的量刑建议；对确有悔改表现的未成年人罪犯，提出减刑假释等意见。另一方面，坚持"寓教于审、审教结合"的特殊办案方式。在审查讯问过程中，以教育、释法、疏导的方法，对涉案未成年人进行知法明理教育；在出席法庭中，以启示性教育为重点，对涉案未成年人进行罪错分析教育；在案后帮教过程中，以指引矫正为重点，动员社会力量，对涉案未成年人进行人生观、价值观教育，帮助他们树立信心，回归社会。

（3）坚持改革创新，勇于开拓进取。"没有改革创新，就没有未成年人刑事检察工作"。坚持改革创新，勇于开拓进取，是未成年人检察发展的动力。各级检察机关始终坚持与时俱进的精神和求真务实的作风，着眼于检察改革和少年司法制度的进步，以创新求发展，以创新促完善，不断把未成年人刑事检察工作提高到新水平。从对未成年人特殊司法保护出发，实现未成年人权益保护最大化。探索非犯罪化、非刑罚化、非监禁化教育矫治方式。最高人民检察院坚持鼓励创新，鼓励培植试点，引导各级人民检察院把工作思路转换成工作方法，把工作方法提升为工作经验，把工作经验升华为工作机制，形成了未成年人检察快速发展、自我完善的特色发展轨迹。

（4）坚持理论与实践并进、科学发展前行。实践是理论的基础，理论是实践的指导。理论与实践并重，是未成年人刑事检察工作的又一重要特色。未成年人刑事检察工作始终坚持把党和国家政策、法律、对未成年人保护理念与检察实务紧密结合，以实践推进理论研究，以研究成果指导工作实践，形成了理论研究与实践探索的良性循环。例如，为解决流动人口中涉案未成年人的法定代理人难以到场而诉讼权益难以保障问题，一些地方检察院探索借鉴英国少年司法制度中的"合适成年人"参与刑事诉讼的经验；又如，为保护未成年人不受刑事污点影响而引进"前科封存"制度等。目前，这些制度已被国家立法、司法规范所吸收。《刑法修正案（八）》、最高人民法院、最高人民检察院等六部门联合下发的《关于进一步建立和完善办理未成年人刑事案件配套工作体系的若干意见》和修改后的刑事诉讼法都确立和规定了经多年探索实践而且业已成熟的未成年人司法保护制度和措施。改革开放30多年来，各地召开的关于少年司法及未成年人刑事检察理论的专题研讨会不胜枚举，许多知名大学、院校及研究机构设立了专门学科，设置了硕士、博士研究点。少年司法和未成年人检察从一个弱小的边缘学科，一举成为理论研究活跃、发展迅速、对国家立法与司法影响较大的学科之一。

2. 未成年人刑事检察改革与探索的基本成果

（1）对涉罪未成年人教育挽救的效果初步显现。全国检察机关逐步树立对涉罪未成年人特殊保护的刑事司法理念，"教育、感化、挽救"的方针和"教育为主，惩罚为辅"的原则得到越来越多的理解和适用，"两扩大、两减少"政策也得到较好的落实。仅据2007年至2012年统计，全国检察机关2012年对未成年犯罪嫌疑人作出不批准逮捕决定的为19.93%，6年平均为15.33%，比同期成年人刑事案件的不捕率高3.74个百分点；2012年作出不起诉决定的为4.93%，6年平均为3.92%，比同期成年人刑事案件不起诉率高 2.5 个百分点。不捕率从 2007 年的 12.55% 提高到 2012 年的 19.93%，不起诉率从 3.45% 提高到 4.93%。其中，无逮捕必要不批准逮捕、相对不起诉人数分别占未成年犯罪嫌疑人不批准逮捕、不起诉总人数的 60.58% 和 86.64%。未成年人重新犯罪人数在逐年递减，2011 年较 2007 年下降 24.19%，许多涉罪未成年人因得到及时的帮教而重新回归社会。

（2）未成年人刑事检察专业化办案机构的创设。未成年人刑事检察专业化办案机构的诞生，标志着我国未成年人刑事检察从一般性检察工作中分离出来，成为检察业务中一个独立的职能和部门。这种机构目前主要有四种模式：一是设立独立编制的未成年人刑事检察机构，实行捕、诉、监、防一体化工作模式；二是成立由侦查监督、公诉等部门参加的未成年人刑事检察工作办公室等机构，负责办理未成年人刑事案件或者统筹协调未成年人刑事检察工作；三是在侦查监督、公诉部门内部成立专门的办案组或指定专人办理未成年人刑事案件；四是在管辖范围不大、交通便捷的市，指定一个基层院办理全市的未成年人刑事案件。

（3）独具特色的工作机制的形成，特殊办案模式确立。检察院在处理未成年人刑事检察业务过程中，逐渐由原始沿用成年人案件工作模式发展创新为适合未成年人身心特点、有利于教育挽救的"捕诉监防一体"模式（指批捕、起诉、监督和预防四个检察职能一体），并继续探索"刑民一体"（刑事和民事检察职能一体）的模式，逐步确立了未成年人刑事检察独立职能定位。为保证对涉罪未成年人的权益保护和教育挽救落到实处，各地检察机关结合本地实际，积极探索建立和完善未成年人刑事检察工作机制。如合适成年人参与刑事诉讼、亲情会见、社会调查、非羁押措施可行性评估、刑事和解、分案起诉、不捕不诉帮教、社区矫正监督、快速办理、量刑建议、庭审教育、诉后帮教等。上述制度、机制的建立和完善，为我国未成年人立法、司法发展完善提供了丰富的实践基础。

（4）建立了检察机关的专门职能与社会力量相结合的帮教模式。富有中国特色的"公检法司机关与工青妇团社会组织一条龙"的帮教体系，推动了社会管理创新步伐，催生和推动了我国社区帮教及司法社工、司法志愿者事业的建立和发展。各地检察机关以执法办案为依托，主动加强与其他政法机关和有关社会力量的联系配合，形成预防和减少未成年人犯罪工作的合力。其主要表现在：一是加强与侦查、审判、司法行政机关之间的协调配合，完善配套诉讼衔接机制和工作体系，如建立未成年人刑事司法联席会议制度、逮捕必要性证明制度、分案移送起诉制度、法律援助制度等。二是深入开展创建"优秀青少年维权岗"，积极推进对未成年人的法制宣传教育活动，主动走入学校、社区、农村和家庭，采取担任法制副校长、举办法制讲座、以案释法等形式，开展对未成年人的法制宣传教育。三是在各级党委政府的领导、协调下，积极提出促进社会管理创新的建议，加强与综治、教育、关工委、共青团、社会工作管理部门等相关职能部门和社会组织的联系与衔接，共同构筑未成年人犯罪的综合防控和教育挽救体系，为未成年人健康成长营造良好环境。如上海市检察机关借助"政府购买服务"的方式，通过覆盖各区县的社工力量，建立涉罪未成年人的社会观护制度；江苏省一些检察院探索在热心社会公益事业的企业建立社会管护基地，为教育挽救不捕、不诉的涉罪未成年人提供场所，取得了很好的效果。

（5）注重对人身权利的保障和研究，为文明司法作贡献。中国特色的未成年人刑事检察制度，是在公正、文明和理性执法的基础上，追求打击犯罪与保护人权、严格执法与积极服务、执法形式与执法目的、效率与公正的有机统一。其注重对人性和人身权利的保护和研究，探索司法从形式正义到实质正义，从报应刑论到教育刑论，从刑罚一般化到个别化，对若干重要法制理念的发展起到了实验、实践、提高并普遍适用的积极作用。如宽严相济、区别对待、教育感化挽救、轻微案件快速办理等刑事政策和人性化办案方法，在未成年人刑事检察领域实践 20 余年后，推广到成人司法领域。由此得出一个结论，少年司法对整个法制发展具有重要意义。正如英国思想家庞德所说："少年司法制度是英国大宪章以来，司法史上最伟大的发明。""就传统的司法而言，少年司法中确实有着极具革新性质的内容。"① 未成年人刑事检察制度不仅在保护未成年人权益中具有独立价值，而且对推进整个司法的文明与进步具有积极意义。

（三）我国未成年人刑事检察的前景展望

1. 未成年人检察工作地位更加突出

落实最高人民检察院提出的"要把未成年人刑事检察工作作为检察机关服务党和国家大局的重要内容，作为落实'以人为本、执法为民'宗旨的重要举措，摆在检察工作的重要位置"要求，是推进未成年人刑事检察工作发展的关键。未成年人是国家的希望、民族的未来。保障未成年人的健康成长，关乎人民群众及家庭的幸福，关乎中国特色社会主义事业后继有人，关乎社会

---

① 参见［日］团藤重光、森田宗一：《新版少年法》（第二版），第 2 页。转引自李茂生：《我国设置少年法院制度的必要性》，载台湾《军法专刊》第 43 卷第 8 期。

主义和谐社会的建设。中央提出要加强和创新社会管理，而对未成年人犯罪问题的预防和治理，正是社会管理的重要内容。党和国家一贯高度重视未成年人犯罪问题和未成年人司法保护工作，中央领导同志多次就加强青少年保护和犯罪预防作出重要指示。多年来，最高人民检察院每年都收到全国人大代表、政协委员关于加强未成年人司法工作的意见和建议。新的形势和任务对未成年人检察工作提出了更高的要求。各级检察机关必将进一步提高对未成年人检察工作的重要性和必要性的认识，把未成年人检察工作作为检察机关参与加强和创新社会管理、深入推进三项重点工作的重要着力点，摆在更加重要的位置来谋划和推进，扎扎实实地抓出成效。

2. 未成年人刑事检察专业化、专门化建设进一步加强

2011 年 12 月 22 日，最高人民检察院在部署 2012 年检察工作总体要求中，专门就未成年人检察工作提出，要"积极参与对未成年人的司法保护，试点探索对涉罪未成年人捕、诉、监（监所检察、法律监督）、防（预防）一体化。继续推行适合未成年人身心特点的讯问、亲属会见、分案起诉等制度，积极开展诉前引导、庭审感化、案后帮教工作。探索建立未成年人犯罪案件附条件不起诉制度以及有条件地封存未成年人轻罪犯罪记录制度。重视对犯罪嫌疑人和被告人未成年子女的关爱，预防和减少未成年人犯罪"。这既是对 2012 年的工作部署，也是今后一时期内未成年人刑事检察工作的新思路。据此，进一步强化未成年人刑事检察工作专业化、专门化建设是当前和今后未成年人刑事检察工作的主要任务。

3. 坚持少捕慎诉，最大限度地教育、挽救涉案未成年人

近年来，检察机关坚持少捕慎诉，教育、挽救涉案未成年人，取得了明显成效。坚决贯彻"教育、感化、挽救"方针和"教育为主、惩罚为辅"原则，最大限度地降低未成年犯罪嫌疑人的批捕率、起诉率和监禁率，以减少交叉感染；非监禁不可的，仍要立足于教育、感化、挽救，从而使他们尽快成为对社会有用之人。要围绕这个目标，强化措施、细化政策、改进考核体系，依法严格把握批捕、起诉条件，可捕可不捕的不捕，可诉可不诉的不诉，应当起诉但具有从轻情节的，建议从轻判处。坚持寓教于审和跟踪帮教，既不能不教而罚，也不能不教而宽，要最大限度地挽救涉罪未成年人。

4. 未成年人刑事检察业务进一步开拓创新、发展

随着我国社会经济的发展和司法实践经验的积累，对未成年人的司法保护日趋全面。部分地方检察院未成年人刑事检察部门在原有工作的基础上，开展了一系列有益探索：一是将未成年被害人的案件纳入受理范围，通过特殊办理

机制，维护未成年被害人的合法权益；二是探索在刑罚执行阶段开展特殊检察工作，会同有关方面创设有别于成年犯的社区矫正方式和减刑、假释、收监标准；三是将未成年人刑事检察工作的业务范围从刑事检察向民事检察、行政检察拓展，开展未成年人案件的息诉工作和民事案件、行政案件的督促支持起诉工作。业务范围的进一步拓展，形成了对未成年人全面、全程司法保护的新格局，为未成年人检察工作的发展注入新的活力。目前，法院正在积极探索集刑事、民事、行政审判于一身的综合性少年法庭建设，这为我们探索中国特色的未成年人检察制度提供了可资借鉴的思路。从长远发展看，应当建立兼具刑事、民事、行政法律监督于一身的未成年人检察机构，实现检察机关对未成年人合法权益的全方位保护。

5. 参与和推动社会管理创新，进一步改善未成年人健康成长的环境

"我们都曾经是儿童。我们都希望孩子们幸福，这一直是并将继续是人类最普遍珍视的愿望。"这是《我们儿童：世界儿童问题首脑会议后续行动十年期终审查》开篇之语。检察机关为儿童事业的贡献，主要体现在立足检察和面向未来两个方面，推动社会管理创新，为未成年人健康成长营造良好环境的工作，即是未成年人刑事检察工作的重要内容之一。

预防和减少未成年人违法犯罪是一个系统工程，需要全社会共同参与。因此，检察机关通过充分履行检察职能，积极参与社会管理综合治理，努力推动未成年人事业系统工程的建立与完善，应是纳入未检长期规划的重要内容。一是会同有关部门依法惩治教唆、引诱、组织、胁迫未成年人进行违法犯罪活动等侵害未成年人身心健康与合法权益的刑事犯罪活动；二是加强对未成年人犯罪动向和发展趋势的分析研究，积极提出预防未成年人犯罪对策意见；三是针对未成年人社会管理和保护方面的薄弱环节，及时提出检察建议，推动有关方面加强和创新关爱与保护未成年人的社会管理；四是积极开展对未成年人的法制宣传教育，重点加强对闲散、流动、留守和流浪乞讨青少年等重点群体的帮扶帮教工作；五是要在各级党委、政府的领导与协调下，加强与共青团、妇联、关工委、民政、学校、社区、企业等有关方面的合作，大力推行社会帮教机制建设，共同构筑防控和教育挽救未成年人犯罪体系，为未成年人健康成长营造良好环境。

四、未成年人刑事检察与犯罪预防

（一）未成年人刑事检察在犯罪预防中的作用与意义

《申鉴·杂言》曰："进忠有三术，一曰防，二曰救，三曰戒。先其未然谓之防，发而止之谓之救，行而责之谓之戒。防为上，救次之，戒为下。"①未成年人违法犯罪是各种社会矛盾与冲突的综合性产物，实施综合治理也是一项复杂的社会系统工程，需要动员全社会力量，共同保障未成年人的身心健康与成长。2007 年 1 月 15 日联合国儿童权利委员会第 44 次会议在日内瓦通过（第 10 号一般性意见）《少年司法的儿童权利》，要求各缔约国在保障《联合国儿童权利公约》有关司法审理的儿童权利同时，制定和落实少年司法综合政策，重点应放在未成年人犯罪预防之政策上，使未成年人成长及未成年人司法与社会融合。我国预防未成年人犯罪，在各级党委政府组织领导下，实行综合治理。政府有关部门、司法机关、人民团体、有关社会团体、学校、家庭、城市居民委员会、农村村民委员会等各方面共同参与、各负其责，做好预防未成年人犯罪工作，为未成年人身心健康发展创造良好的社会环境。预防未成年人犯罪是少年刑事司法的应有之义。检察机关对未成年人犯罪开展预防工作（称为检察预防），是检察机关义不容辞的责任，也是整个未成年人犯罪预防体系中不可或缺的一个环节。

1. 推动司法资源与社会资源的衔接互动以消解未成年人犯罪，减少重新犯罪

教育、感化、挽救涉罪未成年人，防止青少年重新犯罪，是少年司法制度的出发点和落脚点，也是检察预防工作的重中之重。检察机关在预防未成年人重新犯罪工作中具有天然的优势：一方面，检察机关可以依托捕诉监防一体化的办案运行模式，通过司法保护来预防涉罪未成年人的重新犯罪，帮助其顺利回归社会，实现特殊预防目的；另一方面，检察机关可以结合办案不断发现青少年犯罪的新特点、新问题，联合社会有关部门进行防治，从而实现一般预防的目的。

寓教于审、寓教于诉是预防涉罪未成年人重新犯罪的重要途径。违法犯罪的未成年人由于世界观、人生观尚未成形，具有很大的可塑性。检察机关在办

---

① 荀悦：《申鉴》，影印文渊阁四库全书，台湾商务印书馆 1986 年版，卷 4。

案过程中，通过开展心理辅导、诉前考察、法庭教育等工作，启发、帮助未成年人分析其犯罪原因，认识行为的违法性和危害性，提高其道德观点和法律意识，并鼓励其自新自立。

对不诉、不捕的未成年人进行帮教，是预防未成年人重新犯罪的有效方式，也是检察机关贯彻非监禁化、非刑罚化精神开展对未成年人特殊司法保护的重要举措。在审查批捕、审查起诉的办案环节中对无逮捕必要而不批准逮捕或作出相对不起诉的涉案未成年人开展帮教工作，可以达到对未成年人的矫治和预防重新犯罪的目的。

社区矫正是预防未成年人重新犯罪的关键手段。我国台湾学者蔡培村指出，社区的功能除了生活供给、社会控制外，还包括社会化与参与互动的功能，尤其是社区的社会化功能最为重要。检察机关监督社区矫正活动，可以依法保障社区矫正工作者与罪错未成年人进行沟通交流，开展知识、情感、技能教育，对其进行可近可亲、可信的有效帮教，最终达到消除缓和预防未成年人犯罪的目的。

2. 促进社会管理，巩固预防未成年人犯罪的防线

大量未成年人犯罪案例表明，未成年人走上犯罪道路都有一个逐步发展的过程，从最初的接受不良影响，到思想、需要、交友偏离，进一步产生偏差行为、不良行为，最后恶化成违法犯罪。刑事司法与社会管理往往偏重于对未成年人刑事责任的追究，忽略社会和个体合力促使未成年人走向犯罪过程的有效回应，而这种转换恰恰是预防和减少未成年人犯罪的主要议题。因此，预防未成年人犯罪的关口必须前移，实现从"亡羊补牢"式的罪后预防向"防患未然"式的罪前预防的转变，需要社会各部门、组织实现系统协同化发展。

检察机关参与构筑未成年人犯罪防线的主要形式之一是检察建议。未成年人走上犯罪道路的原因，与社会各方面的教育管理疏忽和缺失密切相关。检察机关结合办案，针对容易引发未成年人违法犯罪的社会管理漏洞，提出注意和整顿事项，既充分行使了检察预防的职能，避免了越俎代庖的嫌疑，也符合时代和法治的要求。如针对学校周边对学生的强索类案件频发的现象，向教育机关、公安机关发出检察建议，要求对学校周边治安环境加强巡视和提高警惕，从而保护在校学生，并防止犯罪风气向校园蔓延。

检察机关参与构筑预防未成年人防线的另一种方式是开展法制宣传。其应当以刑事案例教育为主，阐述法律要义，通过生动的典型案例教育未成年人在生活、学习、工作中如何运用法律保护自己，并使自己的行为不偏离正轨。检察机关开展法制宣传可以采用多种形式，既可以做法制讲座、法制版面巡展，

也可以采用模拟法庭等形式进行。

　　积极预防和减少未成年人犯罪，切实保护未成年人权益，深入推进社会矛盾化解、社会管理创新、公正廉洁执法三项重点工作，是未成年人刑事检察工作的重要职能和工作重心之一。检察机关向预防未成年人犯罪延伸职能，必须积极推动社会管理创新。近年来，各地检察机关不断探索，创新建立许多可行有效的未成年人刑事检察工作机制，切实提高未成年人犯罪预防水平。如上海市奉贤区人民检察院针对在校学生犯罪现象日益突出的情况，联合青保部门、教育局建立"检校共管"工作机制，通过定期走访、个案帮教、联席会议等形式提高在校学生的法律意识，从源头上减少在校学生违法犯罪，取得了良好成效。

（二）　未成年人刑事检察参与犯罪预防的基本方式

　　预防是减少、消除犯罪的根本。未成年人犯罪预防有两个基本方法：一是社会化预防，减少未成年人犯罪的数量；二是司法预防，增加对未成年人犯罪者矫正的有效性，避免其重新犯罪。1999 年通过实施的预防未成年人犯罪法，对未成年人犯罪预防作出具体规定，建立了未成年人犯罪预防法律制度体系。

　　司法预防最主要的目的是通过刑事程序，对罪错未成年人进行教育感化，以防止其重新犯罪，同时教育和威慑具有违法犯罪行为倾向的未成年人。未成年人犯罪的检察预防，是指人民检察院在行使检察权、履行法律监督职能过程中，为消除未成年人致罪因素，防止和减少未成年人犯罪发生，而采取的集惩罚、教育、感化、改造、防范等为一体的综合防治措施。检察预防在未成年人犯罪预防中发挥重要作用。长期以来，检察机关依照预防未成年人犯罪法等法律法规以及工作政策，借鉴国外的先进经验和做法，在未成年人犯罪预防方面进行有益的实践探索。2012 年 10 月，最高人民检察院出台《关于进一步加强未成年人刑事检察工作的决定》，总结了检察实践经验，推动未成年人犯罪的检察预防发展。

　　1. 个案教育挽救及社会关系修复的检察介入

　　检察机关在办理未成年人犯罪案件中，坚持"教育、感化、挽救"的方针，以"教育为主、惩罚为辅"为原则，采取司法教育、司法保护等措施，积极探索办理未成年人犯罪案件的特殊方式，追求办案的法律效果和社会效果的有机统一。

　　（1）实行专门化办理，坚持特殊化的办案方式，把教育、感化违法犯罪未成年人的工作纳入办案的必经程序。

　　设立专门工作机构或者专门人员办理未成年人刑事案件。由熟悉未成年人身心发展特点，善于做未成年人思想教育工作的检察人员承办案件，实行与成年人犯罪案件分案审查机制。

审查公安机关移送的社会调查报告必要时开展社会调查，掌握案情和未成年人的身心特点，实施针对性教育。

依法保护涉案未成年犯罪人的名誉。尊重其人格尊严，不公开或者传播涉案未成年人的姓名、住所、照片、图像及可能推断出该未成年犯罪人的资料，并与犯罪记录封存合并。

应未成年犯罪嫌疑人家属的要求，告知其审查逮捕、审查起诉的进展情况，并对有关情况予以说明和解释，与家属共同配合做好对未成年犯罪嫌疑人的教育感化工作。

对移送审查起诉的案件具备特定条件的，检察人员可以安排在押的未成年犯罪嫌疑人与其法定代理人、近亲属等进行会见、通话。通过会见、通话促使其转化，有利于社会、家庭稳定。

对未成年犯罪嫌疑人的有关情况和办案人员开展教育感化工作的情况，记录在卷并随案移送法院。对开庭审理的未成年人犯罪案件，案件承办检察官在开庭前与未成年被告人的辩护人就教育、感化未成年被告人交换意见，共同做好工作；在法庭上，会同法庭、法定代理人、辩护人等对未成年被告人进行法庭教育。公诉人在依法指控犯罪的同时，剖析未成年被告人犯罪的原因、社会危害性，适时进行法制教育及人生观教育，促使其深刻反省，吸取教训。

对未成年犯罪记录予以封存。2008 年 11 月 18 日，青岛市李沧区委政法委牵头组织区综治办、检察院、法院、公安分局、司法局、劳动局、教体局、团委等部门经过多次论证，正式出台《青岛市李沧区未成年人前科封存实施意见（试行）》，在全国率先建立了未成年犯罪人前科封存制度。2012 年《刑事诉讼法》第 275 条明确规定，犯罪的时候不满 18 周岁，被判处 5 年有期徒刑以下刑罚的，应当对相关犯罪记录予以封存。

对符合条件的未成年人犯罪案件作附条件不起诉。2012 年《刑事诉讼法》第 271 条明确规定，对于未成年人涉嫌刑法分则第四章、第五章、第六章规定的犯罪，可能判处 1 年有期徒刑以下刑罚，符合起诉条件，但有悔罪表现的，检察院可以作出附条件不起诉的决定。

对不予起诉的未成年犯罪嫌疑人，定期做好回访考察帮教工作。协助家长、学校、社区落实帮教措施，针对个人的具体情况运用不同方法，帮助未成年犯罪人顺利重返家庭、重返社会。

（2）坚持保护优先理念，慎重处理未成年人犯罪案件。

在具体考虑未成年犯罪人实施犯罪的动机和目的、犯罪性质、情节和社会危害程度的同时，还要充分考虑其是否属于初犯，归案后的悔罪态度，以及个人成长经历和一贯表现等因素，坚持"教育、感化、挽救"的方针和"教育为主、惩罚为辅"的原则进行处理。

坚持少捕慎捕，以确实必要限制人身自由为原则。综合衡量其犯罪情节和社会危险性，对具备有效监护条件或者社会帮教措施，可教育、挽救的未成年人，慎用逮捕措施。对于初犯、偶犯、胁从犯、过失犯罪，犯罪数额刚达立案标准，案发后如实交代并积极退赃，犯罪情节较轻的，有法定从轻、减轻处罚情节的未成年犯罪嫌疑人坚持可诉可不诉的不诉。

对未成年人犯罪的轻微刑事案件，建议或参与当事人和解，告知双方相应的权利义务，并提供必要的法律咨询帮助。

（3）依法履行检察监督职能，对侵害未成年犯罪人合法权益的行为进行法律监督，保障其合法权益。

首先，在审查批准逮捕、审查起诉未成年犯罪嫌疑人时，应当同时审查公安机关的侦查活动是否合法，发现有下列违法行为的，应当提出纠正意见；构成犯罪的，依法追究刑事责任：违法对未成年犯罪嫌疑人采取强制措施或者采取强制措施不当的；未依法实行对未成年犯罪嫌疑人与成年犯罪嫌疑人分管、分押的；对未成年犯罪嫌疑人采取刑事拘留、逮捕措施后，在法定时限内未进行讯问，或者未通知其法定代理人或者近亲属的；对未成年犯罪嫌疑人威胁、体罚、侮辱人格、游行示众，或者刑讯逼供、指供、诱供的；利用未成年人认知能力低而故意制造冤、假、错案的；违反羁押和办案期限规定的；已作出不批准逮捕、不起诉决定，公安机关不立即释放犯罪嫌疑人的；在侦查中有其他侵害未成年人合法权益行为的。

其次，公诉人出庭支持公诉时，发现法庭审判有下列违反法律规定的诉讼程序情形之一的，应当在休庭后及时向本院检察长报告，依法向法院提出纠正意见；对依法不应当公开审理的未成年人刑事案件公开审理的，应当在开庭前提出纠正意见：开庭或者宣告判决时未通知未成年被告人的法定代理人到庭的；没有给聋哑或者不通晓当地通用的语言文字的未成年被告人聘请或者指定翻译人员的；未成年被告人在审判时没有辩护人的；对未成年被告人及其法定代理人依照法律规定拒绝辩护人为其辩护，合议庭未另行指定辩护律师；未告知未成年被告人及其法定代理人依法享有的申请回避、辩护、提出新的证据、申请重新鉴定或者勘验、最后陈述、提出上诉等诉讼权利的；其他违反法律规定的诉讼程序的情形。

最后，对未成年犯管教所、看守所监管活动的监督，发现有违法行为的，应当提出纠正意见；构成犯罪的，依法追究刑事责任：关押成年罪犯的监狱收押未成年罪犯的，或者对年满 18 周岁后余刑在 2 年以上的罪犯没有转送监狱的；看守所没有对未成年犯罪嫌疑人、被告人与成年犯罪嫌疑人、被告人分管、分押或者对未成年罪犯留所服刑的；发现未成年犯符合减刑、假释、暂予监外执行法定条件而执行机关未向人民法院、监狱管理机关提请或提请不当的；发现人民法院、监狱管理机关徇私舞弊或其他原因致减刑、假释、暂予监外执行等裁定、决定不当的；发现有关机关对判处管制、缓刑或者裁定、决定假释、暂予监外执行等在社会上执行的未成年罪犯脱管、漏管或者没有落实帮教措施的。

（4）协调建立帮教体系，扩大办案效果，促进综合治理。

建立与未成年犯罪嫌疑人、被告人的父母或者其他监护人和学校、城市居民委员会、农村村民委员会等联系的工作机制，协同他们采取有效的帮教措施，对不批捕、不起诉处理的未成年人做好监督、管理、教育、挽救工作。

密切与未成年犯罪嫌疑人、被告人、未成年罪犯的父母、有关监护机构、其居住地社区管理人员等的联系沟通，帮助家长提高法制观念，调动家庭发挥在预防未成年人犯罪中的作用。建议城市居民委员会、农村村民委员会聘请思想品德优秀，作风正派，热心未成年人教育工作的离退休人员或者其他人员协助做好未成年犯罪人的教育、挽救工作，预防和制止侵害未成年人合法权益的违法犯罪行为。未成年人刑满释放后，协同公安机关、未成年人保护机构、居民委员会、学校等单位，共同为其学习、就业创造条件。发现有关单位、学校、居委会等在对未成年犯罪人的教育、管理、帮助等方面存在问题时，及时提出检察建议和纠正措施，帮助提高教育管理水平。

2. 社区帮教计划的检察介入

社区是联系社会与个人的桥梁和纽带，承担着基层管理、市民教育、社会服务等多项功能。随着家庭教育、学校教育、社区教育一体化的形成，个体与社区、家庭与社区的关系日益密切，社区在社会结构中的功能进一步增强，社区与未成年人的成长越来越紧密，社区及其周边环境对未成年人的成长十分重要。《联合国预防青少年犯罪准则》、《利雅得准则》指出，在预防青少年犯罪中，应发展以社区为基础的服务和方案。

在构建我国的未成年人犯罪社区预防体系中，检察机关结合工作职能，加强与群众性组织、街道、社区等的紧密合作，一方面加强对未成年人的教育引导；另一方面做好问题少年的跟踪帮教。对于非监禁的问题少年进行社会帮教或者社区矫正，采取有针对性的方法对问题少年进行心理教育等辅导，加强对社区矫正的监督，减少社区违法犯罪案件，为未成年人的健康成长提供良好的社区环境保障。

（1）社区服务的检察介入。"社区检察"一词源自美国司法实践，意指"以积极的态度应对社区中存在的数量众多的轻微刑事案件，实有犯罪预防趋向"，又称"社区导向检察"。① 据美国检察官研究所 2000 年的一项调查表明，全美 49% 的地方检察署采用形式不同的社区检察。美国司法统计局 2001 年的数据，68% 的地方检察署采用不同于传统刑事检察的方法来应对社区问题。社区检察为检察官更积极、主动打击与预防未成年人犯罪提供了很好的模式。②

首先，检力下沉，参与和服务社区未成年人犯罪预防工作。检察机关可以采取选派优秀的检察官进入社区、成立检察室、检察站等方式，在教育保护未成年人工作上与社区、街道建立起良好的互动合作关系。依托社区，使检察工作与基层管理、基层服务相结合，为未成年人的教育保护营造良好的社区法制环境。

其次，送法进社区，深入开展多种形式的法制讲座。结合法律规定，检察机关通过选择大量鲜活的案例，从正、反两面向未成年人进行直观、生动的法制宣传，提醒未成年人切实认识到犯罪的严重性，防止走上犯罪道路，同时也要培养自我保护意识，避免成为犯罪分子侵害的对象。

最后，针对特殊社区、特殊群体进行特殊服务。针对未成年人犯罪率高发的社区，深入分析犯罪多发原因，积极配合公安机关进行社区治安综合整治，制定预防犯罪方案，协同社区工作人员强化对未成年人的教育辅导，实行专人负责、定期跟踪监督。

针对外来务工等流动未成年人群体，积极与其所在的社（片）区联系，将一定范围内的外来务工未成年人组织起来进行教育辅导。引导他们培养诚实有信、合法守则的劳动价值观，协调、帮助解决他们生活、工作上的问题，使这些特殊的未成年人群体感受到社会的关爱和温暖，自觉远离违法犯罪活动。

社区服务是 20 世纪 70 年代起在西方一些国家兴起的刑罚方法，实践中取得了较理想的预防犯罪和教育矫正的效果。社会服务令起源于英国，系替代监禁的一项判刑选择。2000 年美国纽约金斯顿郡成立红钩社区司法中心，每年有一半左右的轻微犯罪者被判处为社区服务，红钩社区提供 7 万小时的社区服

---

① 张鸿巍：《美国检察制度研究》，人民出版社 2011 年版，第 243 页。
② 黄鹏玮：《未成年人刑事检察制度初论》，载《少年司法制度新探》，中国人民公安大学出版社 2011 年版，第 217 页。

务。① 近年来我国司法实践中已经有了多个"社会服务令"的实例并且效果较好。2001 年 5 月，河北省石家庄市长安区人民检察院出台了《关于实施"社会服务令"暂行规定》，首次对未成年犯罪嫌疑人适用"社会服务令"。即对符合不起诉条件的未成年犯罪嫌疑人，由检察机关下达"社会服务令"，推荐到社会公益性机构，由检察机关聘用的辅导员对其进行思想感化教育，并在规定时间内从事不予支付报酬的社会公益劳动。此后，南京、安徽、山东、辽宁、上海等地检察院、法院也尝试性探索社区服务令。我国"社区服务令"做法尚未成熟，没有被 2012 年刑事诉讼法吸收，仍需继续探索。

（2）社区帮教的检察介入。社区帮教是指依靠社区的力量，以预防犯罪为目的，对特定对象实施的帮助教育活动。特定对象主要是有违法或轻微犯罪行为，尚不够或不予刑事处罚、劳教、政府收养等处理，可能继续违法犯罪的青少年，刑满释放、解除劳教，以及经工读教育后仍表现不好，有可能继续违法犯罪的青少年，提前解除劳动教养或经劳教机关批准，准予家长、单位或监护人员领回自行负责管教的人员，② 以及准予监外执行的未成年罪犯等广义上包括所有不良行为未成年人。

社区矫正是目前我国有法律依据的社区帮教方式之一。2002 年 8 月起，上海市检察机关在政法委的带领下，参与了在徐汇、普陀、闸北的三个街道开展的社区矫正的试点探索。2003 年 7 月 10 日，最高人民法院、最高人民检察院、公安部和司法部联合发布了《关于开展社区矫正试点工作的通知》，并确定了北京、天津、上海等省（市）为进行社区矫正工作的试点省（市）。2012年 1 月 10，四部门又联合制定发布了《社区矫正实施办法》。

社区矫正（又称社区矫治）是与监禁矫正相对的行刑方式，是指将符合社区矫正条件的罪犯置于社区内，由专门的国家机关在相关社会团体和民间组织以及社会志愿者的协助下，在判决、裁定或决定确定的期限内，矫正其犯罪心理和行为恶习，并促进其顺利回归社会的非监禁刑罚执行活动。检察机关作为我国社区矫正工作的监督机关，各级检察院在未成年犯社区矫正工作中，要按照相关法律法规的要求强化监督方式，完善监督程序，保证社区矫正工作依法、公正、有序地开展。

首先，监督社区矫正对象的适格性。按照《关于开展社区矫正试点工作

---

① 参见赵文艳：《走进红钩社区司法中心》，载《人民法院报》2011 年 4 月 1 日第 8 版。

② 莫洪宪：《中国青少年犯罪问题及对策研究》，湖南人民出版社 2005 年版，第 206 页。

的通知》的规定，被判处管制、被宣告缓刑、被裁定假释、被暂予监外执行和被剥夺政治权利并在社会上服刑的五种未成年人，应成为社区矫正对象。我国刑法明确规定了未成年犯刑事责任的范围，其中14周岁至16周岁的未成年人仅对八种犯罪行为承担刑事责任，不构成犯罪的则不应使用社区矫正；对于犯罪情节严重、社会危害性大，应予以监禁刑处罚的未成年犯，也不能以社区矫正代替其他处罚。对于滥施社区矫正行为，检察机关应提出监督意见，予以纠正。

其次，监督社区矫正执行过程的合法性。对不符合收押条件的矫正对象（如缓刑、假释人员）非法关押；对于强迫未成年犯从事超强度的公益劳动或是变相体罚；执行期已满，未公开宣布；被矫正人员有立功表现，应报而未报法院裁定减刑，对于侵犯未成年矫正犯合法权益的行为，检察机关应及时提出检察建议。同时，严厉打击利用未成年犯身心不成熟的缺陷以及用胁迫、引诱等手段教唆未成年犯再次违法犯罪的行为。矫正人员不履行监管职责，导致未成年犯脱离监控；玩忽职守，导致未成年犯重新犯罪；徇私舞弊，导致严重后果的行为，检察机关要重点监督，并对构成犯罪的人员要立案查处。

最后，介入未成年矫正完毕后的帮教工作，实现监督工作的延伸。建立与未成年矫正犯父母、监护人等的联系，定期对未成年矫正犯进行回访考察，使他们能够得到有效保护，尽早重返家庭、回归社会。

3. 参与和促进未成年人发展进步事业

我国18周岁以下的未成年人将近4亿人。教育培养好未成年人，关系国家前途和民族命运。最高人民检察院于2010年2月5日印发《关于深入推进社会矛盾化解、社会管理创新、公正廉洁执法的实施意见》，要求各级检察机关应当"积极参与青少年群体的教育保护工作，坚决打击教唆、引诱、胁迫青少年犯罪的犯罪行为，注意加强对农村留守儿童的司法保护，认真做好青少年的法制宣传教育、完善预防青少年犯罪的工作机制"。

（1）开展对未成年人的法制宣传教育、实施帮教扶助。

强化对未成年人的预防犯罪教育，增强未成年人的法制观念，使未成年人懂得违法和犯罪应当承担的法律责任，以及对个人、家庭、社会造成的危害，并树立遵纪守法和防范违法犯罪的意识。

针对未成年在校生群体、外出务工群体、盲流群体等不同人群的特点，采取不同的教育保护思路进行普法教育。重点加强对闲散、流动、留守和流浪乞讨未成年人，受歧视、受虐待未成年人，遭受违法犯罪侵害的未成年人等弱势群体的救助帮教，协调相关部门帮助解决学习、生活难题。

深入学校、社区、单位、乡镇广泛开展法制讲座、法制课堂等普法教育活动，积极开展多种形式的检察送法活动。联合多方力量共同参与普法教育活动。通过电话沟通、当面访谈、座谈会、检察建议等形式，号召未成年人的家长、学校和所在社区等社会力量共同参与对未成年人的法制教育。

（2）监督与协调未成年人警务等社会管理活动。

随着现代法治和治安管理理念的不断发展，警察事务也越来越融入社会管理大体系，由传统的事后处治向事前参与、注重预防转变。

《联合国少年司法最低限度标准规则》中对于少年警务专门化、特训化作了明确的规定。第12.1条要求各国，"为了圆满地履行其职能，经常或专门同少年打交道的警官或主要从事防止少年犯罪的警官应接受专门指导和训练。在大城市里，应为此目的设立特种警察小组"。

目前，我国专门从事未成年人警务的警察机构，主要有办理未成年人案件的专门警察、未成年犯罪嫌疑人预审组和未成年人案件审查科。未成年人警务机构不仅承担着日常警务，如对违法犯罪的调查、侦查等职能，还承担着对未成年人违法犯罪的综合治理以及未成年人保护、教育工作的专门性职责。近年来，我国在一些省市推行社区警务的防控模式，用社会的力量弥补警力的不足。公安机关联合社区资源，以辅导性、教育性方法为对有不良行为习惯或严重不良行为习惯的未成年人进行经常性的关心和引导，最大限度地预防和减少犯罪的可能。

检察机关作为法律监督机关，在处理和预防未成年人犯罪工作中具有双重属性，既是具体案件诉讼活动的直接参与者，又是预防未成年人犯罪工作开展的监督者。通过办案，发现公安机关在办理未成年人犯罪案件中有违法行为，依法提出纠正意见；在与公安机关配合开展对未成年人的综合治理工作中发现有不当行为，帮助督促其整改。

监督公安机关在办理未成年人犯罪案件中严格执行相关法律法规，依法保障未成年犯罪人和涉案未成年被害人的合法权益，切实贯彻落实对涉罪未成年犯罪人"教育、感化、挽救"的方针。监督公安机关在对未成年人罪犯刑罚执行中依法执行，包括对监管场所的刑罚执行监督和社区矫正的执行监督。协调、督促、配合公安机关积极开展社区综合治理，整治校园周边环境，开展对未成年人的法制宣传教育活动。

（3）分析研究未成年人犯罪动向和发展趋势，提出对策意见。

定期对所办理的未成年人犯罪案件进行研究，分析犯罪原因，把握犯罪规律，提出预防对策，并对未成年人犯罪案件多发地区和重点区域提出综合治理意见、建议。会同公安机关、团委、教育局等相关部门开展专项打击行动和专题预防活动。

　　注意了解、参与各级人民政府组织领导下的预防未成年人犯罪、工作开展整体情况，向政府提出加强和改进此项工作的意见，组织开展促进未成年人健康成长方案的建议，必要时可向党委、人大进行专题汇报。

　　加强和政府有关部门以及有关社会组织的联系，了解和掌握他们参与和落实预防未成年人犯罪规划的情况，提出相关建议和意见。

　　（4）在党委政府的领导协调下，加强与各部门的联动及合作，共同构筑未成年人犯罪的防控和教育挽救体系。

　　《联合国预防少年犯罪准则》第 2 条规定："要成功地预防少年违法犯罪，就需要整个社会进行努力。"预防未成年人违法犯罪工作是一个社会系统工程，仅仅依靠单个部门难以完成。

　　首先，加强与公安、法院的工作联系，做到资源共享，形成合力。在办案中，检察机关办案人员可以组织未成年人到法院旁听审判活动，使其感受庭审氛围；到看守所座谈，对其进行警示教育；检察机关积极配合公安机关和法院的教育活动，构建司法防治未成年人犯罪的配套工作体系，提升公、检、法、司四机关预防未成年人犯罪工作的整体水平。

　　其次，加强与教育行政部门及学校的联动机制。借助教育行政部门掌握区域内教育资源，便于集中、组织学校学生的优势，联合开展未成年人犯罪预防、法制教育宣传活动。如北京市西城区人民检察院已举办 10 余年的"西检杯"法律知识竞赛，就是检察机关同教育行政部门成功合作的范例。通过帮助学校开辟第二课堂、建立法制教育基地等方式督促、激发学校加强对学生的法律和道德教育；帮助学校找出对青少年教育方式和管理力度上存在的不足，并与之形成良性互动。

　　最后，及时纠正关于未成年人社会管理方面存在的问题，提高社会管理水平。参与社会治安没综合治理、推动社会管理创新，是未成年人刑事检察工作的重要内容。如上海市人民检察院于 2009 年 10 月 28 日，会同上海市青少年保护委员会、法院、公安、团市委等单位发布了《上海市关于进一步加强本市行为不良未成年学生教育转化工作的若干意见》，该《意见》是上海市检察机关在未成年不良行为学生教育转化和犯罪预防方面的又一次重要探索。

第二章 未成年人刑事检察制度

一、未成年人刑事案件诉讼制度

（一）未成年人刑事案件的审查逮捕

根据我国法律规定，审查逮捕是人民检察院的一项重要职权。司法实务中，未成年人刑事案件审查逮捕的对象，包括已满 14 周岁未满 18 周岁的未成年犯罪嫌疑人，也包括未成年人与成年人共同犯罪案件中的成年犯罪嫌疑人，部分基层检察院未成年人刑事检察部门还审查逮捕侵害未成年人权益案件中的成年犯罪嫌疑人。本章中的未成年人刑事案件审查逮捕，特指对未成年犯罪嫌疑人的审查批准逮捕。

1. 未成年人刑事案件的审查逮捕

（1）未成年人审前羁押的基本理念。

所谓羁押，我国台湾刑事法学者林山田认为，是指"在刑事程序中，拘束犯罪嫌疑人或被告人之人身自由，而将其拘禁于一定处所，使其在刑事程序中，得以始终在场，以确保刑事程序之顺利进行之强制处分"[1]。世界大多数国家的刑事诉讼制度都有关于审前羁押的法律规定，如法国称之为"先行羁押"、德国称之为"待审羁押"、意大利称之为"预防性羁押"、日本称之为"勾留"等。我国法律并没有明确使用审前羁押的概念，司法实务中所说的审前羁押通常是指犯罪嫌疑人、被告人受审之前人身被羁押的状态，这种状态一般是从刑事拘留开始持续至法院裁判生效时止。因此，可以把刑事拘留、逮捕这两种人身强制措施视为我国的审前羁押。

由于未成年人身心发育尚不成熟，审前羁押可能对其造成更为深远的不良影响，所以无论是国际少年刑事司法准则，还是各国的刑事立法和政策，都强调未成年人审前羁押应当遵守保护优先、慎重适用的原则。这一原则要求对未

---

[1] 林山田：《刑事程序法》（第四版），五南图书出版公司 2001 年版，第 290 页。

成年人尽可能避免适用审前羁押措施以及尽可能适用比较轻微的强制措施。《儿童权利公约》第 37 条规定："不得非法或任意剥夺任何儿童的自由。对儿童的逮捕、拘留或监禁应符合法律规定并仅应作为最后手段，期限应为最短的适当时间。"《联合国少年司法最低限度标准规则》第 13.1 条规定："审前拘留应仅作为万不得已的手段使用，而且时间尽可能短。"《联合国保护被剥夺自由少年规则》则规定了保护被剥夺自由少年所应遵循的规则，其中第 17 条规定："被逮捕扣押的少年或待审讯（或未审讯）的少年应假定是无罪的，并当作无罪对待。应尽可能避免审讯前拘留的情况，并只限于特殊情况。因此，应作出一切努力，采用其他的替代方法。在不得已采取预防性拘留的情况下，少年法院和调查机构应给予最优先处理，以最快捷方式处理此种案件，以保证尽可能缩短拘留时间。应将未审讯的拘留者与已判罪的少年分隔开来。"《联合国非拘禁措施最低限度标准规则》第 6.2 条要求"应尽量在早期阶段采用替代审前拘留的措施"。《国内法与国际法下的未成年人刑事责任决议》要求"对不满十六周岁的未成年人应尽可能不实行羁押"。

综合上述公约、规则，有学者将未成年人审前羁押的国际准则概括为以下几点：第一，未成年人审前羁押应建立在无罪推定原则基础之上。第二，在非羁押状态等待审判是犯罪嫌疑人的一项基本权利，更是未成年人犯罪嫌疑人的一项基本权利。第三，审前被羁押是例外而非原则。对于未成年人犯罪嫌疑人，审前羁押仅应作为"万不得已"的手段使用，是例外中的例外。对于不满 16 周岁的未成年人适用审前羁押基本不具有正当性。第四，审前羁押应由司法机关通过审理的方式作出。第五，若对未成年人予以审前羁押，该案件应最优先得到处理，以尽可能缩短未成年人的羁押时间。第六，只要有可能，应采取审前羁押替代措施。第七，未成年人审前羁押期间应实行分押分管、辅以教育措施等特殊待遇。①

随着未成年人国际司法准则的逐步贯彻及少年司法理念的不断更新，我国对未成年人适用羁押性强制措施时也开始遵循非羁押为主、羁押为例外的原则。2012 年《刑事诉讼法》第 269 条规定："对未成年犯罪嫌疑人、被告人应当严格限制适用逮捕措施。人民检察院审查批准逮捕和人民法院决定逮捕，应当讯问未成年犯罪嫌疑人、被告人，听取辩护人的意见。"最高人民检察院出台的《人民检察院办理未成年人刑事案件的规定》第 12 条规定："人民检察院审查批准逮捕未成年犯罪嫌疑人，应当根据未成年犯罪嫌疑人涉嫌犯罪的事

---

① 姚建龙：《未成年人审前羁押制度检讨与改进建议》，载《中国刑事法杂志》2011 年第 4 期。

实、主观恶性、有无监护与社会帮教条件等，综合衡量其社会危险性，确定是否有逮捕必要，慎用逮捕措施，可捕可不捕的不捕。"

（2）未成年人刑事案件的逮捕必要性审查。

首先，一般逮捕必要性审查。司法机关在审查逮捕时，往往将"有证据证明有犯罪行为"的实体性条件作为考虑是否对犯罪嫌疑人批准逮捕的核心条件，而刑罚条件、社会危险性条件等程序性条件因规定较为笼统，相对考虑较少。这导致了刑事案件批准逮捕率居高不下。为此，2012 年《刑事诉讼法》第 79 条进行了如下修改：一是细化了"社会危险性"的情形，包括可能实施新的犯罪；有危害国家安全、公共安全或者社会秩序的现实危险；可能毁灭、伪造证据，干扰证人作证或者串供；可能对被害人、举报人、控告人实施打击报复；企图自杀或者逃跑共五种情形。二是增加了"应当逮捕"的适用情形，即"对有证据证明有犯罪事实，可能判处十年有期徒刑以上刑罚的，或者有证据证明有犯罪事实，可能判处徒刑以上刑罚，曾经故意犯罪或者身份不明的"。三是区分了"可以逮捕"的情形，即"被取保候审、监视居住的犯罪嫌疑人、被告人违反取保候审、监视居住规定，情节严重的，可以予以逮捕"。

其次，特殊逮捕必要性审查。考虑到未成年人犯罪的特殊性，最高人民检察院《人民检察院办理未成年人刑事案件的规定》第 13 条明确规定："对于罪行较轻，具备有效监护条件或者社会帮教措施，没有社会危险性或者社会危险性较小，不会妨害诉讼正常进行的未成年犯罪嫌疑人，一般不予批准逮捕。"综上，对于未成年人刑事案件，只有罪行严重且可能妨碍诉讼或再犯，才属于有逮捕必要；罪行不严重的，可以认定无逮捕必要；罪行虽然严重，但无妨碍诉讼或再犯可能，或者可能性不大的，也可以认定无逮捕必要。因此，对未成年人的逮捕必要性进行审查判断时，应当有所侧重地运用实体性标准和程序性标准，即以未成年人罪行轻重作为逮捕的实体性标准，以未成年人是否妨碍诉讼或再次犯罪作为逮捕的程序性标准，并将是否具备监护帮教条件作为未成年人逮捕必要性的关键要素。

未成年人罪行轻重的衡量标准直接体现于其可能被判处的刑罚。"可能判处徒刑以上刑罚"是对犯罪嫌疑人适用逮捕措施的前提条件。但对未成年人而言，应当将此刑罚条件限制为"可能判处 3 年有期徒刑（不含可能宣告缓刑）以上刑罚"。需要指出的是，对未成年犯罪嫌疑人可能判处的刑罚并非指其涉嫌罪名的法定刑罚，而是在结合法定情节、酌定情节等因素后实际可能被判处的刑罚。实践中，对于涉嫌故意犯罪，可能被判处 3 年有期徒刑以上实刑的未成年犯罪嫌疑人，除了有充分的证据证明不羁押不会发生社会危险性以外，一般都认为有逮捕必要；反之，可能被判处三年有期徒刑以下刑罚或缓刑的未成年犯罪嫌疑人，除了确有证据证实不具备诉讼保障条件且有社会危险性的以外，一般都认为无逮捕必要。

未成年犯罪嫌疑人的社会危险性是评判逮捕必要性的关键因素。所谓社会危险性主要指下列情形：第一，属于累犯、惯犯、多次作案或者曾因故意犯罪被判处徒刑以上刑罚；第二，共同犯罪中的主犯或积极参加者；第三，可能继续实施犯罪行为，危害社会的；第四，可能毁灭、伪造、转移、隐匿证据，干扰证人作证或串供的；第五，可能自杀或者逃跑的；第六，可能实施打击报复行为的；第七，可能有碍本案或者其他案件侦查的；第八，居无定所、流窜作案、异地作案，不具备取保候审、监视居住条件的；第九，严重违反取保候审、监视居住规定的；第十，其他可能危害社会或者妨碍诉讼正常进行的情形。未成年犯罪嫌疑人涉嫌可能判处 3 年以下有期徒刑或者有期徒刑宣告缓刑的犯罪，不具有社会危险性或者社会危险性不大的，具备诉讼保障条件，且有以下情形之一的，一般认为"无逮捕必要"：第一，能够认罪、悔罪；第二，初犯、偶犯；第三，防卫过当、避险过当；第四，从犯、胁从犯；第五，属于犯罪预备、中止；第六，有自首、立功、坦白情节的；第七，积极退赃、赔礼道歉、赔偿损失，取得被害人谅解的；第八，过失犯罪且能积极阻止后果发生的；第九，其他主观恶性较小，不羁押不至于危害社会或者妨害诉讼正常进行的情形。

未成年犯罪嫌疑人同时具备以下条件的，可以认为是具备诉讼保障条件：第一，在本地区有固定住所或学习、工作单位，或者有社区、企业愿意提供临时住所的；第二，能够提供保证金，或者有成年亲友、学校或单位负责人等作为保证人，或者有企业、学校、社区等单位组织愿意提供帮教和保证的。

2. 未成年人审前羁押审查制度

为防止审前羁押的滥用，国外许多国家普遍建立了司法救济制度，使得被羁押的未成年人有机会将羁押的合法性、必要性等问题提交给中立机构审查，从而实现诉讼权利的自我保障。《国内法与国际法下的未成年人刑事责任决议》要求"审前羁押的决定应该由司法机关作出，必须具有法定的理由，并且作出审前羁押决定之前必须经过审理"。而建立健全羁押审查机制是解决未成年人羁押必要性证明和审查程序的有效途径。

（1）未成年人羁押必要性评估。对未成年人审前羁押决定的作出通常需要进行风险评估。所谓风险评估（risk assessment）是指，研究可能造成本人或他人伤害的因素，以便衡量是否已采取足够的防范措施以防止伤害。美国犯罪学家詹姆斯·奥斯汀等人将其定义为"确定某一犯罪人再犯的危险、技术性违犯、未能出庭及其他负面结果的过程"①。上海市检察机关未成年人刑事检察部门通过司法经验的积累，归纳了审查未成年人羁押必要性的要素，制作《未成年犯罪嫌疑人非羁押措施可行性评估表》，通过对犯罪行为、个人情况、家庭情况、保障支持四个项目的测评，评估未成年犯罪嫌疑人适用非羁押措施的风险，最终作出是否批准逮捕的决定，从而加强对羁押措施适用的限制把关。

（2）审前逮捕听证。大多数国家与地区规定对未成年人实施审前羁押须进行相关听证，由中立、不偏私的法官居间确认是否有羁押的必要。应该说，羁押听证制度通过申请羁押方与犯罪嫌疑人的举证质证和对抗辩论，查明犯罪嫌疑人是否应当羁押，对促进羁押审查的司法化、科学化和透明化具有重要意义。2012年《刑事诉讼法》第269条规定对未成年犯罪嫌疑人的审查批准逮捕应当听取辩护律师的意见，第270条规定讯问未成年犯罪嫌疑人时应当通知法定代理人到场。《人民检察院办理未成年人刑事案件的规定》第14条、《检察机关执法工作基本规范（2013年版）》第10.21条则对批准逮捕未成年人刑事案件听取意见作出规定，要求对未成年犯罪嫌疑人作出批准逮捕决定前，应当注意听取其本人、法定代理人、律师、被害人等有关人员的意见；作出无逮捕必要的不批准逮捕决定前，应当审查其监护情况，参考其法定代理人、学校、居住地派出所以及居（村）民委员会、街道的意见。上述规定为建立审前羁押听证制度提供了法律依据，其立法意图在于在审查逮捕阶段对未成年人案件构建三角诉讼结构。即：检察机关在受理案件后，应以居中裁判的态度，从"实体性事实"和"程序性事实"两个方面，及时充分地听取法定代理人、律师对于未成年人的平时表现、犯罪原因、监护条件及无罪或罪轻的意见，全面考察未成年人的羁押必要性。

（3）羁押必要性双向书面说理。审前羁押审查制度的司法属性，要求审查结论遵循裁判说理、心证公开等基本司法原则。因此，应当对申请羁押和羁押审查决定的文书进行司法化改革。上海检察机关探索建立了审查逮捕阶段的逮捕必要性双向说理机制，要求公安机关在提请批准逮捕文书中对于未成年犯罪嫌疑人的逮捕必要性进行举证和论证，并提供社会调查报告等相关证据；检察机关在作出不予批准逮捕决定后，制作专门的不捕理由说明文书送达公安机关和被害人。

（4）羁押必要性复查机制。许多国家的刑事诉讼立法中，逮捕仅作为一种强制到案的方式，在逮捕后法定的羁押期限截止时，如果需要对被捕人继续

---

① 张鸿巍：《少年司法通论》（第二版），人民出版社2011年版，第362页。

羁押的，必须经有权机构审查后决定。如在日本，对嫌疑人实施逮捕后，是否羁押，需要由检察官所属检察厅所在地的地方法院或简易法院的法官审查决定。在对犯罪嫌疑人作出予以审查羁押的决定后，在羁押状态的延续过程中，有权机关应当定期依职权或不定期地依犯罪嫌疑人一方的申请，对继续羁押的合法性与必要性进行审查，即所谓"羁押复查"制度。我国2012年《刑事诉讼法》第93条增加了关于捕后羁押必要性审查的规定，即"犯罪嫌疑人、被告人被逮捕后，人民检察院仍应当对羁押的必要性进行审查。对于不需要继续羁押的，应当建议予以释放或者变更强制措施。有关机关应当在十日以内将处理情况通知人民检察院"。可见，我国刑事诉讼法已明确了羁押必要性复查制度的法律地位。

司法实践中，羁押必要性复查的启动途径可以分为两种：第一，依职权复查。最高人民检察院2006年制定的《人民检察院办理未成年人刑事案件的规定》第16条第3款规定，"未成年犯罪嫌疑人被羁押的，人民检察院应当审查是否有必要继续羁押"。这一规定为未成年人羁押复查制度提供了法律依据。上海市检察机关未成年人刑事检察部门对此已有实践经验，即在受理公安机关移送审查起诉的未成年人刑事案件时，必须首先通过社会调查、在押期间考察等途径，重新评估未成年犯罪嫌疑人所犯罪行的社会危害性和其人身危险性，从而判断其是否有继续羁押的必要，并作出是否变更羁押措施的决定。第二，依申请复查。在英美法系国家，被拘留的未成年人通常可通过"人身保护令之诉"（habeas corpus）向法院提出释放动议。我国刑事诉讼法对此没有明确规定，但从相关条文中也能寻得羁押复查制度的些许踪迹：一是刑事诉讼法规定的检察机关批准延长侦查羁押期限的规定，可视为依侦查机关申请进行羁押复查的法律依据；二是2012年《刑事诉讼法》第95条规定，"犯罪嫌疑人、被告人及其法定代理人、近亲属或者辩护人有权申请变更强制措施"，这可视为检察机关依犯罪嫌疑人一方申请进行羁押复查的法律依据。

3. 审前羁押之替代措施的选择

除了《利雅得规则》第17条规定"被逮捕扣押的少年或待审讯（'未审讯'）的少年……应作出一切努力，采用其他的替代办法"之外，《北京规则》第13.2条也规定"少年被羁押等待审判仅应作为万不得已的手段使用……如有可能，应采取其他替代办法，诸如密切监视、加强看管或安置在一个家庭或一个教育机关或环境内"。随着未成年人人权保障意识的不断增强，越来越多的国家及地区更多探索并运用各种不同形式的审前拘留替代措施。前联邦德国对未成年人采用的"观察羁押"是"为了准备对被告人的发育情况进行鉴定，法官在听取了有专门知识的人和律师的意见后，可以作出决定，把被告人羁押在对少年犯进行犯罪生理检查的专门看守所进行观察",而且对于这种决议不服,准许立即提出申诉,这种申诉具有延缓执行的作用。日本《少年法》第43条第1款则规定,检察官对少年嫌疑的案件,可以向法官提出以教育家庭裁判所调查官观察保护、解送少年鉴别所(从收容起不超过72小时)替代。在美国,法官可以通过审理决定对未成年人进行居家拘留、监督项目、当天汇报中心或者责令佩戴电子监控器在家庭、社区待审等替代替代性拘留形式。

我国少年司法制度中还没有形成完善的未成年人审前羁押替代措施。尽管刑事诉讼法规定了取保候审、监视居住二种具有替代性功能的非羁押措施,但这两种制度在司法实践中的实际适用受到了限制,绝大多数未成年犯罪嫌疑人、被告人须在羁押而不是非羁押状态中等待审判。"一个国家的强制措施制度要保持良性运作的状态,就必须在完全羁押与完全释放之间确立尽可能多的采用替代羁押的强制措施,也就是尽可能建立一些程度不同的限制人身自由的强制措施。"① 因此,在现有的立法体制下,完善审前羁押的替代措施是我国少年司法制度改革的必然性要求。

(1)完善取保候审制度。

第一,"权力本位"至"权利本位"的理念转变。未成年人取保候审制度实质上是作为对未成年犯罪嫌疑人审前羁押的对抗制度,用对未成年犯罪嫌疑人设定一定的法律或道德义务,有条件地予以释放的方式,以其来抵消审前羁押带来的负面影响。② 长期以来,我国把取保候审作为保障诉讼的一种强制措施,将其性质纯粹地界定为国家权力的一部分,这与现代刑事诉讼制度的宗旨相违背,更与保障人权、实现诉讼程序正义等目标背道而驰。将取保候审制度定位为犯罪嫌疑人、被告人的一项诉讼权利,是无罪推定的基本要求和必然要求,也是国际人权公约所采纳的价值理念。我国法律要求对未成年人实行特殊司法保护,就必须特别强调未成年犯罪嫌疑人审前被保释的权利。司法机关只有经过严格审查,在法定条件下才能限制未成年犯罪嫌疑人、被告人行使这种权利。在办理未成年人刑事案件时,应当尽可能创造条件扩大取保候审的适用范围。

第二,设计更为科学、完善的保证方式。目前我国取保候审制度主要分为保证人和保证金两种形式。从实践来看,采用保证人形式对未成年犯罪嫌疑人实行取保候审,多存在保证人范围过于狭隘、保证人履职不到位、缺乏有效责

---

① 陈瑞华:《刑事强制措施改革的新动向与新思考》,载《人民检察》2008年第24期。

② 盛先磊、田晋宁:《中国少年保释制度保证体系的建立》,载《英国保释制度与中国少年司法制度改革》,中国方正出版社2005年版,第234页。

任约束机制等问题；采用保证金形式则多存在金额多无法交纳、金额少缺乏约束力等困境。欲提高取保候审的适用率，首先应该构架多元化的保证体系：一是扩大保证人范围，不局限于法定代理人，将社工、教师、志愿者等自愿承担监管义务的人员纳入保证人范围，特殊情况下也可以允许工作单位、社团组织等承担保证职责；二是增加保证金的交纳方式，既可事先缴纳足额保证金，也可以签署保证金承诺书不预先支付给司法机关，还可以将工资等预期性收入作为保证金；三是增加自我保证方式，对无再犯可能性、无社会危险性的女性犯罪嫌疑人等，由其自己以书写保证书等方式取保候审。

第三，完善取保候审的监管方式。我国刑事诉讼法规定取保候审由公安机关执行，但警力不足等各种原因造成了监管缺位乏力的现象。可以借鉴我国香港及国外的做法，将勒令离开居住处变更为上交身份证、护照等证件以及定期回派出所备案汇报等方式，并充分发挥居委会、村委会等群众组织的作用，利用社会力量加强对被取保候审的犯罪嫌疑人的监督考察。

（2）完善监视居住制度。

第一，明确监视居住的功能定位。同样系作为羁押替代性强制措施，但监视居住仅适用于虽有一定妨碍诉讼或再犯可能性、但尚未达到羁押必要的未成年犯罪嫌疑人，加之在现行刑事诉讼法的框架内存在诸多操作上的障碍，使这种措施被诟病为一种变相的羁押，造成了这种措施在我国现行非羁押强制措施体制中处于一种比较尴尬的境地。刑事诉讼法修改过程对于监视居住做了较大完善，调整了监视居住在强制措施体系中的地位，一是确立了监视居住羁押替代性措施的地位，二是增加规定了监视居住独立的适用情形，使其与取保候审区别开来，从而避免监视居住对象的随意扩大或缩小，有利于提高监视居住措施在今后的扩大适用。

第二，进一步明确与扩大居住场所的范围。监视居住的目的在于确保犯罪嫌疑人能够及时到案参与诉讼，因此监视的方法只要足以控制其生活范围即可。关于监视居住的场所，2012年刑事诉讼法规定应以犯罪嫌疑人、被告人的住所为原则，以指定居所为补充。其中，"住所"既包括犯罪嫌疑人与其家庭成员共同生活的所有权房屋，也包括犯罪嫌疑人在一段时期内租赁的临时住所。对于没有固定住处的，司法机关可以指定单位宿舍、帮教场所等作为指定居所。如上海市检察机关未成年人检察部门整合社会资源，为无固定住所、无监护条件、无工作单位的来沪未成年犯罪嫌疑人，建立社会化的、区别于羁押场所的社会观护基地，观护组织可以为被监视居住的对象提供吃住、学习和接受就业培训等条件，并由专门的帮教人员对未成年人进行监管、帮教和考察，防止被监视居住的对象继续实施危害社会的行为，促使其行为得以有效矫正。

第三，充分利用电子手铐等科技手段实现有效监视。在非羁押强制措施中使用一些先进的科技设备，有利于增强监管效果，扩大非羁押强制措施的适用。2012 年《刑事诉讼法》第 76 条规定可以采取电子监控的方法监督被监视居住对象。在诸多电子科技设备中，对未成年人佩戴电子手铐或脚镣成为国外非羁押强制措施监管中的常见做法，但对监视居住的对象进行电子监控的方法并不局限于电子手铐或脚镣，还可以使用其他监控设备对监视居住的对象进行监管，如在被监视居住的地点安装摄像头等。值得肯定的是，与传统的限制人身自由的非羁押措施相比，电子监控的实效性和经济性更具优势，值得在未成年人审前羁押改革中率先借鉴。

（二）未成年人刑事案件的公诉工作

我国刑事诉讼法规定，凡需要提起公诉的案件，一律由人民检察院审查决定。代表国家行使公诉权，是检察机关的重要职责，也是检察权区别于其他国家权力的显著特征。未成年人刑事案件的公诉工作，是指人民检察院依法审查未成年人刑事案件，对犯有罪行且应当追究刑事责任的人提出控诉，要求人民法院对所指控的犯罪事实予以确认并追究犯罪人刑事责任的诉讼活动。① 从广义上说，未成年人刑事案件公诉工作既包括提起公诉或决定不起诉，也包括追加起诉、变更起诉、出庭支持公诉或撤回起诉等具体业务。

1. 未成年人案件的起诉必要性

检察制度产生至今，检察官的角色逐渐从"国王的守护人"转变为"法律的守护人"或"公共利益的看护人"。检察官在履行职责的过程中，不单单要追诉犯罪，更要善于运用法律赋予的自由裁量权，实现个别正义。检察官在裁量未成年人犯罪案件是否需要移送法院审理时，不但需要客观公正地收集、审查和运用证据，还需要综合考量所控罪行的严重性、未成年被告人的人身危险性等起诉必要性因素。《全美检察标准》（第三版）中对决定起诉未成年与否这一问题要求检察官考虑下述要点：涉嫌犯罪的严重程度、未成年人在该桩犯罪中的角色、由警方或其他利害关系方提供的不利未成年人以及案件处理的先前有关案件的性质与数量、未成年人的年龄与成熟度、适当处分或服务的可得性、未成年人是否承认有罪或者卷入涉嫌案件、未成年人对他人人身及财产安全所造成的威胁程度、对被害人经济赔偿条款以及有关利害机关、被害人以及未成年人保护机构的建议。我国香港特区律政司在《检控政策及常规：检

---

① 樊荣庆：《未成年人刑事检察实务教程》，上海交通大学出版社 2012 年版，第 65 页。

控人员守则》第12.5条规定，检控少年是否符合公众利益应该考虑下列因素："指称罪行的严重性；少年的年龄、表面成熟程度及心智状况；检控以外的其他可行方法，特别是根据警务处警司警诫计划的权力，向少年发出警训，以及这些方法的效用；如果就案件提出检控，可供有关少年法庭判处的刑罚种类；少年的家庭状况，特别是少年的父母看来是否有能力和是否愿意采取有效措施管教该少年；少年过往的记录，包括少年是否曾经接受警诫及有关的情况；此外，鉴于少年过往的记录，是否不适宜采取较宽松的方法处理当前的案件考虑到有关的情况，例如少年的性格和家庭状况，提出检控会否对少年造成损害，又或者并不恰当。"

　　我国也有关于未成年人起诉必要性的相关法律或司法解释。《最高人民检察院关于在检察工作中贯彻宽严相济刑事司法政策的若干意见》第11条提出："对未成年人犯罪案件依法从宽处理。办理未成年人犯罪案件，应当坚持'教育、感化、挽救'的方针和'教育为主、惩罚为辅'的原则。要对未成年犯罪嫌疑人的情况进行调查，了解未成年人的性格特点、家庭情况、社会交往、成长经历以及有无帮教条件等情况，除主观恶性大、社会危害严重的以外，根据案件具体情况，可捕可不捕的不捕，可诉可不诉的不诉。"

　　2. 审前转向分流

　　"分流"源自对英文"diversion"的翻译，又译作"转向"或"转送"，在刑事司法及少年司法语境下，分流又常称"司法外处分"或"法外措施"、转介处分，系指中止对初犯、偶犯、未成年犯及精神病犯等特定犯罪人的正式司法程序，将其转介至刑事法院系统以外的社区处分计划或措施。所谓未成年人分流或转向，系指伴随未成年人从法院移转至替代性措施而产生的、由正式司法程序到非司法程序转化的各种社会处分计划或措施的总称。[①]

　　早在19世纪末，美国、澳大利亚等国家的少年（儿童）法院便产生了未成年人审前分流，并直至20世纪50年代未成年人审前分流仍被视为少年司法之目的所在。到20世纪70年代，未成年人的分流处分又从刑事司法移送至少年司法，逐步演变为从少年司法正式司法程序移送至针对未成年人身心特点而逐步发展起来的非诉讼程序解决。进入21世纪以来，鉴于分流制度在少年司法中日益突出的作用，更多国家及地区援用了该制度，如爱尔兰《2001年儿童法》第四章确立了未成年人分流制度，第18条规定"除非与社会公益相冲突，任何认可相应责任之触法儿童都应被考虑进入分流措施之中"。

―――――――――

① 张鸿巍：《少年司法通论》（第二版），人民出版社2011年版，第394页。

作为替代措施，未成年人分流是基于"宜教不宜罚"、"非机构化"及"除罪化"等理念，其性质属于审前措施及早期干预，目的在于以便捷的非正式程序替代烦琐的正式程序，解决情节轻微的未成年人犯罪与偏差问题，减少司法体系的正式干预。未成年人分流可避免标签化、减少不必要的拘留与拘禁、减少再犯率、提供辅导与咨询以及降低司法运作成本。分流既避免了正式审理所带来的标签化痕迹，也通过将有限司法资源集中至个别严重问题少年以减轻和分担整个少年司法体系负担，且因分流倾向于以社区为导向，通常有助于问题少年与被害人以及其他利害关系人的和解①。我国台湾刑法学者沈银河主张分流的功能在于实现"以教代刑"少年刑法功能、避免标签化、减轻法院负担以及推行"刑法人道化"与"避免不必要社会控制"。②

基于分流制度对于未成年人的保护功能，《联合国儿童权利公约》第40条第3款规定，"在适当和必要的时候，制定不对此类儿童诉诸司法程序的措施，但须充分尊重人权和法律保障"；第4款继规定"应采用多种处理办法，诸如照管、指导和监督令、辅导、察看、寄养、教育和职业培训方案及不交由机构照管的其他办法，以确保处理儿童的方式符合其福利并与其情况和违法行为相称"。联合国儿童权利委员会《刑事司法系统中儿童问题行动指南》第15条要求会员国，"应对现有的程序进行一次审查，如可能应制定转送教改或其他替代传统刑事司法系统的措施，以避免对受到犯罪指控的青少年实行刑事司法制度。应采取适当的步骤，在逮捕前、审判前、审判和审判后阶段全国范围都可采用广泛的各种替代和教育措施，以防止重犯并促进儿童罪犯在社会中改过自新"。

根据分流阶段和经手单位的不同，未成年人分流可以分为警察分流、检察院分流和法院分流等主要形式。在检察院分流阶段，检察官的起诉与否直接决定了未成年人案件是否得以分流。受传统刑罚观的影响，我国对问题少年处分仍以监禁刑为主，对非羁押性社区处分重视不够，因而直接影响了未成年人分流制度的构建。特别是在未成年人的日常学习、工作及生活，特别是复学、就业等涉及自身权益等问题上，目前的教育感化、就学就业辅导、医疗保险、心理创伤辅导及家庭关系重建尚未完全与未成年人分流机制融合，造成未成年人分流建设缺乏整体性、系统性。目前我国的未成年人刑事检察制度中，审前分流主要采用相对不起诉、附条件不起诉这二种形式。

---

① 张鸿巍：《美国检察制度研究》（第二版），人民出版社2009年版，第270页。
② 沈银河：《中德少年刑法比较研究》，五南图书出版公司1988年版，第131—132页。

（1）相对不起诉。

我国1996年修订的刑事诉讼法取消免予起诉制度，建立了相对不起诉制度。所谓相对不起诉，又称酌定不起诉，是指检察机关在审理案件过程中，对于犯罪情节轻微，依照刑法规定不需要判处刑罚或者免除刑罚的，可以作出相对不起诉决定。鉴于未成年人的身心发育尚未臻熟，将刑罚化的诉讼转为社会化的矫治，无疑更加有利于对未成年人的身心保护，也是教育、挽救、感化涉罪未成年人的一种理想选择。

第一，相对不起诉的适用条件。《刑事诉讼法》第173条第2款规定，"对于犯罪情节轻微，依照刑法规定不需要判处刑罚或者免除刑罚的，人民检察院可以作出不起诉决定"。这是相对不起诉的法律依据，但上述条款关于相对不起诉的适用条件规定得过于模糊，为方便司法实践操作，《人民检察院办理未成年人刑事案件的规定》第20条细化了相对不起诉的适用条件。规定对于犯罪情节轻微，并具有下列情形之一，依照刑法规定不需要判处刑罚或者免除刑罚的问题少年，一般应当依法作出不起诉决定：其一，被胁迫参与犯罪的；其二，犯罪预备、中止的；其三，在共同犯罪中起次要或者辅助作用的；其四，是又聋又哑的人或者盲人的；其五，因防卫过当或者紧急避险过当构成犯罪的；其六，有自首或者重大立功表现的；其七，其他依照刑法规定不需要判处刑罚或者免除刑罚的情形。此外，对于未成年人实施的轻伤害案件、初次犯罪、过失犯罪、犯罪未遂的案件以及被诱骗或者被教唆实施的犯罪案件等，情节轻微、犯罪嫌疑人确有悔罪表现，当事人双方自愿就民事赔偿达成协议并切实履行，符合《刑法》第37条规定的，检察院可以作出不起诉的决定，并可以根据案件的不同情况予以训诫或者责令具结悔过、赔礼道歉。

第二，相对不起诉的运作程序。目前，检察机关作出相对不起诉决定，一般实行内部逐级审批、检察委员会讨论决定的运作程序。由此可见，检察机关作出相对不起诉决定完全依赖于自律，具有独断性、非公开性，缺乏有效制约和监督。这也是相对不起诉制度长久以来被理论界和司法实务界所诟病之缺陷所在。正如英国古老的法律谚语所言——正义不仅得以实现，而且还应以公众等能看得见的方式得以实现。为避免检察机关免于起诉权被滥用的前车之鉴，部分地方的检察院建立了不诉理由说明工作机制，在作出相对不起诉决定后，同时制作不诉理由说明书送达公安机关及案件当事人，① 应该说这一工作机制不失为有效的相对不起诉事后救济途径。诚然，建立具有

---

① 如上海市奉贤区人民检察院未检科于2010年起开始试行不诉理由说明机制。

事前救济作用的相对不起诉听证制度，才是全面规制相对不起诉的治本之策。听证程序的意义在于，集中听取双方当事人及其委托人的意见，提高当事人对案件处理的参与程度，并做好释法说理工作。这不仅有利于赢得双方当事人的认可，也有利于维护相对不起诉决定的法律效力，从而真正实现个别公正。

（2）附条件不起诉。

早在 1992 年初，上海市长宁区人民检察院在相对不起诉制度的框架内进行了积极的尝试，对符合不起诉条件的涉罪未成年人采取"诉前考察"措施，即在提起公诉前由指定的考察人员对未成年人进行一定期限的考察帮教和跟踪评估，最终由检察机关综合案件情节和考评结论作出起诉或不起诉的决定。上海市检察机关对这一做法进行了推广，并确立了"未成年人诉前考察制度"。与此同时，国内其他地方对附条件不起诉制度的探索和研究也呈现出遍地开花之势，但称谓和程序都不尽相同。有的地方称为附条件不起诉制度，有的地方称为暂缓起诉制度，还有的地方称为暂缓不起诉制度。

2012 年刑事诉讼法在未成年人刑事案件诉讼程序中专门对附条件不起诉制度作出规定，这是我国未成年人分流制度的跨越性进步。它赋予了检察机关在处理未成年人案件上更大的自由裁量权，这是基于起诉便宜主义对未成年人这一弱势群体的特殊司法保护的考虑。检察官可以通过程序性、人性化的工作，在对案件事实和证据进行审查之外，对未成年人的成长环境、教育背景、犯罪原因等进行全面调查和了解，并在此基础上对未成年人作出适当、合理的处理决定，充分体现了对未成年人非刑罚化、非犯罪化的恢复性司法精神。

第一，附条件不起诉的适用条件。2012 年《刑事诉讼法》第 271 条第 1 款对附条件不起诉的适用条件作出了限制性规定：首先，附条件不起诉的适用罪名限于刑法分则第四章"侵犯公民人身权利、民主权利罪"、第五章"侵犯财产罪"和第六章"妨害社会管理秩序罪"这三章之内。其次，附条件不起诉的刑罚条件是可能被判处 1 年以下有期徒刑，当然也包括拘役、管制或单处罚金。此外，附条件不起诉的适用对象应当具备"有悔罪表现"这一条件，即检察机关应结合未成年人的到案经过、认罪态度以及是否有赔礼道歉、积极退赔等情节加以综合考量。

第二，附条件不起诉的运作程序，具体如下：

首先，听取意见。根据 2012 年《刑事诉讼法》第 271 条之规定，人民检察院在作出附条件不起诉的决定以前，应当听取公安机关、被害人的意见；未成年犯罪嫌疑人及其法定代理人对人民检察院决定附条件不起诉有异议的，人民检察院应当作出起诉的决定。这一规定是对人民检察院行使附条件不起诉权的外部监督，也就意味着：其一，未成年犯罪嫌疑人及其法定代理人对附条件不起诉有异议，检察机关即便认为案件符合附条件不起诉规定，也必须将案件提起公诉；其二，检察机关作出附条件不起诉决定之前必须听取公安机关、被害人的意见，若公安机关、被害人持反对意见，检察机关认为案件符合附条件不起诉规定，仍可以作出附条件不起诉的决定。

其次，审查决定。对于附条件不起诉决定是否应当提交检委会讨论，由于相关实施办法尚未出台，各地检察机关的司法实践做法也有所不同。一种观点认为：附条件不起诉附加了一定期限的暂缓生效期，明文设置了限制性的考察和制约，如果被不起诉人通过了考察，则不起诉决定生效并执行，这是对原附条件不起诉决定的执行。反之，如果被不起诉人违背了考察的相关规定，原附条件不起诉决定则当然生效，检察机关应当予以撤销，这种运作程序类似于缓刑。因此，附条件不起诉决定应先由检委会讨论决定，而考察期满后是执行还是撤销原不起诉决定，则无须再提交检委会讨论。另一种观点则认为：附条件不起诉决定并非案件最终处理结果，而是在不起诉之前的一个考察决定，无须提交检委会讨论。在考察期满以后，根据被不起诉人是否具备撤销不起诉的法定情形，再提交检委会作出不起诉决定或撤销不起诉决定。还有一种观点采用折中法，即：附条件不起诉决定由检委会讨论决定，考察期满后，对于无法定撤销情形的，检察机关直接宣告不起诉决定；对于有法定撤销情形的，应当提交检委会讨论后再予以撤销。

再次，考察帮教。刑事诉讼法规定附条件不起诉的考验期为6个月以上1年以下，自人民检察院作出附条件不起诉的决定之日起计算。检察机关在设定考验期限时，应当结合未成年人的犯罪情节、认罪表现、监护帮教条件以及办案期限等综合考虑，同时注意为可能提起公诉预留时间。检察机关负有对被附条件不起诉的未成年人进行监督考察的职责，同时有权要求未成年人监护人配合。在司法实践中，检察机关也可以委托司法社工、志愿者等社会组织人员进行日常的矫治帮教。根据2012年《刑事诉讼法》第272条第3款之规定，被附条件不起诉的未成年犯罪嫌疑人在考验期内应当遵守履行的四项义务，包括：遵守法律、行政法规，服从监督；按照考察机关的规定报告自己的活动情况；离开所居住的市、县或者迁居，应当经考察机关批准；按照考察机关的要求接受教育矫治等。其中，检察机关可以参考我国台湾地区暂缓起诉考验期的相关规定,① 对附条件不起诉的未成年人设定向被害人赔礼道歉、退赔被害人损失、参加公益劳动、接受戒瘾治疗或心理疏导以及禁止从事特定活动、禁止进入特定场所、禁止接触特定人等附加义务。

最后,处理宣告。附条件不起诉考验期满后,未成年人若不存在法定撤销附条件不起诉的情形,检察机关应当及时作出不起诉决定,并通知公安机关承办人员、未成年犯罪嫌疑人及其法定代理人、辩护人、被害人、考察帮教人员到场,宣布考察小组的鉴定意见和不起诉决定;反之,若未成年犯罪嫌疑人在考验期限内若违反相关规定,检察机关应当及时将案件提起公诉,并将考察小组的鉴定意见随案移送法院。

(三) 未成年人刑事案件的出庭公诉业务

法庭审判是刑事诉讼活动集结点,而出庭支持公诉是人民检察院公诉权的重要内容,具体系指人民检察院在法院开庭审理未成年人刑事案件时,派员以国家公诉人的身份出席法庭,进一步阐述和表示支持公诉的意见,并通过举证、质证和辩论,使法庭确认指控、依法作出有罪判决并处以相应刑罚,同时对未成年人开展法庭教育的诉讼活动。未成年人刑事案件的出庭支持公诉,除了代表国家指控犯罪,向法庭提供证明被告人有罪、罪重或罪轻的证据,阐述诉讼主张并反驳不正确辩护意见,监督审判活动合法性以外,还应当结合案情进行法制宣传和教育。公诉人出席未成年人刑事审判法庭,应当遵守公诉人出庭行为规范要求,发言时应当语调温和,并注意用语文明、准确、通俗易懂。公诉人一般不提请未成年证人、被害人出庭作证。公诉人在法庭审理过程中,对于未成年被告人情绪严重不稳定、不宜继续接受审判的,可以建议法庭休庭。未成年人刑事案件的出庭支持公诉有别于成年人的特点,主要体现于不公开审理、法庭教育以及量刑建议三个方面。

1. 不公开审理

为切实保护涉罪未成年人的权益,2012 年《刑事诉讼法》第 274 条对未成年人刑事案件的庭审方式做了更为刚性的规定,由原规定"十四岁以上不

---

① 我国台湾地区"刑事诉讼法"第 253 条第 2 款规定:"检察官作出暂缓起诉处分的,可以命令被告在一定期限内遵守或履行以下义务:(一)向被害人道歉;(二)立悔过书;(三)向被害人支付相当数额的财产或非财产损害赔偿;(四)向公库或指定之公益团体、地方自治团体支付一定的金额;(五)向指定之公益团体、地方自治团体或社区提供四十小时以上二百四十小时以下之义务劳务;(六)完成戒瘾治疗、精神治疗、心理辅导或其他适当之处遇措施;(七)不得危害被害人的安全;(八)不得再犯罪。"

满十六岁未成年人犯罪的案件，一律不公开审理。十六岁以上不满十八未成年人犯罪的案件，一般也不公开审理"修改为"审判的时候被告人不满十八周岁的案件，不公开审理。但是，经未成年被告人及其法定代理人同意，未成年被告人所在学校和未成年人保护组织可以派代表到场"。根据上述规定，对于犯罪时未满 18 周岁，但审判时已满 18 周岁的未成年人刑事案件，不适用上述规定，法院应当公开审理。

但在实践中，对于未成年人与成年人共同犯罪的案件，由于出席庭审的辩护人、证人多，庭审活动无法达到真正不公开审理的效果，同时也剥夺了成年被告人家属的庭审旁听权。为解决这一现实矛盾，一些地方检察机关探索建立了分案起诉制度。即人民检察院在审查起诉阶段，对成年人与未成年人共同作案的案件，在不影响正常诉讼的前提下，从有利于对未成年被告人的教育、挽救、感化出发，将成年人与未成年人分案提起公诉，从而实现普通刑事审判庭和少年法庭的分开审理、分别判决。如上海市检察机关明确规定，除属于涉外或重大敏感案件、未成年被告人系主犯、有提起附带民事诉讼可能以及有其他可能影响审理工作正常进行这四种情形不宜分案起诉、分案审理之外，其他未成年人与成年人共同犯罪的案件，应当分案起诉。

2. 法庭教育

庭审教育制度，是指少年法庭在审理未成年人刑事案件的过程中，设置专门的环节，由公诉人、辩护人、法定代理人或合适成年人等其他特邀到庭人员，从不同角度对未成年被告人进行教育活动的制度。为贯彻未成年人案件审理中"教育为主、惩罚为辅"的原则，在法庭审理过程中增设教育程序已于 2000 年被最高人民法院《关于审理未成年人刑事案件的若干规定》所确认。违法犯罪的未成年人在生理和心理等方面都和成年人有着明显的差异，他们对外在环境有较强的依存性，身心和智力发育都尚未完全与定型，其行为与动机往往不一致，有着较强的模仿性和随意性，也有着极强的可塑性。因此，增设庭审教育程序，利用法庭特有的环境和氛围，针对未成年被告人的身心特点和犯罪行为，对其进行全面的教育和疏导，能够有效地帮助未成年被告人懂得法律和责任，认识自己的行为和后果，并树立重新做人和对未来发展的信心。这既是保障未成年被告人身心健康成长的人道主义特殊司法保护，也是我国刑法在保护人权方面与国际接轨的重要体现。

（1）教育主体与对象。公诉人、辩护人、法定代理人、审判员是庭审教育最重要也是最基本的教育主体，到庭参与诉讼的合适成年人或其他特邀诉讼参与人，如心理专家、教育学者等，也可以成为庭审教育的主体。基于庭审教育程序设置的宗旨和目的，庭审教育的对象原则上为庭审时未满十八周岁的未成年被告人。对作案时未满十八周岁庭审时刚满十八周岁的未成年被告人，也可视情况进行庭审教育。

（2）教育模式。目前我国刑事诉讼法或相关司法解释均未对庭审教育阶段作出明确规定。上海市在司法实践中，有三种不同的庭审教育模式：一是在法庭辩论之后，被告人最后陈述之前；二是在被告人最后陈述之后、判决宣告之前；三是判决宣判之后、闭庭之前。三种模式各有利弊，实践中普遍采用第一种模式。在被告人最后陈述之前进行法庭教育的合理性在于：第一，经过法庭调查与举证质证、法庭辩论阶段之后，被告人对自己的行为性质及犯罪后果均有了较为清楚的认识，在即将面临判决之际对其展开各种层次与角度的教育，使其心理受到更为强烈的震撼，能够强化教育效果；第二，在庭审教育之后，未成年被告人可以重新审视自己的行为，形成更加深刻的悔罪心理。在教育之后的被告人最后陈述阶段，未成年被告人可以结合庭审教育内容表达感受和体会，使审判人员进一步了解未成年被告人的思想、心理状态，从而作出更有助于教育挽救未成年被告人的判决。

（3）庭审教育的内容和重点。2000年，最高人民法院《关于审理未成年人刑事案件的若干规定》第33条规定，会议庭组织诉讼参与人围绕教育的内容：犯罪行为对社会的危害和应当受刑罚处罚的必要性；导致犯罪行为的主观、客观原因及应吸取的教训；正确对待人民法院的裁判。上述规定基本上作为公诉人、审判人员以及诉讼参与人共同开展庭审教育的主要内容。

3. 量刑建议

量刑建议权，又称求刑权，是指人民检察院对提起公诉的被告人，依法就其适用的刑罚种类、幅度以及执行方式等向人民法院提出建议的权力。检察机关应当根据犯罪的事实、性质、情节和对于社会的危害程度，综合考虑案件从重、从轻、减轻或者免除处罚等各种情节，依法、公正地提出量刑意见，供法院裁决时参考。检察机关提出量刑建议，应当采用制作量刑建议书随案移送法院和发表公诉意见时当庭提出相结合的方式。对未成年被告人的量刑既要考虑所犯罪行的轻重，又要考虑应负刑事责任的大小，并结合未成年被告人实施犯罪行为的动机和目的、犯罪时的年龄、是否初次犯罪、犯罪后的悔罪表现、个人成长经历和一贯表现等因素，做到罪责刑相适应，实现惩罚和预防犯罪的目的。

（1）社会调查报告和心理测试报告的使用。对未成年被告人量刑时，应根据未成年被告人的经历以及社会调查报告、心理分析报告等材料，结合案件具体情况，从最有利于对未成年被告人教育、感化、挽救的需要出发，选择合适的起刑点和量刑调节幅度并确定应当判处的刑罚。但从刑事诉讼证据规格上看，我国未成年人社会调查、心理测试制度均尚处于探索实践阶段，社会调查报告或心理测试报告的制作主体、形成程序、适用范围以及形式内容等方面均缺乏规范性、统一性和权威性，能否归入现行刑事诉讼法证据种类，在学界和实务部门还没有形成统一认识。同时，最高人民检察院《关于 GPS 多道心理测试鉴定结论能否作为诉讼证据使用问题的批复》明确禁止将测谎鉴定结论作为证据。心理测试与测谎鉴定属于同一类范畴的技术鉴定，具有可比性。因此，在我国尚未正式确立品格证据制度之前，社会调查报告、心理测试报告等材料可以视为意见证据，属于特殊的鉴定意见，作为检察机关提出量刑建议时的参考依据。

（2）缓刑的适用。19 世纪，以李斯特为代表的刑事社会学派提出了保护刑、改造刑和教育刑理论，主张刑罚以保卫社会、教育犯罪人并使之复归社会为目的，要求根据罪犯的个性特点、罪行情况、人身危险性以及复归的可能性适用相应的刑罚，充分发挥刑罚的教育改造功能。而萨累里斯在《刑罚个别化》中评论说"缓刑是最高程度的个别化"。缓刑既可以避免监禁带来的弊端，也更有助于加强对少年犯的教育帮助，充分体现了少年刑事司法尽量避免对少年犯进行监禁的原则，因而各国立法中大多规定有专门的少年缓刑制度。如，泰国规定缓刑首先适用于少年；马来西亚少年法院法规定"对于一切少年罪犯（杀人犯除外），皆可宣判缓刑"；美国、英国规定少年犯中除杀人罪不适用外，对于犯罪种类、有无前科都没有限制，只要认为适当，经过法院决定即可适用缓刑；德国规定"对少年犯罪，除特殊情况外，一般均应实施教育刑措施，扩大缓刑的适用"，"凡处一年以下有期徒刑的少年犯罪案件，必须宣告缓刑"。

随着我国少年司法的蓬勃发展，缓刑之于未成年人刑事案件的适用也逐步得到重视和推广。我国虽没有专门的少年缓刑制度，但未成年人保护法明确提出了对违法犯罪的未成年人，实行教育、感化、挽救的方针和坚持教育为主、惩罚为辅的原则。《人民检察院办理未成年人刑事案件的规定》第 31 条也指出，对于具有下列情形之一，依法可能判处拘役、3 年以下有期徒刑，悔罪态度较好，具备有效监护条件或者社会帮教措施、适用缓刑确实不致再危害社会的未成年被告人，人民检察院可以建议人民法院适用缓刑：第一，犯罪情节较轻，未造成严重后果的；第二，主观恶性不大的初犯或者胁从犯、从犯；第三，被害人同意和解或者被害人有明显过错的；第四，其他可以适用缓刑的情节。人民检察院提出对未成年被告人适用缓刑建议的，应当将未成年被告人能够获得有效监护、帮教的书面材料一并于判决前移送人民法院。此外，对于未成年人适用缓刑的刑罚条件，也有一些学者认为，对于那些偶尔犯下了较为严重罪行，依法应判处 3 年以上有期徒刑，但是综观其犯罪原因、犯罪情节以及认罪悔罪表现等多方面情况，实际上人身危险性不大，再犯可能性极小的少年犯，可考虑突破"三年以下"的界限，判处缓刑。①

二、未成年人刑事案件特殊检察制度

（一）法定代理人到场制度

法定代理人到场制度旨在以一种救济的方式，帮助未成年人理解并完成诉讼活动，并监督司法公正。这是一项立足于未成年人权益保护的特殊刑事诉讼制度，既符合我国少年司法制度改革的现实需求，也顺应联合国少年司法准则的要求。2012 年修改的《刑事诉讼法》第 270 条对于法定代理人到场制度进行了修改和补充，使我国未成年人刑事案件法定代理人到场制度进一步完善。

1. 法定代理人到场制度的司法保障

法定代理人到场制度在我国已有多年实践经验，在发挥积极作用的同时，也或多或少暴露出一些问题。

（1）如何界定"法定代理人"。

首先，应该厘清"法定代理人"与"监护人"的区别。从法律法规上看，刑事诉讼法、《人民检察院办理未成年人刑事案件的规定》和最高人民法院《关于审理未成年人刑事案件的若干规定》中均使用了"法定代理人"的概念，未成年人保护法的用语则是"监护人"，而《公安机关办理刑事案件程序规定》用词更为混乱，对违法犯罪的未成年人通知对象为"家人或监护人或教师"，对未成年人证人或被害人通知对象却为"法定代理人"。立法用语的不统一造成了司法实践对两个概念的混淆。《民法通则》第 14 条规定，"无民事行为能力人、限制民事行为能力人的监护人是他的法定代理人"。可见，监护人身份是法定代理权产生的法律事实，而担任法定代理人只是监护人的职责之一。应该说，"监护人"与"法定代理人"在本质上具有同一性，但二者用于不同的法律语境中。在抚养等民事法律关系中均使用"监护人"，而在诉讼法律关系中，才能也只能使用"法定代理人"。因此，刑事诉讼法使用"法定代理人"的概念是正确的。

其次，应该明确界定"法定代理人"的范围。2012 年《刑事诉讼法》第

---

① 徐建：《青少年法学新视野》（上），中国人民公安大学出版社 2005 年版，第 379—380 页。

106 条第 3 项规定，"法定代理人"是指被代理人的父母、养父母、监护人和负有保护责任的机关、团体的代表。而《刑事诉讼法》第 270 条则是将"其他成年亲属、所在学校、单位、居住地基层组织或未成年人保护组织的代表"罗列在"法定代理人"范畴之外。显然，二者不相一致，这也造成了实践中对"法定代理人"理解的不统一。其实，《刑事诉讼法》第 106 条属于总则规定，而第 270 条的规定则是分则的特殊规定，根据特殊规定优先的原则，我们在司法实践中应当依照第 270 条的规定对"法定代理人"作狭义理解，也就是说"法定代理人"限于"法定监护人"，只包括父母、养父母、继父母、祖父母、外祖父母和成年兄、姐。一般而言，司法机关在确定拟通知的法定代理人时，应当按照上述罗列顺序顺位选择，只有前一监护人缺位或丧失监护能力时，才能选择下一顺位的监护人。

（2）如何把握"应当通知"。2012 年《刑事诉讼法》第 270 条将法定代理人到场的授权性的"可以通知"修改为义务性的"应当通知"，从而使法定代理人到场制度有了刚性的法律支撑。司法实践对"应当通知"的把握可以从以下几个方面着手：

首先，通知的方式。办案机关通知法定代理人应当发出书面通知，同时告知法定代理人到场的权利义务；对于路途较远，无法在办案期限内送达书面通知的，可以先通过电话进行口头通知，法定代理人到场后再书面备案。

其次，通知的次数。同一办案机关针对同一未成年人，需要多次讯问或审判的，每次均应当通知法定代理人到场，但除了第一次以外，可以不再书面通知。有学者认为，每次均通知法定代理人在实践中不具有可操作性，且在一定程度上影响诉讼效率、浪费司法成本。我们认为，刑事诉讼法或相关司法解释均未规定通知的次数，为切实保障未成年人的权益，办案机关应当不打折扣地每次都通知法定代理人到场；如果实践中尚不具备条件，则至少应当在首次讯问、终审讯问以及出现翻供、变供等情况时通知法定代理人到场。

最后，通知的例外情形。虽然办案机关负有通知法定代理人到场的义务，但有下列几种情形的，办案人员可以不予通知：其一，无法通知；其二，有碍侦查；其三，法定代理人已亡故或下落不明；其四，监护能力丧失或不足；其五，其他不适宜通知的情形。办案人员应当在讯问或庭审记录中做好记录，并采取其他救济措施。

（3）对"未成年人"的理解。司法实践中，常出现未成年人作案时未满 18 周岁，进入诉讼程序后已满 18 周岁的情形，对此有无必要再通知其法定代理人到场？1991 年最高人民法院曾作出"未成年被告人未满 18 周岁，审判时不论是否已满 18 周岁，均应当通知法定代理人到场"的批复，我们认为此规定有待商榷。法定代理是基于弥补未成年人诉讼能力不足而产生的法律关系，因此，行为人诉讼当时未满 18 周岁是法定代理权产生的前提条件。法定代理在被代理人恢复行为能力时自动终止。我们认为，若诉讼时行为人已满 18 周岁，具备了完全的诉讼行为能力，其监护人的法定代理权自动终止，办案机关无必要再通知法定代理人。但如果行为人进入诉讼程序时刚满 18 周岁，鉴于其心智发育程度与未成年人区别不大，办案机关也可以通知其法定代理人到场。

（4）代理意思冲突的选择。未成年人在刑事诉讼中可以自行进行相关诉讼行为，法定代理人在诉讼中具有独立诉讼地位，也可以根据自己的意愿进行诉讼行为，因此难免会发生法定代理人与被代理人诉讼意思的冲突。与被代理人意思相悖的代理行为效力如何？对此，法律、司法解释均未作出相关解释。有意见认为，法定代理人的行为能力较未成年人而言更为成熟，应当依法定代理人的意思表示而定。我们则认为，法定代理制度旨在保障未成年人的权益，因此应根据有利于未成年人原则，只要被代理人或法定代理人其中一个有行使相关权利的意思表示，就应当予以启动。

2. 合适成年人参与制度

2012 年《刑事诉讼法》第 270 条规定，"无法通知、法定代理人不能到场或者法定代理人是共犯的，也可以通知未成年犯罪嫌疑人、被告人的其他成年亲属，所在学校、单位、居住地基层组织或者未成年人保护组织的代表到场"。可见，刑事诉讼法虽仍未正式引用"合适成年人"的概念，但实质上已将合适成年人参与制度的内容纳入法条之中。上海市检察机关从 2002 年开始探索建立合适成年人参与制度，并将此作为法定代理人到场制度的救济途径，在实际运行中也取得了良好的法律效果和社会效果。

（1）合适成年人的选任。合适成年人是为未成年人在接受司法机关讯问或审判时提供帮助、维护未成年人合法权益的非司法人。根据《刑事诉讼法》的规定，可以担任合适成年人的人员包括：第一，其他成年亲属，即除法定代理人之外，关系密切且愿意承担监护责任的成年亲属；第二，所在学校的教师或单位的代表；第三，居住地基层组织的代表，如街道、居委会、村委会工作人员；第四，未成年人保护组织的代表，司法实践的普遍做法是由司法机关从共青团干部、青少年权益保护干部、专业社会工作者或"关心下一代工作委员会"工作人员等当中挑选符合一定条件的人员组建合适成年人队伍。合适成年人的选任应当有先后顺序，关系越密切的人如亲属、教师等应当优先选任为合适成年人，只有未成年人强烈反对某一序位的人担任其合适成年人时，才可以由下一序位的人出任，但应限制更换次数。

（2）"也可以通知"的理解。刑事诉讼法对于法定代理人以外的其他人员使用了"也可以通知"的表述，是否意味着若法定代理人无法到场，办案机关既可以通知合适成年人，也可以选择不通知？我们认为不然。合适成年人参与制度和法定代理人到场制度都是为了保障未成年人的诉讼权益而设立的特殊诉讼制度，刑事诉讼法对法定代理人做了"应当通知"的规定，从立法本意上说，作为救济的合适成年人也同样"应当通知"。该法第270条中"也可以通知"的表述意在表示通知对象的可替代性，而非通知义务的可选择性。

（3）对合适成年人参与权的理解，主要应注意两点：

首先，与法定代理人到场权的联系与区别。二者在维护未成年人利益的角度上殊途同归，但二者立场不同。后者是一种以法定代理人为本位的权利，前者则是一种以未成年人为本位的权利。也就是说，法定代理人到场权强调的是法定代理人的诉讼权利，法定代理人可以按照自己的意愿独立行使诉讼权利，其诉讼行为不受被代理人的约束；而合适成年人参与权强调的是未成年人的诉讼权利，合适成年人行使权利必须符合未成年人的最大利益，其权利更应当被视作义务，不可基于自身意志和利益考虑而退却或不适当地行使。

其次，与律师到场权的联系与区别。律师和合适成年人都是介入诉讼程序的第三方，功能上都起着监督诉讼合法性、保护犯罪嫌疑人、被告人权利的作用，二者具有类同之处。司法实践中，有的办案机关也存在律师同时兼任合适成年人的现象。我们认为，这种做法并不妥当。首先，律师到场权既是辩护律师的权利，同时也是犯罪嫌疑人、被告人的权利，而合适成年人参与权主要被视为未成年犯罪嫌疑人特有的一项权利。其次，二者功能虽有重合，但也有着重大区别。辩护律师主要提供专业的法律帮助，而合适成年人主要提供心理抚慰，考虑非罪化处理可能性。最后，辩护律师是独立的诉讼参与人，可以不依照当事人的意思表示提出辩护意见，而合适成年人只能帮助未成年人客观、理性地进行意思表示。因此，我们认为，当律师以未成年人保护组织代表的身份参与诉讼时，可以担任合适成年人，但如果律师已经担任辩护人的，则不能同时兼任合适成年人。

3. 法定代理人到场制度与合适成年人参与制度的落实

刑事诉讼法对法定代理人到场制度作出修改之后，相关的司法解释和执法规定也应当及时进行补充修改，这既是统一立法的需要，也是落实贯彻制度的保障。

（1）建立制度的配套机制。法定代理人到场制度和合适成年人参与制度给司法实务带来的一大难题是，法定代理人、合适成年人进入羁押场所的可行性问题。从目前司法实践看，大多数地方只做到了允许司法社工等合适成年人进入羁押场所，法定代理人到场只能局限适用于取保候审的未成年人刑事案件，这一局限大大影响了两个制度功能的发挥。因此，各地司法机关应当及时建立起相应的配套机制，充分做好衔接配合，为法定代理人、合适成年人进入羁押场所提供支持和保障。

（2）建立制度的监督机制。检察机关作为法律监督机关，理所当然承担起对法定代理人到场制度和合适成年人参与制度的监督职责。第一，对公安机关讯问、询问笔录的审查监督。根据2012年《刑事诉讼法》第54条和《关于办理刑事案件排除非法证据若干问题的规定》，只有"采用刑讯逼供等非法手段取得的犯罪嫌疑人、被告人供述和采用暴力、威胁等非法手段取得的证人证言、被害人陈述，属于非法言词证据"应当予以排除，同时根据《关于办理死刑案件审查判断若干问题的规定》第19条、第20条的规定，笔录填写法定代理人等有误或存在矛盾的，通过有关办案人员的补正或作出合理解释的，可以采用。因此，对于未通知法定代理人或合适成年人到场而制作的讯问、询问笔录，检察机关应当及时书面通知公安机关进行补正完善；但如果有证据证明笔录系通过刑讯逼供等非法手段取得的，则应当排除。第二，对法院庭审的审判监督。对于法院庭审时未通知法定代理人到场的，出庭支持公诉的检察人员应当提出意见并建议延期审理。第三，公安机关、法院有条件通知而未通知法定代理人到场，造成严重后果的，检察机关应当以纠正违法通知书进行书面纠正。

（二）法律援助制度

法律援助制度，也称法律救助，是世界上许多国家普遍采用的一种司法救济制度。其具体含义是：国家在司法制度运行的各个环节和各个层次上，对因经济困难及其他因素而难以通过通常意义上的法律救济手段保障自身基本社会权利的社会弱者，减免收费，提供法律帮助的一项法律保障制度。这里所阐述的法律援助制度，专指在未成年人刑事案件诉讼过程中，为未成年犯罪嫌疑人、被告人提供司法救济的工作机制。未成年人法律援助制度旨在对处于社会弱势群体的未成年人提供法律帮助，保护其合法权益，保障其法定权利得以实现。该制度对司法公正的保障体现在：一是保障未成年人不受经济困难等因素之影响，获得与其他有支付能力的公民所享有的法律服务、平等地行使诉讼的权利；二是使司法诉讼程序正当化，平衡控、辩双方力量，帮助未成年人犯罪嫌疑人、被告人获得有效辩护，避免不公正判决。

1. 检察机关在法律援助中的地位作用

2012年《刑事诉讼法》第267条规定："未成年犯罪嫌疑人、被告人没有委托辩护人的，人民法院、人民检察院、公安机关应当通知法律援助机构指派律师为其提供辩护。"检察机关在审查案件时，应当及时告知未成年犯罪嫌疑人申请法律援助的诉讼权利。对于未成年犯罪嫌疑人申请法律援助的，检察人员应当及时向所在地的法律援助中心提交相关申请材料。对没有聘请辩护人的未成年犯罪嫌疑人，检察机关应通知法律援助中心为其指定辩护人。法律援助中心对申请人的受援资格进行审查后，视情况作出是否予以法律援助的决定，并函复检察机关，同时通知承担法律援助的律师。检察机关接到法律援助中心的复函后，应当告知申请人。对于指定法律援助律师的案件，检察机关应当将法律援助公函复印件随案移送法院。检察院应支持法律援助律师行使职责，在审查逮捕阶段和审查起诉阶段听取法律援助律师的意见。

2. 法律援助律师在审查起诉阶段的职能

根据相关法律规定，法律援助律师在审查起诉阶段有权行使以下权利：（1）自案件审查起诉之日起，可以查阅、摘抄、复制与案件有关的诉讼文书及案卷材料。（2）可以凭律师执业证书、律师事务所证明、法律援助公函，会见犯罪嫌疑人、被告人并了解有关案件情况；律师会见犯罪嫌疑人、被告人，不被监听。（3）可以为被逮捕的犯罪嫌疑人申请取保候审、提供法律咨询。（4）根据案情需要，可以申请人民检察院收集、调取证据；律师自行调查取证的，凭律师执业证书和律师事务所证明，可以向有关单位或者个人调查与承办法律事务有关的情况。（5）有权对案件事实、证据等提出质疑，有权对侵犯犯罪嫌疑人合法权益的执法行为提出异议。

（三）社会调查制度

社会调查制度是各国少年司法体系中普遍实行的一项重要制度，是少年司法制度区别于普通司法制度的重要特征之一。具体是指在未成年人案件刑事诉讼过程中，由专职机构或人员就未成年犯罪嫌疑人的成长经历、家庭环境、性格特点、心智状况、学习情况以及案发后表现等情况，向家庭、学校、社区、单位等相关部门进行调查，并出具调查报告，为司法机关对未成年犯罪嫌疑人作出准确处罚提供参考依据的制度。

1. 社会调查对于未成年人刑事检察的意义

（1）有助于分析未成年人的犯罪原因。未成年人由于其身心发育尚未成熟，并不具备完全的辨别是非的能力和行为控制能力。家庭、学校和社会中的不良因素都可能阻碍、影响未成年人的社会化过程，导致未成年人走上违法犯罪的道路。因此，在办理未成年人刑事案件时，应当全面调查未成年被告人在家庭、学校、社会交往、个人经历等方面的情况，从而寻找诱发犯罪的主客观因素。

（2）符合刑罚个别化原则。刑罚个别化原则不仅要求刑罚裁量要考虑行为人所犯罪行的严重程度，也要适当考虑其人身危险性大小，考虑行为人的人格特征及素质。通过细致而周密的社会调查，能够帮助司法人员充分了解每个犯罪行为人的人格特征、所处环境、平时表现、犯罪原因等信息，从而使司法人员作出最合理的司法处理，真正做到罪责刑相适应。

（3）有利于教育、感化、挽救涉罪未成年人。我国少年司法制度确立了对涉罪未成年人"教育、感化、挽救"的方针和"教育为主、惩罚为辅"的原则。全面、客观、公正的社会调查能完善涉罪未成年人的基本情况和背景材料，便于执法机关在诉讼过程中因人制宜地制定个别化处置措施，使教育和矫治更加有的放矢。

2. 社会调查的立法背景与实践运作

（1）立法背景。社会调查制度在我国有着丰富的理论依据和广泛的实践基础。上海市长宁区人民法院在1984年成立全国第一个少年法庭后，结合司法实践于1988年制定了《长宁区人民法院未成年人刑事审判工作细则》，规定了社会调查工作的若干事项。最高人民法院《关于审理未成年人刑事案件的具体应用法律若干问题的解释》和最高人民检察院《人民检察院办理未成年人刑事案件的规定》中先后以司法解释的形式对社会调查制度予以了确定。2012年《刑事诉讼法》第268条规定："公安机关、人民检察院、人民法院办理未成年人刑事案件，根据情况可以对未成年犯罪嫌疑人、被告人的成长经历、犯罪原因、监护教育等情况进行调查。"这是我国未成年人刑事案件社会调查制度在立法上确定的有力依据。

（2）实践运作，具体包括：

第一，适用对象。检察机关在办理未成年人刑事案件时，尽可能对户籍所在地或经常居住地在本市的未成年犯罪嫌疑人进行社会调查。对于无固定住所、无工作单位的外来未成年犯罪嫌疑人，如果具备条件的，也可以跨区、跨省市进行社会调查。

第二，调查主体。根据2012年《刑事诉讼法》第268条的规定，社会调查的主体可分为公安机关、检察院和法院。又根据2012年1月"两高两部"出台的《社区矫正实施办法》第4条的规定，社会调查的主体包括法院、检察院、公安机关、监狱委托县级司法行政机关。司法实践中普遍做法是，由检察人员或基层司法行政机构的工作人员作为社会调查主体。社会调查员在刑事诉讼过程中，通过走访调查等形式，为司法机关出具作为案件处理参考依据的调查材料，并可以在法庭庭审过程中，宣读调查报告并对该报告进行阐述说明。其主体地位既不同于公诉人、审判员、辩护人等司法人员，也有别于普通的证人，其诉讼地位类似于司法鉴定人员。今后的立法中对社会调查员的主体地位应进一步明确。

第三，调查方式。社会调查应当由二名以上调查员进行，可以采用查阅档案、当面访谈、电话联系、信函邮寄等方式，并在被调查人认为适宜的地点进行。调查员应当在指定期限内完成社会调查，并填写《未成年犯罪嫌疑人社会调查材料表》和制作《社会调查报告》。社会调查应全面、具体、客观地反映未成年犯罪嫌疑人所处的家庭、学校和社会环境对其的影响。社会调查报告应予保密并归档，未经批准，不得查询、摘录和公开传播。

第四，开展社会调查的诉讼阶段。由于未成年人刑事案件多为轻微案件，为了更好地保护未成年犯罪嫌疑人的合法权益，检察机关往往对此类案件适用简案快审程序。而社会调查期限一般为 10 日左右，如果在审查起诉阶段进行社会调查，则容易造成案件审理期限的变相延长。因此，有必要将社会调查的启动时间提前到侦查阶段，不但可以给予社会调查更充足的时间，使调查结论更加深入细致、更具科学性和客观性，而且能为侦查机关是否对未成年犯罪嫌疑人适用强制措施、是否提请批准逮捕提供客观、准确的依据。

（四）轻罪记录封存制度

2012 年《刑事诉讼法》第 275 条规定："犯罪的时候不满十八周岁，被判处五年有期徒刑以下刑罚的，应当对相关犯罪记录予以封存。犯罪记录被封存的，不得向任何单位和个人提供，但司法机关为办案需要或者有关单位根据国家规定进行查询的除外。依法进行查询的单位，应当对被封存的犯罪记录的情况予以保密。"这一规定确立了我国的未成年人轻罪记录封存制度。

1. 轻罪记录封存制度的司法价值

（1）符合国际人权保护原则，契合世界未成年刑事立法趋势。《联合国少年司法最低限度标准规则》强调了保护少年犯享有隐私权的重要性，强调了保护少年犯不受由于传播工具公布有关案件的情况（如被指控或定罪的少年犯的姓名）而造成的有害影响的重要性，并强调了加强控制的警察、检察机关和其他当局的利益同少年罪犯的利益。从国际社会立法来看，许多国家都已经意识到刑事污点制度对少年犯的消极作用，并采取了相应的举措。如法国、德国、俄罗斯、瑞士、日本等大陆法系国家和美国、澳大利亚等英美法系国家，分别在刑法典、刑事诉讼法或者专门的青少年法律法规中对如何消除少年犯刑事污点作出了详细的规定，走在了当代国际未成年人刑事立法的前沿。

（2）符合双向司法保护原则，体现未成年人刑事司法政策。国家对有犯罪行为的未成年人所进行的司法活动，既要维护社会的稳定和社会公众的利益，又要注重对有犯罪行为的未成年人进行教育和挽救。在整个司法活动中将二者有机结合起来，以实现秩序和公正的目的，达到最佳社会效果，称为双向保护。未成年人轻罪记录封存制度为罪错未成年人恢复名誉和权利、重新回复社会创造了条件，既降低了未成年人再次实施犯罪危害社会的可能性，又保护了未成年人的权益，符合未成年人双向司法保护原则，更真正体现了"教育为主、惩罚为辅"的未成年人刑事司法政策。

（3）符合构建和谐社会的要求，促进罪错未成年人回归社会。犯罪标签理论（labeling theory）认为，贴标签是违法犯罪的催化剂。这一理论强调，违法犯罪并非一个人的固有性质，而是他人根据法律规范惩罚犯罪人所致，继发的违法犯罪行为是社会对一个人初次的违法犯罪行为贴上坏的标签的结果。构建和谐社会需要我们以更为宽容的态度对待罪错未成年人，为罪错未成年人未来回归社会留下空间和余地，即便是在未成年人被置于司法程序之内时，也要竭力保持未成年人与善良环境的联系和互动，或者创造条件促成未成年人与善良环境的结合。推行落实轻罪记录封存制度，让悔过自新的罪错未成年人在升学、就业、入伍以及生活等各方面受到同等对待，使他们重新燃起生活的信心和希望，早日回归并融入社会。

2. 适用条件

未成年人轻罪记录封存制度是适用于曾被宣告有罪或判处刑罚的未成年人，但刑事记录本身是对社会有罪人历史的一种记载，如果予以封存必然对社会造成一些消极影响。为了平衡未成年犯罪人权益和社会利益之间的利害冲突，未成年人轻罪记录封存制度应限制适用于罪错较轻、有悔改表现、不至于继续危害社会的罪错未成年人。2012年刑事诉讼法提出对未成年人犯罪记录封存的范围为"被判处五年有期徒刑以下刑罚的未成年人犯罪记录"。然而，检察机关作出的不起诉决定和公安机关作出的劳动教养、行政拘留等行政处分也同样具有"标签"消极作用，成为违法未成年人回归社会的障碍。正所谓"举重以明轻"，在实践运作中，我们应当对"犯罪记录"作广义理解，除了轻罪判决外，还应当包括不起诉记录、行政违法记录等记录。

3. 运作程序

目前，全国还没有统一的犯罪记录封存运作程序。上海市奉贤区政法机关采取如下操作：

（1）启动模式。部分地方检察机关在以往的实践探索的过程中，对轻罪记录封存基本上采用依申请启动的模式。但刑事诉讼法采用了依职权启动的模式，即司法机关、户籍管理部门、学籍档案管理部门、人事档案管理单位等封存主体各自主动审查并依法落实封存犯罪记录，既无须经过裁量，也无须进行考察，凡符合法定条件的，一律对犯罪记录予以封存。

（2）宣告形式。公安机关、法院、检察院应当在作出处理决定后7日之内，以书面形式对轻罪记录宣告封存，并在宣告后3日之内将法律文书送达相关档案管理部门。对未成年人轻罪记录宣告封存时，应当通知涉罪未成年人及其法定代理人、合适成年人、辩护人和司法机关办案人员到场。对未成年人宣告封存轻罪记录时，应当对其人进行必要的教育，促使其知错悔过、自励自新。法定代理人、合适成年人、辩护人也可以适当对未成年人进行思想教育。

（3）封存方式。法院、检察院、公安局及档案管理部门对刑事案卷、违法犯罪记录等书面档案实行密卷封存，对于网络信息查询系统等电子档案实行专人密钥授权管理，非法定事由不得公开或查询。司法机关基于办案需要或有关单位依据国家规定对未成年人犯罪记录进行查询的，应当提交查询申请表，由实行封存的单位或部门负责审核，并对查询情况登记备案。其他单位或个人对未成年人犯罪记录进行查询的，实行封存的单位或部门均应出具无犯罪记录的证明材料。

4. 封存的例外情形

为体现社会防卫和未成年人保护这两种司法价值取向的平衡，刑事诉讼法对未成年人轻罪记录采取了相对封存的模式，规定了两种不予封存的特殊情形：（1）司法机关基于办案需要；（2）有关单位根据国家规定进行查询。理解和把握时这一规定时应当注意：一是"司法机关"限于公安机关、检察院、法院、司法局和国家安全机关；二是"国家规定"限于全国人民代表大会及其常务委员会制定的法律和规定，国务院制定的行政法规、行政措施及发布的决定和命令。

5. 监督机制

亚里士多德曾指出：不难看出，权力构成和实现形式的过度专制化，就是一种社会政治的腐败行为。倘若轻罪记录封存制度缺乏相应的评价标准和监督机制，很可能会招致别有用心之人规避法律，甚至徇私枉法，为搞法外施恩大开方便之门，导致司法腐败，最终造成无可估量的危害。这与该制度的创设初衷是大相径庭的。人民检察院作为国家法律监督机关，应当对未成年人轻罪记录封存实行监督。对相关单位或部门未及时履行封存义务、违法提供或泄露轻罪记录的，应当采取发检察建议、纠正违法通知书等法律监督形式予以纠正。

三、未成年人刑事案件刑事诉讼监督

刑事诉讼法明确规定人民检察院依法对刑事诉讼实行法律监督。根据这一规定，人民检察院在刑事诉讼过程中，充分享有立案监督权、侦查监督权、审判监督权、执行监督权等法律监督职权。

检察机关对未成年人刑事案件进行诉讼监督的目的在于，通过诉讼监督手段，保障涉案未成年人的诉讼权利和合法权益。因此，除了常规的监督内容外，还应当包括对未成年人特殊刑事司法政策落实情况的监督，如及时纠正对未成年人不必要的羁押和过重的刑罚，监督法定代理人到场、法律援助、不公开审理等特别诉讼程序的执行。

（一）未成年人刑事案件的立案监督

刑事立案监督是指刑事诉讼过程中人民检察院依法对公安机关的立案活动是否合法所进行的专门性法律监督。2012 年《刑事诉讼法》第 111 条规定，"人民检察院认为公安机关对应当立案侦查的案件而不立案侦查的，或者被害人认为公安机关对应当立案侦查的案件而不立案侦查，向人民检察院提出的，人民检察院应当要求公安机关说明不立案的理由。人民检察院认为公安机关不立案理由不能成立的，应当通知公安机关立案，公安机关接到通知后应当立案"。最高人民检察院、公安部《关于刑事立案监督有关问题的规定（试行）》第 1 条进一步明确规定，"刑事立案监督的任务是确保依法立案，防止和纠正有案不立和违法立案，依法、及时打击犯罪，保护公民的合法权利，保障国家法律的统一正确实施，维护社会和谐稳定"。

1. 刑事立案监督的内容

未成年人刑事案件立案监督的内容之一是公安机关应当立案侦查而不立案侦查的案件，包括有案不立、不破不立、有罪不究、以罚代刑以及其他依法应当立案而不立案的情况。立案监督的另一个内容是公安机关不应当立案侦查而立案侦查的案件，主要指公安机关违法使用刑事手段插手民事、经济纠纷，或办案人员通过刑事立案实施报复陷害、敲诈勒索等违法犯罪行为。此外，刑事立案监督还应当向立案后的侦查活动延伸，即对公安机关消极立案、怠于侦查的案件进行监督。最高人民检察院、公安部《关于刑事立案监督有关问题的规定（试行）》第 11 条规定："公安机关对人民检察院监督立案的案件应当及时侦查。犯罪嫌疑人在逃的，应当加大追捕力度；符合逮捕条件的，应当及时提请人民检察院批准逮捕；侦查终结需要追究刑事责任的，应当及时移送人民检察院审查起诉。监督立案后三个月未侦查终结的，人民检察院可以发出《立案监督案件催办函》，公安机关应当及时向人民检察院反馈侦查进展情况。"

2. 刑事立案监督的重点

未成年人刑事案件的立案监督应当以维护未成年人合法权益、教育和挽救罪错未成年人为原则，监督重点包括以下几个方面：（1）侵害未成年人合法权益的成年人犯罪案件；（2）组织、教唆、引诱、胁迫未成年人犯罪的成年人犯罪案件；（3）严重危害社会秩序的未成年人犯罪案件；（4）未成年人系主犯、首要分子或者受过刑罚处罚等具有较深主观恶性的犯罪案件；（5）其他社会危害大、群众反映强烈、严重影响社会和谐稳定和可能影响司法公正的案件。

（二）未成年人刑事案件的侦查监督

刑事侦查活动监督是人民检察院刑事诉讼监督的重要内容之一，是指人民检察院在审查批准逮捕、审查起诉阶段，依法对侦查机关侦查活动的合法性、有效性所实行的法律监督。根据刑事诉讼法的相关规定，人民检察院对侦查活动实行全面监督，贯穿从立案到侦查终结的全过程，既包括对侦查机关调查取证活动监督，也包括侦查机关采取强制性措施的监督。人民检察院依照法定程序，对侦查活动进行监督，主要手段包括口头纠正、发出纠正违法通知书、建议提请批准逮捕、建议补充移送审查起诉以及追究侦查人员刑事责任。

2013 年 1 月 1 日实施的《人民检察院刑事诉讼规则（试行）》第 565 条规定，侦查活动监督主要发现和纠正以下违法行为：（1）采用刑讯逼供以及其他非法方法收集犯罪嫌疑人供述的；（2）采用暴力、威胁等非法方法收集证人证言、被害人陈述，或者以暴力、威胁等方法阻止证人作证或者指使他人作伪证的；（3）伪造、隐匿、销毁、调换、私自涂改证据，或者帮助当事人毁灭、伪造证据的；（4）徇私舞弊，放纵、包庇犯罪分子的；（5）故意制造冤、假、错案的；（6）在侦查活动中利用职务之便谋取非法利益的；（7）非法拘禁他人或者以其他方法非法剥夺他人人身自由的；（8）非法搜查他人身体、住宅，或者非法侵入他人住宅的；（9）非法采取技术侦查措施的；（10）在侦查过程中不应当撤案而撤案的；（11）对与案件无关的财物采取查封、扣押、冻结措施，或者应当解除查封、扣押、冻结而不解除的；（12）贪污、挪用、私分、调换、违反规定使用查封、扣押、冻结的财物及其孳息的；（13）应当退还取保候审保证金而不退还的；（14）违反刑事诉讼法关于决定、执行、变更、撤销强制措施规定的；（15）侦查人员应当回避而不回避的；（16）应当依法告知犯罪嫌疑人诉讼权利而不告知，影响犯罪嫌疑人行使诉讼权利的；（17）阻碍当事人、辩护人、诉讼代理人依法行使诉讼权利的；（18）讯问犯罪嫌疑人依法应当录音或者录像而没有录音或者录像的；（19）对犯罪嫌疑人拘留、逮捕、指定居所监视居住后依法应当通知家属而未通知的；（20）在侦查中有其他违反刑事诉讼法有关规定行为的。

《人民检察院办理未成年人刑事案件的规定》第36条规定，人民检察院审查批准逮捕、审查起诉未成年犯罪嫌疑人的，应当同时审查公安机关的侦查活动是否合法，发现有下列违法行为的，应当提出纠正意见；构成犯罪的，依法追究刑事责任：（1）违法对未成年犯罪嫌疑人采取强制措施或者采取强制措施不当的；（2）未依法实行对未成年犯罪嫌疑人与成年犯罪嫌疑人分管、分押的；（3）对未成年犯罪嫌疑人采取刑事拘留、逮捕措施后，在法定期限内未进行讯问，或者未通知其法定代理人或者近亲属的；（4）对未成年犯罪嫌疑人威胁、体罚、侮辱人格、游行示众，或者刑讯逼供、指供、诱供的；（5）利用未成年人认知能力低而故意制造冤家错案的；（6）对未成年被害人、证人以诱骗等非法手段收集证据或者侵害未成年被害人、证人的人格尊严及隐私权等合法权益的；（7）违反羁押和办案期限规定的；（8）已作出不批准逮捕、不起诉决定，公安机关不立即释放犯罪嫌疑人的；（9）在侦查中有其他侵害未成年人合法权益行为的。

（三）未成年人刑事案件的审判监督

1. 以维护未成年被告人诉讼权利为重点

检察机关在履行审判监督职能过程中，除了根据法律规定对违反法定诉讼程序等内容进行法律监督外，应重点对法院在审判时侵犯未成年人诉讼权利和其他合法权益等违法行为进行法律监督，包括：一律不公开审理而公开审理、变相公开审理的；判决前审判人员向外界披露未成年被告人的姓名、住所、照片及可能推断出该未成年人的资料；或者违反规定让外界查询、摘录及公开、传播未成年人刑事案件诉讼案卷材料的；对没有委托辩护人的未成年被告人，应当指定法律援助律师而没有指定的；法庭未详细告知未成年被告人及其法定代理人有关诉讼权利、义务的；开庭或宣判时未通知未成年被告人的法定代理人、其他监护人、成年近亲属及辩护人出庭；在法庭上对未成年被告人使用戒具不当，或者训斥、讽刺、威胁未成年被告人的；对未成年人刑事案件采取召开大会等形式宣判的；侵犯未成年当事人和其他诉讼参与人的诉讼权利和其他合法权利的。

2. 庭审中部分涉及程序的违法问题可以当庭提出

公诉人在出庭支持公诉过程中，同时依法履行审判监督职责，对于庭审中出现以下明显违反法律规定且侵犯未成年被告人合法权益、可以即时予以纠正的情况可以当庭向法庭提出纠错意见：不应当公开审理而公开或变相公开审理的；对未成年被告人使用械具不当的；未成年被告人应当有辩护人而没有为其聘请或没有通知到庭的；法庭审理未设置庭审教育环节的；其他侵犯未成年被告人诉讼权益的。

3. 未成年人刑事案件的抗诉重点

（1）量刑平衡问题。司法实践中，未成年人刑事案件量刑平衡主要存在以下两类问题：一是由于实行分案起诉而导致的成年被告人与未成年被告人量刑失衡；二是由于法官在未成年人刑事案件审判中自由裁量尺度过大而造成量刑畸轻畸重。检察机关在履行审判监督职责过程中，应当对此进行严格审查，对于审判人员明显违背法律规定而造成量刑不适当的现象，应依法提出抗诉，充分维护未成年被告人的合法权益。

（2）年龄身份问题。检察院办理未成年人刑事案件，应将未成年人的年龄作为审查重点之一。注意查清农历年龄、户籍登记年龄与实际年龄等情况，特别是应当将未成年犯罪嫌疑人是否已满 14、16、18 周岁的临界年龄作为重要案件事实予以查清。对确实无法证明未成年人作案时是否已达到法定刑事责任年龄时，应当依法作出有利于未成年人的认定和处理。检察院对法院的判决也应当重点审查年龄的认定。法院认定未成年被告人年龄有明显错误或采信未经质证确认的年龄证据的，检察院应当及时提出抗诉。

（3）严重违反程序问题。对法院违反法定诉讼程序的法律监督，主要有以下内容：对刑事案件的受理违反管辖规定的；审理案件违反法定审理期限和送达期限的；合议庭组成人员不符合法律规定的；法庭审理违反法定程序的；法庭审理时对有关程序问题所作的决定违反法律规定的；其他违反法定审理程序的行为。

第三章　一些国家和地区未成年人刑事检察制度

一、大陆法系未成年人刑事检察制度

大陆法系又称罗马法系、民法法系、法典法系或罗马日耳曼法系，是承袭古罗马法的传统，效仿法国民法典和德国民法典的样式而建立起来的各国法律制度的总称。欧洲大陆上的法国、德国、意大利、荷兰、西班牙、葡萄牙等国和拉丁美洲、亚洲的许多国家的法律都属于大陆法系，[1] 其是与英美法系并列的渊源久远和影响较大的法系。

大陆法系国家秉持未成年人权利保护一体化理念，把未成年人司法作为未成年人权利保护体系的有机组成部分。有些国家把未成年人保护法律延及不满21岁的人，让国家和社会的关爱惠及更多正在成长的人群。大陆法系国家的未成年人刑事检察，散见于未成年人司法及权利保护法律之中。各国检察官对涉罪未成年人及侵害未成年人权利的成年人的处理职权不尽相同，但都强调进行综合调查及评估，以决定是否刑事起诉，强调对未成年人进行非犯罪化处理。随着修复性司法的发展，大陆法系国家扩大和规范检察官对涉罪未成年人案件移送调解、不移交法庭正式审理的自由裁量权力。

（一）大陆法系未成年人刑事检察的发展历程

1. 德国未成年人刑事检察制度的发展概况

德国是大陆法系国家中较早制定少年法规和建立少年司法制度的国家。1908年，在德国法兰克福的地方法院建立起德国历史上第一个专门的少年法庭，标志着少年刑事案件从成年人刑事案件的程序中正式分离出来。[2] 1911

---

[1]　张文显：《法理学》，高等教育出版社2003年版，第185页。
[2]　黄河：《少年刑事案件社会调查报告初论——以德国少年司法实践为视角》，载《研究生法学》2011年第1期。

年，德国又建立了第一所少年监狱。① 而 1922 年《少年福利法》和 1923 年《少年法院法》的相继颁布，② 标志着德国少年司法制度的基本建立。

在德国的刑事诉讼制度设计中，法院居于核心地位，尽管检察机关自始至终参与案件的处理，但是检察机关的机构设置、案件受理范围、诉讼措施与进程的发展等都受到法院的制约。德国没有制定未成年人刑事检察制度的专门法律，其未成年人刑事检察制度的发展浓缩于整个少年司法制度的发展之中。因此，考察德国的未成年人检察制度也只能从其少年司法制度整体出发。③

德国少年司法保护的理论基础，可追溯到罗马法关于"儿童不能预谋犯罪"的古典学说，以及由此得出的"少年宜教不宜罚"的理念。④ 同时，德国少年司法的发展也深受李斯特教育刑理念的影响，重视社会因素在少年犯罪形成中的重要地位，认为对少年犯罪者进行教育和改造，能够使其人格健康发展并重返正常的社会生活。⑤

在德国，不满 14 周岁的人不承担刑事责任，未成年人犯罪被限定为年满 14 周岁不满 18 周岁的人。同时，德国的刑法判例还界定有青年成年人的概念，即行为时已满 18 周岁不满 21 周岁的人。对这些人在特定情形下（如该青年成年人的成熟度与青少年相似，或其所犯的通常是由青少年犯实施的罪行）也可以适用那些专门针对青少年犯制定的刑事法规。司法实践中，60% 的青年成年人刑事案件适用青少年刑事法规。对青少年犯罪适用的诉讼程序不同于一般的刑事诉讼程序，相应对检察官和检察机关在刑事诉讼中的职责也有一些专门规定。例如，起诉青少年犯罪案件的检察官要求具备教育青少年的专门知识和相应的工作经验，不符合条件的检察官不能办理这类案件。一些轻微刑事案件侦查终结后，检察官认为专门的青少年帮教机构已经对该青少年制定和实施了充分的教育措施，有权终止诉讼程序，或者有权在随后的庭审中建议法官终止案件的审理等。可见，德国的未成年人刑事检察伴随着德国少年司法制度的发展历经百年演变，在对未成年人刑事犯罪的追诉中体现出明显的"矫正优先"原则。⑥

---

① 郭翔：《美、英、德少年司法制度概述》，载《中国政法大学学报》1995 年第 4 期。

② 张鸿巍：《少年司法通论》，人民出版社 2011 年版，第 60 页。

③ 樊荣庆：《德国少年司法制度研究》，载《青少年犯罪问题》2007 年第 3 期。

④ 陈冰、李雅华：《德国少年司法保护简述》，载《青少年犯罪问题》2005 年第 3 期。

⑤ 黄河：《少年刑事案件社会调查报告初论——以德国少年司法实践为视角》，载《研究生法学》2011 年第 1 期。

⑥ 张进扬：《矫正优先——德国青少年犯罪追诉原则》，载《江苏经济报》2010 年 11 月 10 日。

2. 法国未成年人刑事检察制度的发展概况

法国是大陆法系的重要国家，也是现代检察制度的发源地。早在 13 世纪，法国国王菲利普三世和菲利普四世统治时期，就通过选派代理人的方式维护国王的各项权益，包括领土权益、司法权益、继承权益等。到 13 世纪末，国王代理人的职能逐步延伸到刑事领域，从最初维护国王的权益逐渐扩展到公共秩序的维护方面，检察制度也就从国王代理人制度中开始萌芽。但当时，对国王代理人制度未从法律方面予以确认，只是按惯例实施。直到 16 世纪，法国才以成文法的形式确立了具有现代意义的检察制度。[①]

经过几百年的发展演变，法国检察制度显现出强烈的行政色彩。法国的检察官在此种司法体制下，实行的是司法官一体化，法官、检察官可以进行岗位交流、"角色互换"，两者在诉讼中享有同样的权利和保障。因此，法官在法国被称作"坐着的法官"，而检察官被称作"站着的法官"。[②] 法国的这种检察体制决定了未成年人刑事检察，与少年司法（审判）体制有很多共通之处，法国的未成年人刑事检察制度也伴随着法国少年司法（审判）制度的专业化而产生和发展。

在法国，检察机关和审判机关合署办公，检察院均设置在各级法院系统中，按照法院的等级分成若干级。基层法院都设有专门的未成年人法官，并有专门审查未成年人案件的法庭。[③] 同法院一样，检察院也有专门办理青少年案件的检察官，针对未成年人的生理、心理特点，开展有别于成年人犯罪案件的特殊审查，并形成一套未成年人保护检察制度体系。如在侦查阶段，警方对未成年人涉嫌违法犯罪的案件一受理并经过初步聆讯，即向负责未成年人案件的检察官报告，由检察官作出是否需要暂时羁押、是否需要进入刑事诉讼或采取其他处分的处理决定。这个过程中，检察官可以对案件直接作出分流处理：对于第一次犯罪或犯罪情节较轻的，尽量采用和解的形式，且处理结果一般不记入个人档案。在检察官作出分流决定后，警方将该未成年人移交社区矫正人员跟踪观护。如果事件较为严重就要被暂时羁押和聆讯，

---

① 钟日山：《法国检察官在刑事诉讼中的职权探析》，载《法制与经济》2011 年第 7 期。

② 陈丽莉：《我在法国作见习司法官》，载《法制日报》2007 年 7 月 8 日。

③ 余啸波、顾晓军：《英、法两国少年司法制度初窥与借鉴》，载《青少年犯罪问题》2008 年第 3 期。

正式进入刑事诉讼程序。①

在刑罚执行阶段，法国有专门的未成年人监狱，实行未成年罪犯单独关押。检察官通过参加监禁委员会会议的形式，参与对未成年人的监管改造工作。监禁委员会根据青少年司法保护司的倡议设立，并经过监狱管理司同意。监禁委员会会议负责制定当地监狱的方针和政策，解决制度性的问题。此外，检察官还负责撰写在押未成年囚犯档案的司法部分内容，包括判决节选、囚犯个人简历以及其他与刑罚执行有关的文件，特别是与受害人相关的文件。根据监狱法的规定，检察官还有权领导监狱方面决定对短期余刑以电子监视的方式执行。②

（二）大陆法系未成年人刑事检察的主要特点

大陆法系的未成年人检察制度在发展变化的进程中，同时会受到大陆法系法律传统的影响和大陆法系青少年司法运作基本模式——"司法模式"的影响，呈现以下主要特点：

1. 未成年人刑事检察制度由完备的未成年人司法体系框架内各项法律加以确立和规范

德、法、日等主要大陆法系国家，未制定关于未成年人刑事检察的专门法律，关于检察机关在未成年人司法和未成年人保护方面职能作用的规定，散见于未成年人司法体系框架内的相关法律之中。作为大陆法系的代表性国家之一，德国早在 1922 就颁布了《少年福利法》，1923 年又颁布了《少年法院法》。这两部涉及未成年人保护重要法律的出台，奠定了德国少年司法体系的主要法律基础。现行的《少年法院法》历经多次修订，在对少年（未成年人）刑事审判程序加以规定的同时，也明确了检察机关在参与未成年人刑事诉讼时起诉、免予起诉（追诉）等职能，并且这种职能具有较强的自由裁量性，检察官可根据法律自主判断是否采取相关措施，无须法官的同意。③《少年福利法》在运行近 70 年后，于 1990 年由《儿童与少年扶助法》所取代。2002 年，一些特殊少年保护法律还合并成为单一的《少年保护法》。④ 此外，德国还有

---

① 周理松：《法国、德国检察制度的主要特点及其借鉴》，载《人民检察》2003 年第 4 期。

② 朱琳：《法国未成年犯的监管及改造》，载《华北电力大学学报》（社会科学版）2011 年第 4 期。

③ 樊荣庆：《德国少年司法制度研究》，载《青少年犯罪问题》2007 年第 3 期。

④ 张鸿巍：《少年司法通论》，人民出版社 2011 年版，第 62 页。

《公共场所保护未成年人法》、《禁止传播危害青少年作品法》等法律规定。①
法国自 1945 年颁布施行《关于少年犯罪的法令》以来，少年司法制度逐步得
健全和完善。日本作为亚洲的大陆法系国家，"二战"后建立起整合司法机能
与福利机能的少年司法体系，《儿童福祉法》、新《少年法》、《少年审判规
则》、《少年院法》、《少年观护所及鉴别所处遇规则》及《少年院处遇规则施
行》等先后通过。如日本在 2000 年通过的《少年法修正案》，明确指出少年
涉嫌重大犯罪的审理须交由检察院起诉和参与，进一步加强了少年案件审判的
正当程序和对被害人权益的保护。② 德、法、日等国完备的少年司法法律（法
令）体系，符合大陆法系崇尚制定完备成文法的传统，③ 为大陆法系国家未成
年人刑事检察制度的建立、运行和发展奠定了坚实的法律基础。

2. 未成年人刑事检察制度中对检察机关职责内容的规定具有广泛性

在德国，少年司法体系是介于福利与司法间的妥协产物，德国少年司法实
行福利与司法的双轨制。通过少年刑事法与少年福利法的结合，基本上把涉及
少年保护的所有案件如少年犯罪案件、少年福利案件等，纳入少年司法的处理
范围之内。④ 未成年人检察作为少年司法制度的一部分，也具有这种双轨运行
的特点，德国检察机关不仅担负打击青少年犯罪的职责，还承担维护一般违法
未成年人合法权益的职责。法国 1945 年通过《关于少年犯罪的法令》以来，
迄今已形成两套体系，即对处于危险境地的未成年人的司法保护和对未成年人
犯罪的司法处置。"处于危险境地"的未成年人，是指那些肉体或精神方面存
在危险或困难，因缺乏关照或必要的教育而无法保证其健康、安全或良好品行
的少年。对"处于危险境地"的未成人进行保护是法国未成年人检察制度的
一大特色，检察官对于那些"处于危险境地"的未成年人，可进行一些家庭、
教育、品格情况方面的社会调查，随后有权委托青少年司法保护所等社会司法
辅助机构对该少年本人或其家庭进行教育救助等举措。⑤

3. 未成年人刑事检察制度体现"教育、矫正和挽救"优先的基本原则

尽管"国家亲权"思想在德国少年司法制度的许多方面有所体现，但其

---

① 陈冰、李雅华：《德国少年司法保护简述》，载《青少年犯罪问题》2005 年第 3 期。
② 张鸿巍：《少年司法通论》，人民出版社 2011 年版，第 63—64 页。
③ 焦应达：《大陆法系对新中国法的影响——具体考察从苏联到中国的路径》，载
《内蒙古师范大学学报》（哲学社会科学版）第 39 卷第 2 期。
④ 陈冰、李雅华：《德国少年司法保护简述》，载《青少年犯罪问题》2005 年第 3 期。
⑤ 邵爱红：《中法未成年人刑事检察制度比较研究初探》，载《法制与社会》2010 年
4 月（下）。

基本理论基础仍是教育刑法思想，教育优先原则贯穿于少年司法程序的始终，认为少年非法行为及至犯罪是其成长过程中的过渡现象，不应以行为的结果施以刑罚。① 教育优先原则在德国未成年人检察中也有直接体现，如轻微刑事案件侦查结束之后，检察官认为帮教机构已经对采取了充分的教育措施，有权终止诉讼程序。事实证明，在司法实践中教育措施被检察官广泛采用，即使采用自由刑，少年法官仍然可以基于教育目的或者检察官的建议而予以缓刑或者放宽执行。② 法国在 1945 年就制定相关法律，独立处理未成年人犯罪问题，手法是预防、教育和惩戒相结合。③ 法国未成年人检察制度也建立在对未成年人应尽可能保护、教育的认识基础上。如在庭审程序前，负责未成年人案件的检察官对警察机关移交的未成年人违法事件进行审查后，若认为不构成犯罪或不足以继续追究或有法定免予追究的理由，可以作出归档不起诉的决定；检察官认为认定犯罪的要素已充分具备，可以将案件交由少年法官或少年法庭要求直接审判；在不起诉和追诉之外，检察官还可以对某些犯罪性质轻微，其年龄、家庭、教育、个性情况适宜挽救和防止重新犯罪的未成年犯罪嫌疑人采取追诉替代措施，如对受害人进行赔偿，④ 这些都体现了未成年人刑事检察制度中"教育、矫正和挽救"优先的原则。

　　4. 未成年人刑事检察在司法实践中形成相对固定的工作运行模式

　　大陆法系国家少年司法运行的各个阶段，检察机关都有效参与并发挥一定的职能作用，在长期的司法实践中逐步形成了固定的未成年人刑事检察工作运行模式。如德国的少年刑事案件社会调查报告制度，要求少年法院授助站在主审程序之前对违法少年的成长背景、家庭状况、个人履历、心理活动、性格特征等情况进行调查，形成调查报告，并向检察官提出不起诉或中止诉讼的处遇建议。检察官在必要的时候，也可以自己启动社会调查报告程序。检察官在社会调查报告的基础上作出起诉或不起诉的决定。⑤ 但是，"检察官在将调查之

　　① 陈冰、李雅华：《德国少年司法保护简述》，载《青少年犯罪问题》2005 年第 3 期。

　　② 樊荣庆：《德国少年司法制度研究》，载《青少年犯罪问题》2007 年第 3 期。

　　③ 沈雁冰：《法国：内政部长欲对"问题少年"实施宵禁引热议》，载《法律与生活》2009 年 11 月（下）。

　　④ 彭峭岷：《法国少年司法制度：重在保护和教育》，载《检察日报》2007 年 12 月 17 日。

　　⑤ 黄河：《少年刑事案件社会调查报告初论——以德国少年司法实践为视角》，载《研究生法学》2011 年第 1 期。

重要结果记载于起诉书中时，不得做不利于被告人教育的描写"。① 又如意大利的未成年刑事案件和解制度，青少年犯罪嫌疑人与被害人在相互认识的情况下，经双方的同意可以启动和解程序，检察官可以决定将案件移交和解中心和解。如果双方和解进行顺利，检察官则作出不移送起诉、终止案件的决定。统计表明检察官转往和解中心调解的案件比例在逐年增加，实践也证明大多数的犯罪人都同意进行和解，意大利对未成年犯罪人适用恢复性司法已是不争的事实。② 此外，德国、法国和日本等国在针对未成年人的不起诉、缓刑、前科消灭（限制污点公开）等方面，也进行了有益的探索尝试，并形成各具特色、值得借鉴的工作运行机制和模式。

（三）大陆法系未成年人刑事检察的发展趋势

大陆法系与英美法系虽然都形成于欧洲，却在历史起源、法律渊源、司法在法律体系中的地位等方面有较大差别。随着经济、文化全球化的到来，不同地区、不同法律传统的国家之间在法律制度、法律文化上的交流越来越频繁，两大法系越来越呈现出"求同存异"的大发展趋势，在相互借鉴、吸收对方法律制度中的先进成分，推动本国法律制度的改革完善。③ 大陆法系国家的司法实践中越来越重视判例的作用，如德国的联邦宪法法院能够以判决的方式否定法律，判决某条成文法规自始无效，并且这个判例对所有的法院均有约束力。而在意大利，法官也会从最高法院的判决中总结出来具有普遍约束力的法律原则，套用在自己的案件中使用。④

未成年人刑事检察作为大陆法系国家一项具体的法律制度，也会随着大陆法系的整体发展而相应变化。在法国，检察院在决定案件处理方式方面的权力范围正在不断扩大，从诉讼的启动到刑罚执行完毕，整个诉讼过程几乎完全处于检察院的控制之下，即便检察院的选择权主要发生在审前阶段，从性质上也已经具备了准裁判的职能。虽然从正式的法律条文上来看这些程序还被当作是一类特例性的规定，但人们已经有理由相信，它们在将来会变成针对那些轻微违法犯罪的普通程序，而检察院无疑将成为这些案件中事实上的"最终裁判

---

① 钟勇、高维俭：《少年司法制度新探》，中国人民公安大学出版社 2011 年版，第 170 页。

② 潘效国：《意大利的青少年犯罪与青少年司法状况》，载《青少年犯罪问题》2008 年第 5 期。

③ 李龙：《法理学》，武汉大学出版社 1996 年版，第 30 页。

④ 李峰：《浅谈大陆法系中判例的地位与作用》，载《法制与社会》2010 年第 6 期。

官"。① 法国刑事诉讼中检察院职能扩张的现状，会对未成年人刑事检察制度的发展产生巨大影响。检察院可以根据未成年人犯罪增长情况、社会民众的呼声、刑事政策变化等情势的需要，自主决定未成年人案件的处置方式，将未成年人案件起诉到法院接受司法裁判或在检察环节将案件予以消化处理，从而影响未成年人案件的诉讼进程和结果。

在德国，少年案件的主要矫正措施虽然仍为"以教代刑"和纪律处分；但是近年来，有学者根据对德国少年与少年司法变革的观察，认为尽管惩罚与教育哲学受到相当重视，可是在对少年犯的处分上与成年犯罪并无多大区别，尤其是少年法中未扩大规定教化的实施。虽然少年犯处分仍较成年犯为轻，但其实际理念与儿童福利差异性逐显并有渐行渐远之势。②

在日本，2007 年 5 月对新《少年法》予以修订，主要涉及三个方面：对不承担刑事责任的未满 14 岁的"触犯法律的少年"所实施的犯罪行为，必要时可以由搜查机关对少年进行"强制搜查"；实施"保护处分"被送往少年院的少年年龄，从以前法律规定的 14 岁以上降低到"大约十二岁以上"；被执行保护处分的"保护观察"少年，若发现该少年没有遵守家庭裁判所规定的判决事项，不能达到处分的预定目标，家庭裁判所可以作出新的决定，把少年送往少年院或者送进儿童自立设施、儿童养护等设施。通过这一修订不难发现，日本少年司法体系对问题少年的处置渐有严厉化趋势。③ 日本的未成年人刑事检察作为少年司法制度的一部分，也会受到少年司法制度这一发展变化特点的影响。

二、英美法系未成年人刑事检察制度

英美法系，又称普通法法系、英国法系，是指以英国普通法为基础发展起来的法律的总称。目前，属于英美法系的国家和地区包括英国（不包括苏格兰）、美国，除此之外还包括曾是英国殖民地、附属国的国家和地区，如印度、巴基斯坦、新加坡、缅甸、加拿大、澳大利亚、新西兰、马来西亚等。中国香港地区也属于英美法系。这里仅选取英美法系国家中比较具有特色的美国和新加坡的未成年人刑事检察制度进行介绍，其中以美国未成年人刑事检察制度为主。

---

① 俞亮、张驰：《法国检察院刑事职权初探》，载《唯实》2009 年第 10 期。
② 张鸿巍：《少年司法通论》，人民出版社 2011 年版，第 62 页。
③ 张鸿巍：《少年司法通论》，人民出版社 2011 年版，第 64 页。

（一） 美国未成年人检察制度

鉴于检察官身负代表国家检控犯罪及防卫社会的主要职责，美国未成年人检察工作在坚持国家亲权与儿童最佳利益原则的同时，越来越重视确保社区及被害人的安全及福利的重任。

随着少年法院证据标准的提高及正当程序的引入，美国未成年人检察官在理念上，常常面临着维护社会公益及儿童福利冲突的两难境地。《全美检察准则》在其"少年司法"专章中确定了未成年人检察准则。该准则第 4 - 11.1 条强调检察官的主要职责在于追求正义，并全面且准确地代表州的利益。尽管确保社区及被害人的安全及福利为检察官主要关注点，但检察官在不与前者过度妥协的前提下也应尽可能考虑儿童的特殊利益及需要。

近年来，因案件积压、诉讼期限、人员素质等现实压力，辩诉交易不断为美国少年司法所援用。与成年人相仿，涉案少年可通过承认检察官呈请状中的指控或减轻指控来换取较其后正式听证败诉为轻的处分。这是辩诉交易在少年司法领域中的具体运用，在许多司法区被认为能够有效减少少年法院的案件积压问题。但法院会确认涉案少年明晰其有权要求裁判听证、认罪出于自愿且理解辩诉交易的内容及后果。[①] 在追求办案效率时，国家亲权理念在辩诉交易过程中有时被有意无意地忽视了。

1. 美国未成年人检察的机构设置与管辖范围

（1）未成年人检察的机构设置与人员配置。在联邦司法体系中，联邦法院系统不像州法院系统设有专门的少年法院，联邦监狱系统同样并未设有专门的未成年人矫正机构，这些都制约联邦检察系统建立起未成年人检察制度。

尽管法律并未明确是否可以向联邦法院提起对未成年人的公诉，但司法实践中，联邦检察系统对未成年人向联邦法院提起检控是非常罕见的。就传统而言，美国未成年人检察的主要机构为郡市级地区检察院，其承担着绝大多数少年案件的呈请及起诉工作。以美国华盛顿州克拉克郡为例，该郡检察院专设有未成年人检察科、儿童虐待检察科及儿童支持科。未成年人检察科的任务在于检控由警方转介来的未成年人刑事案件，并协助当地少年法院处理微罪及缓刑违反案件。[②] 依照克拉克郡与州社会及卫生厅的有关书面协议，郡检察院还履

---

① Kupchik, Aaron. (2010). Juvenile Crime (revised edition). New York, NY: Facts on File. pp. 87 - 88.

② Clark County Washington. (2010). Juvenile Prosecution. Retrieved August 31, 2010, from http：//www. co. clark. wa. us/pa/criminal/juvenile. html.

行下述职责：对非婚生儿童确立亲子关系，修改既存的儿童扶持令，通过惩戒蔑视法庭及刑事后援等司法手段实施儿童保护令，在涉及私密性家庭关系行为中代表华盛顿州的利益。①

除了专设的少年检控处外，实际上不少地区检察院内设的反家庭暴力部门也承担着部分未成年人检察工作。以得克萨斯州登敦郡刑事地区检察院为例，该院设有上诉科、儿童虐待检察科、民事科、家事科、重罪审判科、微罪科、收案科、调查科、特殊犯罪科、被害人援助科等科室，其中家事法科又分为家庭暴力民事组、家庭暴力刑事组以及少年组。② 显然，上述的科室大都或多或少地承担着未成年人检察的具体检控工作。

就专司未成年人案件的检察官资格而言，《全美检察准则》第 4 - 11.3 条指出，办理未成年人案件的检察官应专门培训以具备经验，检察长应基于其专业技能为少年法院选任检察官，挑选原则是基于候选人的少年法知识、对青少年事业的兴趣、受教育程度及经验。该准则还特别建议，担当未成年人检察业务的初任检察官任职资格应与从事其余业务的检察官无异，且必须就未成年人实务接受专门培训。在司法实践中，检察院基本上都选派助理检察官出庭支持公诉，尤其是那些最年轻且最缺乏实务经验的初任检察官。③ 之所以作出这样的人事安排并不是一时头脑发热，而是经过深思熟虑的，即经验越少的检察官对少年法院的破坏程度越为轻微。④

就未成年人检察之人力资源而言，《全美检察准则》第 4 - 11.2 条建议，检察院应投入特定人力及资源以履行其未成年人犯罪与偏差的程序责任；就未成年人案件，所有检察院都应设有可被识别的未成年人检察机构或专人负责，以代理州处理未成年人案件。因取决于案件性质、数量等因素，所以专门从事未成年人检察工作的人员数量并无统一规定。在较大的司法区，一般有专门负责未成年人案件的检察官；但在较小的司法区，检察官可能同时要处理未成年

① Clark County Washington. （2011）. Child Support Enforcement. Retrieved March 31, 2011, from http：//www. co. clark. wa. us/pa/childsupport. html.

② Denton County. （2007）. Denton County Criminal District Attorney. Retrieved February 22, 2007, from http：//www. co. denton. tx. us/dept/main. asp？ Dept = 23&Link = 265.

③ Mays, Larry, and Thomas Winfree. （2006）. Juvenile Justice （2nd edition）. Long Grove, IL：Waveland Press. P. 144.

④ Mays, Larry, and Thomas Winfree. （2006）. Juvenile Justice （2nd edition）. Long Grove, IL：Waveland Press. P. 144.

人案件与成人案件。① 不过，美国国家刑事司法标准与目标顾问委员会建议地方检察院应确保至少一名检察官在州家事（少年）法院出庭。②

（2）未成年人检察的管辖范围。美国未成年人检察涵盖范围甚广，除了对未成年人犯罪向少年法院或刑事（成人）法院提起公诉外，他们还要对危及未成年人合法权益的家庭暴力、虐待、遗弃等案件提起诉讼。

一般来说，专办未成年人案件的检察官拥有较广泛的职权，包括可拒绝起诉案件、出庭辩论、释放拘留所内的少年以及建议法院对某类问题少年作出特殊处理。仍以登敦郡刑事地区检察院为例，该院家庭暴力民事组的主要职责在于为那些因家庭暴力而被得克萨斯家庭与保护厅保护的少年寻找到永久家庭；而家庭暴力刑事组则旨在将家庭暴力的凶手绳之以法；至于少年组，负责对10—17 岁少年提起诉讼，起诉对象包括"从事偏差的儿童"（child engaged in delinquent conduct）与"需要监督的儿童"（child in need of supervision）两类，前者包括大多数重罪与轻罪的起诉，后者则涵盖轻微犯罪案件以及身份过错案，特别是逃学、离家出走等。③

2. 美国未成年人检察之程序介绍

虽然各州具体制度存在稍微差异，但美国少年司法运作程序已基本上固定化，大体包括警方调查、呈请或起诉、收案筛选、裁判听证、安置听证以及矫正与更生重建等主要阶段。

在美国传统上，检察官在裁判听证及安置听证中的作用远不如其在刑事（成人）案件中庭审及量刑阶段的作用。如在密西西比州，少年法院禁止法庭辩论，检察官也就英雄无用武之地。④ 但近年来，一些州的检察官除了在庭审中展现风采外，还在拘留、收案及指控等阶段日益发挥着重要作用。⑤

（1）未成年人检察之审前程序介绍。总的来说，与未成年人检察制度关系最为密切的审前程序，包括了呈请与起诉及收案等阶段。

---

① Lotz, Roy. (2004). Youth Crime in America: A Modern Synthesis. Upper Saddle River, NJ: Pearson Education. P. 291.

② Lawrence, Richard and Mario Hesse. (2010). Juvenile Justice: The Essentials. Thousand Oaks, CA: Sage Publications. P. 185.

③ Denton County. (2011). Denton County Criminal District Attorney. Retrieved February 12, 2011, from http://www. co. denton. tx. us/dept/main. asp? Dept = 23&Link = 265.

④ ［美］Peter Kratsoski & Lucille Dunn Kratcoski：《青少年犯罪行为分析与矫正》（第五版），叶希善等译，中国轻工业出版社 2009 年版，第 262 页。

⑤ Bernard, Thomas J. and Megan C. Kurlychek. (2010). The Cycle of Juvenile Justice (2nd edition). New York, NY: Oxford University Press. P. 148.

第一，收案及检察官角色。

美国少年法院审前程序的首要阶段是收案听审，即表明有未成年人案件需要处理。因此，一些美国学者甚至认为收案是少年司法系统最为重要的阶段。

在传统"医疗模式"下的少年司法系统中，少年法院的收案职能主要由收案官或缓刑（收案）官负责，而在某些州，检察官也参与其中。这一过程将决定是否受理有关案件以及是否以非正式方式处理案件。为达此目标，收案官或检察官事先会通览案情，视证据充足与否分门别类。若证据不足，则案件将不予受理。若证据充足，收案官仍需进一步判断提交法院审理是否适当。①

这一模式因 20 世纪六七十年代以来的正当程序改革已逐步褪色。尽管还有些司法区仍由少年法院收案官或缓刑官来负责收案，但越来越多的司法区或多或少地将收案权交由检察官行使。在同时存在收案官与检察官的司法区，惯常做法是先由收案官对案件进行初步筛选，然后由检察官作出最终决定。② 总的来说，美国地方检察官在决定是否提起呈请中越来越处于核心地位。③ 在南达科他州、华盛顿州及怀俄明州，甚至已明确由检察官单独决定收案与否。④ 与此同时，美国地区检察官协会也主张，检察官应拥有对未成年人的收案及筛选专有权，以便对从警方或其他渠道转介的未成年人案件进行分析，以确定这些事实是否足以提起呈请。⑤

在从警方收到呈请建议后，检察官至少有三种选择：撤销案件；向法院提起呈请；确定指控过于严重而应由刑事（成人）法院审理。一旦提出呈请，正式的裁判程序随即启动。根据警方报告，检察官可转介未成年人至少年法院的筛选部门处理。⑥

---

① Lawrence, Richard and Mario Hesse. (2010). Juvenile Justice: The Essentials. Thousand Oaks, CA: Sage Publications. P. 145.

② Neubauer, David W. and Henry F. Fradella. (2011). America's Courts and the Criminal Justice System (10th edition). Belmont, CA: Wadsworth Learning. P. 510.

③ Lawrence, Richard and Mario Hesse. (2010). Juvenile Justice: The Essentials. Thousand Oaks, CA: Sage Publications. pp. 145 – 146.

④ Bernard, Thomas J. and Megan C. Kurlychek. (2010). The Cycle of Juvenile Justice (2nd edition). New York, NY: Oxford University Press. P. 148.

⑤ Hess, Karen M. (2011). Juvenile Justice (5th edition). Belmont, CA: Wadsworth/Thomson Learning. P. 275.

⑥ Hess, Karen M. (2011). Juvenile Justice (5th edition). Belmont, CA: Wadsworth/Thomson Learning. P. 244.

第二，呈请与起诉及检察官角色。

一旦警方确定未成年人确有可能涉嫌犯罪或偏差，需要将有关文书提交至检察官处供其决定起诉与否，也可直接移送至少年法院收案部门。检察官在收到申请书后，首先会检查这些诉求是否合理，或给出相应建议并推荐法院采取相应措施。而起诉犹豫制度也为减少和避免污名化、未成年人改过自新提供了较有力的制度保障。如果未成年人选择无罪辩护，检察官须决定是否提起诉讼。而对于未成年人偏差案件，检察官将依少年法"呈请"法官裁判。伴随少年司法刑事（成人化）趋势，"起诉"一词近年来在美国未成年人检察中的使用屡见不鲜，并越加频繁。

一般来说，呈请状包括这样一些内容：涉案少年的姓名、年龄及住址，涉嫌罪名的有关刑法条文，指控为重罪抑或轻罪，父母或监护人的姓名及住址，案情之简要叙述，涉案少年是否被予羁押或释放。若未成年人因涉嫌重罪而被羁押，地区检察官需要在 48 小时内向法院提起呈请；若未成年人因涉嫌轻罪而被羁押，地区检察官需要在 72 小时内向法院提起呈请；若未成年人未被羁押，地区检察官何时提起呈请并无时限规定。①若法院认为呈请状所言大体正确，将会对呈请状中的涉案少年行使管辖权。

（2）未成年人检察之庭审程序介绍。未成年人庭审程序，主要包括裁判听证及安置听证，检察官于其中扮演着重要角色。尽管这些程序远较于刑事诉讼为简，但伴随联邦最高法院有关判例以及各州严打政策的出台，未成年人庭审程序近年来吸收了较多刑事（成人）司法程序保护的内容。

第一，裁判听证及检察官角色。

问题少年到庭接受聆讯，首要程序便是裁决听证，大体相当于刑事（成人）法院中的审理过程，以此来判断未成年人是否触罪或有无身份过错。裁判听证也被称为"事实发现听证"，系指初审法院评判对未成年人的指控是否有充足的证据支持的法庭程序，由检察官提起呈请状而启动。美国刑法学家罗兰多·卡门等将美国少年裁判听证程序又细分为提审、答辩（plea）、挑选陪审员、控方出示证据、辩方出示证据、结案陈词、法官对陪审团的指示、陪审团评议以及判决。②《全美检察准则》第 4 - 11.9 条建议，在少年裁判听证阶段，检察官应承担传统对抗诉讼下检察官应有角色。但这些程序会因各州司法

---

① Roberson, Cliff. (2010). Juvenile Justice: Theory and Practice. Boca Raton, FL: CRC Press. P. 143.

② del Carmen, Rolando, and Chad Trulson. (2006). Juvenile Justice: The System, Process and Law. Belmont, CA: Wadsworth/Thomson Learning. pp. 247 - 251.

环境不同而有所差异,① 检察官作用也有差异。

随着正当程序理念在少年司法体系中的逐步推广,裁判听证在实施过程中与刑事(成人)法院的庭审程序差异性并不显著:检察官向法庭出示涉案少年的有罪证据,而辩护律师则提出无罪证据或诸如未成年人身患心理疾病等减轻情节。控辩双方的证人包括专家证人依次出庭作证,并接受交叉询问。涉案少年也可有选择性地作证。在所有证据展示后,检察官及辩护律师分别总结。②

法官必须依据未成年人涉案的具体情况作出不同判别:在 1970 年以前,对于未成年人犯罪与偏差案件,少年法院采取"优势证据"原则这一民事证明标准。但在温士普案后,根据联邦最高法院的判决,对涉及可能剥夺未成年人自由的案件应采取刑事(成人)法院的定罪标准,即所谓"超越合理怀疑"原则。此后,尽管各地少年法院仍延续"优势证据"原则,可是一旦涉及可能剥夺未成年人自由的案件中,则采用"超越合理怀疑"原则。③ 证明标准的提升与正当程序的加强,使得涉案少年的辩护律师可以对检察官提出的证据进行反驳;反之,这对检察官应对裁判程序提出了更高要求。一旦法官认为该项指控成立,则进行第二次听证,即安置听证。

第二,安置听证及检察官角色。

安置听证大体相当于刑事审理中的量刑阶段,是整个少年法院程序中最为重要的环节之一。安置听证,系指法院决定何种安置方式对未成年人矫正与发展最为有效的法庭程序。在美国,除非法院认为未成年人案件需要进一步研究,安置听证一般于裁判听证确认少年偏差成立后 20 天内举行。正是安置听证,使得"国家亲权"原则在少年司法中的作用与指导意义得以最淋漓畅快的体现。

安置听证同样需要遵循一定的法庭程序与规则。以美国密西西比州为例,安置听证伊始,法官即应通告各方举行听证之目的所在。除非所有诉讼参与人同意,否则证词必须经宣誓方为有效。少年法院仅考虑有根有据且与案情密切相关的证词,包括传闻证据与意见证据。在各自展示证据后,法院得允许其口

---

① 例如,有些州的少年司法体系并不存在陪审团制度,美国联邦最高法院至今未明确是否赋予未成年人以获得陪审团审理的权利。

② Kupchik, Aaron. (2010). Juvenile Crime (revised edition). New York, NY: Facts on File. P. 88.

③ Champion, Dean J. (2010). The Juvenile Justice System: Delinquency, Processing, and the Law (6th edition). Upper Saddle River, NJ: Prentice Hall. pp. 207 – 208.

头质证。在考虑所有证据及关联情节后，少年法院会通过"安置令"，确认涉案少年为偏差少年，或"需要监督的儿童"，或照管不良儿童或受虐儿童。① 《全美检察准则》第4－11.10条要求，检察官应积极参与少年安置听证；在审查由检察人员、缓刑部门及其他部门所准备的安置前报告后，向法庭提出建议；在建议时，检察官应考虑这些安置建议是否最大限度地满足了未成年犯的利益及需求，前提是其与社区安全与福利一致。② 该准则第4－11.11条还要求，在少年安置阶段，检察官应使得法庭认识到涉案未成年人之行为给被害人及社区所带来的影响。③

近年来，辩诉交易在少年安置听证程序中日渐显著。在该阶段，辩诉交易包括指控交易及量刑交易，缓刑官通常在这两个程序中缺位，协商过程由检察官与辩护律师或检察官与未成年人父母之间进行。《全美检察准则》第4－11.8条建议，安置协议的达成应受州及未成年人两方利益支配，尽管检察官的主要关注点应在于保护社会利益，而这已为其在履行传统检察裁量权所决定了的。④ 尽管法官拥有最终裁量权以确定拒绝或接受交易协议，但考虑到案负及庭审参与人之间错综复杂的关系，法官通常会接受这一协议。⑤

3. 美国未成年人案件的移送模式与检察官角色

（1）未成年人案件移送概述。在一定情形下，美国法律允许将涉及严重罪行的少年由少年法院移送至刑事（成人）法院受审。理论上来说，将涉及严重罪行的少年移送至刑事（成人）法院应该达到这样的目标：将少年司法无法矫正的涉及严重罪行的少年移送刑事（成人）司法，由后者安置；有效威慑未成年人将来再行触法之事。⑥ 少年移送法律通过防止少年触犯严重罪行和在刑事（成人）法院对其进行审判、量刑，从而确保给予部分问题少年足够的监禁期限，以实现防卫社区的目的。

早在1903年，也就是建立少年法院的第四个年头，芝加哥少年法院便将

---

① Mississippi Code of 1972, §43－21－603.

② National Prosecution Standards (3rd edition), §4－11.10.

③ National Prosecution Standards (3rd edition), §4－11.11.

④ National Prosecution Standards (3rd edition), §4－11.5.

⑤ Bernard, Thomas J. and Megan C. Kurlychek. (2010). The Cycle of Juvenile Justice (2nd edition). New York, NY: Oxford University Press. P. 152.

⑥ Steiner, Benjamin and Emily Wright. (2006). Assessing the Relative Effects of State Direct File Waiver Laws on Violent Juvenile Crime: Deterrence or Irrelevance? Journal of Criminal Law & Criminology, 96 (4), P. 1454.

14 名少年移交给当地刑事（成人）法院审理。① 而到了 1980 年，更是所谓移送适用的黄金时代，全美涉及未成年人移送的案件数翻了两番。② 在 1992—1998 年，至少 40 个州或多或少地进行了少年法院的改革，使检察官起诉未成年人像起诉成年人一样容易，以增加将问题少年移交刑事（成人）法院审判的频率以及增加问题少年适用成人刑的范围。③ 时至今日，所有的州及哥伦比亚特区都允许在一定条件将未成年人交刑事（成人）法院审理。

待未成年人被移送到刑事（成人）法院后，检察官、法官、律师与陪审团各就各位，按照刑事（成人）诉讼的一般程序进行。如果未成年人在刑事（成人）法院受审，其一旦被定罪可被处以成人刑罚。④

（2）未成年人案件移送模式及检察官裁量权。检察官有权依法决定未成年人犯罪与偏差案件是否需要移送刑事（成人）法院审理，但需要综合考量所控罪行的严重性，若未成年人被告人的先前犯罪与偏差案底以及少年法院可提供之安置措施。《全美检察准则》第 4 – 11.5 条对此要求，检察官在自由裁量未成年人犯罪与偏差案件是否需要移送刑事（成人）法院审理时，应综合考量当前所控罪行的严重性及未成年人被告人的先前犯罪与偏差案底以及其他因素，是否能表明少年法院可提供的处分服务及安置替代措施适合保卫社区的安全及福利，且适合处理未成年人犯罪与偏差行为。⑤

美国各州将未成年人从少年法院移送至刑事（成人）法院的具体程序不尽相同，检察官于其中所起的具体作用有所差异。一般说来，主要有司法弃权、直接控诉、法定排斥及并行司法管辖权等未成年人案件移送模式。只采取其中一种模式的州为数不多，多数州都是采取两种或两种以上的组合方式。

第一，司法弃权及检察官角色。

所谓司法弃权，是指少年法院有权决定是否将有关未成年人案件移送至刑事（成年）法院审理的移送模式。如果少年法院不同意移送，则任何人均无

---

① Gardner, Martin. （2003）. Understanding Juvenile Law. Newark, NJ: LexisNexis Press. P. 174.

② Steiner, Benjamin, Craig Hemmens, and Valerie Bell. （2006）. Legislative Waiver Reconsidered: General Deterrent Effects of Statutory Exclusion Laws Enacted Post – 1979. Justice Quarterly, 23（1）, P. 36.

③ Human Rights Watch. （1999）. No Minor Matter: Children in Maryland's Jails. New York, NY: Human Rights Watch. P. 16.

④ Alarid, Leanne F. and Rolando V. del Carmen. （2011）. Community-Based Corrections. Belmont, CA: Wadsworth, Cengage Learning. P. 331.

⑤ National Prosecution Standards（3rd edition）, §4 – 11.5.

权在刑事（成人）法院对未成年人实施刑事审判。司法弃权通常需要进行强制听证，以确定少年司法是否对拟议中的问题少年矫正确实无能为力。

在该模式下，检察官可向少年法院提起司法弃权的动议，由法官举行听证后决定移送与否。在听证中，检察官通常需负举证责任（而在某些州，可能由被控少年则承担这一责任）。尽管实行该模式的州中，对移送的具体要求不尽相同，但大都要求遵循联邦最高法院在"肯特诉合众国"中的判决要求。1966 年，美国联邦最高法院在该案中，列举了少年法院需遵循的司法管辖权弃权原则：就弃权与否应当举行听证；未成年人与其父母在听证中得以聘用律师；该律师得在听证日至少前一天获得由法院工作人员收集并保管的绝大多数资料；尽管少年法院作出弃权决定而将未成年人移送刑事（成人）法院，法官仍需出具书面解释函。① 在听证中，大多数州要求证明标准至少应达到"优势证据"标准。②

第二，直接控诉及检察官角色。

将某些案件的统一管辖权授予少年法院或刑事（成年）法院，而由检察官选择不同法院进行便宜起诉，检察官对此拥有几乎无可争议的权限以决定是否将未成年人送至刑事（成人）法院受审，这种未成年人案件移送模式被称为直接控诉。③ 在该模式下，检察官拥有相当大的自由裁量权，因而又被称为检察弃权（prosecutorial waiver）。

第三，法定排斥及检察官角色。

一些州采取法定排斥进行未成年人案件移送。法定排斥又称立法弃权（legislative waiver），系指法律明文规定刑事（成人）法院对涉及未成年人的案件享有原始管辖权，即将某些犯罪指控自动从少年法院管辖范围内予以剥离的未成年人案件移送模式。在这些州，这类的案件将会直接起诉到刑事（成人）法院。与前两者决定权由少年法院法官和检察官分别掌控不同，此类送审方式由立法机关事先确定。法定排斥实际上与直接控诉差别不大，检察官均

---

① Kent v. United States, 383 U. S. 541（1966）.

② Griffin, Patrick, Patricia Torbet and Linda Szymanski.（1998）. Trying Juveniles as Adults in Criminal Court: An Analysis of State Transfer Provisions. Washington, DC: U. S. Department of Justice, Office of Juvenile Justice and Delinquency Prevention. pp. 1 – 17.

③ Griffin, Patrick, Patricia Torbet and Linda Szymanski.（1998）. Trying Juveniles as Adults in Criminal Court: An Analysis of State Transfer Provisions. Washington, DC: U. S. Department of Justice, Office of Juvenile Justice and Delinquency Prevention. pp. 1 – 17.

可自由裁量起诉未成年人与否，可视为直接控诉之变种形式。①

第四，并行司法管辖权及检察官角色。

并行司法管辖权模式，系指因涉案少年罪错性质与年龄大小均符合刑事（成人）法院与少年法院立案标准，而由检察官自由裁量向两类法院同时起诉的未成年人案件移送模式。检察官并不需要通过正当程序来实现这种模式。这与上述的直接控诉有几分相似，都强调发挥检察官在未成年人犯罪与偏差中的能动作用。②

在 1982 年人民诉索普案中，被告人认为"地区检察官将其检控于刑事（成人）法院而将另一与其类似的被告人诉至少年法院"违反了联邦宪法中的平等保护条款。但联邦最高法院最终否定了这一动议。③ 由此可见，当检察官依该模式作出移送决定时，并不需要进行移送听证。

（二）新加坡未成年人检察制度

1. 新加坡未成年人界定及未成年人犯罪概况

（1）"未成年人"之界定及刑事责任年龄。受普通法影响，21 岁在新加坡被视为成人年龄，但是在不同法律中对"未成年人"之定义略有差异。新加坡法律以英文为本，涉及"未成年人"之英文单词甚多，涵盖面不尽相同但也有交叉之处。根据新加坡《儿童及青年人法》，"child"系指 14 岁以下未成年人，而"young person"介于 14 岁至 16 岁的未成年人，至于"juvenile"则系指 7 岁至 16 岁的人。④《妇女宪章》则将"child"视为丈夫与妻子的 21 岁以下孩子，无论其是否为亲生或收养；⑤ 而将"minor"视为"21 岁以下之未婚或亦非鳏夫或寡妇之人"⑥。

1995 年 10 月，新加坡签署了《联合国儿童权利公约》。根据该公约，"child"系指 18 岁以下未成年人。尽管如此，《儿童及青年人法》等法律修订

---

① Steiner, Benjamin and Emily Wright. （2006）. Assessing the Relative Effects of State Direct File Waiver Laws on Violent Juvenile Crime: Deterrence or Irrelevance? Journal of Criminal Law & Criminology, 96（4）, P. 1455.

② Steiner, Benjamin and Emily Wright. （2006）. Assessing the Relative Effects of State Direct File Waiver Laws on Violent Juvenile Crime: Deterrence or Irrelevance? Journal of Criminal Law & Criminology, 96（4）, P. 1455.

③ People v. Thorpe, 641 P. 2d 935（Colo. 1982）.

④ Children and Young Persons Act, §2.

⑤ Women's Charter, §92&122.

⑥ Women's Charter, §2.

后并未明确这一点，"child""juvenile""minor"及"young person"等词之内涵及外延仍沿用至今。

依普通法，7 岁以下儿童被推定不具有犯罪意图而无须承担任何刑事责任。而在新加坡，未成年人刑事责任年龄在延续普通法系传统的同时，又适时作了相应变通。根据其《刑法典》第 82 条，不满 7 岁儿童所实施的行为，不构成犯罪。① 该法典第 83 条又规定，7 岁至 12 岁儿童，在实施行为时对该行为之性质及后果缺乏理解判断能力的，不构成犯罪。② 换言之，7 岁以上的儿童原则上需承担刑事责任，但 7 岁至 12 岁的儿童在实施行为时对该行为性质及后果缺乏理解判断能力的无须承担刑事责任，而 12 岁以上儿童则具有完全刑事责任能力。也就是说，7 岁以下为无刑事责任年龄，7 岁至 12 岁为限制刑事责任年龄，12 岁以上为完全刑事责任年龄。此外，"16 周岁以上为刑事成年，有刑事责任（受刑）能力，可以被判鞭刑"。③

（2）未成年人犯罪概况。总体而言，新加坡是一个未成年人犯罪率较低的国家。根据新加坡《海峡时报》发表的数据，从 2004 年至 2009 年，对未成年人的逮捕数减少了 1/3，从 2637 件降到了 1738 件；7 岁至 15 岁未成年人最常见的犯罪类型为店铺盗窃（shop theft）。④ 而从新加坡初级法院 2008 年、2009 年的统计数字看，2008 年少年法庭共受理案件 1798 件，其中涉及 7 岁至 16 岁未成年人逮捕案件为 1438 件；2009 年少年法庭共受理案件 2153 件，其中涉及 7 岁至 16 岁未成年人逮捕案件为 1860 件。⑤ 考虑到新加坡公民和永久居民为 373.3 万人，常住人口为 498.8 万，⑥ 尽管上述统计数字来源不同、略有差异，但仍不难发现 7 岁至 16 岁的未成年人逮捕人数占总人口的比例是比较低的。

另据统计，被处以缓刑或未成年人之家（juvenile homes）的未成年人再犯率从 2003 年的 1/4（23.9%）降至 2006 年的 1/5（19.8%）。⑦ 这在一定程

---

① Penal Code，§882.

② Penal Code，§883.

③ 赵俊：《中国与新加坡少年刑法比较研究》，载《青少年犯罪研究》2009 年第 4 期。

④ Gek, Teo Wan.（2010）. Juvenile Arrests Drop by A Third. The Straits Times（Singapore），November 25, 2010.

⑤ Subordinate Courts Singapore.（2010）. Subordinate Courts Singapore Serving Society Annual Report 2009. Singapore：Subordinate Courts Singapore. P. 66.

⑥ 许家康、古小松主编：《中国—东盟年鉴 2010》，线装书局 2010 年版，第 36 页。

⑦ Gek, Teo Wan.（2010）. Juvenile Arrests Drop by A Third. The Straits Times（Singapore），November 25, 2010.

度上表明新加坡少年司法体系在 7 岁至 16 岁的未成年人保护及未成年人犯罪矫正取得较好成绩，有许多可圈可点之处。

但在总体趋缓态势之下，7 岁至 19 岁青少年犯罪占被逮捕人数及同年龄层人的比例仍高居不下，存在一些不和之音。以 2005 年为例，青少年几近全部被拘捕人数的 1/5（20%），在同年龄层人中则占到了 1/7（14%）。①

2. 新加坡未成年人案件处理之特殊法

除了新加坡《宪法》与《儿童及青年人法》外，新加坡少年法的渊源大体上还包括《刑法典》、《妇女宪章》、《罪犯假释法》、《吸烟（烟草销售及广告控制）法》、《婴儿监护法》、《婴儿收养法》及《雇佣法》等法律。如据《妇女宪章》第 140（1）（i）条，任何人与 16 岁以下非婚少女发生肉体接触均构成犯罪，应被判处 5 年以下监禁，并处以 10000 新加坡元罚金。②《刑法典》第 375（e）条明确规定，任何与 14 岁以下少女发生性接触的，即便该少女已同意，仍构成强奸罪。③ 这就是英美刑法中所常称的"法定强奸"（statutory rape）。

在这些法律中，与未成年人关系较为密切的法律当属《儿童及青年人法》，为新加坡处理未成年人案件所援引的主要法律渊源。早在 1949 年 9 月 23 日，《儿童及青年人法》之前身《儿童及青年人条例》便已出名，意在向未成年人提供福利、关爱及保护，并对不服父母管教或从事违法犯罪的未成年人提供处分及更生重建。该法律试图在维系家庭权威及责任和国家保护之间寻求到平衡点，其后历经数次修订。在 1993 年的修订中，特别增加了对儿童虐待的惩罚力度。2001 年 4 月的修订，进一步扩大了对未成年犯进行矫正的选择余地，加强了对遭受虐待、遗弃及处于寄宿机构（residential institution）之未成年人的保护力度，同时情感及精神虐待也被明确界定为虐待。④ 2011 年 1 月 10 日，新加坡国会通过了《儿童及青年人法》的最新修正案，强化了对未

① 穆青：《2007 预防青少年犯罪"穗港台澳新青年辅导"研讨会综述》，载《北京青年政治学院学报》2007 年第 4 期。
② Women's Charter，§140（1）（i）.
③ Penal Code，§375（e）.
④ Singapore Children's Society.（2005）. Protection of Children in Singapore：An Overview. P. 3.

成年人的关爱及未成年人保护案件的管理。①

从结构上，《儿童及青年人法》分为《预备》、《儿童及青少年保护》、《少年法庭》、《少年羁押所》、《拘留地》、《工读学校及教养之家》、《工读学校、教养之家及拘留地羁押人之适用条款》、《费用及投入》及《附则》九章，共有 89 条，集实体法、程序法、福利法、民法、刑法及行政法于一体，其性质属于未成年人的特殊法。

3. 新加坡未成年人检察制度的特点

（1）未成年人隐私权之保护。未成年人隐私权的适当保护对于切实保障其合法权益、避免过早"标签"之意义非常。根据新加坡法律，新闻媒体不得披露涉案少年的个人信息，包括了案件侦查阶段、审查起诉阶段、审判阶段和执行阶段。《儿童及青年人法》第 35（1）条明文规定，在庭审或上诉期间不得披露任何涉案少年或未成年证人之姓名、住址或就读学校以及任何可能揭示其身份之细节。②

近些年来，为应对未成年人犯罪快速增长的现实，新加坡少年司法体系也应时进行了相应的改革。1994 年，在原有少年法庭基础上，又成立了新的少年司法处（juvenile justice division），更加重视对未成年犯的管理与处分，这同样增加了对未成年人的隐私权保护。③

（2）未成年人之审前转向。新加坡少年司法体系特别是警方及检方还不遗余力地推动"庭前转向措施"（pre-court diversionary measure），即通常以警告代替正式少年司法程序。具体来说，这些转向措施包括三类：对未成年人及其父母或监护人施以警告，并释放未成年人回家；对未成年人及其父母或监护人施以警告，并释放未成年人转介（refer）至社会服务机构以获得协助及心理咨询；在总检察长建议下，警方可要求未成年人参加为期 6 个月的"辅导计划"（Guidance Programme，GP）。④ 以新加坡辅导计划为例，其由总检察署（Attorney General's Chambers，AGC）、社会发展、青年与体育部、社会服务机

---

① Ministry of Community Development，Youth and Sports.（2011）.Protection under Children & Young Persons Act. Retrieved March 6，2011，from http：//app1. mcys. gov. sg/IssuesTopics/ChildrenYouth/ProtectionunderChildrenYoungPersonsAct. aspx.

② Children and Young Persons Act，§35（1）.

③ Chan，Helena HM.（1995）.The Legal System of Singapore. Singapore：Butterworths Asia. pp. 61 – 62.

④ Kamal，Chomil.（2002）.Directions of Juvenile Justice Reforms in Singapore. Retrieved March 6，2011，from www. unafei. or. jp/english/pdf/RS_ No59/No59_ 14VE_ Kamal. pdf. P. 115.

构及警方于 1997 年 10 月联合启动。该项目针对以警告代替起诉的未成年人实施心理咨询及更生重建。通过这一项目，未成年人被要求充分认识到所犯罪行及后果的严重性，并学习诸如自我控制、纾解压力及冲突解决等实用技能；父母也要参与其中，学习在抚育及教管子女上如何更加有效等内容。①

三、我国港澳台地区未成年人刑事检察制度

我国香港、澳门和台湾由于历史原因，长期深受西方殖民国家少年司法理念的影响，同时又承继了我国传统"明德慎刑"、"慈幼"等礼法思想，从而各自形成了一套独具特色的少年司法制度。与内地相比，我国港澳台地区未成年人检察启动较早，内容较丰富，且与内地毗邻，地理环境、文化背景及价值取向等都与内地相近，对内地的未成年人检察制度的发展与完善具有重要的借鉴意义。但总体而言，港澳台三地关于未成年人刑事检察制度方面却尚未形成完整的体系，具体的未成年人刑事检察措施散见于少年司法制度和社会保护措施之中。

（一）香港未成年人刑事检察制度

香港特区未成年人检察制度至今尚未形成独立体系，具体内容散现于其少年司法体系之中。现代意义上的香港少年司法体系是在其作为殖民地这一特殊历史时期产生发展起来的，深受英国少年司法制度的影响，既具有原殖民国英美法系的特点，又承继了我国古代的慈幼恤孤制度。

1. 香港未成年人检察制度发展历程

1840 年鸦片战争爆发后不久，香港被英国占领，自此香港的法律体系主要受英国司法精神的影响，英美法系色彩比较浓重，少年司法也不例外。香港回归祖国后，法律框架以基本法及其附件三为基本，并保留了大量之前既有的普通法和法例。有关少年司法方面的制度，散见于一些条例、条文规定中，没有一个具体、统一的专门条例。

1865 年，香港颁布的《侵害人身罪条例》中第 27 条规定："任何超过 16 岁而对不足该年岁的任何儿童或少年负有管养、看管或照顾责任的人，如故意袭击、虐待、忽略、抛弃该儿童或少年人，或导致、促使该儿童或少年人受袭击、虐待、忽略或抛弃，其方式相当可能导致该儿童或少年人受到不必要苦楚

---

① Singapore Children's Society.（2005）. Protection of Children in Singapore：An Over-view. P. 3.

或健康伤害，即属犯可循公诉程序审讯的罪行。"这条直接规定将侵害未成年人权益的行为纳入刑罚处罚范围。1933 年的《少年犯条例》指明了未成年人的刑事责任年龄，"儿童"是指"未满 14 岁"的人，少年是指"已满 14 岁未满 16 岁"的人，而 10 岁以下的儿童不构成犯罪主体。该条例与随后陆续出台的 1951 年的《保护儿童及少年条例》、1977 年的《未成年人监护条例》、1987 年的《淫亵及不雅物品管制条例》等，极大地扩充、丰富了香港少年司法的内容，同时也推动了未成年人刑事检察制度的发展与完善。如《保护儿童及少年条例》规定，对于被检控犯罪的未成年人年龄界定有争议的，原则上以提出检控人员的依据为准。另外，在国际公约上，香港先后核准通过了 1921 年的《禁止贩卖妇孺国际公约》、1945 年的《联合国宪章》，1989 年《儿童权利公约》等公约。①

　　上述条例、公约与现行的香港《刑事罪行条例》、《刑事诉讼罪行条例》等共同构成了香港检控机关办理未成年人案件的主要法律依据。目前，在实践方面，律政司是香港现今行使检控职能的唯一部门，有权决定是否开展检控工作。但香港律政司至今尚未有专门办理未成年人案件的检控科，对未成年人、成年人案件的检控均由刑事检控科统一负责。

　　2. 香港未成年人刑事检察理念

　　由于香港受英国长达一个多世纪的殖民统治，其未成年人刑事检察也因此深受英国的少年司法理念——"儿童福利"的影响，即"未成年人不应为其不当行为接受惩罚，相反鉴于其年幼无知的现实，各国政府提供高效的儿童保育、矫正、教化等措施来纠偏"。② 该理念也贯穿于香港未成年刑事检察工作，表现为：律政司检控人员在决定是否应起诉未成年人时，须"充分考虑该少年的福利"，并"限制法院向年龄介于 16 岁至 21 岁的少年判处监禁刑罚"。③

　　由此可知，香港地区尤为重视保障未成年人的合法权利，以保护为主，以惩罚为辅，不仅考虑案件的严重程度，也更多地思量对未成年的健康成长所带来的积极或负面的影响，提倡通过社会教育、矫正的方式，控制、矫治和预防未成人犯罪，以实现未成年人的最大利益。

　　3. 香港未成年人刑事检察特点

　　在"儿童福利"理念的主导下，香港未成年人刑事检察制度凸显出了宽

---

　　①　参见香港律政司网——公约及国际协定，香港律政司双语法律资料系统，法条来源同上。

　　②　张鸿巍：《少年司法通论》（第二版），人民出版社 2011 年版，第 309 页。

　　③　香港特别行政区律政司编：《检控政策及常规》，政府印务局印 2002 年版，第 24 页。

宥的特点：

（1）尽可能不起诉未成年人，实行警司警诫计划。在香港，对少年提起公诉被视为最为严厉的处理措施，因此，律政司检控人员在办理未成年人案件时，凡有可以取而代之的其他任何轻微处理方式（如警司警诫、责令父母加强管教等），都不建议对少年提起公诉，除非该少年所犯罪行十分严重或基于其他特殊情况而不得不提出公诉。以警司警诫为例，该措施主要是针对初次犯案、犯罪情节轻微、态度良好的 18 岁以下的未成年人，警司仅实施警诫，而不提出刑事检控，目的是尽量不让未成年人进入刑事检控程序，通过监管、教育，令未成年人迷途知返，以免给其人生轨迹留下污点。①

（2）不得仅为了监管未成年人而对其提出公诉，出台监管令、感化令。检控的目的是惩罚犯罪，维护社会公众利益，这对于未成年犯罪人也不例外。因此，检控机关不能仅因审判机关可提供更好的监管措施而起诉未成年人。检控机关基于维护公共利益或相关人员权益的考虑，认为确有必要对犯事未成年人采取一定的社会监管措施的，正确的做法不是向审判机关提起公诉，而是建议警方向社会福利署提出相应的监管建议。② 具体的监管命令由社会福利署署长签出，令被拘留的未成年人自获释之日到拘留届满 6 个月内，接受指定的机构或人士的监管，遵守相关规定，对不遵守规定的未成年人，社会福利署署长亦有权发出召回令，使其重返拘留所。③

（3）起诉未成年人应建立在综合考察之上。起诉触法未成年人是一项万分谨慎的决定，要建立在全面细致的综合考察基础之上，考察内容主要有：未成年人犯罪行为的严重程度、个人基本特征（如年龄、表面成熟度、心智状况、以往行为及犯罪纪录等）、家庭状况（尤其是其父母或监护人对其加强管教的能力）、起诉对未成年人造成的影响（如身心健康、前途发展等）、起诉后法院可能判处的刑罚情况、其他可替代措施的效力（如警方警诫等若能发挥积极效果，则优先适用）等。

这些具有"香港特色"的未成年人检察制度，无不体现"儿童福利"的理念，其以挽救、教育、矫正未成年人为宗旨，力图以人性化、科学化、公正

---

①　香港特别行政区律政司编：《检控政策及常规》，政府印务局印 2002 年版，第 24—25 页。

②　香港特别行政区律政司编：《检控政策及常规》，政府印务局印 2002 年版，第 24—25 页。

③　任宗理、梁展欣、莫君早：《港澳地区少年司法制度考察报告》，载《人民司法》2008 年第 3 期。

化的法律体系，促进香港社会的和谐、文明发展。

（二）澳门未成年人刑事检察制度

从 16 世纪中叶到 20 世纪末，澳门被葡萄牙殖民统治长达 400 多年，其未成年人检察制度深受葡萄牙司法理念影响，归属于大陆法系，对违法未成年人的处置政策上，强调以教育、辅导和纳入正规为原则；刑事检察手段，更是以主动分流为主导，辅之政府和社会团体的共同努力，减低违法未成年人进入司法程序所致的"罪犯标签"效应，鼓励其改过自新、重返社会。① 回归祖国后的澳门特别行政区以"一国两制"和基本法为原则，不断调整和改进其政策与制度，以期形成融中西先进制度理念为一体的独具特色的未成年人检察制度。

1. 澳门未成年人检察制度发展

现代意义上的澳门未成年人检察制度雏形来源于 1971 年颁布，并于 1999 年全面修订的"未成年人司法管辖"法例，该法例历经几次修改最终形成了现行的《未成年人司法管辖范围内之教育制度及社会保护制度》，旨在规制 16 岁以下未成年犯罪人或轻微违反法律人，其间明确规定了检察院在办理未成年人案件时应享有的基本权力和履行的基本义务：一是秉持教育与打击、挽救与惩处相结合的未成年人案件执法理念，体现在检察院有提请或获悉未成年人社会报告的权力、参与并监督法庭调查的权力、提出量刑建议的权力、提请启动教育和社会保护程序的权力等。二是履行保护未成年人的法定义务，主要有以辩护律师的身份参加涉及未成年人案件的法庭审理等程序，确保未成年人的合法权益；依职权对未成年人的父亲或母亲身份进行调查，核实该未成年人出身或明确其亲生父母等。而 2007 年实行的《违法青少年教育监管制度》② 则主要针对 12 岁以上而不满 16 岁的未成年人犯罪或轻微违法行为的情况进行规定，这部细化的未成年人案件办理规定与澳门现行的刑法典、民法典以及刑事诉讼法典共同构成了当前澳门检察院办理未成年人案件的主要法律依据。

---

① 潘菲、金碧华：《澳门地区违法青少年教育监管法律制度改革及对大陆地区的启示》，载《山东省团校学报》2007 年第 1 期。

② 教育监管措施，是指适用于已满 12 岁未满 16 岁的，作出被法律认定为犯罪、轻微违反或行政上违法行为的未成年人的教育矫治措施，主要有警方训诫、命令作出某些行为或履行某些义务、教育上之跟进、半收容、收容等。参见澳门《违法青少年教育监管制度》，第 1 条、第 4 条，澳门法律网，http：//www.macaulaw.gov.mo/cn/search/load_content.asp? lang = chin&tpLeg = 14&noLeg = 2/2007。

现行澳门未成年人刑事责任年龄仅分为两个阶段，即 16 岁以下为无刑事责任能力人，不受刑罚处罚，适用《未成年人司法管辖范围内之教育制度及社会保护制度》和《违法青少年教育监管制度》所规定的教育监管或社会保护等非罪化处置措施，以避免未成年人过早接触成年人刑事司法程序与标签化带来的负面影响；16 岁以上为完全刑事责任能力人，对所犯行为承担全部刑事责任，适用澳门刑法或其他单行刑事法规之规定，按照刑事诉讼程序进行审理，但对于 16 岁至 18 岁的未成年人犯罪的，可酌情考虑减轻处罚。

2. 澳门未成年人刑事检察理念

由于葡萄牙 4 个多世纪的占领，澳门未成年人检察理念深受葡萄牙少年司法理念影响，结合我国传统"慈幼恤孤"礼法思想，形成了自己独特的兼具"教育为主"和"惩教结合"理念为一体的"相称原则"，即根据违法犯罪未成年人的不同特质，如行为的危害性、个人心智成熟度、主观过错等加以综合考虑而采取一些特别的惩教结合处置措施，目的在于教育、感化、挽救未成年人，辅助以惩罚。[①]

3. 澳门未成年人刑事检察特点

（1）领导和监督未成年人案件的刑事侦查权。澳门检察院有独立的刑事侦查权，可自行开展一系列涉及未成年人刑事案件的侦查活动，多数情况授权警方在其指导下开展刑事侦查工作，警方侦查工作完成后需向检察院出具侦查报告。警方经侦查后认为某些未成年人的违法或犯罪行为轻微，无须下一步的司法程序介入，仅需处以警方警诫[②]和社区支援计划进行分流即可的，应当先向检察院提出适用申请，检察院经核查后，认为警方提出的处理建议恰当的，可给予批准；认为警方提出的处理建议不恰当的，可根据具体情况，要求警方作出更正或自行决定将案件有关材料移交到法院进行处理等。对于适用警方警诫和社区支援计划的未成年人，其父母、监护人或其他实际照顾人反对适用社区支援计划或虽不反对但后来拒绝参加，或者该未成年人没有完成规定计划

---

① 何超明：《在"少年刑事司法制度学术研讨会"闭幕晚宴上的致辞》，澳门特别行政区检察院网，http://www.mp.gov.mo/gb/int/2001 - 04 - 07m.htm。

② 警方警诫，"是指治安警察局的专责小组在未成年人的父母、监护人或实际照顾未成年人的实体面前，以严正的方式向未成年人指出其行为的不法性、不正确之处和指出再次做出该行为可能产生的后果，告诫其所作的行为须符合法律规范及法律价值观，并鼓励其以适当和负责的方式融入社群生活"。参见澳门《违法青少年教育监管制度》第 15 条，澳门法律网，http://www.macaulaw.gov.mo/cn/search/load_ content.asp? lang = chin&tpLeg = 14&noLeg = 2/2007。澳门未成年人检察制度特点资料依据均参见这两个法规。

的，警方应将相关情况材料报送至检察院，由检察院依法向法院申请启动进一步的司法程序。

（2）提请并监督未成年人案件的审理。检察院对未成年人案件经过自侦或授权警方侦查后，会作出或移交法院或批准警方警诫或归档处理的决定。一旦作出将案件移交至法院的决定，则该案将进入法庭审理阶段，由法院来判定对该未成年人采用何种具体的教育管制措施，具体包含 7 种方式——司法训诫、复和、遵守行为守则、社会服务令、感化令、入住短期宿舍、收容，且这些措施在互相不冲突的情况下可以并用。同时，为保证法院审理的公正性、合理性，检察院有权启动以下程序：一是检察院有权根据需要，决定是否要求社会重返部门或少年感化院提供有关犯罪未成年人的社会调查报告，内容包括有关未成年人的人格、行为及其社会、家庭背景和经济、教育状况，作为是否向法院提起相关申请及其申请文书内容的重要参考，对于不是检察院要求提供的社会调查报告（如该报告是法院要求提供的），检察院有获知该调查报告内容的权力。二是量刑建议权。对未成年促法者是否适用及适用何种刑罚或教育监管措施，如命令作出某些行为或履行某些义务、教育上之跟进、半收容、收容等，检察院应向法院提出适用申请和适用措施建议；而法院在作出任何决定前，也必须先听取检察院的意见。

（3）以辩护律师角色启动社会保护程序。对于那些未满 12 岁而作出被法律认为犯罪、轻微违反或行政上违法行为的未成年人和不论任何年龄而处于需司法部门采取必要措施加以保护的未成年人如未成年人被遗弃、受虐待等，检察院都有义务申请法院启动社会保护程序，以教育保护该未成年人。此时，检察院的职责并不是追究违法犯罪者的责任，而是像辩护律师那样，竭尽全力、使尽浑身解数来维护未成年人的合法权益。检察院提请的保护未成年人的措施主要有要求通过未成年人父母或监护人给予辅助性帮助，或交托第三人、其他家庭、有关机构给予帮助等。另外，对于未成年人父母身份不明或涉及未成年人抚养给付、亲权、监护权、财产权等切身利益事项的事宜，检察院有权提请启动有关针对"未成年人母亲或父亲"身份调查及抚养给付的程序或参与涉及未成年人亲权、监护权、财产权等诉讼程序之中以维护未成年人的合法权益。

（三）台湾未成年人刑事检察制度

台湾自古就是中国的神圣领土，1895 年清政府与日本签订马关条约，此后台湾被日本武力占领统治半个世纪，日本的少年司法制度及经验也成为台湾未成年人检察制度的一个重要渊源；1945 年台湾脱离日本殖民统治，进入

"国治民治"① 时代，其未成年人检察制度在沿袭清末和民国时期发展思路的同时，也吸纳了美国等国家的先进经验，进行不断改革，形成现在独特的未成年人检察理念与特点。

1. 台湾未成年人检察制度发展

早在 1935 年，我国台湾前"司法行政部"公布的《审理少年案件应行注意事项》中就见未成年人检察之端倪，如赋予检察官审查起诉未成年人案件的微罪酌定不起诉裁量权；1955 年该规定进行了修订，在司法层面上倡导对未成年人之"教育保护"理念，其中有大量涉及未成年人检察工作的内容，诸如检察官非有必要不得先行传讯未成年人，传讯应在未成年人所在地进行以及着便装出席少年法庭等。② 1970 年出台的"少年事件处理法"进一步拓宽了检察官办理未成年人事件职权：一是移送"触犯刑法或有触犯刑法之虞"的未成年人或找寻行踪不明的未成年人，并将其送回指定场所。二是三类未成年人刑事案件受理权。第一类是经法院初步调查，认为未成年人应当被判处最轻刑为五年以上有期徒刑者；第二类是法院认为依据未成年人的品行、性格、经历等情况，更适合受到刑事处分者；第三类是未成年人犯罪后，已经年满 20 岁的，法院应裁定移送至有管辖权的法院检察官③受理审查④。三是对法院移送的未成年人案件有独立的侦查权和起诉权，即检察官不受法官对案件初查结果的制约，而将案件作为一个新的情况进行独立侦查，并根据侦查结果决定是否对该未成年人提起诉讼。另外，1981 年制定的《少年不良行为及虞犯预防办法》，1995 年公布的"儿童及少年性交易防治条例"，1997 年出台的"家庭暴力防治法"，2002 年颁行的"民法"，2003 实施的"儿童及少年福利法"，在教育、保护、矫治未成年人方面，赋予了检察官一些新的民事或行政上的职

---

① 甄贞等：《检察制度比较研究》，法律出版社 2010 年版，第 418 页。

② 参见 1935 年《审理少年案件应行注意事项》第 13 条；1955 年《审理少年案件应行注意事项》第 3 条、第 13 条。

王祝雀：《少年刑事案件之审理机构及其法律适用问题研究》，台湾大学法律研究所 1985 年硕士论文，第 42、43、45 页。

③ 在我国台湾，法院与检察署虽是相对独立、并列的机构但各级检察署的机构部门却设置在法院内部，故称之为法院检察署，而其检察官则又可称之为法院检察官。参见甄贞等：《检察制度比较研究》，法律出版社 2010 年版，第 419、423、424 页。

④ 在我国台湾，违法未成年人首先被移送至法院，法院经初步调查对那些认为应当处以刑事处罚的未成年人，移交相应的检察署负责审查起诉，而对于认为不需要处以刑事处罚的未成年人则径行直接处理。参见刘作揖：《少年事件处理法》，三民书局 2010 年版，第 175—214 页。

权：声请法院为未成年人指定监护人；协助保护、安置受难未成年人；考核矫正学校在未成年人刑罚、教育感化方面的执行情况；等等。这些共同构成了检察官办理未成年人案件或教育保护未成年人①的主要依据。

在司法实践中，对于涉及未成年人的案件，一直由有管辖权的法院检察署负责办理。大部分检察署内专设妇幼保护小组，负责稽查各类对妇女、未成年人的性侵害案件及未成年人性交易案件，办理未成年人涉罪案件等。在未成年罪犯监管方面，检察署专设所务科负责监管少年观护所，主要监管少年观护的警备情况、日常供给及其他生活配套设施，照管少年犯日常矫正、心理看护、不良行为倾向以及负责少年观护所的维修、扩建等。②

2. 台湾未成年人刑事检察的理念

自 20 世纪中叶起至今，伴随着少年司法理念的更迭，台湾地区未成年人检察制度理念经历了保护主义、管训理念、儿童最佳利益原则三个阶段。1955年，台湾仿效日本，提出以保护为主的"少年宜教不宜罚"为立法取向的"少年法"草案。③ 但 1962 年出台并于 1971 年正式实施的"少年事件处理法"，将具有福利意义的"保护处分"改名为管理训练意义的"管训处分"，并在司法实践中舍弃了保护主义。④ 而 1997 年出台的新"少年事件处理法"重新确立了以"保护取代管训"的少年司法理念。⑤ 2003 年颁行的"儿童及少年福利法"又强化该理念，明确了"儿童最佳利益"原则，即"政府及公立机构、团体处理儿童及少年相关事务时，应以儿童及少年之最佳利益为优先考虑，有关其保护及救助，并应优先处理"。这一理念应用于未成年人检察制度，旨在以"保护、矫治不良少年为目的，对触犯刑罚法律或有触犯刑罚法律之虞的少年，主要采取一系列的保护政策"。⑥

3. 台湾未成年人刑事检察的特点

（1）对犯罪未成年人"教罚并重""恩威并用"。随着社会治安不断恶化，未成年人犯罪率节节攀升，台湾检察署在对未成年人的"保护"与"惩

---

① 此处所称未成年人或少年均指 12 岁以上未满 18 岁之人。根据台湾"少年事件处理法"第 2 条之规定："本法称少年者，谓十二岁以上十八岁未满之人。"

② 甄贞主编：《检察制度比较研究》，法律出版社 2010 年版，第 461—468 页。

③ 张鸿巍：《少年司法通论》（第二版），人民出版社 2011 年版，第 89 页。

④ 李茂生：《台湾地区新少年司法与矫治制度实施十周年的经验和展望》，载《青少年犯罪问题》2010 年第 2 期。

⑤ 张鸿巍：《少年司法通论》（第二版），人民出版社 2011 年版，第 90 页。

⑥ 刘作揖：《少年事件处理法》，三民书局 2010 年版，第 211 页。

罚"理念中不断摇摆。检察署在处理未成年人犯罪案件时，虽主要采取"保护"政策，但也十分注重"教罚并重""宽严并济""恩威并用"的策略，以防止对未成年人过于宽大、姑息，而放纵了未成年人的违法行为，助长了其犯罪的嚣张气焰，从而有违保护、矫治不良少年目的之初衷。

（2）办理未成年人案件检察署受制于法院先议权。在台湾，警察、检察官、少年调查官、法官等若发现未成年人违法事件，不得擅自处理，须及时向法院报告，或将该未成年人移送至有管辖权的少年法院。法院经初步调查或审理后，对于认为不需处以刑事处罚的未成年人径行直接处理；对于认为应当处以刑事处罚的未成年人，则将其移送至有管辖权的地方法院检察署负责办理，这时检察官才获得侦查、追诉该未成年人的权力，否则在获得法院裁定移送之前，检察官无权擅自进行侦查或起诉该未成年人。

（3）社会调查乃起诉未成年人的前置条件。检察官收到法院裁定移送的未成年人案件后，既要对该未成年人的犯罪事实进行侦查，也要对其社会背景开展全方位的综合调查。调查内容主要包括：与该案件有关的未成年人任何行为，如吸毒、猥亵、偷窥等；该未成年人的品格、学习工作及生活经历、身心状况、家庭状况、经济收入、教育程度及其所居住的社会环境等。检察官需根据最终调查结果而不是依据法院的移送裁定，来最终决定是否起诉该未成年人。

（4）检察官拥有较大的未成年人犯罪不起诉裁量权。对于法定刑期最高不超过 5 年的未成年人犯罪案件，检察官均具有不起诉裁量权，即对于这类案件的犯罪未成年人，检察官经综合分析后，认为相比起诉对其有更加适宜采用的保护处分措施的，即非刑罚处罚方法，如训诫、假日生活辅导、保护管束、安置辅导、感化教育等，可作出不起诉决定，并将该未成年人移送至少年法院依照少年保护事件审理（即民事审理）；反之，则可决定起诉该未成年人至法院以刑事程序进行审理。①

---

① 刘作揖：《少年事件处理法》，三民书局 2010 年版，第 175—215 页。

第四章 未成年人刑事检察的实践调研与案例

一、未成年人刑事检察地方实践

（一）北京市海淀区未成年人刑事检察实践

1. 基本概况

作为北京市第一个未成年人检察专门机构，北京市海淀区人民检察院在北京市未成年人刑事检察工作方面发挥了重要作用。2012 年 5 月，在上海召开的第一次全国未成年人刑事检察工作会议上，北京市人民检察院副检察长苗生明指出：海淀区人民检察院作为北京市首家组建未成年人检察机构的基层院，在成立不到两年的时间里，进行了诸多有益的探索，其首创的"4 + 1 + N"工作模式，与目前北京市人民检察院积极推进的"捕、诉、监、防"一体化模式相契合，也为北京未成年人刑事检察工作发展和职能定位积累了宝贵的经验。北京市海淀区人民检察院未成年人案件检察处自 2010 年 9 月成立以来，在案件办理、诉讼监督、特殊制度、权益保障等方面取得了进展。

（1）履行批捕、起诉职责，依法办理未成年人刑事案件。未成年人案件检察处负责办理未成年人犯罪案件，承担审查批准逮捕、审查起诉的职责。以 2011 年为例，未成年人案件检察处受理审查批捕案件 348 件 626 人，批准逮捕 422 人，其中，未成年人犯罪案件 183 件 288 人，占案件总人数的 46%。受理审查起诉案件 458 件 698 人，提起公诉 527 人，其中，未成年人犯罪案件 230 件 303 人，占受案总人数 43%。对涉嫌犯罪的未成年人作出不起诉处理 56 人，其中，31 人回到学校，24 人参加工作，1 人参军入伍。司法社工已对近 600 未成年人开展了社会调查、羁押必要性评估、考察帮教、跟踪回访。

（2）贯彻宽严相济刑事政策，依法强化诉讼监督。以 2011 年为例，通过社会调查以及听取被害人、律师、司法社工的意见，对涉嫌犯罪但无逮捕必要的未成年人不予批准逮捕 87 人，不捕率为 30%，较往年上升 10 个百分点；对犯罪情节比较严重、悔罪表现不好的 5 件 5 人改变强制措施为逮捕。在批捕和起诉环节，通过追捕、追诉、检察建议、纠正违法等方式加强侦查监督。在公诉和审判环节，建立量刑数据库，加强对类案判决的公平性进行监督。

（3）落实未成年人刑事检察特殊制度，保障未成年人诉讼权利。落实包括法律援助、法定代理人到场、合适成年人到场、社会调查、不起诉跟踪反馈等在内的 14 项制度，保障未成年人诉讼权利。首创未成年人案件引入司法社工机制，由北京市海淀区政府出资购买社工服务，委托专职的司法社工开展社会调查和帮教，提升帮教的专业性和效果。协调公安、司法行政等政法机关，联系教委、民政、工青妇等部门及未成年人服务团体，形成心理辅导、家长课堂、社会救助、委托异地调查四项机制，全方位救助未成年人。

（4）探索预防前置模式，扩大法制教育宣传的影响面。依托检察官兼职法制校长队伍，开展丰富多样的检学共建活动。打造"青春防线"品牌，出版《校园安全系列法律丛书》。总结发案规律，开展"严厉打击性犯罪"等专题教育活动。建立全国检察系统首家预防未成年人犯罪的网站"守护青春"，在新浪、腾讯开通"海淀检察院未成年人案件检察处"微博，创建未成年人检察文化长廊，为未成年人法制教育提供更为广阔的平台。加强未成年人司法领域的合作交流，与瑞典罗尔·瓦伦堡人权与人道法研究所合作开展未成年人保护机制研究项目，成功举办"未成年人案件检察工作国际研讨会"。

2. 历史发展

北京市海淀区人民检察院作为全国模范基层检察院，非常重视未成年人刑事检察工作，在几代院领导和承办未成年人案件的检察官的集体努力下，经过了专人负责、专业组到专门机构的探索与发展历程。

（1）专人负责阶段：慈母般的关爱。2000 年，北京市海淀区人民检察院获得最高人民检察院和共青团中央联合颁发的优秀青少年维权岗称号，推出全国第一部预防未成年人犯罪的电视专题系列片《青春防线》，未成年人刑事检察工作翻开了崭新的一页，公诉部门、批捕部门均指定专人负责办理未成年人犯罪案件，预防处设置专职未成年人犯罪预防岗位，由一人专门负责，组织法制校长队伍、开展各种形式的法制宣传教育活动。除拍摄《青春防线》外，40 多人的检察官兼职法制校长队伍十几年如一日活跃在辖区内的 30 余所大中小学、职高技校及部分街道社区，以"检察官进课堂"、案例展览、法制讲座、法律咨询等丰富多彩的教育形式，开展预防被害与预防犯罪活动。2007年最高人民检察院检察长贾春旺对北京市海淀区人民检察院的未成年人犯罪预防工作经验做法作出了肯定评价，称之为："好办法！"

（2）专业组的建立：机制探索。2006 年 12 月 28 日，最高人民检察院通过了《人民检察院办理未成年人刑事案件的规定》、《最高人民检察院关于依法快速办理轻微刑事案件的意见》、《最高人民检察院关于在检察工作中贯彻宽严相济刑事司法政策的若干意见》三个文件，为未成年人刑事检察工作的发展提供了良好的政策。

为适应新形势的要求，北京市海淀区人民检察院改变以往专人办理的制度，成立专业的未成年人刑事检察工作组，将所有未成年人犯罪案件放在未成年人刑事检察组办理。未成年人刑事检察组成立后，相继推出心理辅导、家长课堂、附条件不起诉、引入专业社会工作、援助律师到场旁听等多项创新机制，制定了有利于保障未成年人权益的一系列制度，如《审查起诉阶段未成年犯罪嫌疑人权利义务告知书》、《未成年犯罪嫌疑人的法定代理人到场旁听讯问相关事项告知书》、《未成年犯罪案件审查起诉规则》、《到场旁听规定》、《亲情会见规定》等；牵头促成《海淀区公检法三机关关于办理未成年人刑事案件的会议纪要》，就办理未成年人刑事案件的机构设置和工作原则、年龄认定、适用强制措施、法律援助、法定代理人到场、亲情会见、询问未成年被害人和证人、分案起诉、量刑建议等九个问题达成共识；与北京市海淀区司法局签订对未成年人法律援助、刑事和解、律师到场旁听等一揽子合作协议。同时建立了分类帮教体系，对于作出相对不起诉处理的未成年犯罪嫌疑人实行社会调查、个别谈话和考察、不起诉帮教座谈会"三步走"的帮教机制；对作出附条件不起诉考察处理的未成年犯罪嫌疑人，实行跨部门合作联合帮教的模式；对符合法定不起诉和建议公安机关撤案条件但有严重不良行为的未成年人开展品行教育，进行人格矫正；对提起公诉的未成年犯罪嫌疑人调查品行情况，提出量刑建议，积极配合法庭开展法庭教育；对已经作出处理结果的未成年犯罪嫌疑人，均可以根据情况发出"检察官寄语"。

（3）独立机构阶段："4＋1＋N"模式的提出。2009年，王振峰到北京市海淀区人民检察院任检察长，他敏锐地注意到公诉一处未检组正在进行的"引入司法社工"的机制探索，提出"未成年人刑事检察工作不是机制问题而是机构问题"。在北京市海淀区人民检察院挂任副检察长的北京师范大学刑事法律科学研究院常务副院长卢建平教授常年从事刑事政策的研究，特别关注未成年人犯罪问题，亲自办理未成年人犯罪案件，主持未成年人检察理论和实践调研，组织出版《京师刑事政策评论》（未检专辑），主持召开法学沙龙"未成年人检察一体化的实践与探索"，推动成立"海淀检察院未成年人检察专家咨询委员会"、"未成年人检察工作管理办公室"。在王振峰检察长、卢建平教授等领导的推动下，在潘度文副检察长、杨新娥副处长的精心筹备下，2010年9月，北京市海淀区人民检察院成立北京市第一个独立建制的未成年人案件检察处，确立了"4＋1＋N"的工作模式。

3. 特色模式

北京市海淀区人民检察院 "4 + 1 + N" 工作模式，涵盖司法力量、专业力量、社会力量三个层面，丰富了未成年人检察工作的内涵。

（1）综合 "4" 项检察职能，在依法妥善处理案件的同时，强化未成年人权益保护和个别帮教。未成年人案件检察处统筹审查批捕、审查起诉、诉讼监督、预防宣传四项检察职能，实行捕诉合一的办案机制，承办人从审查批捕阶段受理案件，直至对犯罪嫌疑人作出最终处理决定，提高对案件处理的科学性，强化了对未成年人的帮教效果。在审查批捕和审查起诉阶段，通过全面调查涉罪未成年人品行情况，广泛听取被害人、公安、律师、司法社工的意见，对于大多数未成年人依法从轻从宽处理；对于少数危害严重、情节恶劣的未成年人慎重作出不批捕、不起诉的决定。同时，细化工作流程，建立了包括律师介入、合适成年人讯问到场、社会调查、羁押必要性评估、亲情会见、继续羁押必要性审查、诉中考察（附条件不起诉）、再犯可能性评估、不起诉跟踪回访、分案起诉、量刑建议、刑事和解、未成年人档案单独保管、社区矫正等在内的十四项制度，保障涉罪未成年人在捕、诉、判三个环节得到最科学、最适当的处理，构筑挽救涉罪未成年人的司法网络。

在监所检察工作中强调 "强化监督、保障权益"，指定专人负责在押未成年人教育和社区矫正工作。在预防犯罪方面，采取 "发挥合力、综合治理" 的原则。依靠两支队伍即法制校长队伍和专业社工队伍，从预防犯罪和预防被害两个角度，联合社会资源，构建家庭、学校、社区三位一体的预防网络，建立生理、心理、法理三位一体的预防模式。2012 年未成年人案件检察处开通 "守护青春" 网站，在新浪、腾讯、正义网建立未检处微博，预防犯罪职能取得新发展。

（2）依托 "1" 支司法社工队伍，创设未检引入司法社工机制，对涉罪未成年人进行更专业、更科学、更全面的处理和帮教。北京市海淀区人民检察院成立 "司法社工工作站"，由海淀区政府出资向首都师范大学 "未成年人司法社会工作研究与服务中心" 购买社工服务。具备资质的专职司法社工受检察机关委托介入未成年人犯罪案件，社工出具的报告成为检察机关处理未成年人犯罪案件的参考，社工的帮助和教育成为涉罪未成年人自我反省、真心悔罪的重要支持。

司法社工主要开展五项工作：第一，社会调查。在征得涉罪未成年人及其法定代理人的同意后，到涉罪未成年人的居住地、工作单位或学校了解其居住环境、家庭背景、成长经历、职业情况、受教育情况等。第二，风险评估。在社会调查的基础上，对涉罪未成年人是否具有社会危害性、人身危险性、再犯可能性等进行评估，评估结果作为是否逮捕或起诉涉罪未成年人的参考。第三，帮教考察。对涉罪未成年人深入访谈，根据其需求制订有效的介入计划，并利用个案、小组、社区等专业方法帮助、引导、教育涉罪未成年人。第四，转介服务。对有进行心理矫治、就业安置、接受再教育等特殊需要的涉罪未成年人，帮助联系相关机构接纳。第五，跟踪回访。对被不起诉的未成年人定期跟踪回访，帮助其良好回归社会。

（3）借助"N"方资源力量，共同构筑挽救涉罪未成年人的社会网络。北京市海淀区人民检察院广泛联合地区公安、司法、民政、教委、工青妇等部门以及未成年人研究和服务社会团体、机构，通过开展心理辅导、家长课堂、社会救助、委托异地调查等方法，共同努力构筑挽救涉罪未成年人的社会网络。如和北京市青少年心理咨询与研究中心、海淀区青少年心理健康教育中心合作，邀请心理专家向涉罪未成年人及其家长提供一对一的心理辅导；和中国人口宣教中心"青苹果之家"合作，为涉罪未成年人的家长聘请教育、心理等方面的专家辅导亲子关系、家庭教育等；与北京市未成年人救助与保护中心、海淀区救助站合作，解决了部分未成年人释放后无家可归的困境，避免再犯危险；与全国律协未成年人权利保护委员会建立联系，建立异地调查机制，通过委托外地志愿律师进行社会调查等方法，获取办理案件的参考材料，对外来涉罪未成年人做出最恰当的处理。

4. 问题与挑战

（1）未成年人检察队伍的综合能力有待提升。未成年人刑事检察工作具有很强的专业性、社会性、教育性，要求检察官不但能娴熟运用法律，还要具备一定的心理学、教育学、社会学等知识，善于表达和沟通协调。未成年人案件检察处承担捕、诉、监、防四项检察职能，工作任务繁重。检察人员虽然学历高、工作热情高、奉献精神强，但知识结构单一、生活工作经历简单，应对未成年人特殊正当需求和处理复杂情况的综合能力相对欠缺。因此，应加强未成年人刑事检察官的人力配备，加大教育培训力度，优化人员结构和知识结构，努力打造一支符合时代要求的专业化未成年人刑事检察官队伍。

（2）符合未成年人特点的诉讼保障措施有待加强。未成年人刑事案件中，80%以上是外地户籍，由于相关配套措施和保障机制的不健全，导致涉嫌犯罪的外地籍未成年人的审前羁押率居高不下。对外地籍未成年人如何落实监护帮教措施、防止取保候审之后的脱逃风险是面临的现实难题。因此，应巩固深化司法社工介入帮教、不捕后训诫等已有制度，探索羁押必要性动态审查、建立观护基地等特殊制度。

（3）政法机关、社会各方沟通衔接的联动机制亟待建立。未成年人犯罪的矫治和预防再犯是一个需要全社会各方力量共同参与的综合治理系统工程，公、检、法、司在刑事诉讼的各个环节承担不同的职责。目前，检察机关与公安机关、法院等政法机关的力量整合、工作联动机制尚不到位，社会支持体系也没有形成。因此，应充分发挥检察职能，加强和公安、法院的侦控审衔接，强化在办理未成年人刑事案件中社会调查、帮教考察等工作联动机制的建设。密切和民政、教委、工青妇等部门的联系，整合资源建立对未成年人的救助和帮教机制，对有特殊需求的未成年人，提供心理矫治、就业安置、就学指导等必要的转介服务。

（二）上海市奉贤区未成年人刑事检察实践

1. 基本概况

近年来，上海市奉贤区人民检察院未成年人刑事检察科结合未成年人刑事案件的办案特点，对未成年人刑事检察工作模式和特殊程序进行了诸多有益的探索和创新，尝试建立了一系列具有实践意义和司法价值的工作机制，在司法实践中取得了良好的成效。

上海市奉贤区未成年人刑事检察工作在由专人办理到设立小组再到独立建制的发展历程中，逐步形成了集审查批捕、审查起诉、出庭支持公诉和个案预防、综合治理等职责于一体的办案模式和运行机制。这一工作模式既有利于提高办案效率、节约司法成本，又有利于连贯性、针对性地开展教育、挽救、感化工作，体现了明显的优点和实效。2010 年来，奉贤区人民检察院在原有"捕诉防一体化"的工作模式下，进一步打破部门壁垒，尝试建立起将批捕、起诉、预防、监所检察、民事行政检察、犯罪预防、被害人权益保护等职能统归未成年人刑事检察部门的新一体化工作机制，实现了未成年人案件办理和权益维护的无缝衔接。

2. 历史发展

上海市奉贤区人民检察院建院于 1978 年，最初设置了起诉科、批捕科等部门。1987 年 6 月，上海市人大常委会通过的《上海市青少年保护条例》规定："公安机关、人民检察院和人民法院要分别组织专门的预审组、起诉组、合议庭，采取适合青少年特点的方式方法讯问、审查和审理青少年违法犯罪案件。"根据这一规定，上海检察机关要求全市各基层院在起诉部门设立少年起诉组，奉贤区人民检察院于 1990 年年底在起诉科设置了少年起诉组。1991 年 6 月，最高人民法院、最高人民检察院、公安部、司法部联合下发了《关于办理少年刑事案件互相配套工作体系的通知》，规定"人民检察院应根据办理少年刑事案件的特点和要求，逐步建立专门机构"。同年颁布生效的未成年人保护法也规定"公安机关、人民检察院、人民法院办理未成年人犯罪的案件，可以根据需要设立专门机构或者指定专人办理"。据此，上海公、检、法、司共同会签了《关于贯彻〈未成年人保护法〉和〈关于办理刑事案件建立互相配套工作体系的通知〉》的文件，要求"有条件的区县检察院可以设立少年刑事检察科"。1996年，奉贤区人民检察院成立了集审查逮捕和审查起诉职责于一体的未成年人刑事检察科，从此，上海市奉贤区未成年人刑事检察工作开始走上专业化发展道路。

3. 特色模式

上海市奉贤区人民检察院未成年人刑事检察科结合区位、区情特点和实际办案情况，通过不断探索和实践，创建了一系列有别于成年人的特殊检察办案机制及程序，制定了相应的实施细则和规范性文书，充分体现了对未成年人的特别司法保护：

（1）法律援助。上海市人民检察院、司法局于2000年9月5日签订《关于在检察阶段对未成年犯罪嫌疑人实施法律援助的办法》，确定由检察机关未成年人刑事检察部门帮助有需要的未成年人向区法律援助中心提出申请，法律援助中心审查符合条件的，指派律师为其担任义务辩护人。上海市奉贤区人民检察院未成年人刑事检察科通过会同区司法局会签相关制度，在审查起诉阶段对于家庭经济困难、未聘请辩护人的未成年犯罪嫌疑人一律征询意见是否申请法律援助律师，并推动区公安机关在侦查阶段落实法律援助制度，探索审查批捕阶段听取律师意见制度，从而确保未成年犯罪嫌疑人获得更有效的辩护。

（2）分案起诉与分庭审理。上海市高级人民法院、上海市人民检察院于2009年8月10日会签《关于未成年人与成年人共同犯罪的案件分案起诉分案审理的若干规定》，分案起诉是指人民检察院将符合条件的共同犯罪的未成年被告人与成年被告人分为两个案件，分别向人民法院提起公诉；分庭审理是指人民法院对人民检察院分案起诉的未成年被告人案件与成年被告人案件，分别由少年审判庭刑事审判庭进行审理。

（3）合适成年人到场参与刑事诉讼。上海市公、检、法、司于2010年5月12日共同会签《关于合适成年人参与刑事诉讼的规定》，明确了公安机关、人民检察院、人民法院讯问或审判（含二审）涉罪未成年人，在其法定代理人无法或不宜到场时，依法由办案机关通知负有未成年人保护责任的机关、团体选派符合一定条件的成年代表，作为诉讼参与人到场，行使法定代理人的部分诉讼权利，维护涉罪未成年人合法权益，并履行监督、沟通、抚慰、教育等职责。

（4）社会调查。检察机关未成年人刑事检察部门在审理未成年人刑事案件时，自行或委托青少年事务部门、青少年权利保护部门及共青团组织等工作人员，采取访谈、电话联系、信函等方式，对未成年犯罪嫌疑人的年龄、特殊身份、特殊背景开展全面调查和分析，掌握未成年犯罪嫌疑人的成长经历、道德品行、个性特点、家庭结构、社会交往、管教方式、社会环境及认罪态度等。社会调查所形成的社会调查报告连同卷宗一并移送法院，作为教育感化与司法处置的参考依据。

（5）心理测试。1999 年，上海市人民检察院侦查监督处与上海市爱心工程基金会青少年心理行为门诊部签订《心理测试协议》，明确在办案中对有明显心理偏差迹象的未成年犯罪嫌疑人进行科学测试，测定其心理成熟度、犯罪心理动因、重新犯罪可能性及悔过程度等，并由上海市青少年心理行为门诊部作出心理测试报告，在提起公诉时一并移送法院，为开展庭审教育和法院准确量刑提供参考。

（6）非羁押可行性评估。2006 年，上海市人民检察院侦查监督处制定了《关于未成年犯罪嫌疑人适用非羁押措施可行性评估办法》，从涉案未成年人的犯罪行为、个人情况、家庭情况、保障支持四个方面进行分析研判，测算风险值，对适用非羁押措施的风险作出综合评估，并根据评估结论判断未成年犯罪嫌疑人是否具有逮捕必要性。2007 年至 2011 年施行该制度以来，来沪涉罪未成年人中适用非羁押措施比例从 8.2% 上升至 23.8%。

（7）诉前考察。2005 年，上海市人民检察院先后会同相关单位、组织会签了《关于对违法犯罪情节较轻的未成年人实行考察教育制度的意见》和《关于对涉罪非在校未成年人实施"诉前考察教育"工作的实施细则》、《关于对涉罪在校未成年人实施"诉前考察教育"工作的实施细则》三个文件，明确规定了对被取保候审、犯罪情节较轻的未成年犯罪嫌疑人，由从事青少年权利保护的教师、团干部、青少年社工及未成年人监护人组成帮教小组，开展一定期限的帮教考察，检察机关根据未成年犯罪嫌疑人在考察期内的表现作出是否起诉的决定。

（8）社会观护。2010 年，上海市人民检察院未成年人刑事检察处制定了《关于进一步规范涉罪未成年人社会观护工作机制的若干意见》，所谓"涉罪未成年人社会观护工作"是指检察机关未成年人刑事检察部门将已涉嫌犯罪但无羁押必要的未成年人，交由社会力量组成的专门观护组织，在诉讼期间进行帮教、考察和矫治，以确保诉讼顺利进行，并为司法处理提供依据。至2012 年 5 月，上海市已建立 17 个观护总站、215 个观护点和 58 个观护基地，

2011 年还推动建立了市级观护基地，全面实现了对在沪无监护条件、无固定住所、无经济来源的外来未成年犯罪嫌疑人的平等保护。2007 年以来纳入社会观护的涉罪未成年人达 1152 人，其中近 90% 实现复学、就业，30 余人考上大学，99.2% 未重新违法犯罪。

（9）刑事污点限制公开。上海检察机关早在 2004 年就开始对"未成年人刑事污点限制公开"制度进行实践探索，并于 2006 年正式试行，即对于符合特定条件的未成年人，司法机关在其犯罪后将犯罪记录予以封存，不记入人事档案，仅在刑事档案内保留记录，并严格限制犯罪记录被查阅、复制、调用，从而为涉罪未成年人重返社会、继续升学就业提供便利。

（10）在押未成年人亲情会见、通话。对于案件事情清楚、证据确实充分、犯罪嫌疑人自愿认罪、悔罪的未成年人刑事案件，检察人员根据未成年犯罪嫌疑人或其法定代理人的申请，安排在押的未成年犯罪嫌疑人与其法定代理人、近亲属等进行亲情会见、亲情通话，让未成年犯罪嫌疑人感受家庭亲情温暖和接受家长规劝引导，使之对司法机关产生信任感、亲切感和依靠感，从而增强其彻底悔改的决心和树立重新做人、重归社会的信心。

（三）天津市河北区未成年人刑事检察实践

1. 基本情况

2008 年年初，天津市河北区人民检察院设立未成年人刑事检察科，把未成年人案件的审查逮捕、公诉和维权预防职能集于一身，实现了未成年人刑事检察工作的机构专门化和职能专业化。

2. 历史发展

5 年来，天津市河北区人民检察院不断加强未成年人刑事检察规范化建设，理顺捕、诉、防一体化工作流程。在制度建设上，该院在办案中逐步摸索，把散在于批捕、起诉、监所工作中的未成年人刑事检察工作集中起来，制定了《未成年人刑事检察科办案流程》，规范批准逮捕、审查起诉、帮教矫正、维权预防等各个环节的工作，理顺了"捕诉防一体化"的工作流程。同时，针对各项机制改革，未成年人刑事检察科及时总结、规范，制定出《诉前考察执行细则》、《社会调查工作办法》等一系列办案规定，保证各项新机制运行有章可循。此外，该院还制作出《未成年人刑事检察手册》，将制度规范、特色文书、法律监督情况整合汇总，使工作的各个环节能够紧密衔接、通盘考虑。

5 年来，天津市河北区人民检察院的未成年人刑事检察工作取得了一定成效，该院未成年人刑事检察科先后被评为"天津市优秀青少年维权岗"、"全国优秀青少年维权岗"、"全国巾帼文明岗"称号，1 名干警被评为"全国未成年人思想道德建设先进工作者"、2 名干警被评为"天津市检察机关优秀公诉人"、2 名干警被评为"天津市检察机关侦查监督十佳检察官"、1 名干警被评为"天津市检察机关侦查监督优秀检察官"荣誉称号。

3. 特色模式

（1）突破传统模式，创新特色办案机制。天津市河北区人民检察院从未成年人刑事检察办案流程的各个环节着手，创新符合未成年人特点的办案方式：

告知环节——专门设计未成年当事人《权利义务告知书》，语言和内容都更加人性化，更符合未成年人的身心特点。

讯问环节——实行法定代理人到场参与，把维权的阳光和温暖的亲情送进了冰冷的铁窗。2011 年，建立了"五老爱心家庭"关护制度，将检察机关的刚性教育和"五老"们的柔性关怀相结合，达到了寓教于审的效果，《检察日报》、《法制日报》等多家新闻媒体对此进行了报道。

审查环节——对未成年嫌疑人的成长环境、社会表现开展社会调查，为处理案件提供参考。

强制措施适用环节——实行非羁押强制措施和继续羁押必要性两项风险评估，使强制措施的适用考量有据、标准一致。

辩护环节——推行法律援助，把指定辩护前移到审查起诉阶段，充分保护未成年人的辩护权。

公诉环节——对未成年人和成年人共同犯罪案件，实行分案起诉、分庭审理，实现特殊保护、区别对待。

刑罚适用环节——实行量刑建议，在提起公诉的同时，向法院发出建议减轻处罚或者适用缓刑的《量刑建议书》，推动轻缓刑罚的适用。特别是 2011年，在量刑建议中增加"禁止令"的内容，用法律来规制涉案未成年人的行为，在本市尚属首例。

出庭环节——实行阳光庭审，弱化指控氛围，侧重说理释法、教育感化，突出情、理、法统一的庭审效果。

不诉环节——实行诉前考察。委托社区机构对未成年嫌疑人进行考察和帮教，保证相对不起诉的正确适用。

调解环节——推行检调对接，把刑事和解工作贯穿于未成年人审查逮捕、审查起诉的全过程，积极化解社会矛盾。

实践中，通过这十项制度的推行，逐步形成了一整套符合未成年人特点的、较为系统的未成年人刑事检察特色办案机制。2011 年，天津市河北区人民检察院未成年人刑事检察科作为天津地区唯一代表，参加"京津沪渝"首届未成年人刑事检察论坛，从未成年人刑事检察工作的社会需求和司法实际操作层面发出呼声，呼吁建立中国特色的未成年人刑事司法制度。

（2）落实教育挽救，建立个性化帮教机制。在办案的同时，该院把工作重心向罪错青少年的帮教矫正转移，把教育挽救落到实处。

第一，抓住"三个环节"，建立未成年犯案内外全方位帮教覆盖。针对不捕、不诉和判决后三个重点环节，完善帮教机制，实现案内、案外帮教矫正全方位覆盖。对不捕后取保直诉的涉案未成年人，开展"品行指导"，通过法律常识和人生观教育，促使其认罪悔罪，痛改前非；对不起诉的涉案未成年人，开展跟踪帮教，定期回访和召回教育，护送他们走上正确的人生道路；对被判处缓刑的涉案未成年人，送上"检察官寄语"，留下联系方式，叮嘱他们不忘法律的威严和宽容，走好人生的每一步。

第二，开辟心理辅导，架起与问题青少年心灵沟通桥梁。对存在突出心理问题和暴力倾向的涉案未成年人，该院未成年人刑事检察科和心理专家一起，通过真情回顾和亲子游戏的方式，引导他们敞开心扉，唤醒迷茫的心灵。针对交通肇事的未成年人，进行心理抚慰，引导他走出悲观、自闭的心理阴影，勇敢面对人生。对于被羁押的未成年犯，建立与看守所联动帮教机制，帮助他们认识罪错，积极悔罪。

第三，另辟矫正蹊径，探索失足青少年温情社区考察感化。该院把检察职能与社区矫正相结合，把对失足少年的"诉前考察"工作下沉到社区，以参加公益劳动的方式开展帮教矫正，促使他们在服务社会中增强责任感，在融入社会中完成自我改造。截至目前，该院先后在社区维权基地对 10 名涉案青少年进行矫正，消除了人身危险性，最终决定不起诉。其中 5 人参加了高考，取得了良好的成绩，走进了大学的殿堂。

（3）拓宽领域，全面建设青少年犯罪预防网络。天津市河北区人民检察院拓展领域，把预防工作的触角延伸到与未成年人密切相关的校园社区，构建起检察机关、学校、社区三位一体，无缝衔接的预防犯罪网络。

第一，研发预警，发挥指导预防作用。未成年人刑事发案预警机制是该院在天津市率先提出的预防青少年犯罪的一项重要举措。对学校和网吧重点监控，设定"黄、橙、红"三级预警，结合办案中发现的问题，及时向有关单位和行政管理部门发出预警通告，共同治理整顿、消除隐患，为全面构建青少年犯罪预防体系提供了一个有效运行的框架。这项工作得到天津市人民检察院和最高人民检察院的一致肯定，作为先进经验在《检察日报》上推介。

第二，根植校园，在基础法制教育中丰富宣教形式。天津市河北区人民检察院与 17 所中小学开展"检校共建"活动，通过"法制教育第一课"、"网络兴趣调查"等丰富的宣教形式，全面加强校园基础法制教育。针对指向学前儿童的恶性犯罪现象，开展自护讲座，受到广大师生的一致好评。针对特殊群体，未成年人刑事检察干警来到外来务工人员子女集中的学校，捐书助学，帮助低龄儿童树立知法、学法、守法意识。

第三，走进社区，在法制基地共建中拓展预防途径。天津市河北区人民检察院在社区建立"青少年法制维权基地"，作为重点宣教场所，充分发挥检察机关的职能优势和街道社区的资源优势，将法制教育做到经常化、制度化、专业化。开办家长课堂，以互动问答的方式提供咨询，将法制意识送进家庭；组织模拟法庭，让孩子们走近法律的殿堂，直观感受法律的威严；开展在线答疑，将法制理念通过网络传播到未成年人心中；开展"红伞行动"，将法律保护延展至辖区每个角落。

4. 问题与挑战

2012 年修改的刑事诉讼法在第五编中将未成年人犯罪案件诉讼程序单独成章作出规定，将一些地方成熟的未成年人犯罪案件诉讼程序做法吸收进来，对办理未成年人刑事案件的原则、法律援助、社会调查、法定代理人到场、合适成年人、附条件不起诉、犯罪记录封存等内容作出了明确的规定。如今，天津市河北区人民检察院未成年人刑事检察工作面临的问题和挑战主要是如何具体落实附条件不起诉制度和犯罪记录封存制度，在具体操作层面上缺少明确的制度支持，需对上述两项制度进行深入的研究，制定出自身的实施细则。

（四）南宁市兴宁区未成年人刑事检察实践

1. 基本概况

南宁市兴宁区人民检察院是广西第一个设置未成年人检察专门机构的检察院。这一专门机构的设立与发展，显示了未成年人检察一体化改革方向，揭示了未成年人检察与社会管理服务创新紧密结合、协同共进的时代要求。

2. 历史发展

2008 年，为适应未成年人检察工作发展，南宁市兴宁区人民检察院申报广西检察系统"未成年人检察制度研究"研究课题，并选派人员赴上海、南京等地区进行调研，学习和借鉴外地未成年人检察工作的先进经验。

2009 年 7 月，南宁市兴宁区人民检察院率先在广西成立"未成年人刑事检察科"，抽调 4 名熟知未成年人身心发展特点，并善于做思想教育引导工作检察业务骨干充实其中，赋予审查批捕、审查起诉、法律监督、少年维权、犯罪防控、教育矫正等职能，实现从"专人审查机制"向"机构多功能一体化机制"转变，克服了"专人审查机制"模式下存在的"专人不专门"、"专人不专业"等制约未成年人检察发展的问题。

2011 年 6 月，南宁市兴宁区人民检察院将"未成年人刑事检察科"更名为"未成年人检察科"，意味着从"未成年人刑事检察一体化"朝着"未成年人综合检察一体化"转向与协调推进。

3. 特色模式

南宁市兴宁区人民检察院以创新精神来谋划未成年人检察工作，推出新操作、新制度，使未成年人检察工作沿着一体化道路良性发展。

（1）社会调查机制。南宁市兴宁区人民检察院制定未成年犯罪嫌疑人社会调查规则，明确社会调查的指导原则、目的宗旨、调查对象、社会调查方式等，形成规范统一的社会调查机制。规定社会调查要做到"三个了解"，即：了解未成年犯罪嫌疑人家长或监护人的监护能力，从成长背景上了解其违法不端行为的社会诱因；了解未成年犯罪嫌疑人成长经历以及性格特点，找准帮教的切入点；了解未成年犯罪嫌疑人的品行和悔罪表现，结合案件造成的危害后果和社会影响，对未成年犯罪嫌疑人作出适当处理。2010 年，南宁市兴宁区人民检察院经社会调查，对 20 名符合取保候审条件的未成年犯罪嫌疑人作出不批捕决定，对 6 名未成年犯罪嫌疑人作出不起诉决定。南宁市兴宁区人民检察院根据社会调查的实际情况，提出量刑建议，得到法院的支持。

（2）快速办理机制。2007 年，南宁市兴宁区人民检察院与辖区公安机关、法院联合制定主要适用于未成年人的《快速办理轻微刑事案件的办法》。规定对于事实清楚，证据确实、充分的未成年人犯罪案件，审查逮捕阶段在 3 天内办结，审查起诉阶段 15 天内办结，并向公安机关送达《快速办理意见书》和向法院送达《简易程序适用建议书》，简化司法流程，提高工作效率，缩短未成年犯罪案件办案时间。2009 年 7 月之后，轻微刑事案件快速办理机制得到集中运用，效果日益明显。

（3）刑事案件的修复机制。2009 年 7 月，南宁市兴宁区人民检察院成立"未成年人刑事检察科"后，未成年人犯罪修复性实践操作得到加强。2010 年 2 月，在校生陆某某涉嫌犯罪案件处理过程中，南宁市兴宁区人民检察院提供和解程序便利，创造条件让当事人之间进行沟通和交流，最终以和解方式结案，南宁市兴宁区人民检察院作出了相对不起诉处理。同时，通过与其父母、所在学校沟通协调，促成他们共同制定帮教方案，陆某某恢复正常的学校学习生活，不良行为得到矫正，目前已成为一名遵纪守法、品学兼优的大学生。

（4）检察操作与社会服务管理联动机制。注重协调落实监护与教育措施，畅通涉罪未成年人社会复归通道。采取"点对点"辅导与帮教的方式进行感化教育，加强与其家庭、社区（村）及所在学校的联系沟通，及时掌握未成年人回归社会和家庭后的情况；同时，通过与城区党委、政府、团委、妇联、社区、学校和新闻媒体沟通，加强帮教涉罪未成年人回归社会工作衔接，构建未成年人检察回归社会多角度、全方位的立体网络。

（5）工作机制从单项性向综合性推动发展。2009 年，制定《未成年人刑事案件办理实施规则》，促进未成人刑事案件的审查批捕、审查起诉、监所、控告申诉等工作互相衔接和配合，整合教育感化挽救未成年人的检察内部资源，形成全院一体化工作模式。2010 年，出台《合适成年人介入制度》、《非羁押措施可行性评估制度》、《罪错未成年人帮教与回访的若干规定》、《特殊少年考察制度》等工作制度；还与城区的公安、法院机关共同制定《社区矫正工作检察监督办法》，为涉罪未成年人顺利回归社会开路、护航。2011 年，出台《未成年人权利保护检察建议书》（类如国外的《少年保护令》）、《未成年人心理矫治意见书》等操作文件，有利地推进了综合性未成年人检察工作的发展。

4. 学研合作，给未成年人检察工作注入新活力

2008 年开始，南宁市兴宁区人民检察院与广西大学法学院法律诊所合作进行关于未成年人心理辅导和调解方式等项目研究。诊所学员定期调研未成年人犯罪嫌疑人心理情况，提供心理咨询与引导；并参与到南宁市兴宁区人民检察院关于涉罪未成年人的帮教、矫正、预防等操作制度的制定。2009 年 9 月开始，南宁市兴宁区人民检察院还与南京大学犯罪预防与控制研究所共建"未成年人检察研究基地"，加强对未成年人检察制度研究和实践调研，形成一批具有实践创新的优秀成果。为深化"学研合作"，南宁市兴宁区人民检察院选拔优秀检察人员赴南京大学深造学习，参加少年司法等学术研讨活动，给从事未成年人检察工作的人员"智力充电"，与科研机构合作研究相关课题，推动未成年人检察工作专业化和多功能化发展。

二、未成年人刑事检察个案研究

（一）北京市未成年人刑事检察个案研究

社会调查制度是未成年人司法制度中最基础的制度。司法社工开展社会调查和帮教考察机制，是北京市海淀区人民检察院"4＋1＋N"工作模式的重要组成部分。该机制系与首都师范大学未成年人司法社会工作研究与服务中心合作，委托具备国家社工师资格的专职社工开展对涉罪未成年人的社会调查和帮教。机制运行 3 年多来，已对 900 余人开展了社会调查和帮教，取得了良好效果。

1. 案情简介

小林（男，17 岁，工人）和被害人小雨（女，13 岁，在校学生）于 2007 年通过网络相识，经常通过 QQ、网络视频、电话等方式聊天，成为无话不谈的好朋友。2010 年 2 月 11 日，小林利用春节休假时间来到北京。其间，小林和小雨每天见面，一起逛街、打游戏、聊天。2 月 16 日晚，小雨主动提出在小林居住的旅店留宿，二人自愿发生性关系。2 月 17 日，二人正在侯车室聊天时被小雨的父母找到，小林被送到派出所。

小林因涉嫌强奸罪被检察机关逮捕，后检察机关作出不起诉处理。

2. 案件处理

考虑到此案的罪名、案发原因以及双方当事人的具体情况，承办人委托首都师范大学未成年人司法社会工作研究与服务中心指派司法社工介入此案，对小林进行社会调查、帮教考察和再犯可能性评估；委托中国人口宣教中心"青苹果之家"的心理专家为被害人小雨及其母亲作心理疏导；承办人还联系了小林的父亲和舅舅、小雨及其父母，为双方释法说理。

司法社工通过谈话、自画像、社会关系网络图等方法，了解到小林是家中独子，因父亲长年在外打工，和父亲的沟通交流非常少，父子关系一般，小林和母亲感情深厚。但是，2006 年母亲由于家庭琐事服毒自杀，这给小林造成很大的心理创伤，母亲去世后，小林和舅舅、舅妈生活在一起，虽然关系比较融洽，但是由于其和亲人之间缺乏有效的沟通，导致小林出现情感缺失。恰逢此时，小林和被害人小雨通过网络相识，小雨年龄未满 14 周岁，但是身心发育成熟、善解人意，加上二人都处于青春发育阶段，对异性有着吸引，"在多方因素的作用下，经过三年的接触，双方产生网恋"。司法社工认为小林的再犯可能性较低，"缺乏多元化的情感依托、青春期的叛逆性、法律知识的缺乏、情感的冲动、双方都缺乏相应的自制力是导致此次犯罪行为产生的重要原因"。

综合本案情节，考虑犯罪嫌疑人是未成年人、二人发生性关系是自愿、被害人在身体和精神方面没有不良情况且已得到经济补偿、被害人及其法定代理人希望对犯罪嫌疑人从轻处理，参考司法社工的意见，参照最高人民法院《关于审理未成年人刑事案件具体应用法律若干问题解释》第6条"已满十四周岁不满十六周岁的人偶尔与幼女发生性行为，情节轻微，未造成严重后果的，不认为是犯罪"的规定，检察院决定对小林变更强制措施，进行3个月的诉中考察。

在考察期内，小林的舅舅、司法社工、检察官共同对小林进行帮教考察。通过小林及其舅舅向检察官提交书面思想汇报以及打电话汇报，司法社工与小林持续电话沟通帮教，小林在情感寄托方面有了转变，能够比较成熟地面对自己的问题和家庭，同时在未来发展方面，小林对舅舅的理解和崇拜已经转化为他在汽车修理公司中不断学习和追求上进的动力；在面对生活方面，尽管强奸罪名在他心里仍有阴影，但是已经有信心面对工作和生活。现小林仍在原单位工作。

3. 工作亮点

（1）对批捕阶段涉罪未成年人进行初步社会调查，为决定是否批捕提供科学依据。司法社工在了解基本案情后，以专业的视角，通过与涉罪未成年人及其亲友的谈话交流，在了解其性格特点、家庭情况、社会交往、成长经历、是否具备有效监护条件或社会帮教措施以及涉嫌犯罪前后表现等情况的基础上，出具初步社会调查报告，并对其社会危险性分为低度、中度、高度危险三个等级进行初次评估。社会调查制度在审查批捕阶段的引入，改变了过去检察官只通过对犯罪手段、犯罪情节来判断涉罪未成年人是否具有社会危险性，从而决定是否逮捕的做法，转而通过调查其个体因素来探究其犯罪的深层原因、背景，为最终是否决定逮捕提供相对科学的判断依据。

（2）展开全面社会调查和跟踪帮教，为审查起诉阶段开展继续羁押必要性审查提供科学依据。在审查批捕阶段受到初步社会调查的涉罪未成年人，无论是否被批准逮捕，司法社工都会在案件回到侦查阶段后，及时、继续对其进行深入的社会调查和跟踪帮教，强调了帮教的延续性、有效性。在开展全面的社会调查和专业的帮教后，司法社工还会运用科学工具和量表对涉罪未成年人的社会危险性、再犯可能性进行低、中、高度的再次评估，并及时形成报告向检察官反馈，检察官根据反馈情况，在审查起诉阶段进行继续羁押必要性审查，结合相关情况决定是否对其改变强制措施。

（3）对诉中考察对象实行规范、持续的帮教考察，维护涉罪未成年人的合法权益。司法社工介入诉中考察，是指在审查起诉阶段，司法社工对犯罪情节比较轻微、有可能适用相对不起诉处理，但不适宜立即作出相对不起诉决定的涉罪未成年人进行一段时间的考察帮教，并出具帮教报告作为检察官决定是否起诉的参考。在与司法社工合作之前，北京市海淀区人民检察院主要通过协议的形式联合涉罪未成年人的学校、社区等相关人员共同开展考察帮教工作。但由于检察官精力有限，学校、社区与涉罪未成年人之间的利害关系等原因，有些情况并不能真实反映其在考察期内的表现，也没有起到切实有效的帮教作用。引入司法社工后，考察帮教工作变得全面和规范：在考察期内，司法社工与涉罪未成年人的联系非常紧密，通常每两个星期会谈一次，其间还会通过电话、邮件、QQ等方式随时沟通，真正做到考察期内时刻关注其表现，并根据其需求及时变更帮教方法，及时采取应对措施。

（4）跟踪回访被不起诉未成年人，降低再犯风险。不起诉跟踪回访，是指未成年人被不起诉后，委托司法社工对其定期进行回访，期限为从作出不起诉决定起一年内，次数为每月或者每季度一次，目的在于帮助未成年人顺利回归社会。在跟踪回访期间，司法社工会通过打电话、写信、家访、社区调查等方式，了解被不起诉未成年人认知及行为的改善情况、周围环境的改善情况、与环境的互动情况以及适应社会的情况等，并通过收集、分析其在回归社会过程中遇到的各种问题，提出有针对性的建议，帮助其解答疑惑，从而间接监督、引导其行为。不起诉跟踪回访弥补了对未成年人不起诉后监督、帮教缺失的现状，降低其再犯风险，为进一步扩大适用相对不起诉提供了有力保障。

（5）提供内容翔实、具有针对性的司法社会调查报告，为检察官提出量刑建议提供重要参考。司法社会调查报告随案移送法院，并作为量刑的证据在法庭上出示。检察官提出量刑建议时会将其作为重要参考，法官判决时也会充分考虑。

（二）上海市未成年人刑事检察个案研究

1. 对未成年被告人适用诉前考察教育的条件把握

诉前考察制度是上海市检察机关未成年人刑事检察部门秉持"教育、挽救、感化"的方针，将刑罚的教育功能提前到审查起诉阶段，从而将犯罪情节较轻、有较好悔罪表现和帮教条件的未成年犯罪嫌疑人从诉讼中分流出来的有益探索。

（1）亲情简介：2008年8月21日，19岁的陈某、17岁的胡某、15岁的陆某和均未满16岁的林某、俞某、袁某（均为在校生）共6人以非法占有为目的，在上海市某雕塑公园附近拦劫5名结伴行走的学生。陈某、胡某、陆某用木棒击打被害人头部（一名构成轻微伤），并伙同俞某、袁某用身体逼挤被害人，通过搜身、言语威胁等劫得摩托罗拉L7型手机一部（经鉴定价值人民币300元）和交通卡以及少量人民币，上述财物均交给林某。手机和交通卡销赃后共得款人民币130元，被6个人共同花用。案发后，袁某、俞某、林某（以下简称"三名在校生"）先后投案自首，并向被害人赔礼道歉，被公安机关依法取保候审。经社会调查，三名在校生还伙同陈某、胡某、鲁某实施过其他强拿硬要他人少量财物的行为，但均未造成其他严重后果，不认定构成犯罪。

（2）案件处理：上海市检察机关对三名在校生进行诉前考察5个月，经过考察，认定三人表现良好，具有明显悔罪表现，符合刑法规定的不需要判处刑罚的条件，遂对三人作相对不起诉决定。

（3）工作亮点。本案处理的亮点在于对未成年犯罪嫌疑人适用诉前考察的条件进行了准确的把握。

首先，适用诉前考察教育的行为应限于特定未成年人所实施的"犯罪情节轻微的行为"：一是应排除《刑法》第15条规定的"情节显著轻微、危害不大，不认为是犯罪"的行为，即犯罪行为已达到刑事犯罪所要求的严重社会危害性，符合犯罪构成的实质要件；二是应符合"情节轻微的行为"，即结合定罪情节和量刑情节进行全面评价，行为虽已构成犯罪，但犯罪性质、情节、后果均很轻。本案中，三名在校生中两人直接实施了劫取财物的实行行为，一人负责赃物承接保管，该行为具有社会危害性，已构成抢劫犯罪，但由于他们系未成年在校生、在共同犯罪中起次要作用、能够主动投案并向被害人赔礼道歉，因而属于"犯罪情节轻微的行为"。

其次，适用诉前考察教育的行为应属于暂时不符合不需要判处刑罚或者免除刑罚的情形，实践中通常包括以下几种类型：其一，共同犯罪且不分主从犯的案件，不宜对部分人员直接做出相对不起诉的决定，可以对这一部分未成年人进行诉前考察。其二，有劣迹的未成年人，虽然涉罪情节较轻，但具有一定主观恶性和人身危险性，可以适用诉前考察来评判其继续犯罪的可能性，继而作出是否提起公诉的决定。其三，被害人不同意适用相对不起诉的案件。虽然犯罪情节轻微符合不起诉条件，但未取得被害人谅解的，可以征求被害人意见对未成年犯罪嫌疑人进行诉前考察教育。其四，暂时不具备不起诉条件的案件，即虽然犯罪情节轻微，但未成年犯罪嫌疑人认罪、悔罪态度一般或刑事和解赔偿未到位等情形，可先进行诉前考察再决定起诉与否。本案中，三名在校生的行为造成了一定的社会危害性，且具有一定的人身危险性，不符合可以不判处刑罚或免除刑罚的情形，有必要从教育、挽救、感化的方针出发对他们进行教育考察，再决定是否提起公诉。

2. 犯罪记录封存制度的程序操作

2012 年刑事诉讼法确立的我国未成年人犯罪记录封存制度，符合国际人权保护原则和双向司法保护原则，是促进罪错未成年人恢复名誉、回归社会的有效途径。

（1）案情简介：2009 年 10 月，某中学女学生沈某某结识了社会人员倪某、闫某，并得知二人介绍学校女生向社会人员卖淫，为报复同班同学金某向老师打小报告，沈某某遂与倪某、闫某经过事先预谋，以周末同学聚会为由，将金某骗至某宾馆房间内，后以金钱、升学就业等利益对金某进行劝说，引诱金某向社会人员蒋某卖淫。2010 年 8 月，公安机关进行立案侦查并对沈某某依法取保候审。案件移送检察机关后，检察机关对沈某某开展了 5 个月的诉前考察。经调查，沈某某在考察期间勤于学习、表现良好，检察机关遂于 2011 年 1 月对其作出相对不起诉决定。2011 年 6 月，沈某某考取了上海某职业技术学校，向检察机关提出了封存刑事犯罪记录的书面申请。

（2）案件处理：检察机关受理沈某某的申请后，启动了刑事犯罪记录封存程序，具体如下：首先，审查。检察机关承办人员对沈某某开展全面社会调查，掌握了其不诉后在学校、家庭、社区的表现，核实其考取的学校，从而评定其人身危险性以及封存记录的必要性。其次，决定。经过审查，检察机关认为沈某某符合封存记录的条件，且有必要封存记录从而保证升学，遂根据与公安机关、法院、司法局会签的《未成年人轻罪记录封存实施办法》，与沈某某户籍所在地派出所、沈某某及其监护人签订了封存协议，告知封存的后果以及各协议方应履行的义务，同时作出《轻罪记录封存决定书》。最后，宣告。检察机关作出封存决定后，将《轻罪记录封存决定书》分别送达当事人沈某某以及居住地派出所等相关单位。

（3）工作亮点。2012 年刑事诉讼法明确建立了未成年人轻罪记录封存制度，但由于相关的实施细则尚未出台，以至于司法部门难以贯彻落实。上海市检察机关未成年人刑事检察部门从 2008 年起便开始探索此项制度，逐步建立完善了一套具有操作性和实效性的运行程序，取得了良好的社会效果和法律效果，各地检察机关可以借鉴参考。

(三) 天津市未成年人刑事检察个案研究

非羁押强制措施风险评估，是指从犯罪危害程度、人身危险性、家庭监护条件、社会帮教条件等方面，综合评估逮捕必要性和不予羁押的风险性，这项工作可以有效避免检察人员办案过程中的主观性、片面性，为正确适用未成年人的逮捕提供了参考。不捕后跟踪帮教，是指对未成年犯不批准逮捕后，检察机关继续开展帮教矫正，将检察环节的帮教与司法行政机关的社区矫正工作相衔接。未成年人犯罪嫌疑人不捕后暂时脱离了检察机关，帮教工作一旦脱节，很容易故态复萌，开展不捕后跟踪帮教，进一步完善了对未成年人的帮教机制，有利于未成年犯的健康成长。

非羁押强制措施风险评估和不捕后跟踪帮教都是未成年人刑事检察工作的创新机制，是检察机关不断加强社会管理与创新的重要举措，在科学化设计的前提下，有利于进一步降低未成年人犯罪案件的逮捕率，维护未成年犯的合法权益，促使他们健康成长，充分体现了宽严相济的刑事政策和教育为主、惩罚为辅的未成年人司法理念。

1. 案情简介

犯罪嫌疑人陈晓豪（化名），男，涉案年龄16岁，天津市人，中专在学。

2010年1月12日，犯罪嫌疑人陈晓豪伙同李晓胜、司晓斌（均为化名，均取保候审）等人经预谋后，携带两把砍刀、一根棒球棍窜至河北区二马路与月纬路交口处，将3名初中学生拦截至月云里小区内，采取轻微殴打和语言威胁的手段，抢走手机3部（经鉴定总计价值人民币3760元）及现金人民币50元。

2010年5月13日，犯罪嫌疑人陈晓豪伙同刘晓川、侯晓玉、魏晓亮（均为化名，均取保候审）在河北区二马路与月纬路交口处，拦截4名初中学生，采取暴力殴打和语言威胁的手段，抢走人民币50元，并致1名被害人头面部损伤，经鉴定为轻微伤。

公安机关于2010年5月20日将犯罪嫌疑人陈晓豪刑事拘留，并于6月19日向天津市河北区人民检察院提请批准逮捕。

2. 案件处理

（1）全面进行社会调查，深入分析犯罪原因。天津市河北区人民检察院审查发现，陈晓豪涉案时刚满16周岁，且为在校学生，虽然两次参与抢劫犯罪，但犯罪情节和后果并不严重，从案件整体来看，考虑到对未成年人慎捕、少捕的原则，采取逮捕措施的必要性不大。经过讯问，承办人发现陈晓豪跟大多数犯罪的少年一样，思想幼稚、法律意识淡薄，对犯罪的后果缺乏认识，被刑拘后受到极大震慑和触动，多次流下痛悔的眼泪。为了全面掌握陈晓豪的个人背景情况，正确处理案件，承办人深入陈晓豪的父母、就读学校、居住地居委会和派出所开展社会调查，全面了解陈晓豪道德品行、社会表现及家庭情况，总结犯罪的主客观原因，形成书面《社会调查报告》。

承办人通过调查了解到，陈晓豪品德尚可，无违法犯罪记录，在校表现一般，但其过于讲义气，是非不明，易被他人纠集。在家庭环境上，家庭结构完整，成员关系融洽，父母品行较好，但对陈晓豪存在溺爱、疏于管教的情况。就陈晓豪自身而言，正处于青春期，刚刚初中毕业到中等职业学校学习，世界观尚未形成，从众心理较重。可以说，是非观念不清、法律意识淡薄是陈晓豪走上犯罪道路的主要原因。

（2）启动风险评估机制，分析非羁押措施可行性。为保证强制措施的正确适用，天津市河北区人民检察院对本案启动了"非羁押强制措施风险评估机制"。根据案件审查和社会调查结果，从犯罪危害性、人身危险性、家庭管教条件、社会帮教条件等方面，对陈晓豪适用非羁押强制措施的风险性和可行性进行客观评估，为判断逮捕必要性提供参考：

第一，犯罪行为评估。在犯罪行为上，两次抢劫均为其他同案犯提议，陈晓豪跟随参与、没有分赃，在第一起抢劫中其本人没有持械，仅有言语威胁，犯罪情节较轻。在第二起抢劫中，有威胁和轻微殴打行为，但抢劫数额较小，被害人受轻微伤，无其他严重后果。综合两起案件看，情节和后果均属一般，故其危害程度不是特别严重。

第二，人身危险性评估。从年龄上看，陈晓豪参与第一起案件时年满15周岁，参与第二起案件时刚满16周岁，正处于青春期。被拘留前就读于本市某中专学校，在校表现一般，没有夜不归宿、离家出走等偏差行为。在实施犯罪时，均系跟随参与，具有从众性特点，主观恶性较轻，人身危险性较低。

第三，家庭管教条件评估。陈晓豪家庭结构稳定，父母具备管教能力。且经过检察机关的教育，其父母保证对陈晓豪严加管教，具备有效的家庭管教条件。

第四，社会帮教条件评估。经过承办人协调，陈晓豪所在学校表示保留陈晓豪的学籍，并协助检察机关做好帮教工作，社会帮教条件基本具备。

经过综合评定得出结论：陈晓豪虽两次参与抢劫犯罪，但人身危险性较低，具备一定的家庭管教和社会帮教条件，再次危害社会的风险较低，故对其采取非羁押措施具有现实可行性。

（3）没有逮捕必要，不予批准逮捕。犯罪嫌疑人陈晓豪的行为符合逮捕的证据条件和刑罚条件，但根据非羁押强制措施风险评估和可行性分析，天津市河北区人民检察院认为其涉案情节较轻，且系未成年人、在校学生，具备取保候审条件。如果采取非羁押措施，由司法机关开展帮教矫正，更有利于该未成年犯罪嫌疑人的教育挽救，且不致妨害刑事诉讼的顺利进行，故认定没有逮捕必要，对其不予批准逮捕。

（4）延伸职能，开展不捕后跟踪帮教。不批准逮捕之后，为巩固帮教效果，防止故态复萌，天津市河北区人民检察院决定对陈晓豪进行跟踪帮教。因为正值暑假期间，该院采取了特殊的帮教方式——社区帮教矫正，联合区司法局驻王串场街司法所、街内水明里社区成立了社区帮教矫正小组，针对陈晓豪的涉案情况、性格特点，共同制订帮教计划，对其开展为期一个月的跟踪帮教工作。社区为陈晓豪安排了内容丰富的公益劳动和教育活动，如人口普查前期登记、观看励志影片、帮扶困难户等。同时，指派检察干警定期到社区对其进行品行指导。经过帮教矫正，陈晓豪有了明显的改变，责任心明显增强，生活态度更加积极，是非观得到根本纠正，法律观念明显增强。

3. 工作亮点

（1）创建"未成年人非羁押强制措施风险评估机制"，规范逮捕标准。对涉嫌犯罪的未成年人尽可能少捕、慎捕，最大限度地防止羁押期间的交叉感染，是检察机关在审查逮捕环节贯彻宽严相济刑事政策的基本原则。但毕竟面对的是已经犯罪、对社会存在一定危险的犯罪人员，不予羁押就可能发生再次危害社会的风险。那么，到底什么情况下该捕、什么情况不捕？实践中缺乏统一的标准。为了解决这个难题，天津市河北区人民检察院率先在全市创建了"非羁押强制措施风险评估机制"，从犯罪危害程度、人身危险性、家庭监护条件、社会帮教条件四个方面，设置详细具体的评估事项，结合社会调查，综合评估逮捕必要性和不予羁押的风险性，有效避免了办案中的主观性、片面性，为正确把握对未成年人的逮捕标准提供了参考。

（2）跟踪帮教与社区帮扶衔接，完善帮教机制。对于罪错未成年人，不捕只是挽救的一个方面，如何及时帮教，彻底消除其潜在的危险性，有效防止再犯，才是未成年人刑事检察工作的根本。不捕后案件程序暂时脱离了检察机关，帮教工作一旦脱节，很容易故态复萌。为此，天津市河北区人民检察院抓住这个重点环节开展不捕后跟踪帮教，完善了帮教机制。而且，对这个案件我们首次将检察环节的帮教与司法局的社区帮教矫正机制相衔接，进一步完善了对未成年人的帮教机制。

附：《未成年犯罪嫌疑人非羁押强制措施风险评估表》

<table>
<tr><td colspan="8">未成年犯罪嫌疑人非羁押措施风险评估表</td></tr>
<tr><td colspan="4">案号：津北检未刑捕〔2010〕×号</td><td colspan="4">未成年犯罪嫌疑人：陈晓豪</td></tr>
<tr><td colspan="2">评估
条件</td><td>低风险
（6—9 分）</td><td>分值</td><td>中风险
（10—14 分）</td><td>分值</td><td>高风险
（15—18 分）</td><td>分值</td></tr>
<tr><td rowspan="6">涉案情况</td><td>犯罪类型</td><td>其他犯罪</td><td></td><td>一般暴力
性犯罪</td><td></td><td>《刑法》十七条
第二款规定的
八种犯罪行为</td><td>3</td></tr>
<tr><td>犯罪形态</td><td>犯罪预备</td><td></td><td>犯罪未遂、
中止</td><td></td><td>犯罪既遂</td><td>3</td></tr>
<tr><td>犯罪形式</td><td>单独犯罪</td><td></td><td>共同犯罪</td><td>2</td><td>集团犯罪</td><td></td></tr>
<tr><td>犯罪情节</td><td>具有法定从轻
或减轻情节</td><td>1</td><td>具有酌定从轻
或减轻情节</td><td></td><td>具有法定从重
情节</td><td></td></tr>
<tr><td>犯罪次数</td><td>一次</td><td></td><td>二次</td><td>2</td><td>三次及以上</td><td></td></tr>
<tr><td>犯罪作用</td><td>从犯、胁从犯
或被教唆犯</td><td></td><td>作用相当不
作区分</td><td>2</td><td>首要分子、主犯
或教唆犯</td><td></td></tr>
<tr><td colspan="8">评估意见：犯罪嫌疑人陈晓豪伙同他人实施了两次抢劫行为，系主犯，均为既遂。涉案情况单项分数为 13 分，风险等级为中级。</td></tr>
<tr><td rowspan="9">个人情况</td><td>评估
条件</td><td>低风险
（6—9 分）</td><td>分值</td><td>中风险
（10—14 分）</td><td>分值</td><td>高风险
（15—18 分）</td><td>分值</td></tr>
<tr><td>涉案
年龄</td><td>已满 14 周岁
不满 16 周岁</td><td></td><td>已满 16 周岁
不满 18 周岁</td><td>2</td><td>犯罪时未满
18 周岁，受理时
已满 18 周岁</td><td></td></tr>
<tr><td>学校
类别</td><td>全日制初、
高中</td><td></td><td>职业高中、
中专、职专</td><td>2</td><td>毕业实习或辍学</td><td></td></tr>
<tr><td>学校
管理</td><td>法制教育普及程
度较高、没有出
现犯罪预警情况</td><td>1</td><td>法制教育普及程
度一般、出现黄
色犯罪预警通告</td><td></td><td>法制教育程度低、
出现橙色或红色
犯罪预警通告</td><td></td></tr>
<tr><td>教育
程度</td><td>高中以上文化</td><td></td><td>初中、职技学校、
中专文化</td><td>2</td><td>小学以下文化</td><td></td></tr>
<tr><td>居住
状态</td><td>本市户籍且在
本市有固定居所</td><td>1</td><td>无本市户籍但在
本市有固定居所</td><td></td><td>无本市户籍且在
本市无固定居所、
学校集体户口</td><td></td></tr>
<tr><td>生活
状态</td><td>坚持在校学习
或有固定工作</td><td>1</td><td>有旷课现象
或无固定工作</td><td></td><td>辍学半年以上、
非在校生或无
业人员</td><td></td></tr>
<tr><td>学校
就读</td><td>没有违纪或
学习成绩优秀</td><td></td><td>一次违纪或
学习成绩及格</td><td>2</td><td>二次以上违纪
或学习成绩差</td><td></td></tr>
</table>

续表

未成年犯罪嫌疑人非羁押措施风险评估表						
案号：津北检未刑捕〔2010〕×号			未成年犯罪嫌疑人：陈晓豪			
个人情况	品行道德	没有不良行为	1	有较轻不良行为		有严重不良行为	
	犯罪记录	没有前科劣迹	1	一次前科劣迹		两次以上前科劣迹、累犯	
	评估意见：未成年犯罪嫌疑人陈晓豪无不良行为，在本市有固定居所，个人表现一般，人身危险性较低。个人情况单项分数为13分，风险等级为低级。						
家庭情况	评估条件	低风险（6—9分）	分值	中风险（10—14分）	分值	高风险（15—18分）	分值
	家庭状况	家庭结构完整	1	家庭结构不完整但成员关系融洽		家庭结构不完整且成员关系不融洽	
	父母工作	父母在机关、企事业单位工作		父母一方在机关、企事业单位工作	2	父母均无固定职业	
	监管情况	本市有监护人并具有有效监护帮教条件	1	本市有监护人但监护帮教条件一般		本市无监护人或本市虽有监护人但不具备监护帮教条件	
个人情况	评估条件	低风险（6—9分）	分值	中风险（10—14分）	分值	高风险（15—18分）	分值
	父母品行	品行优良且无不良嗜好		品行一般或有不良嗜好但不影响正常生活	2	品行较差或有违法犯罪前科记录	
	评估意见：犯罪嫌疑人陈晓豪家庭结构完整，父母品性较好，具备监管能力。家庭情况单项分数为6分，风险等级为低级。						
帮教条件	评估条件	低风险（6—9分）	分值	中风险（10—14分）	分值	高风险（15—18分）	分值
	个人支持	认罪悔罪态度积极诚恳	1	认罪悔罪态度表现一般		拒不认罪	
	学校支持	积极接收并愿承担帮教义务		保留学籍并承担一定帮教义务	2	开除学籍	
	家庭支持	监护人保证做到严格管教	1	监护人承担一般看管义务		监护人不愿意承担看管义务	
	被害方支持	已对被害方经济损失进行赔偿并得到谅解	1	已对被害方经济损失进行赔偿		对被害方经济损失没有进行赔偿	

未成年犯罪嫌疑人非羁押措施风险评估表					
案号：津北检未刑捕〔2010〕×号			未成年犯罪嫌疑人：陈晓豪		
帮教条件	社会支持	没有社会帮教矫正必要	已联系到社区矫正机构或接受单位	2	社区矫正存在一定障碍
	评估意见：犯罪嫌疑人陈晓豪认真悔罪，积极赔偿，已取得被害人谅解，具备学校、家庭、社会帮教条件，单项分数为7分，风险等级为低级。				
综合评估意见	低风险（24—40分）		中风险（41—58分）		高风险（59—72分）
	犯罪嫌疑人陈晓豪单项计分总计为39分，综合评估为低风险等级，采取非羁押措施风险较低。				
承办人意见	陈晓豪虽两次参与抢劫犯罪，但人身危险性较低，具备一定的家庭管教和社会帮教条件，再次危害社会的风险较低，故对其采取非羁押措施具有现实可行性。 承办人：×××、××× 日　期：2010年6月22日				
部门负责人意见	同意承办人的意见，注意做好跟踪帮教工作。 部门负责人：××× 日　期：2010年6月23日				

（四）南宁市未成年人刑事检察个案研究

刑事和解，是指在刑事诉讼程序运行过程中，加害人（即被告人或犯罪嫌疑人）与被害人及其亲属以认罪、赔偿、道歉等方式达成谅解后，国家专门机关不再追究加害人刑事责任或对其从轻处罚的一种案件处理方式。① 刑事和解作为刑事案件处理的一种创新机制，顺应了构建和谐社会的时代要求，2012年刑事诉讼法在特别程序中新增加了"当事人和解的公诉案件诉讼程序"一章，规定双方当事人可以和解的情形。司法实务中，刑事和解一般在轻缓刑案件中适用率较高，对罪行较为严重的案件中适用率较低。在涉及重罪案件中能否适用刑事和解，我们认为也不能一概予以否定，下面试以南宁市人民检察院办理的闭某某等人故意杀人、故意伤害案为视角，对未成年人重罪、团伙案中适用刑事和解作探讨。

---

① 陈光中：《刑事和解再探》，载《中国刑事法杂志》2010年第2期。

1. 案情简介

2010 年 10 月 26 日晚，被告人小闭（17 岁，无业）、小吴（19 岁，在校学生）、小飞（19 岁，在校学生）、小海（21 岁，在校学生）、小甘（18 岁，在校学生）、小议（19 岁，在校学生）、小胜（17 岁，在校学生）、小红（21 岁，在校学生）、小律（17 岁，售货员）、小焕（17 岁，无业）、小建（24 岁，无业）伙同"六哥"、"二哥"（两人另案处理）等人在南宁市某美食广场喝酒。其间，"六哥"与邻桌的被害人黄某东因上厕所问题发生口角，引发双方朋友争吵。结账离开时，双方再次起冲突，小飞、小红、小焕、小建等人在美食广场附近用砖头、啤酒瓶和拳脚殴打被害人黄某东、李某年，后又与小闭、小吴、小海、小甘、小议、小胜等人用啤酒瓶和拳脚殴打被害人李某彦。随后，小闭、小吴各持刀朝李某彦的后颈、后背、手臂等部位猛砍数刀，致李某彦当场死亡。后经法医鉴定，李某彦系后颈部砍创致右椎动脉、颈髓离断导致死亡，李某年的损伤程度为轻伤，黄某东的损伤程度为轻微伤。

一审法院对本案的判决结果是：被告人小闭、小吴以故意杀人罪被判处无期徒刑；其余被告人以故意伤害罪被判刑，其中，小海、小律、小红被判处缓刑。被告人小闭、小吴提出上诉，并在二审期间分别赔偿 2 万元给被害人家属并取得被害人家属的谅解，二审判决将小闭、小吴的刑期改为 15 年有期徒刑。

2. 案件处理

本案涉及多名被告人，造成一人死亡、一人轻伤、一人轻微伤的严重后果，涉及故意杀人、故意伤害两个罪名，是一起严重的刑事犯罪案件。涉案的 11 名被告人中，小闭、小钟、小律、小焕 4 人系未成年人，小飞、小吴、小海、小甘、小议、小红、小艺 7 人系在校生，每个被告人在案件中的行为表现和主观恶性都存在不同程度上的差异，为了更好地体现对未成年人的"教育、感化、挽救"的方针，根据《人民检察院办理未成年人刑事案件的规定》等的规定，承办案件的检察官采取了以下做法：

（1）区别对待，分别处理。本案中，被害人李某彦的死亡系被小闭、小吴二人使用致命利器猛砍 7 刀导致死亡，两人的行为应该认定为故意杀人罪。其余被告人在施暴过程中均并未使用工具，行为恶劣程度远低于小闭和小吴。同时，考虑到本案是一起以在校生为主体的，因琐事引发的斗殴案件，有别于一般有预谋的暴力犯罪案件，应当区别对待，分别处理。故南宁市人民检察院以故意杀人罪对小闭、小吴某提起公诉，对以故意伤害罪其他涉案被告人提起公诉。

（2）在部分被告人和被害人之间适用刑事和解。承办案件的检察官对案情进行了综合分析，考虑到本案是由于酒后口角引起的，多名被告人仅因朋友义气，一时冲动而参与其中，主观恶性不大，且案发后悔罪态度较好。其中罪行较轻的被告人若能通过和解方式取得被害人及死者家属谅解，便有机会获得法院的从轻判决，缩短刑期或是获得缓刑处理，将有利于他们早日重新融入社会，重返正常生活轨道。

检察人员通过提审未成年被告人，了解其悔改态度，同时通过电话访问、现场面谈等方式了解到，被告人近亲属、被害人及其近亲属都愿意通过赔礼道歉、经济赔偿等方式化解矛盾。基于双方关于刑事和解的真实意愿，检察人员建议双方进行刑事和解商谈来确定赔偿形式和赔偿额度。商谈形式由双方自主决定，检察院仅负责提供商谈场地，并对双方提供达成的和解协议的真实性和合法性进行审查。经过商谈，小海、小红的家属和死者家属达成了赔偿和解协议，检察院对和解协议进行审查后，由公诉人向法庭递交，并据此向法院提出给予缓刑处理的量刑建议，这一建议最后得到了法院的判决认可。

3. 工作亮点

本案中，检察官根据具体案情，部分引入刑事和解的做法，无论在司法实务中还是在理论研究上都是一种新的尝试，这种尝试的出发点和落脚点都在于以感化和挽救为宗旨和原则，对未成年人的违法犯罪行为进行教育和矫正，以达到惩前毖后、治病救人的目的。

（1）未成年人重罪、团伙犯罪案件适用刑事和解的概况。根据现有的法律、司法解释，对于涉及罪行较轻的被告人和被害人之间的和解，检察机关可以介入，而对于涉及重罪的被告人提出和解的，检察机关一般不宜参与。检察机关介入刑事和解角色定位为：在审查起诉阶段，检察机关可以作为刑事和解的促进人，由双方当事人自愿达成和解；检察机关对符合和解条件而没有进行刑事和解的，告知当事人可以进行刑事和解。换言之，刑事和解的本质是当事人对自己权利的一种处分。而对于涉及多人的案件，并不要求所有涉案人员都同意和解，只要部分被害人与相应部分的加害人之间就该部分加害事实具有和解意向，就对该部分进行刑事和解。

第一，双方当事人自行达成和解，人民检察院对和解协议进行审查。刑事和解的方式、时间、地点等具体内容应该是双方（被害人及其近亲属、代理人和犯罪嫌疑人及其近亲属、辩护人）自行决定。在这过程中，双方自行协商确定犯罪嫌疑人表达悔过和歉意的方式、赔偿的具体数额，并对和解结果形成书面协议，检察机关仅对商谈的过程和结果进行监督，并对和解协议的真实性与合法性给予审查，确保和解协议体现当事人的真实意愿。

第二，双方当事人遵守和解协议，人民检察院向人民法院提出量刑建议。

和解双方当事人对形成的和解协议，具有履行的义务，检察机关经过审查，确认双方如实履行协议的，在出庭支持公诉时，向法院反映这一情况，并将有关材料提交给法院，同时提出从宽处理的量刑意见。

（2）未成年人重罪、团伙案件中适用刑事和解的作用和意义。虽然法律对于未成年人重罪、团伙犯罪案件在审查起诉阶段能否适用刑事和解没有作出明确的规定，但南宁市人民检察院在本案中的这一做法，是在未成年人保护的刑事政策的大前提下，综合考虑案件的个别化处理效果，具有以下三点重要意义和作用：

第一，符合案件的个别化处理考量。根据我国宽严相济的刑事司法政策，对涉及多人多罪的刑事案件均应根据各被告人的具体表现作出区别处理。重罪案件的处理中，对犯罪行为严重、主观恶性大的应当进行严惩，而对于行为危害小、主观恶性不大且有悔罪表现的犯罪人，则可从宽处理并可引入刑事和解。因此，刑事案件中是否引入刑事和解的标准应当考虑各犯罪嫌疑人在案件中具体行为的危害程度和主观恶性，对不属于主犯情节较轻微的可以区别对待，考虑适用和被害人的和解。所以，本案中，南宁市人民检察院在审查起诉阶段适用刑事和解的做法是符合现行法律规定的。

第二，实现了对未成年人合法权益的最大保护。未成年人保护法等法律确立了"教育、感化、挽救"的方针和"教育为主、惩罚为辅"的原则。法律对未成年人的违法犯罪行为进行处理的目的不在于惩罚，而是教育，让他们认真悔改，改过自新，更好地回归社会。因此，对于所有涉及未成年人的刑事案件，无论案件性质如何，也不管是轻罪还是重罪，都需要重点考虑如何最大限度地保障未成年人的合法权益，以达到惩罚犯罪、教育改造与人权保障有机统一的目的。

第三，有效化解社会矛盾，优化案件处理效果。案件处理过程中，检察机关应当根据案件具体情况，符合适用刑事和解条件的，都应当积极促成当事人双方进行和解，节约司法资源，有效化解社会矛盾，做到依法办案与化解矛盾并重、惩罚犯罪与保障人权并重，实现案件处理的政治效果、社会效果和法律效果的有机统一。

就本案而言，在审查起诉阶段适用刑事和解，双方当事人就案件造成的社会后果进行商谈并达成和解协议。一方面，对于被害人及其近亲属而言，恶果已然发生，他们要做的是将伤害降到最低，犯罪嫌疑人的经济赔偿或许还不足以弥补犯罪行为所造成的伤害，但至少这种金钱赔付的方式表达了他们的悔改和歉意，这对于他们来说既是一种物质的补偿，更是一种精神的慰藉。

另一方面，就犯罪嫌疑人或被告人而言，他们都还只是未成年人或仍是在校学生，通过刑事和解这种方式，他们得以与被害人及其近亲属进行面对面地沟通交流，更加直接、更真实地了解到自己行为所带来的危害后果，让他们直视自己一时冲动而带来的恶果，对于他们而言也是一种心灵冲击和教育。同时，这种和解的方式也让他们深刻地了解，假若能认罪悔过、真诚道歉，尤其是赔偿到位，得到被害人的谅解，将获得法院的从轻、减轻处罚，可以最大限度地避免因刑事公诉对他们产生的不良影响。

此外，刑事和解在修复犯罪行为破坏的社会关系方面，其警示和教育作用还在于，能缓和犯罪嫌疑人由于对加害信息的无知，对检察院公诉行为和法院刑事判决的不解，而产生的对刑事司法系统、对被害人和对社会的敌对与仇视心理，有效避免再犯罪的恶性循环。

综合上述，对于未成年人重罪、团伙案件，在检察环节及时适用刑事和解，一方面使未成年犯罪人及时悔改，通过向被害人当面赔礼道歉、积极赔偿，求得被害人谅解；另一方面检察院基于被告人与被害人达成的和解协议，依法向法院作出从轻、减轻判处的量刑建议；同时，通过做好学校或相关单位的工作，确保未成年人、在校学生能够继续求学。这样环环相扣的人性化执法，既体现了对未成年被告人的教育挽救和关爱保护，也有利于社会矛盾的化解，是一种效果较好的法律处理方式。

附录　未成年人权利保护常用法律及规范性文件

一、未成年人权利保护的宪法条款和基本法律

中华人民共和国宪法（节录）

（2004 年 3 月 14 日第二次修正）

第四十六条　中华人民共和国公民有受教育的权利和义务。

国家培养青年、少年、儿童在品德、智力、体质等方面全面发展。

第四十九条　婚姻、家庭、母亲和儿童受国家的保护。

夫妻双方有实行计划生育的义务。

父母有抚养教育未成年子女的义务，成年子女有赡养扶助父母的义务。

禁止破坏婚姻自由，禁止虐待老人、妇女和儿童。

中华人民共和国未成年人保护法

（1991 年 9 月 4 日通过　2012 年 10 月 26 日第二次修订）

第一章　总　　则

第一条　为了保护未成年人的身心健康，保障未成年人的合法权益，促进未成年人在品德、智力、体质等方面全面发展，培养有理想、有道德、有文化、有纪律的社会主义建设者和接班人，根据宪法，制定本法。

第二条　本法所称未成年人是指未满十八周岁的公民。

第三条　未成年人享有生存权、发展权、受保护权、参与权等权利，国家根据未成年人身心发展特点给予特殊、优先保护，保障未成年人的合法权益不受侵犯。

未成年人享有受教育权，国家、社会、学校和家庭尊重和保障未成年人的受教育权。

未成年人不分性别、民族、种族、家庭财产状况、宗教信仰等，依法平等地享有权利。

第四条　国家、社会、学校和家庭对未成年人进行理想教育、道德教育、文化教育、纪律和法制教育，进行爱国主义、集体主义和社会主义的教育，提倡爱祖国、爱人民、爱劳动、爱科学、爱社会主义的公德，反对资本主义的、封建主义的和其他的腐朽思想的侵蚀。

第五条　保护未成年人的工作，应当遵循下列原则：

（一）尊重未成年人的人格尊严；

（二）适应未成年人身心发展的规律和特点；

（三）教育与保护相结合。

第六条　保护未成年人，是国家机关、武装力量、政党、社会团体、企业事业组织、城乡基层群众性自治组织、未成年人的监护人和其他成年公民的共同责任。

对侵犯未成年人合法权益的行为，任何组织和个人都有权予以劝阻、制止或者向有关部门提出检举或者控告。

国家、社会、学校和家庭应当教育和帮助未成年人维护自己的合法权益，增强自我保护的意识和能力，增强社会责任感。

第七条　中央和地方各级国家机关应当在各自的职责范围内做好未成年人保护工作。

国务院和地方各级人民政府领导有关部门做好未成年人保护工作；将未成年人保护工作纳入国民经济和社会发展规划以及年度计划，相关经费纳入本级政府预算。

国务院和省、自治区、直辖市人民政府采取组织措施，协调有关部门做好未成年人保护工作。具体机构由国务院和省、自治区、直辖市人民政府规定。

第八条　共产主义青年团、妇女联合会、工会、青年联合会、学生联合会、少年先锋队以及其他有关社会团体，协助各级人民政府做好未成年人保护工作，维护未成年人的合法权益。

第九条　各级人民政府和有关部门对保护未成年人有显著成绩的组织和个人，给予表彰和奖励。

第二章　家庭保护

第十条　父母或者其他监护人应当创造良好、和睦的家庭环境，依法履行对未成年人的监护职责和抚养义务。

禁止对未成年人实施家庭暴力，禁止虐待、遗弃未成年人，禁止溺婴和其他残害婴儿的行为，不得歧视女性未成年人或者有残疾的未成年人。

第十一条 父母或者其他监护人应当关注未成年人的生理、心理状况和行为习惯，以健康的思想、良好的品行和适当的方法教育和影响未成年人，引导未成年人进行有益身心健康的活动，预防和制止未成年人吸烟、酗酒、流浪、沉迷网络以及赌博、吸毒、卖淫等行为。

第十二条 父母或者其他监护人应当学习家庭教育知识，正确履行监护职责，抚养教育未成年人。

有关国家机关和社会组织应当为未成年人的父母或者其他监护人提供家庭教育指导。

第十三条 父母或者其他监护人应当尊重未成年人受教育的权利，必须使适龄未成年人依法入学接受并完成义务教育，不得使接受义务教育的未成年人辍学。

第十四条 父母或者其他监护人应当根据未成年人的年龄和智力发展状况，在作出与未成年人权益有关的决定时告知其本人，并听取他们的意见。

第十五条 父母或者其他监护人不得允许或者迫使未成年人结婚，不得为未成年人订立婚约。

第十六条 父母因外出务工或者其他原因不能履行对未成年人监护职责的，应当委托有监护能力的其他成年人代为监护。

第三章 学校保护

第十七条 学校应当全面贯彻国家的教育方针，实施素质教育，提高教育质量，注重培养未成年学生独立思考能力、创新能力和实践能力，促进未成年学生全面发展。

第十八条 学校应当尊重未成年学生受教育的权利，关心、爱护学生，对品行有缺点、学习有困难的学生，应当耐心教育、帮助，不得歧视，不得违反法律和国家规定开除未成年学生。

第十九条 学校应当根据未成年学生身心发展的特点，对他们进行社会生活指导、心理健康辅导和青春期教育。

第二十条 学校应当与未成年学生的父母或者其他监护人互相配合，保证未成年学生的睡眠、娱乐和体育锻炼时间，不得加重其学习负担。

第二十一条 学校、幼儿园、托儿所的教职员工应当尊重未成年人的人格尊严，不得对未成年人实施体罚、变相体罚或者其他侮辱人格尊严的行为。

第二十二条　学校、幼儿园、托儿所应当建立安全制度,加强对未成年人的安全教育,采取措施保障未成年人的人身安全。

学校、幼儿园、托儿所不得在危及未成年人人身安全、健康的校舍和其他设施、场所中进行教育教学活动。

学校、幼儿园安排未成年人参加集会、文化娱乐、社会实践等集体活动,应当有利于未成年人的健康成长,防止发生人身安全事故。

第二十三条　教育行政等部门和学校、幼儿园、托儿所应当根据需要,制定应对各种灾害、传染性疾病、食物中毒、意外伤害等突发事件的预案,配备相应设施并进行必要的演练,增强未成年人的自我保护意识和能力。

第二十四条　学校对未成年学生在校内或者本校组织的校外活动中发生人身伤害事故的,应当及时救护,妥善处理,并及时向有关主管部门报告。

第二十五条　对于在学校接受教育的有严重不良行为的未成年学生,学校和父母或者其他监护人应当互相配合加以管教;无力管教或者管教无效的,可以按照有关规定将其送专门学校继续接受教育。

依法设置专门学校的地方人民政府应当保障专门学校的办学条件,教育行政部门应当加强对专门学校的管理和指导,有关部门应当给予协助和配合。

专门学校应当对在校就读的未成年学生进行思想教育、文化教育、纪律和法制教育、劳动技术教育和职业教育。

专门学校的教职员工应当关心、爱护、尊重学生,不得歧视、厌弃。

第二十六条　幼儿园应当做好保育、教育工作,促进幼儿在体质、智力、品德等方面和谐发展。

第四章　社会保护

第二十七条　全社会应当树立尊重、保护、教育未成年人的良好风尚,关心、爱护未成年人。

国家鼓励社会团体、企业事业组织以及其他组织和个人,开展多种形式的有利于未成年人健康成长的社会活动。

第二十八条　各级人民政府应当保障未成年人受教育的权利,并采取措施保障家庭经济困难的、残疾的和流动人口中的未成年人等接受义务教育。

第二十九条　各级人民政府应当建立和改善适合未成年人文化生活需要的活动场所和设施,鼓励社会力量兴办适合未成年人的活动场所,并加强管理。

第三十条　爱国主义教育基地、图书馆、青少年宫、儿童活动中心应当对未成年人免费开放;博物馆、纪念馆、科技馆、展览馆、美术馆、文化馆以及影剧院、体育场馆、动物园、公园等场所,应当按照有关规定对未成年人免费或者优惠开放。

　　第三十一条　县级以上人民政府及其教育行政部门应当采取措施，鼓励和支持中小学校在节假日期间将文化体育设施对未成年人免费或者优惠开放。

　　社区中的公益性互联网上网服务设施，应当对未成年人免费或者优惠开放，为未成年人提供安全、健康的上网服务。

　　第三十二条　国家鼓励新闻、出版、信息产业、广播、电影、电视、文艺等单位和作家、艺术家、科学家以及其他公民，创作或者提供有利于未成年人健康成长的作品。出版、制作和传播专门以未成年人为对象的内容健康的图书、报刊、音像制品、电子出版物以及网络信息等，国家给予扶持。

　　国家鼓励科研机构和科技团体对未成年人开展科学知识普及活动。

　　第三十三条　国家采取措施，预防未成年人沉迷网络。

　　国家鼓励研究开发有利于未成年人健康成长的网络产品，推广用于阻止未成年人沉迷网络的新技术。

　　第三十四条　禁止任何组织、个人制作或者向未成年人出售、出租或者以其他方式传播淫秽、暴力、凶杀、恐怖、赌博等毒害未成年人的图书、报刊、音像制品、电子出版物以及网络信息等。

　　第三十五条　生产、销售用于未成年人的食品、药品、玩具、用具和游乐设施等，应当符合国家标准或者行业标准，不得有害于未成年人的安全和健康；需要标明注意事项的，应当在显著位置标明。

　　第三十六条　中小学校园周边不得设置营业性歌舞娱乐场所、互联网上网服务营业场所等不适宜未成年人活动的场所。

　　营业性歌舞娱乐场所、互联网上网服务营业场所等不适宜未成年人活动的场所，不得允许未成年人进入，经营者应当在显著位置设置未成年人禁入标志；对难以判明是否已成年的，应当要求其出示身份证件。

　　第三十七条　禁止向未成年人出售烟酒，经营者应当在显著位置设置不向未成年人出售烟酒的标志；对难以判明是否已成年的，应当要求其出示身份证件。

　　任何人不得在中小学校、幼儿园、托儿所的教室、寝室、活动室和其他未成年人集中活动的场所吸烟、饮酒。

　　第三十八条　任何组织或者个人不得招用未满十六周岁的未成年人，国家另有规定的除外。

　　任何组织或者个人按照国家有关规定招用已满十六周岁未满十八周岁的未成年人的，应当执行国家在工种、劳动时间、劳动强度和保护措施等方面的规定，不得安排其从事过重、有毒、有害等危害未成年人身心健康的劳动或者危险作业。

第三十九条 任何组织或者个人不得披露未成年人的个人隐私。

对未成年人的信件、日记、电子邮件，任何组织或者个人不得隐匿、毁弃；除因追查犯罪的需要，由公安机关或者人民检察院依法进行检查，或者对无行为能力的未成年人的信件、日记、电子邮件由其父母或者其他监护人代为开拆、查阅外，任何组织或者个人不得开拆、查阅。

第四十条 学校、幼儿园、托儿所和公共场所发生突发事件时，应当优先救护未成年人。

第四十一条 禁止拐卖、绑架、虐待未成年人，禁止对未成年人实施性侵害。

禁止胁迫、诱骗、利用未成年人乞讨或者组织未成年人进行有害其身心健康的表演等活动。

第四十二条 公安机关应当采取有力措施，依法维护校园周边的治安和交通秩序，预防和制止侵害未成年人合法权益的违法犯罪行为。

任何组织或者个人不得扰乱教学秩序，不得侵占、破坏学校、幼儿园、托儿所的场地、房屋和设施。

第四十三条 县级以上人民政府及其民政部门应当根据需要设立救助场所，对流浪乞讨等生活无着未成年人实施救助，承担临时监护责任；公安部门或者其他有关部门应当护送流浪乞讨或者离家出走的未成年人到救助场所，由救助场所予以救助和妥善照顾，并及时通知其父母或者其他监护人领回。

对孤儿、无法查明其父母或者其他监护人的以及其他生活无着的未成年人，由民政部门设立的儿童福利机构收留抚养。

未成年人救助机构、儿童福利机构及其工作人员应当依法履行职责，不得虐待、歧视未成年人；不得在办理收留抚养工作中牟取利益。

第四十四条 卫生部门和学校应当对未成年人进行卫生保健和营养指导，提供必要的卫生保健条件，做好疾病预防工作。

卫生部门应当做好对儿童的预防接种工作，国家免疫规划项目的预防接种实行免费；积极防治儿童常见病、多发病，加强对传染病防治工作的监督管理，加强对幼儿园、托儿所卫生保健的业务指导和监督检查。

第四十五条 地方各级人民政府应当积极发展托幼事业，办好托儿所、幼儿园，支持社会组织和个人依法兴办哺乳室、托儿所、幼儿园。

各级人民政府和有关部门应当采取多种形式，培养和训练幼儿园、托儿所的保教人员，提高其职业道德素质和业务能力。

第四十六条 国家依法保护未成年人的智力成果和荣誉权不受侵犯。

第四十七条　未成年人已经完成规定年限的义务教育不再升学的，政府有关部门和社会团体、企业事业组织应当根据实际情况，对他们进行职业教育，为他们创造劳动就业条件。

第四十八条　居民委员会、村民委员会应当协助有关部门教育和挽救违法犯罪的未成年人，预防和制止侵害未成年人合法权益的违法犯罪行为。

第四十九条　未成年人的合法权益受到侵害的，被侵害人及其监护人或者其他组织和个人有权向有关部门投诉，有关部门应当依法及时处理。

第五章　司法保护

第五十条　公安机关、人民检察院、人民法院以及司法行政部门，应当依法履行职责，在司法活动中保护未成年人的合法权益。

第五十一条　未成年人的合法权益受到侵害，依法向人民法院提起诉讼的，人民法院应当依法及时审理，并适应未成年人生理、心理特点和健康成长的需要，保障未成年人的合法权益。

在司法活动中对需要法律援助或者司法救助的未成年人，法律援助机构或者人民法院应当给予帮助，依法为其提供法律援助或者司法救助。

第五十二条　人民法院审理继承案件，应当依法保护未成年人的继承权和受遗赠权。

人民法院审理离婚案件，涉及未成年子女抚养问题的，应当听取有表达意愿能力的未成年子女的意见，根据保障子女权益的原则和双方具体情况依法处理。

第五十三条　父母或者其他监护人不履行监护职责或者侵害被监护的未成年人的合法权益，经教育不改的，人民法院可以根据有关人员或者有关单位的申请，撤销其监护人的资格，依法另行指定监护人。被撤销监护资格的父母应当依法继续负担抚养费用。

第五十四条　对违法犯罪的未成年人，实行教育、感化、挽救的方针，坚持教育为主、惩罚为辅的原则。

对违法犯罪的未成年人，应当依法从轻、减轻或者免除处罚。

第五十五条　公安机关、人民检察院、人民法院办理未成年人犯罪案件和涉及未成年人权益保护案件，应当照顾未成年人身心发展特点，尊重他们的人格尊严，保障他们的合法权益，并根据需要设立专门机构或者指定专人办理。

第五十六条　讯问、审判未成年犯罪嫌疑人、被告人，询问未成年证人、被害人，应当依照刑事诉讼法的规定通知其法定代理人或者其他人员到场。

公安机关、人民检察院、人民法院办理未成年人遭受性侵害的刑事案件，应当保护被害人的名誉。

第五十七条　对羁押、服刑的未成年人，应当与成年人分别关押。

羁押、服刑的未成年人没有完成义务教育的，应当对其进行义务教育。

解除羁押、服刑期满的未成年人的复学、升学、就业不受歧视。

第五十八条　对未成年人犯罪案件，新闻报道、影视节目、公开出版物、网络等不得披露该未成年人的姓名、住所、照片、图像以及可能推断出该未成年人的资料。

第五十九条　对未成年人严重不良行为的矫治与犯罪行为的预防，依照预防未成年人犯罪法的规定执行。

第六章　法律责任

第六十条　违反本法规定，侵害未成年人的合法权益，其他法律、法规已规定行政处罚的，从其规定；造成人身财产损失或者其他损害的，依法承担民事责任；构成犯罪的，依法追究刑事责任。

第六十一条　国家机关及其工作人员不依法履行保护未成年人合法权益的责任，或者侵害未成年人合法权益，或者对提出申诉、控告、检举的人进行打击报复的，由其所在单位或者上级机关责令改正，对直接负责的主管人员和其他直接责任人员依法给予行政处分。

第六十二条　父母或者其他监护人不依法履行监护职责，或者侵害未成年人合法权益的，由其所在单位或者居民委员会、村民委员会予以劝诫、制止；构成违反治安管理行为的，由公安机关依法给予行政处罚。

第六十三条　学校、幼儿园、托儿所侵害未成年人合法权益的，由教育行政部门或者其他有关部门责令改正；情节严重的，对直接负责的主管人员和其他直接责任人员依法给予处分。

学校、幼儿园、托儿所教职员工对未成年人实施体罚、变相体罚或者其他侮辱人格行为的，由其所在单位或者上级机关责令改正；情节严重的，依法给予处分。

第六十四条　制作或者向未成年人出售、出租或者以其他方式传播淫秽、暴力、凶杀、恐怖、赌博等图书、报刊、音像制品、电子出版物以及网络信息等的，由主管部门责令改正，依法给予行政处罚。

第六十五条　生产、销售用于未成年人的食品、药品、玩具、用具和游乐设施不符合国家标准或者行业标准，或者没有在显著位置标明注意事项的，由主管部门责令改正，依法给予行政处罚。

第六十六条　在中小学校园周边设置营业性歌舞娱乐场所、互联网上网服务营业场所等不适宜未成年人活动的场所的，由主管部门予以关闭，依法给予行政处罚。

营业性歌舞娱乐场所、互联网上网服务营业场所等不适宜未成年人活动的场所允许未成年人进入，或者没有在显著位置设置未成年人禁入标志的，由主管部门责令改正，依法给予行政处罚。

第六十七条 向未成年人出售烟酒，或者没有在显著位置设置不向未成年人出售烟酒标志的，由主管部门责令改正，依法给予行政处罚。

第六十八条 非法招用未满十六周岁的未成年人，或者招用已满十六周岁的未成年人从事过重、有毒、有害等危害未成年人身心健康的劳动或者危险作业的，由劳动保障部门责令改正，处以罚款；情节严重的，由工商行政管理部门吊销营业执照。

第六十九条 侵犯未成年人隐私，构成违反治安管理行为的，由公安机关依法给予行政处罚。

第七十条 未成年人救助机构、儿童福利机构及其工作人员不依法履行对未成年人的救助保护职责，或者虐待、歧视未成年人，或者在办理收留抚养工作中牟取利益的，由主管部门责令改正，依法给予行政处分。

第七十一条 胁迫、诱骗、利用未成年人乞讨或者组织未成年人进行有害其身心健康的表演等活动的，由公安机关依法给予行政处罚。

第七章 附 则

第七十二条 本法自 2007 年 6 月 1 日起施行。

中华人民共和国预防未成年人犯罪法

(1999 年 11 月 1 日起施行 2012 年 10 月 26 日修订)

第一章 总 则

第一条 为了保障未成年人身心健康，培养未成年人良好品行，有效地预防未成年人犯罪，制定本法。

第二条 预防未成年人犯罪，立足于教育和保护，从小抓起，对未成年人的不良行为及时进行预防和矫治。

第三条 预防未成年人犯罪，在各级人民政府组织领导下，实行综合治理。政府有关部门、司法机关、人民团体、有关社会团体、学校、家庭、城市居民委员会、农村村民委员会等各方面共同参与，各负其责，做好预防未成年人犯罪工作，为未成年人身心健康发展创造良好的社会环境。

第四条　各级人民政府在预防未成年人犯罪方面的职责是：

（一）制定预防未成年人犯罪工作的规划；

（二）组织、协调公安、教育、文化、新闻出版、广播电影电视、工商、民政、司法行政等政府有关部门和其他社会组织进行预防未成年人犯罪工作；

（三）对本法实施的情况和工作规划的执行情况进行检查；

（四）总结、推广预防未成年人犯罪工作的经验，树立、表彰先进典型。

第五条　预防未成年人犯罪，应当结合未成年人不同年龄的生理、心理特点，加强青春期教育、心理矫治和预防犯罪对策的研究。

第二章　预防未成年人犯罪的教育

第六条　对未成年人应当加强理想、道德、法制和爱国主义、集体主义、社会主义教育。对于达到义务教育年龄的未成年人，在进行上述教育的同时，应当进行预防犯罪的教育。

预防未成年人犯罪的教育的目的，是增强未成年人的法制观念，使未成年人懂得违法和犯罪行为对个人、家庭、社会造成的危害，违法和犯罪行为应当承担的法律责任，树立遵纪守法和防范违法犯罪的意识。

第七条　教育行政部门、学校应当将预防犯罪的教育作为法制教育的内容纳入学校教育教学计划，结合常见多发的未成年人犯罪，对不同年龄的未成年人进行有针对性的预防犯罪教育。

第八条　司法行政部门、教育行政部门、共产主义青年团、少年先锋队应当结合实际，组织、举办展览会、报告会、演讲会等多种形式的预防未成年人犯罪的法制宣传活动。

学校应当结合实际举办以预防未成年人犯罪的教育为主要内容的活动。教育行政部门应当将预防未成年人犯罪教育的工作效果作为考核学校工作的一项重要内容。

第九条　学校应当聘任从事法制教育的专职或者兼职教师。学校根据条件可以聘请校外法律辅导员。

第十条　未成年人的父母或者其他监护人对未成年人的法制教育负有直接责任。学校在对学生进行预防犯罪教育时，应当将教育计划告知未成年人的父母或者其他监护人，未成年人的父母或者其他监护人应当结合学校的计划，针对具体情况进行教育。

第十一条　少年宫、青少年活动中心等校外活动场所应当把预防未成年人犯罪的教育作为一项重要的工作内容，开展多种形式的宣传教育活动。

　　第十二条　对于已满十六周岁不满十八周岁准备就业的未成年人，职业教育培训机构、用人单位应当将法律知识和预防犯罪教育纳入职业培训的内容。

　　第十三条　城市居民委员会、农村村民委员会应当积极开展有针对性的预防未成年人犯罪的法制宣传活动。

第三章　对未成年人不良行为的预防

　　第十四条　未成年人的父母或者其他监护人和学校应当教育未成年人不得有下列不良行为：

　　（一）旷课、夜不归宿；

　　（二）携带管制刀具；

　　（三）打架斗殴、辱骂他人；

　　（四）强行向他人索要财物；

　　（五）偷窃、故意毁坏财物；

　　（六）参与赌博或者变相赌博；

　　（七）观看、收听色情、淫秽的音像制品、读物等；

　　（八）进入法律、法规规定未成年人不适宜进入的营业性歌舞厅等场所；

　　（九）其他严重违背社会公德的不良行为。

　　第十五条　未成年人的父母或者其他监护人和学校应当教育未成年人不得吸烟、酗酒。任何经营场所不得向未成年人出售烟酒。

　　第十六条　中小学生旷课的，学校应当及时与其父母或者其他监护人取得联系。

　　未成年人擅自外出夜不归宿的，其父母或者其他监护人、其所在的寄宿制学校应当及时查找，或者向公安机关请求帮助。收留夜不归宿的未成年人的，应当征得其父母或者其他监护人的同意，或者在二十四小时内及时通知其父母或者其他监护人、所在学校或者及时向公安机关报告。

　　第十七条　未成年人的父母或者其他监护人和学校发现未成年人组织或者参加实施不良行为的团伙的，应当及时予以制止。发现该团伙有违法犯罪行为的，应当向公安机关报告。

　　第十八条　未成年人的父母或者其他监护人和学校发现有人教唆、胁迫、引诱未成年人违法犯罪的，应当向公安机关报告。公安机关接到报告后，应当及时依法查处，对未成年人人身安全受到威胁的，应当及时采取有效措施，保护其人身安全。

　　第十九条　未成年人的父母或者其他监护人，不得让不满十六周岁的未成年人脱离监护单独居住。

第二十条　未成年人的父母或者其他监护人对未成年人不得放任不管，不得迫使其离家出走，放弃监护职责。

未成年人离家出走的，其父母或者其他监护人应当及时查找，或者向公安机关请求帮助。

第二十一条　未成年人的父母离异的，离异双方对子女都有教育的义务，任何一方都不得因离异而不履行教育子女的义务。

第二十二条　继父母、养父母对受其抚养教育的未成年继子女、养子女，应当履行本法规定的父母对未成年子女在预防犯罪方面的职责。

第二十三条　学校对有不良行为的未成年人应当加强教育、管理，不得歧视。

第二十四条　教育行政部门、学校应当举办各种形式的讲座、座谈、培训等活动，针对未成年人不同时期的生理、心理特点，介绍良好有效的教育方法，指导教师、未成年人的父母和其他监护人有效地防止、矫治未成年人的不良行为。

第二十五条　对于教唆、胁迫、引诱未成年人实施不良行为或者品行不良，影响恶劣，不适宜在学校工作的教职员工，教育行政部门、学校应当予以解聘或者辞退；构成犯罪的，依法追究刑事责任。

第二十六条　禁止在中小学校附近开办营业性歌舞厅、营业性电子游戏场所以及其他未成年人不适宜进入的场所。禁止开办上述场所的具体范围由省、自治区、直辖市人民政府规定。

本法施行前已在中小学校附近开办上述场所的，应当限期迁移或者停业。

第二十七条　公安机关应当加强中小学校周围环境的治安管理，及时制止、处理中小学校周围发生的违法犯罪行为。城市居民委员会、农村村民委员会应当协助公安机关做好维护中小学校周围治安的工作。

第二十八条　公安派出所、城市居民委员会、农村村民委员会应当掌握本辖区内暂住人口中未成年人的就学、就业情况。对于暂住人口中未成年人实施不良行为的，应当督促其父母或者其他监护人进行有效的教育、制止。

第二十九条　任何人不得教唆、胁迫、引诱未成年人实施本法规定的不良行为，或者为未成年人实施不良行为提供条件。

第三十条　以未成年人为对象的出版物，不得含有诱发未成年人违法犯罪的内容，不得含有渲染暴力、色情、赌博、恐怖活动等危害未成年人身心健康的内容。

第三十一条　任何单位和个人不得向未成年人出售、出租含有诱发未成年人违法犯罪以及渲染暴力、色情、赌博、恐怖活动等危害未成年人身心健康内容的读物、音像制品或者电子出版物。

任何单位和个人不得利用通讯、计算机网络等方式提供前款规定的危害未成年人身心健康的内容及其信息。

第三十二条　广播、电影、电视、戏剧节目，不得有渲染暴力、色情、赌博、恐怖活动等危害未成年人身心健康的内容。

广播电影电视行政部门、文化行政部门必须加强对广播、电影、电视、戏剧节目以及各类演播场所的管理。

第三十三条　营业性歌舞厅以及其他未成年人不适宜进入的场所，应当设置明显的未成年人禁止进入标志，不得允许未成年人进入。

营业性电子游戏场所在国家法定节假日外，不得允许未成年人进入，并应当设置明显的未成年人禁止进入标志。

对于难以判明是否已成年的，上述场所的工作人员可以要求其出示身份证件。

第四章　对未成年人严重不良行为的矫治

第三十四条　本法所称"严重不良行为"，是指下列严重危害社会，尚不够刑事处罚的违法行为：

（一）纠集他人结伙滋事，扰乱治安；

（二）携带管制刀具，屡教不改；

（三）多次拦截殴打他人或者强行索要他人财物；

（四）传播淫秽的读物或者音像制品等；

（五）进行淫乱或者色情、卖淫活动；

（六）多次偷窃；

（七）参与赌博，屡教不改；

（八）吸食、注射毒品；

（九）其他严重危害社会的行为。

第三十五条　对未成年人实施本法规定的严重不良行为的，应当及时予以制止。

对有本法规定严重不良行为的未成年人，其父母或者其他监护人和学校应当相互配合，采取措施严加管教，也可以送工读学校进行矫治和接受教育。

对未成年人送工读学校进行矫治和接受教育，应当由其父母或者其他监护人，或者原所在学校提出申请，经教育行政部门批准。

第三十六条　工读学校对就读的未成年人应当严格管理和教育。工读学校除按照义务教育法的要求，在课程设置上与普通学校相同外，应当加强法制教育的内容，针对未成年人严重不良行为产生的原因以及有严重不良行为的未成年人的心理特点，开展矫治工作。

家庭、学校应当关心、爱护在工读学校就读的未成年人，尊重他们的人格尊严，不得体罚、虐待和歧视。工读学校毕业的未成年人在升学、就业等方面，同普通学校毕业的学生享有同等的权利，任何单位和个人不得歧视。

第三十七条　未成年人有本法规定严重不良行为，构成违反治安管理行为的，由公安机关依法予以治安处罚。因不满十四周岁或者情节特别轻微免予处罚的，可以予以训诫。

第三十八条　未成年人因不满十六周岁不予刑事处罚的，责令他的父母或者其他监护人严加管教；在必要的时候，也可以由政府依法收容教养。

第三十九条　未成年人在被收容教养期间，执行机关应当保证其继续接受文化知识、法律知识或者职业技术教育；对没有完成义务教育的未成年人，执行机关应当保证其继续接受义务教育。

解除收容教养、劳动教养的未成年人，在复学、升学、就业等方面与其他未成年人享有同等权利，任何单位和个人不得歧视。

第五章　未成年人对犯罪的自我防范

第四十条　未成年人应当遵守法律、法规及社会公共道德规范，树立自尊、自律、自强意识，增强辨别是非和自我保护的能力，自觉抵制各种不良行为及违法犯罪行为的引诱和侵害。

第四十一条　被父母或者其他监护人遗弃、虐待的未成年人，有权向公安机关、民政部门、共产主义青年团、妇女联合会、未成年人保护组织或者学校、城市居民委员会、农村村民委员会请求保护。被请求的上述部门和组织都应当接受，根据情况需要采取救助措施的，应当先采取救助措施。

第四十二条　未成年人发现任何人对自己或者对其他未成年人实施本法第三章规定不得实施的行为或者犯罪行为，可以通过所在学校、其父母或者其他监护人向公安机关或者政府有关主管部门报告，也可以自己向上述机关报告。受理报告的机关应当及时依法查处。

第四十三条　对同犯罪行为作斗争以及举报犯罪行为的未成年人，司法机关、学校、社会应当加强保护，保障其不受打击报复。

第六章　对未成年人重新犯罪的预防

第四十四条　对犯罪的未成年人追究刑事责任，实行教育、感化、挽救方针，坚持教育为主、惩罚为辅的原则。

司法机关办理未成年人犯罪案件，应当保障未成年人行使其诉讼权利，保障未成年人得到法律帮助，并根据未成年人的生理、心理特点和犯罪的情况，有针对性地进行法制教育。

对于被采取刑事强制措施的未成年学生，在人民法院的判决生效以前，不得取消其学籍。

第四十五条　人民法院审判未成年人犯罪的刑事案件，应当由熟悉未成年人身心特点的审判员或者审判员和人民陪审员依法组成少年法庭进行。

对于审判的时候被告人不满十八周岁的刑事案件，不公开审理。

对未成年人犯罪案件，新闻报道、影视节目、公开出版物不得披露该未成年人的姓名、住所、照片及可能推断出该未成年人的资料。

第四十六条　对被拘留、逮捕和执行刑罚的未成年人与成年人应当分别关押、分别管理、分别教育。未成年犯在被执行刑罚期间，执行机关应当加强对未成年犯的法制教育，对未成年犯进行职业技术教育。对没有完成义务教育的未成年犯，执行机关应当保证其继续接受义务教育。

第四十七条　未成年人的父母或者其他监护人和学校、城市居民委员会、农村村民委员会，对因不满十六周岁而不予刑事处罚、免予刑事处罚的未成年人，或者被判处非监禁刑罚、被判处刑罚宣告缓刑、被假释的未成年人，应当采取有效的帮教措施，协助司法机关做好对未成年人的教育、挽救工作。

城市居民委员会、农村村民委员会可以聘请思想品德优秀，作风正派，热心未成年人教育工作的离退休人员或者其他人员协助做好对前款规定的未成年人的教育、挽救工作。

第四十八条　依法免予刑事处罚、判处非监禁刑罚、判处刑罚宣告缓刑、假释或者刑罚执行完毕的未成年人，在复学、升学、就业等方面与其他未成年人享有同等权利，任何单位和个人不得歧视。

第七章　法律责任

第四十九条　未成年人的父母或者其他监护人不履行监护职责，放任未成年人有本法规定的不良行为或者严重不良行为的，由公安机关对未成年人的父母或者其他监护人予以训诫，责令其严加管教。

第五十条　未成年人的父母或者其他监护人违反本法第十九条的规定，让不满十六周岁的未成年人脱离监护单独居住的，由公安机关对未成年人的父母或者其他监护人予以训诫，责令其立即改正。

第五十一条　公安机关的工作人员违反本法第十八条的规定，接到报告后，不及时查处或者采取有效措施，严重不负责任的，予以行政处分；造成严重后果，构成犯罪的，依法追究刑事责任。

第五十二条 违反本法第三十条的规定，出版含有诱发未成年人违法犯罪以及渲染暴力、色情、赌博、恐怖活动等危害未成年人身心健康内容的出版物的，由出版行政部门没收出版物和违法所得，并处违法所得三倍以上十倍以下罚款；情节严重的，没收出版物和违法所得，并责令停业整顿或者吊销许可证。对直接负责的主管人员和其他直接责任人员处以罚款。

制作、复制宣扬淫秽内容的未成年人出版物，或者向未成年人出售、出租、传播宣扬淫秽内容的出版物的，依法予以治安处罚；构成犯罪的，依法追究刑事责任。

第五十三条 违反本法第三十一条的规定，向未成年人出售、出租含有诱发未成年人违法犯罪以及渲染暴力、色情、赌博、恐怖活动等危害未成年人身心健康内容的读物、音像制品、电子出版物的，或者利用通讯、计算机网络等方式提供上述危害未成年人身心健康内容及其信息的，没收读物、音像制品、电子出版物和违法所得，由政府有关主管部门处以罚款。

单位有前款行为的，没收读物、音像制品、电子出版物和违法所得，处以罚款，并对直接负责的主管人员和其他直接责任人员处以罚款。

第五十四条 影剧院、录像厅等各类演播场所，放映或者演出渲染暴力、色情、赌博、恐怖活动等危害未成年人身心健康的节目的，由政府有关主管部门没收违法播放的音像制品和违法所得，处以罚款，并对直接负责的主管人员和其他直接责任人员处以罚款；情节严重的，责令停业整顿或者由工商行政部门吊销营业执照。

第五十五条 营业性歌舞厅以及其他未成年人不适宜进入的场所、营业性电子游戏场所，违反本法第三十三条的规定，不设置明显的未成年人禁止进入标志，或者允许未成年人进入的，由文化行政部门责令改正、给予警告、责令停业整顿、没收违法所得，处以罚款，并对直接负责的主管人员和其他直接责任人员处以罚款；情节严重的，由工商行政部门吊销营业执照。

第五十六条 教唆、胁迫、引诱未成年人实施本法规定的不良行为、严重不良行为，或者为未成年人实施不良行为、严重不良行为提供条件，构成违反治安管理行为的，由公安机关依法予以治安处罚；构成犯罪的，依法追究刑事责任。

第八章 附 则

第五十七条 本法自 1999 年 11 月 1 日起施行。

二、未成年人权利的刑法保护

（一）刑法的特别规定

中华人民共和国刑法（节录）

（1979 年 7 月 1 日第五届全国人民代表大会第二次会议通过　1997 年 3 月 14 日修订）

第十七条　已满十六周岁的人犯罪，应当负刑事责任。

已满十四周岁不满十六周岁的人，犯故意杀人、故意伤害致人重伤或者死亡、强奸、抢劫、贩卖毒品、放火、爆炸、投毒罪的，应当负刑事责任。

已满十四周岁不满十八周岁的人犯罪，应当从轻或者减轻处罚。

因不满十六周岁不予刑事处罚的，责令他的家长或者监护人加以管教；在必要的时候，也可以由政府收容教养。

第二十九条　教唆他人犯罪的，应当按照他在共同犯罪中所起的作用处罚。教唆不满十八周岁的人犯罪的，应当从重处罚。

如果被教唆的人没有犯被教唆的罪，对于教唆犯，可以从轻或者减轻处罚。

第四十九条　犯罪的时候不满十八周岁的人和审判的时候怀孕的妇女，不适用死刑。

第二百三十六条　以暴力、胁迫或者其他手段强奸妇女的，处三年以上十年以下有期徒刑。

奸淫不满十四周岁的幼女的，以强奸论，从重处罚。

强奸妇女、奸淫幼女，有下列情形之一的，处十年以上有期徒刑、无期徒刑或者死刑：

（一）强奸妇女、奸淫幼女情节恶劣的；

（二）强奸妇女、奸淫幼女多人的；

（三）在公共场所当众强奸妇女的；

（四）二人以上轮奸的；

（五）致使被害人重伤、死亡或者造成其他严重后果的。

第二百三十七条　以暴力、胁迫或者其他方法强制猥亵妇女或者侮辱妇女的，处五年以下有期徒刑或者拘役。

聚众或者在公共场所当众犯前款罪的，处五年以上有期徒刑。

猥亵儿童的，依照前两款的规定从重处罚。

第二百三十九条　以勒索财物为目的绑架他人的，或者绑架他人作为人质的，处十年以上有期徒刑或者无期徒刑，并处罚金或者没收财产；致使被绑架人死亡或者杀害被绑架人的，处死刑，并处没收财产。

以勒索财物为目的偷盗婴幼儿的，依照前款的规定处罚。

第二百四十条　拐卖妇女、儿童的，处五年以上十年以下有期徒刑，并处罚金；有下列情形之一的，处十年以上有期徒刑或者无期徒刑，并处罚金或者没收财产；情节特别严重的，处死刑，并处没收财产：

（一）拐卖妇女、儿童集团的首要分子；

（二）拐卖妇女、儿童三人以上的；

（三）奸淫被拐卖的妇女的；

（四）诱骗、强迫被拐卖的妇女卖淫或者将被拐卖的妇女卖给他人迫使其卖淫的；

（五）以出卖为目的，使用暴力、胁迫或者麻醉方法绑架妇女、儿童的；

（六）以出卖为目的，偷盗婴幼儿的；

（七）造成被拐卖的妇女、儿童或者其亲属重伤、死亡或者其他严重后果的；

（八）将妇女、儿童卖往境外的。

拐卖妇女、儿童是指以出卖为目的，有拐骗、绑架、收买、贩卖、接送、中转妇女、儿童的行为之一的。

第二百四十一条　收买被拐卖的妇女、儿童的，处三年以下有期徒刑、拘役或者管制。

收买被拐卖的妇女，强行与其发生性关系的，依照本法第二百三十六条的规定定罪处罚。

收买被拐卖的妇女、儿童，非法剥夺、限制其人身自由或者有伤害、侮辱等犯罪行为的，依照本法的有关规定定罪处罚。

收买被拐卖的妇女、儿童，并有第二款、第三款规定的犯罪行为的，依照数罪并罚的规定处罚。

收买被拐卖的妇女、儿童又出卖的，依照本法第二百四十条的规定定罪处罚。

收买被拐卖的妇女、儿童，按照被买妇女的意愿，不阻碍其返回原居住地的，对被买儿童没有虐待行为，不阻碍对其进行解救的，可以不追究刑事责任。

第二百四十二条　以暴力、威胁方法阻碍国家机关工作人员解救被收买的妇女、儿童的，依照本法第二百七十七条的规定定罪处罚。

聚众阻碍国家机关工作人员解救被收买的妇女、儿童的首要分子，处五年以下有期徒刑或者拘役；其他参与者使用暴力、威胁方法的，依照前款的规定处罚。

第二百六十一条 对于年老、年幼、患病或者其他没有独立生活能力的人，负有扶养义务而拒绝扶养，情节恶劣的，处五年以下有期徒刑、拘役或者管制。

第二百六十二条 拐骗不满十四周岁的未成年人，脱离家庭或者监护人的，处五年以下有期徒刑或者拘役。

第三百零一条 聚众进行淫乱活动的，对首要分子或者多次参加的，处五年以下有期徒刑、拘役或者管制。

引诱未成年人参加聚众淫乱活动的，依照前款的规定从重处罚。

第三百四十七条第六款 利用、教唆未成年人走私、贩卖、运输、制造毒品，或者向未成年人出售毒品的，从重处罚。

第三百五十三条 引诱、教唆、欺骗他人吸食、注射毒品的，处三年以下有期徒刑、拘役或者管制，并处罚金；情节严重的，处三年以上七年以下有期徒刑，并处罚金。

强迫他人吸食、注射毒品的，处三年以上十年以下有期徒刑，并处罚金。

引诱、教唆、欺骗或者强迫未成年人吸食、注射毒品的，从重处罚。

第三百五十八条 组织他人卖淫或者强迫他人卖淫的，处五年以上十年以下有期徒刑，并处罚金；有下列情形之一的，处十年以上有期徒刑或者无期徒刑，并处罚金或者没收财产：

（二）强迫不满十四周岁的幼女卖淫的；

第三百五十九条第二款 引诱不满十四周岁的幼女卖淫的，处五年以上有期徒刑，并处罚金。

第三百六十条第二款 嫖宿不满十四周岁的幼女的，处五年以上有期徒刑，并处罚金。

第三百六十四条第四款 向不满十八周岁的未成年人传播淫秽物品的，从重处罚。

第四百一十六条 对被拐卖、绑架的妇女、儿童负有解救职责的国家机关工作人员，接到被拐卖、绑架的妇女、儿童及其家属的解救要求或者接到其他人的举报，而对被拐卖、绑架的妇女、儿童不进行解救，造成严重后果的，处五年以下有期徒刑或者拘役。

负有解救职责的国家机关工作人员利用职务阻碍解救的，处二年以上七年以下有期徒刑；情节较轻的，处二年以下有期徒刑或者拘役。

中华人民共和国刑法修正案（四）（节录）

（2002 年 12 月 28 日通过、公布、施行）

四、刑法第二百四十四条后增加一条，作为第二百四十四条之一："违反劳动管理法规，雇用未满十六周岁的未成年人从事超强度体力劳动的，或者从事高空、井下作业的，或者在爆炸性、易燃性、放射性、毒害性等危险环境下从事劳动，情节严重的，对直接责任人员，处三年以下有期徒刑或者拘役，并处罚金；情节特别严重的，处三年以上七年以下有期徒刑，并处罚金。

"有前款行为，造成事故，又构成其他犯罪的，依照数罪并罚的规定处罚。"

中华人民共和国刑法修正案（六）（节录）

（2006 年 6 月 29 日通过并公布实施）

十七、在刑法第二百六十二条后增加一条，作为第二百六十二条之一："暴力、胁迫手段组织残疾人或者不满十四周岁的未成年人乞讨的，处三年以下有期徒刑或者拘役，并处罚金；情节严重的，处三年以上七年以下有期徒刑，并处罚金。"

中华人民共和国刑法修正案（七）（节录）

（2009 年 2 月 28 日通过并公布实施）

六、将刑法第二百三十九条修改为："以勒索财物为目的绑架他人的，或者绑架他人作为人质的，处十年以上有期徒刑或者无期徒刑，并处罚金或者没收财产；情节较轻的，处五年以上十年以下有期徒刑，并处罚金。

"犯前款罪，致使被绑架人死亡或者杀害被绑架人的，处死刑，并处没收财产。

"以勒索财物为目的偷盗婴幼儿的，依照前两款的规定处罚。"

八、在刑法第二百六十二条之一后增加一条，作为第二百六十二条之二："组织未成年人进行盗窃、诈骗、抢夺、敲诈勒索等违反治安管理活动的，处三年以下有期徒刑或者拘役，并处罚金；情节严重的，处三年以上七年以下有期徒刑，并处罚金。"

中华人民共和国刑法修正案（八）（节录）

（2011 年 2 月 25 日通过　自 2011 年 5 月 1 日起施行）

六、将刑法第六十五条第一款修改为："被判处有期徒刑以上刑罚的犯罪分子，刑罚执行完毕或者赦免以后，在五年以内再犯应当判处有期徒刑以上刑罚之罪的，是累犯，应当从重处罚，但是过失犯罪和不满十八周岁的人犯罪的除外。"

十一、将刑法第七十二条修改为："对于被判处拘役、三年以下有期徒刑的犯罪分子，同时符合下列条件的，可以宣告缓刑，对其中不满十八周岁的人、怀孕的妇女和已满七十五周岁的人，应当宣告缓刑：

"（一）犯罪情节较轻；

"（二）有悔罪表现；

"（三）没有再犯罪的危险；

"（四）宣告缓刑对所居住社区没有重大不良影响。

"宣告缓刑，可以根据犯罪情况，同时禁止犯罪分子在缓刑考验期限内从事特定活动，进入特定区域、场所，接触特定的人。

"被宣告缓刑的犯罪分子，如果被判处附加刑，附加刑仍须执行。"

十九、在刑法第一百条中增加一款作为第二款："犯罪的时候不满十八周岁被判处五年有期徒刑以下刑罚的人，免除前款规定的报告义务。"

三十七、在刑法第二百三十四条后增加一条，作为第二百三十四条之一："组织他人出卖人体器官的，处五年以下有期徒刑，并处罚金；情节严重的，处五年以上有期徒刑，并处罚金或者没收财产。

"未经本人同意摘取其器官，或者摘取不满十八周岁的人的器官，或者强迫、欺骗他人捐献器官的，依照本法第二百三十四条、第二百三十二条的规定定罪处罚。

"违背本人生前意愿摘取其尸体器官，或者本人生前未表示同意，违反国家规定，违背其近亲属意愿摘取其尸体器官的，依照本法第三百零二条的规定定罪处罚。"

中华人民共和国看守所条例（节录）

（1990 年 3 月 17 日国务院颁布实施　国务院令第 52 号）

第二条　看守所是羁押依法被逮捕、刑事拘留的人犯的机关。

被判处有期徒刑一年以下，或者余刑在一年以下，不便送往劳动改造场所执行的罪犯，也可以由看守所监管。

　　第三条　看守所的任务是依据国家法律对被羁押的人犯实行武装警戒看守，保障安全；对人犯进行教育；管理人犯的生活和卫生；保障侦查、起诉和审判工作的顺利进行。

　　第四条　看守所监管人犯，必须坚持严密警戒看管与教育相结合的方针，坚持依法管理、严格管理、科学管理和文明管理，保障人犯的合法权益。严禁打骂、体罚、虐待人犯。

　　第十四条　对男性人犯和女性人犯，成年人犯和未成年人犯，同案犯以及其他需要分别羁押的人犯，应当分别羁押。

　　第四十一条　看守所应当教育工作人员严格执法，严守纪律，向人民检察院报告监管活动情况。

　　第四十二条　看守所对人民检察院提出的违法情况的纠正意见，应当认真研究，及时处理，并将处理结果告知人民检察院。

　　（二）司法解释与规范性文件

全国人民代表大会常务委员会法制工作委员会
关于已满十四周岁不满十六周岁的人承担刑事责任范围问题的答复意见

（2002 年 7 月 24 日 法工委复字〔2002〕12 号）

最高人民检察院：

　　关于你单位 4 月 8 日来函收悉，经研究，现答复如下：

　　刑法第十七条第二款规定的八种犯罪，是指具体犯罪行为而不是具体罪名。对于刑法第十七条中规定的"犯故意杀人、故意伤害致人重伤或者死亡"，是指只要故意实施了杀人、伤害行为并且造成了致人重伤、死亡后果的，都应负刑事责任。而不是指只有犯故意杀人罪、故意伤害罪的，才负刑事责任，绑架撕票的，不负刑事责任。对司法实践中出现的已满十四周岁不满十六周岁的人绑架人质后杀害被绑架人、拐卖妇女、儿童而故意造成被拐卖妇女、儿童重伤或死亡的行为，依据刑法是应当追究其刑事责任的。

最高人民检察院
关于构成嫖宿幼女罪主观上是否需要具备明知要件的解释

（2001 年 6 月 4 日通过　　自 2001 年 6 月 11 日起施行 高检发释字〔2001〕3 号）

　　为依法办理嫖宿幼女犯罪案件，对嫖宿幼女行为如何适用法律问题解释如下：

行为人知道被害人是或者可能是不满十四周岁幼女而嫖宿的，适用刑法第三百六十条第二款的规定，以嫖宿幼女罪追究刑事责任。

最高人民检察院法律政策研究室
关于相对刑事责任年龄的人承担刑事责任范围有关问题的答复

（2003 年 4 月 18 日　〔2003〕高检研发第 13 号）

四川省人民检察院研究室：

你院关于相对刑事责任年龄的人承担刑事责任范围问题的请示（川检发办〔2002〕47 号）收悉。经研究，答复如下：

一、相对刑事责任年龄的人实施了刑法第十七条第二款规定的行为，应当追究刑事责任的，其罪名应当根据所触犯的刑法分则具体条文认定。对于绑架后杀害被绑架人的，其罪名应认定为绑架罪。

二、相对刑事责任年龄的人实施了刑法第二百六十九条规定的行为的，应当依照刑法第二百六十三条的规定，以抢劫罪追究刑事责任。但对情节显著轻微，危害不大的，可根据刑法第十三条的规定，不予追究刑事责任。

最高人民法院
关于审理强奸案件有关问题的解释

（2000 年 2 月 13 日通过　自 2000 年 2 月 24 日起施行　法释〔2000〕4 号）

为依法惩处强奸犯罪活动，根据刑法的有关规定，现就审理强奸案件的有关问题解释如下：

对于已满 14 周岁不满 16 周岁的人，与幼女发生性关系构成犯罪的，依照刑法第十七条、第二百三十六条第二款的规定，以强奸罪定罪处罚；对于与幼女发生性关系，情节轻微、尚未造成严重后果的，不认为是犯罪。

对于行为人既实施了强奸妇女行为又实施了奸淫幼女行为的，依照刑法第二百三十六条的规定，以强奸罪从重处罚。

最高人民法院　最高人民检察院
关于办理组织和利用邪教组织犯罪案件具体应用法律若干问题的解释（节录）

（1999 年 10 月 9 日通过　法释〔1999〕8 号）

第五条　组织和利用邪教组织，以迷信邪说引诱、胁迫、欺骗或者其他手段，奸淫妇女、幼女的，依照刑法第二百三十六条的规定，以强奸罪或者奸淫幼女罪定罪处罚。

最高人民检察院　公安部
关于公安机关管辖的刑事案件立案追诉标准的规定（一）（节录）

（2008 年 6 月 25 日公布 公通字〔2008〕36 号）

第三十一条　［强迫职工劳动案（刑法第二百四十四条）］用人单位违反劳动管理法规，以限制人身自由方法强迫职工劳动，涉嫌下列情形之一的，应予立案追诉：

……

（四）强迫已满十六周岁未满十八周岁的未成年人从事国家规定的第四级体力劳动强度的劳动，或者从事高空、井下劳动，或者在爆炸性、易燃性、放射性、毒害性等危险环境下从事劳动的。

……

第三十二条　［雇用童工从事危重劳动案（刑法第二百四十四条之一）］违反劳动管理法规，雇用未满十六周岁的未成年人从事国家规定的第四级体力劳动强度的劳动，或者从事高空、井下劳动，或者在爆炸性、易燃性、放射性、毒害性等危险环境下从事劳动，涉嫌下列情形之一的，应予立案追诉：

（一）造成未满十六周岁的未成年人伤亡或者对其身体健康造成严重危害的；

（二）雇用未满十六周岁的未成年人三人以上的；

（三）以强迫、欺骗等手段雇用未满十六周岁的未成年人从事危重劳动的；

（四）其他情节严重的情形。

第四十二条　［引诱未成年人聚众淫乱案（刑法第三百零一条第二款）］引诱未成年人参加聚众淫乱活动的，应予立案追诉。

第七十八条　［引诱、容留、介绍卖淫案（刑法第三百五十九条第一款）］引诱、容留、介绍他人卖淫，涉嫌下列情形之一的，应予立案追诉：

……

（二）引诱、容留、介绍已满十四周岁未满十八周岁的未成年人卖淫的；

……

第七十九条　［引诱幼女卖淫案（刑法第三百五十九条第二款）］引诱不满十四周岁的幼女卖淫的，应予立案追诉。

第八十一条 ［嫖宿幼女案（刑法第三百六十条第二款）］行为人知道被害人是或者可能是不满十四周岁的幼女而嫖宿的，应予立案追诉。

最高人民法院　最高人民检察院
关于办理利用互联网、移动通讯终端、声讯台制作、复制、出版、贩卖、传播淫秽电子信息刑事案件具体应用法律若干问题的解释（节录）

（2004 年 9 月 3 日公布，自 2004 年 9 月 6 日起施行　法释〔2004〕1 号）

第六条 实施本解释前五条规定的犯罪，具有下列情形之一的，依照刑法第三百六十三条第一款、第三百六十四条第一款的规定从重处罚：

（一）制作、复制、出版、贩卖、传播具体描绘不满十八周岁未成年人性行为的淫秽电子信息的；

（二）明知是具体描绘不满十八周岁的未成年人性行为的淫秽电子信息而在自己所有、管理或者使用的网站或者网页上提供直接链接的；

（三）向不满十八周岁的未成年人贩卖、传播淫秽电子信息和语音信息的；

（四）通过使用破坏性程序、恶意代码修改用户计算机设置等方法，强制用户访问、下载淫秽电子信息的。

最高人民法院　最高人民检察院
关于办理利用互联网、移动通讯终端、声讯台制作、复制、出版、贩卖、传播淫秽电子信息刑事案件具体应用法律若干问题的解释（二）（节录）

（2010 年 2 月 2 日公布　自 2010 年 2 月 4 日起施行　法释〔2010〕3 号）

第二条 利用互联网、移动通讯终端传播淫秽电子信息的，依照最高人民法院、《最高人民检察院关于办理利用互联网、移动通讯终端、声讯台制作、复制、出版、贩卖、传播淫秽电子信息刑事案件具体应用法律若干问题的解释》第三条的规定定罪处罚。

利用互联网、移动通讯终端传播内容含有不满十四周岁未成年人的淫秽电子信息，具有下列情形之一的，依照刑法第三百六十四条第一款的规定，以传播淫秽物品罪定罪处罚：

（一）数量达到第一条第二款第（一）项至第（五）项规定标准二倍以上的；

（二）数量分别达到第一条第二款第（一）项至第（五）项两项以上标

准的；

（三）造成严重后果的。

最高人民法院
关于审理未成年人刑事案件具体应用法律若干问题的解释

（2005 年 12 月 12 日通过　自 2006 年 1 月 23 日起施行　法释〔2006〕1 号）

为正确审理未成年人刑事案件，贯彻"教育为主，惩罚为辅"的原则，根据刑法等有关法律的规定，现就审理未成年人刑事案件具体应用法律的若干问题解释如下：

第一条　本解释所称未成年人刑事案件，是指被告人实施被指控的犯罪时已满十四周岁不满十八周岁的案件。

第二条　刑法第十七条规定的"周岁"，按照公历的年、月、日计算，从周岁生日的第二天起算。

第三条　审理未成年人刑事案件，应当查明被告人实施被指控的犯罪时的年龄。裁判文书中应当写明被告人出生的年、月、日。

第四条　对于没有充分证据证明被告人实施被指控的犯罪时已经达到法定刑事责任年龄且确实无法查明的，应当推定其没有达到相应法定刑事责任年龄。

相关证据足以证明被告人实施被指控的犯罪时已经达到法定刑事责任年龄，但是无法准确查明被告人具体出生日期的，应当认定其达到相应法定刑事责任年龄。

第五条　已满十四周岁不满十六周岁的人实施刑法第十七条第二款规定以外的行为，如果同时触犯了刑法第十七条第二款规定的，应当依照刑法第十七条第二款的规定确定罪名，定罪处罚。

第六条　已满十四周岁不满十六周岁的人偶尔与幼女发生性行为，情节轻微、未造成严重后果的，不认为是犯罪。

第七条　已满十四周岁不满十六周岁的人使用轻微暴力或者威胁，强行索要其他未成年人随身携带的生活、学习用品或者钱财数量不大，且未造成被害人轻微伤以上或者不敢正常到校学习、生活等危害后果的，不认为是犯罪。

已满十六周岁不满十八周岁的人具有前款规定情形的，一般也不认为是犯罪。

第八条　已满十六周岁不满十八周岁的人出于以大欺小、以强凌弱或者寻求精神刺激，随意殴打其他未成年人、多次对其他未成年人强拿硬要或者任意损毁公私财物，扰乱学校及其他公共场所秩序，情节严重的，以寻衅滋事罪定罪处罚。

第九条　已满十六周岁不满十八周岁的人实施盗窃行为未超过三次，盗窃数额虽已达到"数额较大"标准，但案发后能如实供述全部盗窃事实并积极退赃，且具有下列情形之一的，可以认定为"情节显著轻微危害不大"，不认为是犯罪：

（一）系又聋又哑的人或者盲人；

（二）在共同盗窃中起次要或者辅助作用，或者被胁迫；

（三）具有其他轻微情节的。

已满十六周岁不满十八周岁的人盗窃未遂或者中止的，可不认为是犯罪。

已满十六周岁不满十八周岁的人盗窃自己家庭或者近亲属财物，或者盗窃其他亲属财物但其他亲属要求不予追究的，可不按犯罪处理。

第十条　已满十四周岁不满十六周岁的人盗窃、诈骗、抢夺他人财物，为窝藏赃物、抗拒抓捕或者毁灭罪证，当场使用暴力，故意伤害致人重伤或者死亡，或者故意杀人的，应当分别以故意伤害罪或者故意杀人罪定罪处罚。

已满十六周岁不满十八周岁的人犯盗窃、诈骗、抢夺罪，为窝藏赃物、抗拒抓捕或者毁灭罪证而当场使用暴力或者以暴力相威胁的，应当依照刑法第二百六十九条的规定定罪处罚；情节轻微的，可不以抢劫罪定罪处罚。

第十一条　对未成年罪犯适用刑罚，应当充分考虑是否有利于未成年罪犯的教育和矫正。

对未成年罪犯量刑应当依照刑法第六十一条的规定，并充分考虑未成年人实施犯罪行为的动机和目的、犯罪时的年龄、是否初次犯罪、犯罪后的悔罪表现、个人成长经历和一贯表现等因素。对符合管制、缓刑、单处罚金或者免予刑事处罚适用条件的未成年罪犯，应当依法适用管制、缓刑、单处罚金或者免予刑事处罚。

第十二条　行为人在达到法定刑事责任年龄前后均实施了危害社会的行为，只能依法追究其达到法定刑事责任年龄后实施的危害社会行为的刑事责任。

行为人在年满十八周岁前后实施了不同种犯罪行为，对其年满十八周岁以前实施的犯罪应当依法从轻或者减轻处罚。行为人在年满十八周岁前后实施了同种犯罪行为，在量刑时应当考虑对年满十八周岁以前实施的犯罪，适当给予从轻或者减轻处罚。

第十三条　未成年人犯罪只有罪行极其严重的，才可以适用无期徒刑。对已满十四周岁不满十六周岁的人犯罪一般不判处无期徒刑。

第十四条　除刑法规定"应当"附加剥夺政治权利外，对未成年罪犯一般不判处附加剥夺政治权利。

如果对未成年罪犯判处附加剥夺政治权利的，应当依法从轻判处。

对实施被指控犯罪时未成年、审判时已成年的罪犯判处附加剥夺政治权利，适用前款的规定。

第十五条　对未成年罪犯实施刑法规定的"并处"没收财产或者罚金的犯罪，应当依法判处相应的财产刑；对未成年罪犯实施刑法规定的"可以并处"没收财产或者罚金的犯罪，一般不判处财产刑。

对未成年罪犯判处罚金刑时，应当依法从轻或者减轻判处，并根据犯罪情节，综合考虑其缴纳罚金的能力，确定罚金数额。但罚金的最低数额不得少于五百元人民币。

对被判处罚金刑的未成年罪犯，其监护人或者其他人自愿代为垫付罚金的，人民法院应当允许。

第十六条　对未成年罪犯符合刑法第七十二条第一款规定的，可以宣告缓刑。如果同时具有下列情形之一，对其适用缓刑确实不致再危害社会的，应当宣告缓刑：

（一）初次犯罪；

（二）积极退赃或赔偿被害人经济损失；

（三）具备监护、帮教条件。

第十七条　未成年罪犯根据其所犯罪行，可能被判处拘役、三年以下有期徒刑，如果悔罪表现好，并具有下列情形之一的，应当依照刑法第三十七条的规定免予刑事处罚：

（一）系又聋又哑的人或者盲人；

（二）防卫过当或者避险过当；

（三）犯罪预备、中止或者未遂；

（四）共同犯罪中从犯、胁从犯；

（五）犯罪后自首或者有立功表现；

（六）其他犯罪情节轻微不需要判处刑罚的。

第十八条　对未成年罪犯的减刑、假释，在掌握标准上可以比照成年罪犯依法适度放宽。

未成年罪犯能认罪服法，遵守监规，积极参加学习、劳动的，即可视为"确有悔改表现"予以减刑，其减刑的幅度可以适当放宽，间隔的时间可以相应缩短。符合刑法第八十一条第一款规定的，可以假释。

未成年罪犯在服刑期间已经成年的，对其减刑、假释可以适用上述规定。

第十九条　刑事附带民事案件的未成年被告人有个人财产的，应当由本人承担民事赔偿责任，不足部分由监护人予以赔偿，但单位担任监护人的除外。

被告人对被害人物质损失的赔偿情况，可以作为量刑情节予以考虑。

第二十条　本解释自公布之日起施行。

《最高人民法院关于办理未成年人刑事案件适用法律的若干问题的解释》（法发〔1995〕9号）自本解释公布之日起不再执行。

最高人民法院
关于办理减刑、假释案件具体应用法律若干问题的规定（节录）

（2012年1月17日公布　自2012年7月1日起施行　法释〔2012〕2号）

第十九条　未成年罪犯的减刑、假释，可以比照成年罪犯依法适当从宽。

未成年罪犯能认罪悔罪，遵守法律法规及监规，积极参加学习、劳动的，应视为确有悔改表现，减刑的幅度可以适当放宽，起始时间、间隔时间可以相应缩短。符合刑法第八十一条第一款规定的，可以假释。

前两款所称未成年罪犯，是指减刑时不满十八周岁的罪犯。

最高人民法院　最高人民检察院
关于办理敲诈勒索刑事案件适用法律若干问题的解释（节录）

（自2013年4月27日起施行　法释〔2013〕10号）

第二条　敲诈勒索公私财物，具有下列情形之一的，"数额较大"的标准可以按照本解释第一条规定标准的百分之五十确定：

（一）曾因敲诈勒索受过刑事处罚的；

（二）一年内曾因敲诈勒索受过行政处罚的；

（三）对未成年人、残疾人、老年人或者丧失劳动能力人敲诈勒索的；

（四）以将要实施放火、爆炸等危害公共安全犯罪或者故意杀人、绑架等严重侵犯公民人身权利犯罪相威胁敲诈勒索的；

（五）以黑恶势力名义敲诈勒索的；

（六）利用或者冒充国家机关工作人员、军人、新闻工作者等特殊身份敲诈勒索的；

（七）造成其他严重后果的。

最高人民法院　最高人民检察院
关于办理盗窃刑事案件适用法律若干问题的解释（节录）

（自 2013 年 4 月 4 日起施行　法释〔2013〕8 号）

第二条　盗窃公私财物，具有下列情形之一的，"数额较大"的标准可以按照前条规定标准的百分之五十确定：

（一）曾因盗窃受过刑事处罚的；

（二）一年内曾因盗窃受过行政处罚的；

（三）组织、控制未成年人盗窃的；

（四）自然灾害、事故灾害、社会安全事件等突发事件期间，在事件发生地盗窃的；

（五）盗窃残疾人、孤寡老人、丧失劳动能力人的财物的；

（六）在医院盗窃病人或者其亲友财物的；

（七）盗窃救灾、抢险、防汛、优抚、扶贫、移民、救济款物的；

（八）因盗窃造成严重后果的。

公安部
关于打击拐卖妇女儿童犯罪适用法律和政策有关问题的意见（节录）

（2000 年 3 月 24 日发布并实施）

一、关于立案、管辖问题

（一）对发现的拐卖妇女、儿童案件，拐出地（即妇女、儿童被拐骗地）、拐入地或者中转地公安机关应当立案管辖。两个以上公安机关都有管辖权的，由最先立案的公安机关侦查。必要时，可以由主要犯罪地或者主要犯罪嫌疑人居住地公安机关管辖。有关公安机关不得相互推诿。对管辖有争议的案件，应报请争议双方共同的上一级公安机关指定管辖。

铁路、交通、民航公安机关按照《公安机关办理刑事案件程序规定》第 20 条的规定立案侦查拐卖妇女、儿童案件。在运输途中查获的拐卖妇女、儿童案件，可以直接移送拐出地公安机关处理。

（二）对于公民报案、控告、举报的与拐卖妇女、儿童有关的犯罪嫌疑人、犯罪线索或者材料，扭送的犯罪嫌疑人，或者犯罪嫌疑人自首的，公安机关都应当接受。对于接受的案件或者发现的犯罪线索，应当迅速进行审查。对于需要采取解救被拐卖的妇女、儿童等紧急措施的，应当先采取紧急措施。

（三）经过审查，认为有犯罪事实，需要追究刑事责任的，应当区别情况，作出如下处理：

1. 属于本公安机关管辖的案件，应当及时立案侦查。

2. 属于其他公安机关管辖的案件，应当在二十四小时内移送有管辖权的公安机关办理。

3. 不属于公安机关管辖的案件，如属于人民检察院管辖的不解救被拐卖、绑架妇女、儿童案和阻碍解救被拐卖、绑架妇女、儿童案等，属于人民法院管辖的重婚案等，应当及时将案件材料和有关证据送交有管辖权的人民检察院、人民法院，并告知报案人、控告人、举报人到人民检察院、人民法院报案、控告、举报或者起诉。

二、关于拐卖妇女、儿童犯罪

（一）要正确认定拐卖妇女、儿童罪。凡是拐卖妇女、儿童的，不论是哪个环节，只要是以出卖为目的，有拐骗、绑架、收买、贩卖、接送、中转妇女、儿童的行为之一的，均以拐卖妇女、儿童罪立案侦查。

（二）在办理拐卖妇女、儿童案件中，不论拐卖人数多少，是否获利，只要实施拐卖妇女、儿童行为的，均应当以拐卖妇女、儿童罪立案侦查。

（三）明知是拐卖妇女、儿童的犯罪分子而事先通谋，为其拐卖行为提供资助或者其他便利条件的，应当以拐卖妇女、儿童罪的共犯立案侦查。

（四）对拐卖过程中奸淫被拐卖妇女的；诱骗、强迫被拐卖的妇女卖淫或者将被拐卖的妇女卖给他人迫使其卖淫的；以出卖为目的使用暴力、胁迫、麻醉等方法绑架妇女、儿童的；以出卖为目的，偷盗婴幼儿的；造成被拐卖的妇女、儿童或者其亲属重伤、死亡或者其他严重后果的，均以拐卖妇女、儿童罪立案侦查。

（五）教唆他人实施拐卖妇女、儿童犯罪的，以拐卖妇女、儿童罪的共犯立案侦查。向他人传授拐卖妇女、儿童的犯罪方法的，以传授犯罪方法罪立案侦查。明知是拐卖妇女、儿童的犯罪分子，而在其实施犯罪后为其提供隐藏处所、财物，帮助其逃匿或者作假证明包庇的，以窝藏、包庇罪立案侦查。

（六）出卖亲生子女的，由公安机关依法没收非法所得，并处以罚款；以营利为目的，出卖不满十四周岁子女，情节恶劣的，以拐卖儿童罪立案侦查。

（七）出卖十四周岁以上女性亲属或者其他不满十四周岁亲属的，以拐卖妇女、儿童罪立案侦查。

（八）借收养名义拐卖儿童的，出卖捡拾的儿童的，均以拐卖儿童罪立案侦查。

（九）以勒索财物为目的，偷盗婴幼儿的，以绑架罪立案侦查。

（十）犯组织他人偷越国（边）境罪，对被组织的妇女、儿童有拐卖犯罪行为的，以组织他人偷越国（边）境罪和拐卖妇女、儿童罪立案侦查。

（十一）非以出卖为目的，拐骗不满十四周岁的未成年人脱离家庭或者监护人的，以拐骗儿童罪立案侦查。

（十二）教唆被拐卖、拐骗、收买的未成年人实施盗窃、诈骗等犯罪行为的，应当以盗窃罪、诈骗罪等犯罪的共犯立案侦查。

办案中，要正确区分罪与非罪、罪与罪的界限，特别是拐卖妇女罪与介绍婚姻收取钱物行为、拐卖儿童罪与收养中介行为、拐卖儿童罪与拐骗儿童罪，以及绑架儿童罪与拐卖儿童罪的界限，防止扩大打击面或者放纵犯罪。

三、关于收买被拐卖的妇女、儿童犯罪

（一）收买被拐卖的妇女、儿童的，以收买被拐卖的妇女、儿童罪立案侦查。

（二）收买被拐卖的妇女、儿童，并有下列犯罪行为的，同时以收买被拐卖的妇女、儿童罪和下列罪名立案侦查：

1. 违背被拐卖妇女的意志，强行与其发生性关系的，以强奸罪立案侦查。

2. 明知收买的妇女是精神病患者（间歇性精神病患者在发病期间）或者痴呆者（程度严重的）而与其发生性关系的，以强奸罪立案侦查。

3. 与收买的不满十四周岁的幼女发生性关系的，不论被害人是否同意，均以奸淫幼女罪立案侦查。

4. 非法剥夺、限制被拐卖的妇女、儿童人身自由的，或者对其实施伤害、侮辱、猥亵等犯罪行为的，以非法拘禁罪，或者伤害罪、侮辱罪、强制猥亵妇女罪、猥亵儿童罪等犯罪立案侦查。

5. 明知被拐卖的妇女是现役军人的妻子而与之同居或者结婚的，以破坏军婚罪立案侦查。

（三）收买被拐卖的妇女、儿童后又出卖的，以拐卖妇女、儿童罪立案侦查。

（四）凡是帮助买主实施强奸、伤害、非法拘禁被拐卖的妇女、儿童等犯罪行为的，应当分别以强奸罪、伤害罪、非法拘禁罪等犯罪的共犯立案侦查。

（五）收买被拐卖的妇女、儿童，按照被买妇女的意愿，不阻碍其返回原居住地的，对被买儿童没有虐待行为，不阻碍对其进行解救的，可以不追究刑事责任。

四、关于自首和立功

（一）要采取多种形式，广泛宣传刑法关于自首、立功等从宽处理的刑事政策。各地可选择一些因主动投案自首或者有立功表现而给予从轻、减轻、免除处罚的典型案件，公开宣传报道，敦促在逃的犯罪分子尽快投案自首，坦白交待罪行，检举、揭发他人的犯罪行为，提供破案线索，争取立功表现。

（二）要做好对犯罪分子家属、亲友的政策宣传工作，动员他们规劝、陪同有拐卖妇女、儿童犯罪行为的亲友投案自首，或者将犯罪嫌疑人送往司法机关投案。对窝藏、包庇犯罪分子、阻碍解救、妨害公务，构成犯罪的，要依法追究刑事责任。

（三）对于投案自首、坦白交待罪行、有立功表现的犯罪嫌疑人，公安机关在移送人民检察院审查起诉时应当依法提出从轻、减轻、免除处罚的意见。

五、关于解救工作

（一）解救妇女、儿童工作由拐入地公安机关负责。对于拐出地公安机关主动派工作组到拐入地进行解救的，也要以拐入地公安机关为主开展工作。对解救的被拐卖妇女，由其户口所在地公安机关负责接回；对解救的被拐卖儿童，由其父母或者其他监护人户口所在地公安机关负责接回。拐出地、拐入地、中转地公安机关应当积极协作配合，坚决杜绝地方保护主义。

（二）要充分依靠当地党委、政府的支持，做好对基层干部和群众的法制宣传和说服教育工作，注意方式、方法，慎用警械、武器，避免激化矛盾，防止出现围攻执法人员、聚众阻碍解救等突发事件。

以暴力、威胁方法阻碍国家机关工作人员解救被收买的妇女、儿童的，以妨害公务罪立案侦查。对聚众阻碍国家机关工作人员解救被收买的妇女、儿童的首要分子，以聚众阻碍解救被收买的妇女、儿童罪立案侦查。其他使用暴力、威胁方法的参与者，以妨害公务罪立案侦查。阻碍解救被收买的妇女、儿童，没有使用暴力、威胁方法的，依照《中华人民共和国治安管理处罚条例》的有关规定处罚。

（三）对于被拐卖的未成年女性、现役军人配偶、受到买主摧残虐待的、被强迫卖淫或从事其他色情服务的妇女，以及本人要求解救的妇女，要立即解救。

对于自愿继续留在现住地生活的成年女性，应当尊重本人意愿，愿在现住地结婚且符合法定结婚条件的，应当依法办理结婚登记手续。被拐卖妇女与买主所生子女的抚养问题，可由双方协商解决或者由人民法院裁决。

（四）对于遭受摧残虐待的、被强迫乞讨或从事违法犯罪活动的，以及本人要求解救的被拐卖儿童，应当立即解救。

对于被解救的儿童，暂时无法查明其父母或者其他监护人的，依法交由民政部门收容抚养。

对于被解救的儿童，如买主对该儿童既没有虐待行为又不阻碍解救，其父母又自愿送养，双方符合收养和送养条件的，可依法办理收养手续。

（五）任何个人或者组织不得向被拐卖的妇女、儿童及其家属索要收买妇女、儿童的费用和生活费用；已经索取的，应当予以返还。

（六）被解救的妇女、儿童户口所在地公安机关应当协助民政等有关部门妥善安置其生产和生活。

六、关于不解救或者阻碍解救被拐卖的妇女、儿童等渎职犯罪

对被拐卖的妇女、儿童负有解救职责的国家机关工作人员不履行解救职责，或者袒护、纵容甚至支持买卖妇女、儿童，为买卖妇女、儿童人员通风报信，或者以其他方法阻碍解救工作的，要依法处理：

（一）对被拐卖的妇女、儿童负有解救职责的公安、司法等国家机关工作人员接到被拐卖的妇女、儿童及其家属的解救要求或者接到其他人的举报，而对被拐卖的妇女、儿童不进行解救的，要交由其主管部门进行党纪、政纪、警纪处分；构成犯罪的，应当以不解救被拐卖妇女、儿童罪移送人民检察院追究刑事责任。

（二）对被拐卖的妇女、儿童负有解救职责的公安、司法等国家机关工作人员利用职务阻碍解救被拐卖的妇女、儿童，构成犯罪的，应当以阻碍解救被拐卖妇女、儿童罪移送人民检察院追究刑事责任。

（三）行政执法人员徇私情、私利，伪造材料，隐瞒情况，弄虚作假，对依法应当移交司法机关追究刑事责任的拐卖妇女、儿童犯罪案件不移交司法机关处理，构成犯罪的，以徇私舞弊不移交刑事案件罪移送人民检察院追究刑事责任。

（四）有查禁拐卖妇女、儿童犯罪活动职责的国家机关工作人员，向拐卖妇女、儿童的犯罪分子通风报信、提供便利，帮助犯罪分子逃避处罚，构成犯罪的，以帮助犯罪分子逃避处罚罪移送人民检察院追究刑事责任。

七、关于严格执法、文明办案

（一）各级公安机关必须严格依照《刑法》、《刑事诉讼法》和《公安机关办理刑事案件程序规定》以及其他有关规定，严格执法，文明办案，防止滥用强制措施、超期羁押，严禁刑讯逼供和以威胁、引诱、欺骗以及其他非法的方法收集证据。

（二）依法保障律师在侦查阶段参与刑事诉讼活动，保障犯罪嫌疑人聘请律师提供法律帮助的权利。对于律师提出会见犯罪嫌疑人的，公安机关应当依法及时安排会见，不得借故阻碍、拖延。

（三）对犯罪分子违法所得的一切财物及其产生的孳息，应当依法追缴。对依法扣押的犯罪工具及犯罪嫌疑人的财物及其孳息，应当妥为保管，不得挪用、毁损和自行处理。对作为证据使用的实物，应当随案移送；对不宜移送的，应当将其清单、照片或者其他证明文件随案移送，待人民法院作出生效判决后，由扣押的公安机关按照人民法院的通知，上缴国库或者返还受害人。

（四）认真做好办案协作工作。需要异地公安机关协助调查、执行强制措施的，要及时向有关地区公安机关提出协作请求。接受请求的公安机关应当及时予以协作配合，并尽快回复。对不履行办案协作职责造成严重后果的，对直接负责的主管人员和其他直接责任人员，应当给予行政处分；构成犯罪的，依法追究刑事责任。对在逃的拐卖妇女、儿童的犯罪分子，有关公安机关应密切配合，及时通缉，追捕归案。

八、关于办理涉外案件

（一）外国人或者无国籍人拐卖外国妇女、儿童到我国境内被查获的，应当适用我国刑法，以拐卖妇女、儿童罪立案侦查。

（二）拐卖妇女犯罪中的"妇女"，既包括具有中国国籍的妇女，也包括具有外国国籍和无国籍的妇女。被拐卖的外国妇女没有身份证明的，不影响对犯罪分子的立案侦查。

（三）对外国人依法作出取保候审、监视居住决定或者执行拘留、逮捕后，由有关省、自治区、直辖市公安厅、局在规定的期限内，将外国人的有关情况、涉嫌犯罪的主要事实、已采取的强制措施及其法律依据，通知该外国人所属国家的驻华使、领馆，同时报告公安部。

（四）对于外国籍犯罪嫌疑人身份无法查明或者其国籍国拒绝提供有关身份证明的，也可以按其自报的姓名依法提请人民检察院批准逮捕、移送审查起诉。

（五）对非法入出我国国境、非法居留的外国人，应当依照《中华人民共和国外国人入境出境管理法》及其实施细则进行处罚；情节严重，构成犯罪的，依法追究刑事责任。

九、关于法制宣传工作（略）

最高人民法院　最高人民检察院　公安部　司法部
关于依法惩治拐卖妇女儿童犯罪的意见
（2010 年 3 月 15 日　法发〔2010〕7 号）

为加大对妇女、儿童合法权益的司法保护力度，贯彻落实《中国反对拐卖妇女儿童行动计划（2008—2012）》，根据刑法、刑事诉讼法等相关法律及司法解释的规定，最高人民法院、最高人民检察院、公安部、司法部就依法惩治拐卖妇女、儿童犯罪提出如下意见：

一、总体要求

1. 依法加大打击力度，确保社会和谐稳定。自 1991 年全国范围内开展打击拐卖妇女、儿童犯罪专项行动以来，侦破并依法处理了一大批拐卖妇女、儿童犯罪案件，犯罪分子受到依法严惩。2008 年，全国法院共审结拐卖妇女、儿童犯罪案件 1353 件，比 2007 年上升 9.91%；判决发生法律效力的犯罪分子 2161 人，同比增长 11.05%，其中，被判处五年以上有期徒刑、无期徒刑至死刑的 1319 人，同比增长 10.1%，重刑率为 61.04%，高出同期全部刑事案件重刑率 45.27 个百分点。2009 年，全国法院共审结拐卖妇女、儿童犯罪案件 1636 件，比 2008 年上升 20.9%；判决发生法律效力的犯罪分子 2413 人，同比增长 11.7%，其中被判处五年以上有期徒刑、无期徒刑至死刑的 1475 人，同比增长 11.83%。

但是，必须清醒地认识到，由于种种原因，近年来，拐卖妇女、儿童犯罪在部分地区有所上升的势头仍未得到有效遏制。此类犯罪严重侵犯被拐卖妇女、儿童的人身权利，致使许多家庭骨肉分离，甚至家破人亡，严重危害社会和谐稳定。人民法院、人民检察院、公安机关、司法行政机关应当从维护人民群众切身利益、确保社会和谐稳定的大局出发，进一步依法加大打击力度，坚决有效遏制拐卖妇女、儿童犯罪的上升势头。

2. 注重协作配合，形成有效合力。人民法院、人民检察院、公安机关应当各司其职，各负其责，相互支持，相互配合，共同提高案件办理的质量与效率，保证办案的法律效果与社会效果的统一；司法行政机关应当切实做好有关案件的法律援助工作，维护当事人的合法权益。各地司法机关要统一思想认识，进一步加强涉案地域协调和部门配合，努力形成依法严惩拐卖妇女、儿童犯罪的整体合力。

3. 正确贯彻政策，保证办案效果。拐卖妇女、儿童犯罪往往涉及多人、多个环节，要根据宽严相济刑事政策和罪责刑相适应的刑法基本原则，综合考虑犯罪分子在共同犯罪中的地位、作用及人身危险性的大小，依法准确量刑。对于犯罪集团的首要分子、组织策划者、多次参与者、拐卖多人者或者具有累犯等从严、从重处罚情节的，必须重点打击，坚决依法严惩。对于罪行严重，依法应当判处重刑乃至死刑的，坚决依法判处。要注重铲除"买方市场"，从源头上遏制拐卖妇女、儿童犯罪。对于收买被拐卖的妇女、儿童，依法应当追究刑事责任的，坚决依法追究。同时，对于具有从宽处罚情节的，要在综合考虑犯罪

事实、性质、情节和危害程度的基础上，依法从宽，体现政策，以分化瓦解犯罪，鼓励犯罪人悔过自新。

二、管辖

4. 拐卖妇女、儿童犯罪案件依法由犯罪地的司法机关管辖。拐卖妇女、儿童犯罪的犯罪地包括拐出地、中转地、拐入地以及拐卖活动的途经地。如果由犯罪嫌疑人、被告人居住地的司法机关管辖更为适宜的，可以由犯罪嫌疑人、被告人居住地的司法机关管辖。

5. 几个地区的司法机关都有权管辖的，一般由最先受理的司法机关管辖。犯罪嫌疑人、被告人或者被拐卖的妇女、儿童人数较多，涉及多个犯罪地的，可以移送主要犯罪地或者主要犯罪嫌疑人、被告人居住地的司法机关管辖。

6. 相对固定的多名犯罪嫌疑人、被告人分别在拐出地、中转地、拐入地实施某一环节的犯罪行为，犯罪所跨地域较广，全案集中管辖有困难的，可以由拐出地、中转地、拐入地的司法机关对不同犯罪分子分别实施的拐出、中转和拐入犯罪行为分别管辖。

7. 对管辖权发生争议的，争议各方应当本着有利于迅速查清犯罪事实，及时解救被拐卖的妇女、儿童，以及便于起诉、审判的原则，在法定期间内尽快协商解决；协商不成的，报请共同的上级机关确定管辖。

正在侦查中的案件发生管辖权争议的，在上级机关作出管辖决定前，受案机关不得停止侦查工作。

三、立案

8. 具有下列情形之一，经审查，符合管辖规定的，公安机关应当立即以刑事案件立案，迅速开展侦查工作：

（1）接到拐卖妇女、儿童的报案、控告、举报的；

（2）接到儿童失踪或者已满十四周岁不满十八周岁的妇女失踪报案的；

（3）接到已满十八周岁的妇女失踪，可能被拐卖的报案的；

（4）发现流浪、乞讨的儿童可能系被拐卖的；

（5）发现有收买被拐卖妇女、儿童行为，依法应当追究刑事责任的；

（6）表明可能有拐卖妇女、儿童犯罪事实发生的其他情形的。

9. 公安机关在工作中发现犯罪嫌疑人或者被拐卖的妇女、儿童，不论案件是否属于自己管辖，都应当首先采取紧急措施。经审查，属于自己管辖的，依法立案侦查；不属于自己管辖的，及时移送有管辖权的公安机关处理。

10. 人民检察院要加强对拐卖妇女、儿童犯罪案件的立案监督，确保有案必立、有案必查。

四、证据

11. 公安机关应当依照法定程序，全面收集能够证实犯罪嫌疑人有罪或者无罪、犯罪情节轻重的各种证据。

要特别重视收集、固定买卖妇女、儿童犯罪行为交易环节中钱款的存取证明、犯罪嫌疑人的通话清单、乘坐交通工具往来有关地方的票证、被拐卖儿童的 DNA 鉴定结论、有关监控录像、电子信息等客观性证据。

取证工作应当及时，防止时过境迁，难以弥补。

12. 公安机关应当高度重视并进一步加强 DNA 数据库的建设和完善。对失踪儿童的父母，或者疑似被拐卖的儿童，应当及时采集血样进行检验，通过全国 DNA 数据库，为查获犯罪，帮助被拐卖的儿童及时回归家庭提供科学依据。

13. 拐卖妇女、儿童犯罪所涉地区的办案单位应当加强协作配合。需要到异地调查取证的，相关司法机关应当密切配合；需要进一步补充查证的，应当积极支持。

五、定性

14. 犯罪嫌疑人、被告人参与拐卖妇女、儿童犯罪活动的多个环节，只有部分环节的犯罪事实查证清楚、证据确实、充分的，可以对该环节的犯罪事实依法予以认定。

15. 以出卖为目的强抢儿童，或者捡拾儿童后予以出卖，符合刑法第二百四十条第二款规定的，应当以拐卖儿童罪论处。

以抚养为目的偷盗婴幼儿或者拐骗儿童，之后予以出卖的，以拐卖儿童罪论处。

16. 以非法获利为目的，出卖亲生子女的，应当以拐卖妇女、儿童罪论处。

17. 要严格区分借送养之名出卖亲生子女与民间送养行为的界限。区分的关键在于行为人是否具有非法获利的目的。应当通过审查将子女"送"人的背景和原因、有无收取钱财及收取钱财的多少、对方是否具有抚养目的及有无抚养能力等事实，综合判断行为人是否具有非法获利的目的。

具有下列情形之一的，可以认定属于出卖亲生子女，应当以拐卖妇女、儿童罪论处：

（1）将生育作为非法获利手段，生育后即出卖子女的；

（2）明知对方不具有抚养目的，或者根本不考虑对方是否具有抚养目的，为收取钱财将子女"送"给他人的；

（3）为收取明显不属于"营养费"、"感谢费"的巨额钱财将子女"送"给他人的；

（4）其他足以反映行为人具有非法获利目的的"送养"行为的。

不是出于非法获利目的，而是迫于生活困难，或者受重男轻女思想影响，私自将没有独立生活能力的子女送给他人抚养，包括收取少量"营养费"、"感谢费"的，属于民间送养行为，不能以拐卖妇女、儿童罪论处。对私自送养导致子女身心健康受到严重损害，或者具有其他恶劣情节，符合遗弃罪特征的，可以遗弃罪论处；情节显著轻微危害不大的，可由公安机关依法予以行政处罚。

18. 将妇女拐卖给有关场所，致使被拐卖的妇女被迫卖淫或者从事其他色情服务的，以拐卖妇女罪论处。

有关场所的经营管理人员事前与拐卖妇女的犯罪人通谋的，对该经营管理人员以拐卖妇女罪的共犯论处；同时构成拐卖妇女罪和组织卖淫罪的，择一重罪论处。

19. 医疗机构、社会福利机构等单位的工作人员以非法获利为目的，将所诊疗、护理、抚养的儿童贩卖给他人的，以拐卖儿童罪论处。

20. 明知是被拐卖的妇女、儿童而收买，具有下列情形之一的，以收买被拐卖的妇女、儿童罪论处；同时构成其他犯罪的，依照数罪并罚的规定处罚：

（1）收买被拐卖的妇女后，违背被收买妇女的意愿，阻碍其返回原居住地的；

（2）阻碍对被收买妇女、儿童进行解救的；

（3）非法剥夺、限制被收买妇女、儿童的人身自由，情节严重，或者对被收买妇女、儿童有强奸、伤害、侮辱、虐待等行为的；

（4）所收买的妇女、儿童被解救后又再次收买，或者收买多名被拐卖的妇女、儿童的；

（5）组织、诱骗、强迫被收买的妇女、儿童从事乞讨、苦役，或者盗窃、传销、卖淫等违法犯罪活动的；

（6）造成被收买妇女、儿童或者其亲属重伤、死亡以及其他严重后果的；

（7）具有其他严重情节的。

被追诉前主动向公安机关报案或者向有关单位反映，愿意让被收买妇女返回原居住地，或者将被收买儿童送回其家庭，或者将被收买妇女、儿童交给公安、民政、妇联等机关、组织，没有其他严重情节的，可以不追究刑事责任。

六、共同犯罪

21. 明知他人拐卖妇女、儿童，仍然向其提供被拐卖妇女、儿童的健康证明、出生证明或者其他帮助的，以拐卖妇女、儿童罪的共犯论处。

明知他人收买被拐卖的妇女、儿童，仍然向其提供被收买妇女、儿童的户籍证明、出生证明或者其他帮助的，以收买被拐卖的妇女、儿童罪的共犯论处，但是，收买人未被追究刑事责任的除外。

认定是否"明知"，应当根据证人证言、犯罪嫌疑人、被告人及其同案人供述和辩解，结合提供帮助的人次，以及是否明显违反相关规章制度、工作流程等，予以综合判断。

22. 明知他人系拐卖儿童的"人贩子"，仍然利用从事诊疗、福利救助等工作的便利或者了解被拐卖方情况的条件，居间介绍的，以拐卖儿童罪的共犯论处。

23. 对于拐卖妇女、儿童犯罪的共犯，应当根据各被告人在共同犯罪中的分工、地位、作用，参与拐卖的人数、次数，以及分赃数额等，准确区分主从犯。

对于组织、领导、指挥拐卖妇女、儿童的某一个或者某几个犯罪环节，或者积极参与实施拐骗、绑架、收买、贩卖、接送、中转妇女、儿童等犯罪行为，起主要作用的，应当认定为主犯。

对于仅提供被拐卖妇女、儿童信息或者相关证明文件，或者进行居间介绍，起辅助或者次要作用，没有获利或者获利较少的，一般可认定为从犯。

对于各被告人在共同犯罪中的地位、作用区别不明显的，可以不区分主从犯。

七、一罪与数罪

24. 拐卖妇女、儿童，又奸淫被拐卖的妇女、儿童，或者诱骗、强迫被拐卖的妇女、儿童卖淫的，以拐卖妇女、儿童罪处罚。

25. 拐卖妇女、儿童，又对被拐卖的妇女、儿童实施故意杀害、伤害、猥亵、侮辱等行为，构成其他犯罪的，依照数罪并罚的规定处罚。

26. 拐卖妇女、儿童或者收买被拐卖的妇女、儿童，又组织、教唆被拐卖、收买的妇女、儿童进行犯罪的，以拐卖妇女、儿童罪或者收买被拐卖的妇女、儿童罪与其所组织、教唆的罪数罪并罚。

27. 拐卖妇女、儿童或者收买被拐卖的妇女、儿童，又组织、教唆被拐卖、收买的未成年妇女、儿童进行盗窃、诈骗、抢夺、敲诈勒索等违反治安管理活动的，以拐卖妇女、儿童罪或者收买被拐卖的妇女、儿童罪与组织未成年人进行违反治安管理活动罪数罪并罚。

八、刑罚适用

28. 对于拐卖妇女、儿童犯罪集团的首要分子，情节严重的主犯，累犯，偷盗婴幼儿、强抢儿童情节严重，将妇女、儿童卖往境外情节严重，拐卖妇女、儿童多人多次、造成伤亡后果，或者具有其他严重情节的，依法从重处罚；情节特别严重的，依法判处死刑。

拐卖妇女、儿童，并对被拐卖的妇女、儿童实施故意杀害、伤害、猥亵、侮辱等行为，数罪并罚决定执行的刑罚应当依法体现从严。

29. 对于拐卖妇女、儿童的犯罪分子，应当注重依法适用财产刑，并切实加大执行力度，以强化刑罚的特殊预防与一般预防效果。

30. 犯收买被拐卖的妇女、儿童罪，对被收买妇女、儿童实施违法犯罪活动或者将其作为牟利工具的，处罚时应当依法体现从严。

收买被拐卖的妇女、儿童，对被收买妇女、儿童没有实施摧残、虐待行为或者与其已形成稳定的婚姻家庭关系，但仍应依法追究刑事责任的，一般应当从轻处罚；符合缓刑条件的，可以依法适用缓刑。

收买被拐卖的妇女、儿童，犯罪情节轻微的，可以依法免予刑事处罚。

31. 多名家庭成员或者亲友共同参与出卖亲生子女，或者"买人为妻"、"买人为子"构成收买被拐卖的妇女、儿童罪的，一般应当在综合考察犯意提起、各行为人在犯罪中所起作用等情节的基础上，依法追究其中罪责较重者的刑事责任。对于其他情节显著轻微危害不大，不认为是犯罪的，依法不追究刑事责任；必要时可以由公安机关予以行政处罚。

32. 具有从犯、自首、立功等法定从宽处罚情节的，依法从轻、减轻或者免除处罚。

对被拐卖的妇女、儿童没有实施摧残、虐待等违法犯罪行为，或者能够协助解救被拐卖的妇女、儿童，或者具有其他酌定从宽处罚情节的，可以依法酌情从轻处罚。

33. 同时具有从严和从宽处罚情节的，要在综合考察拐卖妇女、儿童的手段、拐卖妇女、儿童或者收买被拐卖妇女、儿童的人次、危害后果以及被告人主观恶性、人身危险性等因素的基础上，结合当地此类犯罪发案情况和社会治安状况，决定对被告人总体从严或者从宽处罚。

九、涉外犯罪

34. 要进一步加大对跨国、跨境拐卖妇女、儿童犯罪的打击力度。加强双边或者多边"反拐"国际交流与合作，加强对被跨国、跨境拐卖的妇女、儿童的救助工作。依照我国缔结或者参加的国际条约的规定，积极行使所享有的权利，履行所承担的义务，及时请求或者提供各项司法协助，有效遏制跨国、跨境拐卖妇女、儿童犯罪。

人民法院量刑指导意见（试行）（节录）
（法发〔2010〕35 号）

三、常见量刑情节的适用

……

1. 对于未成年人犯罪，应当综合考虑未成年人对犯罪的认识能力、实施犯罪行为的动机和目的、犯罪时的年龄、是否初犯、悔罪表现、个人成长经历和一贯表现等情况，予以从宽处罚。

（1）已满十四周岁不满十六周岁的未成年人犯罪，可以减少基准刑的30%—60%；

（2）已满十六周岁不满十八周岁的未成年人犯罪，可以减少基准刑的10%—50%；

……

三、未成年人权利的刑事诉讼保护

（一）法律及行政法规的特别规定

中华人民共和国刑事诉讼法（节录）

（1979 年 7 月 1 日第五届全国人民代表大会第二次会议通过　1996 年 3 月 17 日第八届全国人民代表大会第四次会议第一次修正　2012 年 3 月 14 日第十一届全国人民代表大会第五次会议第二次修正）

第二百六十六条　对犯罪的未成年人实行教育、感化、挽救的方针，坚持教育为主、惩罚为辅的原则。

人民法院、人民检察院和公安机关办理未成年人刑事案件，应当保障未成年人行使其诉讼权利，保障未成年人得到法律帮助，并由熟悉未成年人身心特点的审判人员、检察人员、侦查人员承办。

第二百六十七条　未成年犯罪嫌疑人、被告人没有委托辩护人的，人民法院、人民检察院、公安机关应当通知法律援助机构指派律师为其提供辩护。

第二百六十八条　公安机关、人民检察院、人民法院办理未成年人刑事案件，根据情况可以对未成年犯罪嫌疑人、被告人的成长经历、犯罪原因、监护教育等情况进行调查。

第二百六十九条　对未成年犯罪嫌疑人、被告人应当严格限制适用逮捕措施。人民检察院审查批准逮捕和人民法院决定逮捕，应当讯问未成年犯罪嫌疑人、被告人，听取辩护律师的意见。

对被拘留、逮捕和执行刑罚的未成年人与成年人应当分别关押、分别管理、分别教育。

第二百七十条　对于未成年人刑事案件，在讯问和审判的时候，应当通知未成年犯罪嫌疑人、被告人的法定代理人到场。无法通知、法定代理人不能到场或者法定代理人是共犯的，也可以通知未成年犯罪嫌疑人、被告人的其他成年亲属，所在学校、单位、居住地基层组织或者未成年人保护组织的代表到场，并将有关情况记录在案。到场的法定代理人可以代为行使未成年犯罪嫌疑人、被告人的诉讼权利。

到场的法定代理人或者其他人员认为办案人员在讯问、审判中侵犯未成年人合法权益的，可以提出意见。讯问笔录、法庭笔录应当交给到场的法定代理人或者其他人员阅读或者向他宣读。

讯问女性未成年犯罪嫌疑人，应当有女工作人员在场。

审判未成年人刑事案件，未成年被告人最后陈述后，其法定代理人可以进行补充陈述。

询问未成年被害人、证人，适用第一款、第二款、第三款的规定。

第二百七十一条　对于未成年人涉嫌刑法分则第四章、第五章、第六章规定的犯罪，可能判处一年有期徒刑以下刑罚，符合起诉条件，但有悔罪表现的，人民检察院可以作出附条件不起诉的决定。人民检察院在作出附条件不起诉的决定以前，应当听取公安机关、被害人的意见。

对附条件不起诉的决定，公安机关要求复议、提请复核或者被害人申诉的，适用本法第一百七十五条、第一百七十六条的规定。

未成年犯罪嫌疑人及其法定代理人对人民检察院决定附条件不起诉有异议的，人民检察院应当作出起诉的决定。

第二百七十二条　在附条件不起诉的考验期内，由人民检察院对被附条件不起诉的未成年犯罪嫌疑人进行监督考察。未成年犯罪嫌疑人的监护人，应当对未成年犯罪嫌疑人加强管教，配合人民检察院做好监督考察工作。

附条件不起诉的考验期为六个月以上一年以下，从人民检察院作出附条件不起诉的决定之日起计算。

被附条件不起诉的未成年犯罪嫌疑人，应当遵守下列规定：

（一）遵守法律法规，服从监督；

（二）按照考察机关的规定报告自己的活动情况；

（三）离开所居住的市、县或者迁居，应当报经考察机关批准；

（四）按照考察机关的要求接受矫治和教育。

第二百七十三条　被附条件不起诉的未成年犯罪嫌疑人，在考验期内有下列情形之一的，人民检察院应当撤销附条件不起诉的决定，提起公诉：

（一）实施新的犯罪或者发现决定附条件不起诉以前还有其他犯罪需要追诉的；

（二）违反治安管理规定或者考察机关有关附条件不起诉的监督管理规

定，情节严重的。

被附条件不起诉的未成年犯罪嫌疑人，在考验期内没有上述情形，考验期满的，人民检察院应当作出不起诉的决定。

第二百七十四条　审判的时候被告人不满十八周岁的案件，不公开审理。但是，经未成年被告人及其法定代理人同意，未成年被告人所在学校和未成年人保护组织可以派代表到场。

第二百七十五条　犯罪的时候不满十八周岁，被判处五年有期徒刑以下刑罚的，应当对相关犯罪记录予以封存。

犯罪记录被封存的，不得向任何单位和个人提供，但司法机关为办案需要或者有关单位根据国家规定进行查询的除外。依法进行查询的单位，应当对被封存的犯罪记录的情况予以保密。

第二百七十六条　办理未成年人刑事案件，除本章已有规定的以外，按照本法的其他规定进行。

中华人民共和国监狱法（节录）

(1986 年 12 月 2 日第六届全国人民代表大会常务委员会第十八次会议通过
2009 年 4 月 24 日第十一届全国人民代表大会常务委员会第八次会议修订
2012 年 10 月 26 日第十一届全国人民代表大会常务委员会第二十九次会议修正)

第三十九条　监狱对成年男犯、女犯和未成年犯实行分开关押和管理，对未成年犯和女犯的改造，应当照顾其生理、心理特点。

监狱根据罪犯的犯罪类型、刑罚种类、刑期、改造表现等情况，对罪犯实行分别关押，采取不同方式管理。

第四十条　女犯由女性人民警察直接管理。

第七十四条　对未成年犯应当在未成年犯管教所执行刑罚。

第七十五条　对未成年犯执行刑罚应当以教育改造为主。未成年犯的劳动，应当符合未成年人的特点，以学习文化和生产技能为主。

监狱应当配合国家、社会、学校等教育机构，为未成年犯接受义务教育提供必要的条件。

第七十六条　未成年犯年满十八周岁时，剩余刑期不超过二年的，仍可以留在未成年犯管教所执行剩余刑期。

第七十七条　对未成年犯的管理和教育改造，本章未作规定的，适用本法的有关规定。

（二）司法解释、部委规章及规范性文件

最高人民检察院
关于"骨龄鉴定"能否作为确定刑事责任年龄证据使用的批复
（2000 年 2 月 21 日　高检发研字〔2000〕6 号）

宁夏回族自治区人民检察院：

你院《关于"骨龄鉴定"能否作为证据使用的请示》收悉，经研究批复如下：

犯罪嫌疑人不讲真实姓名、住址，年龄不明的，可以委托进行骨龄鉴定或其他科学鉴定，经审查，鉴定结论能够准确确定犯罪嫌疑人实施犯罪行为时的年龄的，可以作为判断犯罪嫌疑人年龄的证据使用。如果鉴定结论不能准确确定犯罪嫌疑人实施犯罪行为时的年龄，而且鉴定结论又表明犯罪嫌疑人年龄在刑法规定的应负刑事责任年龄上下的，应当依法慎重处理。

最高人民法院研究室
关于第二审人民法院是否应当为不满 18 周岁的未成年被告人
指定辩护律师问题的答复
（2003 年 9 月 23 日）

广西壮族自治区高级人民法院刑一庭：

你庭《二审不开庭审理是否一律要为不满 18 周岁的未成年被告人指定辩护律师的请示》收悉。经研究，答复如下：

《刑事诉讼法》第三十四条第二款的规定："被告人是盲、聋、哑或者未成年人而没有委托辩护人的，人民法院应当指定承担法律援助义务的律师为其提供辩护。"《最高人民法院关于审理未成年人刑事案件的若干规定》第十五条的规定："开庭审理时不满十八周岁的未成年被告人没有委托辩护人的，人民法院应当指定承担法律援助义务的律师为其提供辩护。"因此，不论第二审刑事案件是否开庭审理，只要案件中有未成年的被告人，人民法院均应当依法指定承担法律援助义务的律师为其提供辩护。至于第二审人民法院如何确定该被告人是否属于"开庭审理时不满 18 周岁的未成年人"，应当以上诉、抗诉期限届满的第 2 日该被告人是否已满 18 周岁为准。

最高人民检察院
关于对涉嫌盗窃的不满 16 周岁未成年人采取刑事拘留强制措施
是否违法问题的批复

（2011 年 1 月 25 日公布并施行）

北京市人民检察院：

你院京检字〔2010〕1107 号《关于对涉嫌盗窃的不满 16 周岁未成年人采取刑事拘留强制措施是否违法的请示》收悉。经研究，批复如下：

根据刑法、刑事诉讼法、未成年人保护法等有关法律规定，对于实施犯罪时未满 16 周岁的未成年人，且未犯刑法第十七条第二款规定之罪的，公安机关查明犯罪嫌疑人实施犯罪时年龄确系未满 16 周岁依法不负刑事责任后仍予以刑事拘留的，检察机关应当及时提出纠正意见。

公安机关办理刑事案件程序规定（节录）

（自 2013 年 1 月 1 日起施行　公安部令第 127 号）

第二百八十九条　公安机关接到人民法院生效的判处死刑缓期二年执行、无期徒刑、有期徒刑的判决书、裁定书以及执行通知书后，应当在一个月以内将罪犯送交监狱执行。

对未成年犯应当送交未成年犯管教所执行刑罚。

第三百零六条　公安机关办理未成年人刑事案件，实行教育、感化、挽救的方针，坚持教育为主、惩罚为辅的原则。

第三百零七条　公安机关办理未成年人刑事案件，应当保障未成年人行使其诉讼权利并得到法律帮助，依法保护未成年人的名誉和隐私，尊重其人格尊严。

第三百零八条　公安机关应当设置专门机构或者配备专职人员办理未成年人刑事案件。

未成年人刑事案件应当由熟悉未成年人身心特点，善于做未成年人思想教育工作，具有一定办案经验的人员办理。

第三百零九条　未成年犯罪嫌疑人没有委托辩护人的，公安机关应当通知法律援助机构指派律师为其提供辩护。

第三百一十条　公安机关办理未成年人刑事案件时，应当重点查清未成年犯罪嫌疑人实施犯罪行为时是否已满十四周岁、十六周岁、十八周岁的临界年龄。

第三百一十一条　公安机关办理未成年人刑事案件，根据情况可以对未成年犯罪嫌疑人的成长经历、犯罪原因、监护教育等情况进行调查并制作调查报告。

作出调查报告的，在提请批准逮捕、移送审查起诉时，应当结合案情综合考虑，并将调查报告与案卷材料一并移送人民检察院。

第三百一十二条　讯问未成年犯罪嫌疑人，应当通知未成年犯罪嫌疑人的法定代理人到场。无法通知、法定代理人不能到场或者法定代理人是共犯的，也可以通知未成年犯罪嫌疑人的其他成年亲属，所在学校、单位、居住地基层组织或者未成年人保护组织的代表到场，并将有关情况记录在案。到场的法定代理人可以代为行使未成年犯罪嫌疑人的诉讼权利。

到场的法定代理人或者其他人员提出办案人员在讯问中侵犯未成年人合法权益的，公安机关应当认真核查，依法处理。

第三百一十三条　讯问未成年犯罪嫌疑人应当采取适合未成年人的方式，耐心细致地听取其供述或者辩解，认真审核、查证与案件有关的证据和线索，并针对其思想顾虑、恐惧心理、抵触情绪进行疏导和教育。

讯问女性未成年犯罪嫌疑人，应当有女工作人员在场。

第三百一十四条　讯问笔录应当交未成年犯罪嫌疑人、到场的法定代理人或者其他人员阅读或者向其宣读；对笔录内容有异议的，应当核实清楚，准予更正或者补充。

第三百一十五条　询问未成年被害人、证人，适用本规定第三百一十二条、第三百一十三条、第三百一十四条的规定。

第三百一十六条　对未成年犯罪嫌疑人应当严格限制和尽量减少使用逮捕措施。

未成年犯罪嫌疑人被拘留、逮捕后服从管理、依法变更强制措施不致发生社会危险性，能够保证诉讼正常进行的，公安机关应当依法及时变更强制措施；人民检察院批准逮捕的案件，公安机关应当将变更强制措施情况及时通知人民检察院。

第三百一十七条　对被羁押的未成年人应当与成年人分别关押、分别管理、分别教育，并根据其生理和心理特点在生活和学习方面给予照顾。

第三百一十八条　人民检察院在对未成年人作出附条件不起诉的决定前，听取公安机关意见时，公安机关应当提出书面意见，经县级以上公安机关负责人批准，移送同级人民检察院。

第三百一十九条　认为人民检察院作出的附条件不起诉决定有错误的，应当在收到不起诉决定书后七日以内制作要求复议意见书，经县级以上公安机关负责人批准，移送同级人民检察院复议。

要求复议的意见不被接受的，可以在收到人民检察院的复议决定书后七日以内制作提请复核意见书，经县级以上公安机关负责人批准后，连同人民检察院的复议决定书，一并提请上一级人民检察院复核。

第三百二十条　未成年人犯罪的时候不满十八周岁，被判处五年有期徒刑以下刑罚的，公安机关应当依据人民法院已经生效的判决书，将该未成年人的犯罪记录予以封存。

犯罪记录被封存的，除司法机关为办案需要或者有关单位根据国家规定进行查询外，公安机关不得向其他任何单位和个人提供。

被封存犯罪记录的未成年人，如果发现漏罪，合并被判处五年有期徒刑以上刑罚的，应当对其犯罪记录解除封存。

第三百二十一条　办理未成年人刑事案件，除本节已有规定的以外，按照本规定的其他规定进行。

第三百二十二条　下列公诉案件，犯罪嫌疑人真诚悔罪，通过向被害人赔偿损失、赔礼道歉等方式获得被害人谅解，被害人自愿和解的，经县级以上公安机关负责人批准，可以依法作为当事人和解的公诉案件办理：

（一）因民间纠纷引起，涉嫌刑法分则第四章、第五章规定的犯罪案件，可能判处三年有期徒刑以下刑罚的；

（二）除渎职犯罪以外的可能判处七年有期徒刑以下刑罚的过失犯罪案件。

犯罪嫌疑人在五年以内曾经故意犯罪的，不得作为当事人和解的公诉案件办理。

第三百二十三条　有下列情形之一的，不属于因民间纠纷引起的犯罪案件：

（一）雇凶伤害他人的；

（二）涉及黑社会性质组织犯罪的；

（三）涉及寻衅滋事的；

（四）涉及聚众斗殴的；

（五）多次故意伤害他人身体的；

（六）其他不宜和解的。

第三百二十四条　双方当事人和解的，公安机关应当审查案件事实是否清楚，被害人是否自愿和解，是否符合规定的条件。

公安机关审查时，应当听取双方当事人的意见，并记录在案；必要时，可以听取双方当事人亲属、当地居民委员会或者村民委员会人员以及其他了解案件情况的相关人员的意见。

第三百二十五条 达成和解的，公安机关应当主持制作和解协议书，并由双方当事人及其他参加人员签名。

当事人中有未成年人的，未成年当事人的法定代理人或者其他成年亲属应当在场。

最高人民检察院
人民检察院刑事诉讼规则（试行）（节录）

（2012 年 10 月 16 日最高人民检察院第十一届检察委员会
第八十次会议第二次修订 高检发释字〔2012〕2 号）

第八十七条 人民检察院决定对犯罪嫌疑人取保候审，应当责令犯罪嫌疑人提出保证人或者交纳保证金。

对同一犯罪嫌疑人决定取保候审，不得同时使用保证人保证和保证金保证方式。

对符合取保候审条件，具有下列情形之一的犯罪嫌疑人，人民检察院决定取保候审时，可以责令其提供一至二名保证人：

（一）无力交纳保证金的；

（二）系未成年人或者已满七十五周岁的人；

（三）其他不宜收取保证金的。

第八十九条 人民检察院应当告知保证人履行以下义务：

（一）监督被保证人遵守刑事诉讼法第六十九条的规定；

（二）发现被保证人可能发生或者已经发生违反刑事诉讼法第六十九条规定的行为的，及时向执行机关报告。

保证人保证承担上述义务后，应当在取保候审保证书上签名或者盖章。

第九十条 采取保证金担保方式的，人民检察院可以根据犯罪嫌疑人的社会危险性，案件的性质、情节、危害后果，可能判处刑罚的轻重，犯罪嫌疑人的经济状况等，责令犯罪嫌疑人交纳一千元以上的保证金，对于未成年犯罪嫌疑人可以责令交纳五百元以上的保证金。

第一百四十四条 犯罪嫌疑人涉嫌的罪行较轻，且没有其他重大犯罪嫌疑，具有以下情形之一的，可以作出不批准逮捕的决定或者不予逮捕：

（一）属于预备犯、中止犯，或者防卫过当、避险过当的；

（二）主观恶性较小的初犯，共同犯罪中的从犯、胁从犯，犯罪后自首、有立功表现或者积极退赃、赔偿损失、确有悔罪表现的；

（三）过失犯罪的犯罪嫌疑人，犯罪后有悔罪表现，有效控制损失或者积极赔偿损失的；

（四）犯罪嫌疑人与被害人双方根据刑事诉讼法的有关规定达成和解协议，经审查，认为和解系自愿、合法且已经履行或者提供担保的；

（五）犯罪嫌疑人系已满十四周岁未满十八周岁的未成年人或者在校学生，本人有悔罪表现，其家庭、学校或者所在社区、居民委员会、村民委员会具备监护、帮教条件的；

（六）年满七十五周岁以上的老年人。

第三百零五条　侦查监督部门办理审查逮捕案件，可以讯问犯罪嫌疑人；有下列情形之一的，应当讯问犯罪嫌疑人：

（一）对是否符合逮捕条件有疑问的；

（二）犯罪嫌疑人要求向检察人员当面陈述的；

（三）侦查活动可能有重大违法行为的；

（四）案情重大疑难复杂的；

（五）犯罪嫌疑人系未成年人的；

（六）犯罪嫌疑人是盲、聋、哑人或者是尚未完全丧失辨认或者控制自己行为能力的精神病人的。

讯问未被拘留的犯罪嫌疑人，讯问前应当征求侦查机关的意见，并做好办案安全风险评估预警工作。

是否符合逮捕条件有疑问主要包括罪与非罪界限不清的，据以定罪的证据之间存在矛盾的，犯罪嫌疑人的供述前后矛盾或者违背常理的，有无社会危险性难以把握的，以及犯罪嫌疑人是否达到刑事责任年龄需要确认等情形。

重大违法行为是指办案严重违反法律规定的程序，或者存在刑讯逼供等严重侵犯犯罪嫌疑人人身权利和其他诉讼权利等情形。

第四百八十四条　人民检察院应当指定熟悉未成年人身心特点的检察人员办理未成年人刑事案件。

第四百八十五条　人民检察院受理案件后，应当向未成年犯罪嫌疑人及其法定代理人了解其委托辩护人的情况，并告知其有权委托辩护人。

未成年犯罪嫌疑人没有委托辩护人的，人民检察院应当书面通知法律援助机构指派律师为其提供辩护。

第四百八十六条　人民检察院根据情况可以对未成年犯罪嫌疑人的成长经历、犯罪原因、监护教育等情况进行调查，并制作社会调查报告，作为办案和教育的参考。

人民检察院开展社会调查，可以委托有关组织和机构进行。

人民检察院应当对公安机关移送的社会调查报告进行审查，必要时可以进行补充调查。

人民检察院制作的社会调查报告应当随案移送人民法院。

第四百八十七条 人民检察院办理未成年犯罪嫌疑人审查逮捕案件，应当根据未成年犯罪嫌疑人涉嫌犯罪的事实、主观恶性、有无监护与社会帮教条件等，综合衡量其社会危险性，严格限制适用逮捕措施。

第四百八十八条 对于罪行较轻，具备有效监护条件或者社会帮教措施，没有社会危险性或者社会危险性较小，不逮捕不致妨害诉讼正常进行的未成年犯罪嫌疑人，应当不批准逮捕。

对于罪行比较严重，但主观恶性不大，有悔罪表现，具备有效监护条件或者社会帮教措施，具有下列情形之一，不逮捕不致妨害诉讼正常进行的未成年犯罪嫌疑人，可以不批准逮捕：

（一）初次犯罪、过失犯罪的；

（二）犯罪预备、中止、未遂的；

（三）有自首或者立功表现的；

（四）犯罪后如实交代罪行，真诚悔罪，积极退赃，尽力减少和赔偿损失，被害人谅解的；

（五）不属于共同犯罪的主犯或者集团犯罪中的首要分子的；

（六）属于已满十四周岁不满十六周岁的未成年人或者系在校学生的；

（七）其他可以不批准逮捕的情形。

第四百八十九条 审查逮捕未成年犯罪嫌疑人，应当重点查清其是否已满十四、十六、十八周岁。

对犯罪嫌疑人实际年龄难以判断，影响对该犯罪嫌疑人是否应当负刑事责任认定的，应当不批准逮捕。需要补充侦查的，同时通知公安机关。

第四百九十条 在审查逮捕、审查起诉中，人民检察院应当讯问未成年犯罪嫌疑人，听取辩护人的意见，并制作笔录附卷。

讯问未成年犯罪嫌疑人，应当通知其法定代理人到场，告知法定代理人依法享有的诉讼权利和应当履行的义务。无法通知、法定代理人不能到场或者法定代理人是共犯的，也可以通知未成年犯罪嫌疑人的其他成年亲属，所在学校、单位或者居住地的村民委员会、居民委员会、未成年人保护组织的代表到场，并将有关情况记录在案。到场的法定代理人可以代为行使未成年犯罪嫌疑人的诉讼权利，行使时不得侵犯未成年犯罪嫌疑人的合法权益。

到场的法定代理人或者其他人员认为办案人员在讯问中侵犯未成年犯罪嫌疑人合法权益的，可以提出意见。讯问笔录应当交由到场的法定代理人或者其他人员阅读或者向其宣读，并由其在笔录上签字、盖章或者捺指印确认。

讯问女性未成年犯罪嫌疑人，应当有女性检察人员参加。

询问未成年被害人、证人，适用本条第二款至第四款的规定。

第四百九十一条　讯问未成年犯罪嫌疑人一般不得使用械具。对于确有人身危险性，必须使用械具的，在现实危险消除后，应当立即停止使用。

第四百九十二条　对于符合刑事诉讼法第二百七十一条第一款规定条件的未成年人刑事案件，人民检察院可以作出附条件不起诉的决定。

人民检察院在作出附条件不起诉的决定以前，应当听取公安机关、被害人、未成年犯罪嫌疑人的法定代理人、辩护人的意见，并制作笔录附卷。

第四百九十三条　人民检察院作出附条件不起诉的决定后，应当制作附条件不起诉决定书，并在三日以内送达公安机关、被害人或者其近亲属及其诉讼代理人、未成年犯罪嫌疑人及其法定代理人、辩护人。

人民检察院应当当面向未成年犯罪嫌疑人及其法定代理人宣布附条件不起诉决定，告知考验期限、在考验期内应当遵守的规定以及违反规定应负的法律责任，并制作笔录附卷。

第四百九十四条　对附条件不起诉的决定，公安机关要求复议、提请复核或者被害人申诉的，具体程序参照本规则第四百一十五条至第四百二十条的规定办理。

上述复议、复核、申诉的审查由公诉部门或者未成年人犯罪检察工作机构负责。

未成年犯罪嫌疑人及其法定代理人对人民检察院决定附条件不起诉有异议的，人民检察院应当作出起诉的决定。

第四百九十五条　人民检察院作出附条件不起诉决定的，应当确定考验期。考验期为六个月以上一年以下，从人民检察院作出附条件不起诉的决定之日起计算。

第四百九十六条　在附条件不起诉的考验期内，由人民检察院对被附条件不起诉的未成年犯罪嫌疑人进行监督考察。未成年犯罪嫌疑人的监护人，应当对未成年犯罪嫌疑人加强管教，配合人民检察院做好监督考察工作。

人民检察院可以会同未成年犯罪嫌疑人的监护人、所在学校、单位、居住地的村民委员会、居民委员会、未成年人保护组织等的有关人员，定期对未成年犯罪嫌疑人进行考察、教育，实施跟踪帮教。

第四百九十七条　被附条件不起诉的未成年犯罪嫌疑人，应当遵守下列规定：

（一）遵守法律法规，服从监督；

（二）按照考察机关的规定报告自己的活动情况；

（三）离开所居住的市、县或者迁居，应当报经考察机关批准；

（四）按照考察机关的要求接受矫治和教育。

第四百九十八条　人民检察院可以要求被附条件不起诉的未成年犯罪嫌疑人接受下列矫治和教育：

（一）完成戒瘾治疗、心理辅导或者其他适当的处遇措施；

（二）向社区或者公益团体提供公益劳动；

（三）不得进入特定场所，与特定的人员会见或者通信，从事特定的活动；

（四）向被害人赔偿损失、赔礼道歉等；

（五）接受相关教育；

（六）遵守其他保护被害人安全以及预防再犯的禁止性规定。

第四百九十九条　考验期届满，办案人员应当制作附条件不起诉考察意见书，提出起诉或者不起诉的意见，经部门负责人审核，报请检察长决定。

第五百条　被附条件不起诉的未成年犯罪嫌疑人，在考验期内有下列情形之一的，人民检察院应当撤销附条件不起诉的决定，提起公诉：

（一）实施新的犯罪的；

（二）发现决定附条件不起诉以前还有其他犯罪需要追诉的；

（三）违反治安管理规定，造成严重后果，或者多次违反治安管理规定的；

（四）违反考察机关有关附条件不起诉的监督管理规定，造成严重后果，或者多次违反考察机关有关附条件不起诉的监督管理规定的。

第五百零一条　被附条件不起诉的未成年犯罪嫌疑人，在考验期内没有本规则第五百条规定的情形，考验期满的，人民检察院应当作出不起诉的决定。

第五百零二条　人民检察院办理未成年人刑事案件过程中，应当对涉案未成年人的资料予以保密，不得公开或者传播涉案未成年人的姓名、住所、照片、图像及可能推断出该未成年人的其他资料。

第五百零三条　犯罪的时候不满十八周岁，被判处五年有期徒刑以下刑罚的，人民检察院应当在收到人民法院生效判决后，对犯罪记录予以封存。

第五百零四条　人民检察院应当将拟封存的未成年人犯罪记录、卷宗等相关材料装订成册，加密保存，不予公开，并建立专门的未成年人犯罪档案库，执行严格的保管制度。

第五百零五条　除司法机关为办案需要或者有关单位根据国家规定进行查询的以外，人民检察院不得向任何单位和个人提供封存的犯罪记录，并不得提供未成年人有犯罪记录的证明。

司法机关或者有关单位需要查询犯罪记录的，应当向封存犯罪记录的人民检察院提出书面申请，人民检察院应当在七日以内作出是否许可的决定。

第五百零六条　被封存犯罪记录的未成年人，如果发现漏罪，且漏罪与封存记录之罪数罪并罚后被决定执行五年有期徒刑以上刑罚的，应当对其犯罪记录解除封存。

第五百零七条　人民检察院对未成年犯罪嫌疑人作出不起诉决定后，应当对相关记录予以封存。具体程序参照本规则第五百零四条至第五百零六条的规定。

第五百零八条　本节所称未成年人刑事案件，是指犯罪嫌疑人实施涉嫌犯罪行为时已满十四周岁、未满十八周岁的刑事案件。

本节第四百八十五条、第四百九十条、第四百九十一条所称的未成年犯罪嫌疑人，是指在诉讼过程中未满十八周岁的人。犯罪嫌疑人实施涉嫌犯罪行为时未满十八周岁，在诉讼过程中已满十八周岁的，人民检察院可以根据案件的具体情况适用上述规定。

第五百零九条　办理未成年人刑事案件，除本节已有规定的以外，按照刑事诉讼法和其他有关规定进行。

第六百三十条　人民检察院发现看守所有下列违法情形之一的，应当提出纠正意见：

（一）监管人员殴打、体罚、虐待或者变相体罚、虐待在押人员的；

（二）监管人员为在押人员通风报信，私自传递信件、物品，帮助伪造、毁灭、隐匿证据或者干扰证人作证、串供的；

（三）违法对在押人员使用械具或者禁闭的；

（四）没有将未成年人与成年人分别关押、分别管理、分别教育的；

（五）违反规定同意侦查人员将犯罪嫌疑人提出看守所讯问的；

（六）收到在押犯罪嫌疑人、被告人及其法定代理人、近亲属或者辩护人的变更强制措施申请或者其他申请、申诉、控告、举报，不及时转交、转告人民检察院或者有关办案机关的；

（七）应当安排辩护律师依法会见在押的犯罪嫌疑人、被告人而没有安排的；

（八）违法安排辩护律师或者其他人员会见在押的犯罪嫌疑人、被告人的；

（九）辩护律师会见犯罪嫌疑人、被告人时予以监听的；

（十）其他违法情形。

第六百三十一条　人民检察院发现看守所代为执行刑罚的活动有下列情形之一的，应当依法提出纠正意见：

（一）将被判处有期徒刑剩余刑期在三个月以上的罪犯留所服刑的；

（二）将未成年罪犯留所执行刑罚的；

（三）将留所服刑罪犯与犯罪嫌疑人、被告人混押、混管、混教的；

（四）其他违法情形。

第六百四十条　人民检察院发现人民法院、公安机关、看守所的交付执行活动有下列违法情形之一的，应当依法提出纠正意见：

（一）交付执行的第一审人民法院没有在判决、裁定生效十日以内将判决书、裁定书、人民检察院的起诉书副本、自诉状复印件、执行通知书、结案登记表等法律文书送达公安机关、监狱或者其他执行机关的；

（二）对被判处死刑缓期二年执行、无期徒刑或者有期徒刑余刑在三个月以上的罪犯，公安机关、看守所自接到人民法院执行通知书等法律文书后三十日以内，没有将成年罪犯送交监狱执行刑罚，或者没有将未成年罪犯送交未成年犯管教所执行刑罚的；

（三）对需要收押执行刑罚而判决、裁定生效前未被羁押的罪犯，第一审人民法院没有及时将罪犯收押送交公安机关，并将判决书、裁定书、执行通知书等法律文书送达公安机关的；

（四）公安机关对需要收押执行刑罚但下落不明的罪犯，在收到人民法院的判决书、裁定书、执行通知书等法律文书后，没有及时抓捕、通缉的；

（五）对被判处管制、宣告缓刑或者人民法院决定暂予监外执行的罪犯，在判决、裁定生效后或者收到人民法院暂予监外执行决定后，未依法交付罪犯居住地社区矫正机构执行，或者对被单处剥夺政治权利的罪犯，在判决、裁定生效后，未依法交付罪犯居住地公安机关执行的；

（六）其他违法情形。

人民检察院办理未成年人刑事案件的规定

（2006 年 12 月 28 日最高人民检察院第十届检察委员会第六十八次会议通过）

第一章　总　则

第一条　为切实保障未成年犯罪嫌疑人、被告人和未成年罪犯的合法权益，正确履行检察职责，根据刑法、刑事诉讼法、未成年人保护法、预防未成年人犯罪法等有关法律的规定，结合人民检察院办理未成年人刑事案件工作实际，制定本规定。

第二条 人民检察院办理未成年人刑事案件，实行教育、感化、挽救的方针，坚持教育为主、惩罚为辅的原则。

第三条 人民检察院要加强同政府有关部门、共青团、妇联、工会等人民团体以及学校和未成年人保护组织的联系和配合，加强对违法犯罪的未成年人的教育和挽救，共同做好未成年人犯罪预防工作。

人民检察院办理未成年人刑事案件，可以应犯罪嫌疑人家属、被害人及其家属的要求，告知其审查逮捕、审查起诉的进展情况，并对有关情况予以说明和解释。

第四条 人民检察院办理未成年人刑事案件，应当依法保护涉案未成年人的名誉，尊重其人格尊严，不得公开或者传播涉案未成年人的姓名、住所、照片、图像及可能推断出该未成年人的资料。

人民检察院办理刑事案件，应当依法保护未成年被害人、证人以及其他与案件有关的未成年人的合法权益。

第五条 人民检察院一般应当设立专门工作机构或者专门工作小组办理未成年人刑事案件，不具备条件的应当指定专人办理。

未成年人刑事案件一般应当由熟悉未成年人身心发展特点，善于做未成年人思想教育工作的检察人员承办。

第六条 人民检察院办理未成年人刑事案件，应当考虑未成年人的生理和心理特点，根据其平时表现、家庭情况、犯罪原因、悔罪态度等，实施针对性教育。

第七条 未成年人刑事案件的法律文书和工作文书，应当注明未成年人的出生年月日。

对未成年犯罪嫌疑人、被告人、未成年罪犯的有关情况和办案人员开展教育感化工作的情况，应当记录在卷，随案移送。

第二章　未成年人刑事案件的审查批准逮捕

第八条 审查批准逮捕未成年犯罪嫌疑人，应当把是否已满十四、十六、十八周岁的临界年龄，作为重要事实予以查清。对难以判断犯罪嫌疑人实际年龄，影响案件认定的，应当作出不批准逮捕的决定，需要补充侦查的，同时通知公安机关。

第九条 审查批准逮捕未成年犯罪嫌疑人，应当注意是否有被胁迫情节，是否存在成年人教唆犯罪、传授犯罪方法或者利用未成年人实施犯罪的情况。

第十条 人民检察院审查批准逮捕未成年人犯罪案件，应当讯问未成年犯罪嫌疑人。

讯问未成年犯罪嫌疑人，应当根据该未成年人的特点和案件情况，制定详细的讯问提纲，采取适宜该未成年人的方式进行，讯问用语应当准确易懂。

讯问未成年犯罪嫌疑人，应当告知其依法享有的诉讼权利，告知其如实供述案件事实的法律规定和意义，核实其是否有自首、立功、检举揭发等表现，听取其有罪的供述或者无罪、罪轻的辩解。

讯问未成年犯罪嫌疑人，应当通知法定代理人到场，告知法定代理人依法享有的诉讼权利和应当履行的义务。

讯问女性未成年犯罪嫌疑人，应当有女检察人员参加。

第十一条　讯问未成年犯罪嫌疑人一般不得使用戒具。对于确有人身危险性，必须使用戒具的，在现实危险消除后，应当立即停止使用。

第十二条　人民检察院审查批准逮捕未成年犯罪嫌疑人，应当根据未成年犯罪嫌疑人涉嫌犯罪的事实、主观恶性、有无监护与社会帮教条件等，综合衡量其社会危险性，确定是否有逮捕必要，慎用逮捕措施，可捕可不捕的不捕。

第十三条　对于罪行较轻，具备有效监护条件或者社会帮教措施，没有社会危险性或者社会危险性较小，不会妨害诉讼正常进行的未成年犯罪嫌疑人，一般不予批准逮捕。

对于罪行比较严重，但主观恶性不大，有悔罪表现，具备有效监护条件或者社会帮教措施，不具有社会危险性，不会妨害诉讼正常进行，并具有下列情形之一的未成年犯罪嫌疑人，也可以依法不予批准逮捕：

（一）初次犯罪、过失犯罪的；

（二）犯罪预备、中止、未遂的；

（三）有自首或者立功表现的；

（四）犯罪后能够如实交待罪行，认识自己行为的危害性、违法性，积极退赃，尽力减少和赔偿损失，得到被害人谅解的；

（五）不是共同犯罪的主犯或者集团犯罪中的首要分子的；

（六）属于已满十四周岁不满十六周岁的未成年人或者系在校学生的；

（七）其他没有逮捕必要的情形。

第十四条　适用本规定第十三条的规定，在作出不批准逮捕决定前，应当审查其监护情况，参考其法定代理人、学校、居住地公安派出所及居民委员会、村民委员会的意见，并在《审查逮捕意见书》中对未成年犯罪嫌疑人是否具备有效监护条件或者社会帮教措施进行具体说明。

第十五条　未成年犯罪嫌疑人及其法定代理人因经济困难等原因没有聘请律师的，人民检察院应当告知其可以申请法律援助。

第三章   未成年人刑事案件的审查起诉与出庭支持公诉

第十六条   人民检察院审查起诉未成年人刑事案件，自收到移送审查起诉的案件材料之日起三日以内，应当告知该未成年犯罪嫌疑人及其法定代理人有权委托辩护人，告知被害人及其法定代理人有权委托诉讼代理人，告知附带民事诉讼的当事人及其法定代理人有权委托诉讼代理人。

对未成年犯罪嫌疑人、未成年被害人或者其法定代理人提出聘请律师意向，但因经济困难或者其他原因没有委托辩护人、诉讼代理人的，应当帮助其申请法律援助。

未成年犯罪嫌疑人被羁押的，人民检察院应当审查是否有必要继续羁押。

审查起诉未成年犯罪嫌疑人，应当听取其父母或者其他法定代理人、辩护人、未成年被害人及其法定代理人的意见。可以结合社会调查，通过学校、社区、家庭等有关组织和人员，了解未成年犯罪嫌疑人的成长经历、家庭环境、个性特点、社会活动等情况，为办案提供参考。

第十七条   人民检察院审查起诉未成年人刑事案件，应当讯问未成年犯罪嫌疑人。讯问未成年犯罪嫌疑人适用本规定第十条、第十一条的规定。

第十八条   移送审查起诉的案件具备以下条件的，检察人员可以安排在押的未成年犯罪嫌疑人与其法定代理人、近亲属等进行会见、通话：

（一）案件事实已基本查清，主要证据确实、充分，安排会见、通话不会影响诉讼活动正常进行；

（二）未成年犯罪嫌疑人有认罪、悔罪表现，或者虽尚未认罪、悔罪，但通过会见、通话有可能促使其转化，或者通过会见、通话有利于社会、家庭稳定；

（三）未成年犯罪嫌疑人的法定代理人、近亲属对其犯罪原因、社会危害性以及后果有一定的认识，并能配合公安司法机关进行教育。

第十九条   在押的未成年犯罪嫌疑人同其法定代理人、近亲属等进行会见、通话时，检察人员应当告知其会见、通话不得有串供或者其他妨碍诉讼的内容。会见、通话时检察人员可以在场。会见、通话结束后，检察人员应当将有关内容及时整理并记录在案。

第二十条   对于犯罪情节轻微，并具有下列情形之一，依照刑法规定不需要判处刑罚或者免除刑罚的未成年犯罪嫌疑人，一般应当依法作出不起诉决定：

（一）被胁迫参与犯罪的；

（二）犯罪预备、中止的；

（三）在共同犯罪中起次要或者辅助作用的；

（四）是又聋又哑的人或者盲人的；

（五）因防卫过当或者紧急避险过当构成犯罪的；

（六）有自首或者重大立功表现的；

（七）其他依照刑法规定不需要判处刑罚或者免除刑罚的情形。

第二十一条　对于未成年人实施的轻伤害案件、初次犯罪、过失犯罪、犯罪未遂的案件以及被诱骗或者被教唆实施的犯罪案件等，情节轻微，犯罪嫌疑人确有悔罪表现，当事人双方自愿就民事赔偿达成协议并切实履行，符合刑法第三十七条规定的，人民检察院可以依照刑事诉讼法第一百四十二条第二款的规定作出不起诉的决定，并可以根据案件的不同情况，予以训诫或者责令具结悔过、赔礼道歉。

第二十二条　不起诉决定书应当向被不起诉的未成年人及其法定代理人公开宣布，并阐明不起诉的理由和法律依据。

不起诉决定书应当送达被不起诉的未成年人及其法定代理人，并告知其依法享有的权利。

第二十三条　人民检察院审查未成年人与成年人共同犯罪案件，一般应当将未成年人与成年人分案起诉。但是具有下列情形之一的，可以不分案起诉：

（一）未成年人系犯罪集团的组织者或者其他共同犯罪中的主犯的；

（二）案件重大、疑难、复杂，分案起诉可能妨碍案件审理的；

（三）涉及刑事附带民事诉讼，分案起诉妨碍附带民事诉讼部分审理的；

（四）具有其他不宜分案起诉情形的。

第二十四条　对于分案起诉的未成年人与成年人共同犯罪案件，一般应当同时移送人民法院。对于需要补充侦查的，如果补充侦查事项不涉及未成年犯罪嫌疑人所参与的犯罪事实，不影响对未成年犯罪嫌疑人提起公诉的，应当对未成年犯罪嫌疑人先予提起公诉。

第二十五条　对于分案起诉的未成年人与成年人共同犯罪案件，在审查起诉过程中可以根据全案情况制作一个审结报告，起诉书以及出庭预案等应当分别制作。

第二十六条　人民检察院对未成年人与成年人共同犯罪案件分别提起公诉后，在诉讼过程中出现不宜分案起诉情形的，可以及时建议人民法院并案审理。

第二十七条　对未成年被告人提起公诉，应当将有效证明该未成年人年龄的材料作为主要证据复印件之一移送人民法院。

第二十八条　对提起公诉的未成年人刑事案件，应当认真做好下列出席法庭的准备工作：

（一）掌握未成年被告人的心理状态，并对其进行接受审判的教育，必要时，可以再次讯问被告人；

（二）与未成年被告人的辩护人交换意见，共同做好教育、感化工作；

（三）进一步熟悉案情，深入研究本案的有关法律政策问题，根据案件和未成年被告人的特点，拟定讯问提纲、询问被害人、证人、鉴定人提纲、答辩提纲、公诉意见书和针对未成年被告人进行法制教育的书面材料。

第二十九条　公诉人出席未成年人刑事审判法庭，应当遵守公诉人出庭行为规范要求，发言时应当语调温和，并注意用语文明、准确，通俗易懂。

公诉人一般不提请未成年证人、被害人出庭作证。

第三十条　在法庭审理过程中，公诉人的讯问、询问、辩论等活动，应当注意未成年人的身心特点。对于未成年被告人情绪严重不稳定，不宜继续接受审判的，公诉人可以建议法庭休庭。

第三十一条　对于具有下列情形之一，依法可能判处拘役、三年以下有期徒刑，悔罪态度较好，具备有效监护条件或者社会帮教措施、适用缓刑确实不致再危害社会的未成年被告人，人民检察院可以建议人民法院适用缓刑：

（一）犯罪情节较轻，未造成严重后果的；

（二）主观恶性不大的初犯或者胁从犯、从犯；

（三）被害人同意和解或者被害人有明显过错的；

（四）其他可以适用缓刑的情节。

人民检察院提出对未成年被告人适用缓刑建议的，应当将未成年被告人能够获得有效监护、帮教的书面材料一并于判决前移送人民法院。

第三十二条　公诉人在依法指控犯罪的同时，要剖析未成年被告人犯罪的原因、社会危害性，适时进行法制教育及人生观教育，促使其深刻反省，吸取教训。

第三十三条　对于符合适用简易程序审理条件的未成年人刑事案件，人民检察院应当向人民法院提出适用简易程序的建议。

第三十四条　适用简易程序审理的未成年人刑事案件，人民检察院可以派员出席法庭或者在开庭前通过移送对未成年被告人的社会调查材料等方式，协助人民法院进行法庭教育工作。

第三十五条　人民检察院派员出席未成年人刑事案件二审法庭适用本章的相关规定。

第四章　未成年人刑事案件的法律监督

第三十六条　人民检察院审查批准逮捕、审查起诉未成年犯罪嫌疑人，应当同时审查公安机关的侦查活动是否合法，发现有下列违法行为的，应当提出纠正意见；构成犯罪的，依法追究刑事责任：

（一）违法对未成年犯罪嫌疑人采取强制措施或者采取强制措施不当的；

（二）未依法实行对未成年犯罪嫌疑人与成年犯罪嫌疑人分管、分押的；

（三）对未成年犯罪嫌疑人采取刑事拘留、逮捕措施后，在法定时限内未进行讯问，或者未通知其法定代理人或者近亲属的；

（四）对未成年犯罪嫌疑人威胁、体罚、侮辱人格、游行示众，或者刑讯逼供、指供、诱供的；

（五）利用未成年人认知能力低而故意制造冤、假、错案的；

（七）违反羁押和办案期限规定的；

（八）已作出不批准逮捕、不起诉决定，公安机关不立即释放犯罪嫌疑人的；

（九）在侦查中有其他侵害未成年人合法权益行为的。

第三十七条　人民检察院对依法不应当公开审理的未成年人刑事案件公开审理的，人民检察院应当在开庭前提出纠正意见。

公诉人出庭支持公诉时，发现法庭审判有下列违反法律规定的诉讼程序的情形之一的，应当在休庭后及时向本院检察长报告，由人民检察院向人民法院提出纠正意见：

（一）开庭或者宣告判决时未通知未成年被告人的法定代理人到庭的；

（二）人民法院没有给聋哑或者不通晓当地通用的语言文字的未成年被告人聘请或者指定翻译人员的；

（三）未成年被告人在审判时没有辩护人的；对未成年被告人及其法定代理人依照法律规定拒绝辩护人为其辩护，合议庭未另行指定辩护律师的；

（四）法庭未告知未成年被告人及其法定代理人依法享有的申请回避、辩护、提出新的证据、申请重新鉴定或者勘验、最后陈述、提出上诉等诉讼权利的；

（五）其他违反法律规定的诉讼程序的情形。

第三十八条　人民检察院依法对未成年犯管教所实行驻所检察。在刑罚执行监督中，发现关押成年罪犯的监狱收押未成年罪犯的，或者对年满十八周岁后余刑在二年以上的罪犯没有转送监狱的，应当依法提出纠正意见。

第三十九条　人民检察院在看守所检察中，发现没有对未成年犯罪嫌疑人、被告人与成年犯罪嫌疑人、被告人分管、分押或者对未成年罪犯留所服刑的，应当依法提出纠正意见。

第四十条　人民检察院应当加强对未成年犯管教所、看守所监管未成年罪犯活动的监督，保障未成年罪犯的合法权益，维护监管改造秩序和教学、劳动、生活秩序。

人民检察院配合未成年犯管教所、看守所加强对未成年罪犯的政治、法律、文化教育，促进依法、科学、文明监管。

第四十一条　人民检察院依法对未成年犯的减刑、假释、暂予监外执行等活动实行监督。对符合减刑、假释、暂予监外执行法定条件的，应当建议执行机关向人民法院、监狱管理机关提请；发现提请或者裁定、决定不当的，应当依法提出纠正意见；对徇私舞弊减刑、假释、暂予监外执行等构成犯罪的，依法追究刑事责任。

人民检察院发现有关机关对判处管制、缓刑或者裁定、决定假释、暂予监外执行等在社会上执行的未成年罪犯脱管、漏管或者没有落实帮教措施的，应当依法提出纠正意见。

第五章　未成年人案件的刑事申诉检察

第四十二条　人民检察院依法受理未成年人及其法定代理人提出的刑事申诉案件和刑事赔偿案件。

人民检察院对未成年人刑事申诉案件和刑事赔偿案件，应当指定专人及时办理。

第四十三条　人民检察院复查未成年人刑事申诉案件，应当直接听取未成年人及其法定代理人的陈述或者辩解，认真审核、查证与案件有关的证据和线索，查清案件事实，依法作出处理。

案件复查终结作出处理决定后，应当向未成年人当面送达法律文书，做好法律宣传、说服教育工作。

第四十四条　对已复查纠正的未成年人刑事申诉案件，应当配合有关部门做好善后工作。

第四十五条　人民检察院办理未成年人刑事赔偿案件，应当充分听取未成年人及其法定代理人的意见，对于依法应当赔偿的案件，应当及时作出和执行赔偿决定。

第六章 附 则

第四十六条 本规定所称未成年人刑事案件，是指犯罪嫌疑人、被告人实施涉嫌犯罪行为时已满十四周岁、未满十八周岁的刑事案件，但在有关未成年人诉讼权利和体现对未成年人程序上特殊保护的条文中所称的未成年人，是指在诉讼过程中已满十四周岁、未满十八周岁的人。

第四十七条 实施犯罪行为的年龄，一律按公历的年、月、日计算。从周岁生日的第二天起，为已满××周岁。

第四十八条 本规定由最高人民检察院负责解释。

第四十九条 本规定自发布之日起施行，最高人民检察院2002年4月22日发布的《人民检察院办理未成年人刑事案件的规定》同时废止。

最高人民法院
关于适用中华人民共和国刑事诉讼法的解释（节录）

（法释〔2012〕21号 自2013年1月1日起施行）

第七十四条 对证人证言应当着重审查以下内容：

……

（六）询问未成年证人时，是否通知其法定代理人或者有关人员到场，其法定代理人或者有关人员是否到场；

……

第八十条 对被告人供述和辩解应当着重审查以下内容：

……

（三）讯问未成年被告人时，是否通知其法定代理人或者有关人员到场，其法定代理人或者有关人员是否到场；

……

第一百一十七条 对下列被告人决定取保候审的，可以责令其提出一至二名保证人：

（一）无力交纳保证金的；

（二）未成年或者已满七十五周岁的；

（三）不宜收取保证金的其他被告人。

第一百八十七条 精神病人、醉酒的人、未经人民法院批准的未成年人以及其他不宜旁听的人不得旁听案件审理。

第四百五十九条 人民法院审理未成年人刑事案件，应当贯彻教育、感化、挽救的方针，坚持教育为主、惩罚为辅的原则，加强对未成年人的特殊保护。

第四百六十条　人民法院应当加强同政府有关部门以及共青团、妇联、工会、未成年人保护组织等团体的联系，推动未成年人刑事案件人民陪审、情况调查、安置帮教等工作的开展，充分保障未成年人的合法权益，积极参与社会管理综合治理。

第四百六十一条　审理未成年人刑事案件，应当由熟悉未成年人身心特点、善于做未成年人思想教育工作的审判人员进行，并应当保持有关审判人员工作的相对稳定性。

未成年人刑事案件的人民陪审员，一般由熟悉未成年人身心特点，热心教育、感化、挽救失足未成年人工作，并经过必要培训的共青团、妇联、工会、学校、未成年人保护组织等单位的工作人员或者有关单位的退休人员担任。

第四百六十二条　中级人民法院和基层人民法院可以设立独立建制的未成年人案件审判庭。尚不具备条件的，应当在刑事审判庭内设立未成年人刑事案件合议庭，或者由专人负责审理未成年人刑事案件。

高级人民法院应当在刑事审判庭内设立未成年人刑事案件合议庭。具备条件的，可以设立独立建制的未成年人案件审判庭。

未成年人案件审判庭和未成年人刑事案件合议庭统称少年法庭。

第四百六十三条　下列案件由少年法庭审理：

（一）被告人实施被指控的犯罪时不满十八周岁、人民法院立案时不满二十周岁的案件；

（二）被告人实施被指控的犯罪时不满十八周岁、人民法院立案时不满二十周岁，并被指控为首要分子或者主犯的共同犯罪案件。

其他共同犯罪案件有未成年被告人的，或者其他涉及未成年人的刑事案件是否由少年法庭审理，由院长根据少年法庭工作的实际情况决定。

第四百六十四条　对分案起诉至同一人民法院的未成年人与成年人共同犯罪案件，可以由同一个审判组织审理；不宜由同一个审判组织审理的，可以分别由少年法庭、刑事审判庭审理。

未成年人与成年人共同犯罪案件，由不同人民法院或者不同审判组织分别审理的，有关人民法院或者审判组织应当互相了解共同犯罪被告人的审判情况，注意全案的量刑平衡。

第四百六十五条　对未成年人刑事案件，必要时，上级人民法院可以根据刑事诉讼法第二十六条的规定，指定下级人民法院将案件移送其他人民法院审判。

第四百六十六条　人民法院审理未成年人刑事案件，在讯问和开庭时，应当通知未成年被告人的法定代理人到场。法定代理人无法通知、不能到场或者是共犯的，也可以通知未成年被告人的其他成年亲属，所在学校、单位、居住地的基层组织或者未成年人保护组织的代表到场，并将有关情况记录在案。

到场的其他人员，除依法行使刑事诉讼法第二百七十条第二款规定的权利外，经法庭同意，可以参与对未成年被告人的法庭教育等工作。

适用简易程序审理未成年人刑事案件，适用前两款的规定。

询问未成年被害人、证人，适用第一款、第二款的规定。

第四百六十七条　开庭审理时被告人不满十八周岁的案件，一律不公开审理。经未成年被告人及其法定代理人同意，未成年被告人所在学校和未成年人保护组织可以派代表到场。到场代表的人数和范围，由法庭决定。到场代表经法庭同意，可以参与对未成年被告人的法庭教育工作。

对依法公开审理，但可能需要封存犯罪记录的案件，不得组织人员旁听。

第四百六十八条　确有必要通知未成年被害人、证人出庭作证的，人民法院应当根据案件情况采取相应的保护措施。有条件的，可以采取视频等方式对其陈述、证言进行质证。

第四百六十九条　审理未成年人刑事案件，不得向外界披露该未成年人的姓名、住所、照片以及可能推断出该未成年人身份的其他资料。

查阅、摘抄、复制的未成年人刑事案件的案卷材料，不得公开和传播。

被害人是未成年人的刑事案件，适用前两款的规定。

第四百七十条　审理未成年人刑事案件，本章没有规定的，适用本解释的有关规定。

第四百七十一条　人民法院向未成年被告人送达起诉书副本时，应当向其讲明被指控的罪行和有关法律规定，并告知其审判程序和诉讼权利、义务。

第四百七十二条　审判时不满十八周岁的未成年被告人没有委托辩护人的，人民法院应当通知法律援助机构指派律师为其提供辩护。

第四百七十三条　未成年被害人及其法定代理人因经济困难或者其他原因没有委托诉讼代理人的，人民法院应当帮助其申请法律援助。

第四百七十四条　对未成年人刑事案件，人民法院决定适用简易程序审理的，应当征求未成年被告人及其法定代理人、辩护人的意见。上述人员提出异议的，不适用简易程序。

第四百七十五条　被告人实施被指控的犯罪时不满十八周岁，开庭时已满十八周岁、不满二十周岁的，人民法院开庭时，一般应当通知其近亲属到庭。经法庭同意，近亲属可以发表意见。近亲属无法通知、不能到场或者是共犯的，应当记录在案。

第四百七十六条　对人民检察院移送的关于未成年被告人性格特点、家庭情况、社会交往、成长经历、犯罪原因、犯罪前后的表现、监护教育等情况的调查报告，以及辩护人提交的反映未成年被告人上述情况的书面材料，法庭应当接受。

必要时，人民法院可以委托未成年被告人居住地的县级司法行政机关、共青团组织以及其他社会团体组织对未成年被告人的上述情况进行调查，或者自行调查。

第四百七十七条　对未成年人刑事案件，人民法院根据情况，可以对未成年被告人进行心理疏导；经未成年被告人及其法定代理人同意，也可以对未成年被告人进行心理测评。

第四百七十八条　开庭前和休庭时，法庭根据情况，可以安排未成年被告人与其法定代理人或者刑事诉讼法第二百七十条第一款规定的其他成年亲属、代表会见。

第四百七十九条　人民法院应当在辩护台靠近旁听区一侧为未成年被告人的法定代理人或者刑事诉讼法第二百七十条第一款规定的其他成年亲属、代表设置席位。

审理可能判处五年有期徒刑以下刑罚或者过失犯罪的未成年人刑事案件，可以采取适合未成年人特点的方式设置法庭席位。

第四百八十条　在法庭上不得对未成年被告人使用戒具，但被告人人身危险性大，可能妨碍庭审活动的除外。必须使用戒具的，在现实危险消除后，应当立即停止使用。

第四百八十一条　未成年被告人或者其法定代理人当庭拒绝辩护人辩护的，适用本解释第二百五十四条第一款、第二款的规定。

重新开庭后，未成年被告人或者其法定代理人再次当庭拒绝辩护人辩护的，不予准许。重新开庭时被告人已满十八周岁的，可以准许，但不得再另行委托辩护人或者要求另行指派律师，由其自行辩护。

第四百八十二条　法庭审理过程中，审判人员应当根据未成年被告人的智力发育程度和心理状态，使用适合未成年人的语言表达方式。

发现有对未成年被告人诱供、训斥、讽刺或者威胁等情形的，审判长应当制止。

第四百八十三条　控辩双方提出对未成年被告人判处管制、宣告缓刑等量刑建议的，应当向法庭提供有关未成年被告人能够获得监护、帮教以及对所居住社区无重大不良影响的书面材料。

第四百八十四条　对未成年被告人情况的调查报告，以及辩护人提交的有关未成年被告人情况的书面材料，法庭应当审查并听取控辩双方意见。上述报告和材料可以作为法庭教育和量刑的参考。

第四百八十五条　法庭辩论结束后，法庭可以根据案件情况，对未成年被告人进行教育；判决未成年被告人有罪的，宣判后，应当对未成年被告人进行教育。

对未成年被告人进行教育，可以邀请诉讼参与人、刑事诉讼法第二百七十条第一款规定的其他成年亲属、代表以及社会调查员、心理咨询师等参加。

适用简易程序审理的案件，对未成年被告人进行法庭教育，适用前两款的规定。

第四百八十六条　未成年被告人最后陈述后，法庭应当询问其法定代理人是否补充陈述。

第四百八十七条　对未成年人刑事案件宣告判决应当公开进行，但不得采取召开大会等形式。

对依法应当封存犯罪记录的案件，宣判时，不得组织人员旁听；有旁听人员的，应当告知其不得传播案件信息。

第四百八十八条　定期宣告判决的未成年人刑事案件，未成年被告人的法定代理人无法通知、不能到庭或者是共犯的，法庭可以通知刑事诉讼法第二百七十条第一款规定的其他成年亲属、代表到庭，并在宣判后向未成年被告人的成年亲属送达判决书。

第四百八十九条　将未成年罪犯送监执行刑罚或者送交社区矫正时，人民法院应当将有关未成年罪犯的调查报告及其在案件审理中的表现材料，连同有关法律文书，一并送达执行机关。

第四百九十条　犯罪时不满十八周岁，被判处五年有期徒刑以下刑罚以及免除刑事处罚的未成年人的犯罪记录，应当封存。

2012 年 12 月 31 日以前审结的案件符合前款规定的，相关犯罪记录也应当封存。

司法机关或者有关单位向人民法院申请查询封存的犯罪记录的，应当提供查询的理由和依据。对查询申请，人民法院应当及时作出是否同意的决定。

第四百九十一条　人民法院可以与未成年罪犯管教所等服刑场所建立联系，了解未成年罪犯的改造情况，协助做好帮教、改造工作，并可以对正在服刑的未成年罪犯进行回访考察。

第四百九十二条　人民法院认为必要时，可以督促被收监服刑的未成年罪犯的父母或者其他监护人及时探视。

　　第四百九十三条　对被判处管制、宣告缓刑、裁定假释、决定暂予监外执行的未成年罪犯，人民法院可以协助社区矫正机构制定帮教措施。

　　第四百九十四条　人民法院可以适时走访被判处管制、宣告缓刑、免除刑事处罚、裁定假释、决定暂予监外执行等的未成年罪犯及其家庭，了解未成年罪犯的管理和教育情况，引导未成年罪犯的家庭承担管教责任，为未成年罪犯改过自新创造良好环境。

　　第四百九十五条　被判处管制、宣告缓刑、免除刑事处罚、裁定假释、决定暂予监外执行等的未成年罪犯，具备就学、就业条件的，人民法院可以就其安置问题向有关部门提出司法建议，并附送必要的材料。

中华人民共和国看守所条例实施办法（试行）（节录）

（1991 年 10 月 5 日公安部发布）

　　第八条　对于男性人犯与女性人犯、成年人犯与未成年人犯以及同案犯，应当分别关押。对初犯与累犯，有条件的也应当分别关押。

　　需要单独关押的人犯，由办案机关提出，并报告主管领导机关批准后实行。

　　第二十七条　人犯居住的监室面积平均每人不得少于二平方米。

　　第三十四条　人犯与其居住在境内的近亲属通信，须经办案机关同意，要求会见的须经县级以上公安机关或者国家安全机关的主管局、处长批准。

　　人犯与其居住在香港、澳门、台湾的近亲属以及外国近亲属会见、通信，或者外国籍人犯与其近亲属、监护人及其所属国驻华使、领馆人员会见、与外国通信，均须经省、自治区、直辖市公安厅、局或者国家安全厅、局批准。

　　第三十五条　会见人犯，每月不许超过一次，每次不得超过半小时，每次会见的近亲属不得超过三人。会见时，应当有办案人员和看守干警在场监视。对外国籍人犯，少数民族人犯和聋哑人犯，还必须由办案机关聘请翻译人员在场。会见中，严禁谈论案情，不准使用暗语交谈，不准私下传递物品。违反规定不听制止的，应即责令停止会见。

　　第四十四条　组织人犯劳动，必须量力而行，患病的人犯、死刑犯不得参加。

　　严禁私自使用人犯为任何单位和个人干活。

未成年犯管教所管理规定

（司法部 1999 年 12 月 18 日发布施行　司法部令第 56 号）

第一章　总　则

第一条　为了正确执行刑罚，加强对未成年犯管教所的管理，根据《中华人民共和国监狱法》（以下简称《监狱法》）、《中华人民共和国未成年人保护法》和有关法律法规，结合未成年犯管教所工作实际，制定本规定。

第二条　未成年犯管教所是监狱的一种类型，是国家的刑罚执行机关。

由人民法院依法判处有期徒刑、无期徒刑未满十八周岁的罪犯应当在未成年犯管教所执行刑罚、接受教育改造。

第三条　未成年犯管教所贯彻"惩罚和改造相结合，以改造人为宗旨"和"教育、感化、挽救"的方针，将未成年犯改造成为具有一定文化知识和劳动技能的守法公民。

第四条　对未成年犯的改造，应当根据其生理、心理、行为特点，以教育为主，坚持因人施教、以理服人、形式多样的教育改造方式；实行依法、科学、文明、直接管理。未成年犯的劳动，应当以学习、掌握技能为主。

第五条　未成年犯管教所应当依法保障未成年犯的合法权益，尊重未成年犯的人格，创造有益于未成年犯身心健康、积极向上的改造环境。

在日常管理中，可以对未成年犯使用"学员"称谓。

第六条　未成年犯管教所应当加强同未成年人保护组织、教育、共青团、妇联、工会等有关部门的联系，共同做好对未成年犯的教育改造工作。

第七条　未成年犯管教所所需经费由国家保障。未成年犯的教育改造费、生活费应高于成年犯。

第二章　组织机构

第八条　各省、自治区、直辖市根据需要设置未成年犯管教所，由司法部批准。

第九条　未成年犯管教所设置管理、教育、劳动、生活卫生、政治工作等机构。

根据对未成年犯的管理需要，实行所、管区两级管理。管区押犯不超过一百五十名。

第十条　未成年犯管教所和管区的人民警察配备比例应当分别高于成年犯监狱和监区。

第十一条　未成年犯管教所的人民警察须具备大专以上文化程度。其中具有法学、教育学、心理学等相关专业学历的应达到百分之四十。

第十二条　未成年犯管教所的人民警察应当忠于职守，秉公执法，文明管理，为人师表。

第三章　管理制度

第十三条　未成年犯管教所除依据《监狱法》第十六条、第十七条的规定执行收监外，对年满十八周岁的罪犯不予收监。

第十四条　收监后，未成年犯管教所应当在五日内通知未成年犯的父母或者其他监护人。

第十五条　对未成年男犯、女犯，应当分别编队关押和管理。未成年女犯由女性人民警察管理。少数民族未成年犯较多的，可单独编队关押和管理。

第十六条　未成年犯管教所按照未成年犯的刑期、犯罪类型，实行分别关押和管理。根据未成年犯的改造表现，在活动范围、通信、会见、收受物品、离所探亲、考核奖惩等方面给予不同的处遇。

第十七条　未成年犯管教所建立警卫机构，负责警戒、看押工作。

第十八条　未成年犯管教所监管区的围墙，可以安装电网。在重要部位安装监控、报警装置。

第十九条　未成年犯管教所应当配备必要的通讯设施、交通工具和警用器材。

第二十条　对未成年犯原则上不使用戒具。如遇有监狱法第四十五条规定的情形之一时，可以使用手铐。

第二十一条　经批准，未成年犯可以与其亲属或者其他监护人通电话，必要时由人民警察监听。

第二十二条　未成年犯会见的时间和次数，可以比照成年犯适当放宽。对改造表现突出的，可准许其与亲属一同用餐或者延长会见时间，最长不超过二十四小时。

第二十三条　未成年犯遇有直系亲属病重、死亡以及家庭发生其他重大变故时，经所长批准，可以准许其回家探望及处理，在家期限最多不超过七天，必要时由人民警察护送。

第二十四条　对未成年犯的档案材料应当严格管理，不得公开和传播，不得向与管理教育或办案无关的人员泄漏。

对未成年犯的采访、报道，须经省、自治区、直辖市监狱管理局批准，且不得披露其姓名、住所、照片及可能推断出该未成年犯的资料。任何组织和个人不得披露未成年犯的隐私。

第二十五条　未成年犯管教所应当依法保障未成年犯的申诉、控告、检举权利。

第二十六条　未成年犯服刑期满，未成年犯管教所应当按期释放，发给释放证明书及路费，通知其亲属接回或者由人民警察送回。

第二十七条　刑满释放的未成年人具备复学、就业条件的，未成年犯管教所应当积极向有关部门介绍情况，提出建议。

第四章　教育改造

第二十八条　对未成年犯的教育采取集体教育与个别教育相结合，课堂教育与辅助教育相结合，所内教育与社会教育相结合的方法。

第二十九条　对未成年犯应当进行思想教育，其内容包括法律常识、所规纪律、形势政策、道德修养、人生观、爱国主义、劳动常识等，所用教材由司法部监狱管理局统编。

第三十条　未成年犯的文化教育列入当地教育发展的总体规划，未成年犯管教所应与当地教育行政部门联系，争取在教育经费、师资培训、业务指导、考试及颁发证书等方面得到支持。

第三十一条　未成年犯管教所应当配备符合国家规定学历的人民警察担任教师，按押犯数百分之四的比例配备。教师实行专业技术职务制度。

禁止罪犯担任教师。

第三十二条　未成年犯管教所应当设立教学楼、实验室、图书室、运动场馆等教学设施，配置教学仪器、图书资料和文艺、体育器材。各管区应当设立谈话室、阅览室、活动室。

第三十三条　对未成年犯进行思想、文化、技术教育的课堂化教学时间，每周不少于二十课时，每年不少于一千课时，文化、技术教育时间不低于总课时数的百分之七十。

第三十四条　对未成年犯的文化教育应当根据其文化程度，分别进行扫盲教育、小学教育、初中教育。采取分年级编班施教，按规定的课程开课，使用经国务院教育行政部门审定的教材。有条件的可以进行高中教育。鼓励完成义务教育的未成年犯自学，组织参加各类自学考试。

第三十五条　对未成年犯的技术教育应当根据其刑期、文化程度和刑满释放后的就业需要，重点进行职业技术教育和技能培训，其课程设置和教学要求可以参照社会同类学校。

第三十六条　对参加文化、技术学习的未成年犯，经考试合格的，由当地教育、劳动行政部门发给相应的毕业或者结业证书及技术证书。

第三十七条　对新入所的未成年犯，应当进行入所教育，其内容包括认罪服法、行为规范和所规纪律教育等；对即将刑满的罪犯在形势、政策、遵纪守法等方面进行出所教育，并在就业、复学等方面给予指导，提供必要的技能培训。入所、出所教育时间各不得少于两个月。

第三十八条　根据未成年犯的案情、刑期、心理特点和改造表现进行有针对性的个别教育，实行教育转化责任制。

第三十九条　未成年犯管教所应当建立心理矫治机构，对未成年犯进行生理、心理健康教育，进行心理测试、心理咨询和心理矫治。

未成年犯管教所应当对未成年犯进行生活常识教育，培养其生活自理能力。

第四十条　未成年犯管教所应当开展文化、娱乐、体育活动，办好报刊、黑板报、广播站、闭路电视等。

第四十一条　定期举行升国旗仪式，开展成人宣誓活动。

第四十二条　根据需要，设立适合未成年犯特点的习艺劳动场所及其设施。

第四十三条　组织未成年犯劳动，应当在工种、劳动强度和保护措施等方面严格执行国家有关规定，不得安排未成年犯从事过重的劳动或者危险作业，不得组织未成年犯从事外役劳动。未满十六周岁的未成年犯不参加生产劳动。

未成年犯的劳动时间，每天不超过四小时，每周不超过二十四小时。

第四十四条　未成年犯管教所应当加强与社会各界的联系，争取更多的社会力量参与对未成年犯的教育帮助。

第四十五条　对未成年犯的社会教育，采取到社会上参观或者参加公益活动，邀请社会各界人士及未成年犯的父母或者其他监护人来所帮教的方法。

未成年犯管教所可以聘请社会知名人士或者有影响的社会志愿者担任辅导员。

第四十六条　未成年犯的父母或者其他监护人应当依法履行监护职责和义务，协助未成年犯管教所做好对未成年犯的教育改造，不得遗弃或者歧视。

第五章　生活卫生

第四十七条　未成年犯的生活水平，应当以保证其身体健康发育为最低标准。

第四十八条　未成年犯管教所应当合理配膳，保证未成年犯吃饱、吃得卫生。对有特殊饮食习惯的少数民族罪犯，应当单独设灶配膳；对生病者，在伙食上给予照顾。

第四十九条　未成年犯的被服，须依照规定按时发放。

第五十条　未成年犯以班组为单位住宿，不得睡通铺。人均居住面积不得少于三平方米。

第五十一条　未成年犯管教所应当合理安排作息时间，保证未成年犯每天的睡眠时间不少于八小时。

第五十二条　未成年犯管教所定期安排未成年犯洗澡、理发、洗晒被服。禁止未成年犯吸烟、喝酒。

第五十三条　经检查批准，未成年犯可以收受学习、生活用品以及钱款，现金由未成年犯管教所登记保管。

第五十四条　对未成年犯的私人财物，未成年犯管教所应当登记、造册，并发给本人收据。

第五十五条　未成年犯管教所在当地卫生主管部门指导下开展医疗、防病工作，设立医疗机构，保证未成年犯有病得到及时治疗，按照"预防为主，防治结合"的要求，做好未成年犯的防疫保健工作，每年进行一次健康检查。

第五十六条　未成年犯管教所设立生活物资供应站，由人民警察负责管理，保证未成年犯日常生活用品的供应。供应站所得收入，用于改善未成年犯的生活。

第六章　考核奖惩

第五十七条　对未成年犯的减刑、假释，可以比照成年犯依法适度放宽。

对被判处无期徒刑确有悔改表现的未成年犯，一般在执行一年六个月以上即可提出减刑建议。

对被判处有期徒刑确有悔改表现的未成年犯，一般在执行一年以上即可提出减刑建议。

未成年犯两次减刑的间隔时间应在六个月以上。

对未成年犯有《监狱法》第二十九条规定的重大立功表现情形之一的，可以不受前三款所述时间的限制，及时提出减刑建议。

第五十八条　对未成年犯的日常考核，采用日记载、周评议、月小结的方法，由人民警察直接考核。考核的结果应当作为对未成年犯奖惩的依据。

第五十九条　未成年犯有《监狱法》第五十七条情形之一的，未成年犯管教所应当给予表扬、物质奖励或者记功。

第六十条 对被判处有期徒刑的未成年犯在执行原判刑期三分之一以上，服刑期间一贯表现良好，离所后不致再危害社会的，未成年犯管教所可以根据情况准其离所探亲。

第六十一条 未成年犯被批准离所探亲的时间为五至七天（不包括在途时间），两次探亲的间隔时间至少在六个月以上。离所探亲的未成年犯必须由其父母或者其他监护人接送。

第六十二条 未成年犯有《监狱法》第五十八条规定的破坏监管秩序情形之一的，未成年犯管教所可以给予警告、记过或者禁闭处分；构成犯罪的，依法追究刑事责任。

第六十三条 对未成年犯实行禁闭的期限为三至七天。未成年犯禁闭期间，每天放风两次，每次不少于一小时。

第七章 附 则

第六十四条 对于年满十八周岁，余刑不满二年继续留在未成年犯管教所服刑的罪犯，仍适用本规定。

第六十五条 本规定自公布之日起实施，1986 年颁布的《少年管教所暂行管理办法（试行）》同时废止。

最高人民法院 最高人民检察院 公安部 司法部
关于刑事诉讼法律援助工作的规定（节录）
(2013 年 2 月 4 日)

第九条 犯罪嫌疑人、被告人具有下列情形之一没有委托辩护人的，公安机关、人民检察院、人民法院应当自发现该情形之日起 3 日内，通知所在地同级司法行政机关所属法律援助机构指派律师为其提供辩护：

（一）未成年人；

（二）盲、聋、哑人；

（三）尚未完全丧失辨认或者控制自己行为能力的精神病人；

（四）可能被判处无期徒刑、死刑的人。

第十三条 对于可能被判处无期徒刑、死刑的案件，法律援助机构应当指派具有一定年限刑事辩护执业经历的律师担任辩护人。

对于未成年人案件，应当指派熟悉未成年人身心特点的律师担任辩护人。

最高人民法院 最高人民检察院
公安部 国家安全部 司法部
关于建立犯罪人员犯罪记录制度的意见（节录）

（2012 年 5 月 10 日法发〔2012〕10 号）

二、犯罪人员犯罪记录制度的主要内容

（一）建立犯罪人员信息库

为加强对犯罪人员信息的有效管理，依托政法机关现有网络和资源，由公安机关、国家安全机关、人民检察院、司法行政机关分别建立有关记录信息库，并实现互联互通，待条件成熟后建立全国统一的犯罪信息库。

犯罪人员信息登记机关录入的信息应当包括以下内容：犯罪人员的基本情况、检察机关（自诉人）和审判机关的名称、判决书编号、判决确定日期、罪名、所判处刑罚以及刑罚执行情况等。

（二）建立犯罪人员信息通报机制

人民法院应当及时将生效的刑事裁判文书以及其他有关信息通报犯罪人员信息登记机关。

监狱、看守所应当及时将《刑满释放人员通知书》寄送被释放人员户籍所在地犯罪人员信息登记机关。

县级司法行政机关应当及时将《社区服刑人员矫正期满通知书》寄送被解除矫正人员户籍所在地犯罪人员信息登记机关。

国家机关基于办案需要，向犯罪人员信息登记机关查询有关犯罪信息，有关机关应当予以配合。

（三）规范犯罪人员信息查询机制

公安机关、国家安全机关、人民检察院和司法行政机关分别负责受理、审核和处理有关犯罪记录的查询申请。

上述机关在向社会提供犯罪信息查询服务时，应当严格依照法律法规关于升学、入伍、就业等资格、条件的规定进行。

辩护律师为依法履行辩护职责，要求查询本案犯罪嫌疑人、被告人的犯罪记录的，应当允许，涉及未成年人的犯罪记录被执法机关依法封存的除外。

（四）建立未成年人犯罪记录封存制度

为深入贯彻落实党和国家对违法犯罪未成年人的"教育、感化、挽救"方针和"教育为主、惩罚为辅"原则，切实帮助失足青少年回归社会，根据刑事诉讼法的有关规定，结合我国未成年人保护工作的实际，建立未成年

人轻罪犯罪记录封存制度，对于犯罪时不满十八周岁，被判处五年有期徒刑以下刑罚的未成年人的犯罪记录，应当予以封存。犯罪记录被封存后，不得向任何单位和个人提供，但司法机关为办案需要或者有关单位根据国家规定进行查询的除外。依法进行查询的单位，应当对被封存的犯罪记录的情况予以保密。

执法机关对未成年人的犯罪记录可以作为工作记录予以保存。

（五）明确违反规定处理犯罪人员信息的责任

负责提供犯罪人员信息的部门及其工作人员应当及时、准确地向犯罪人员信息登记机关提供有关信息。不按规定提供信息，或者故意提供虚假、伪造信息，情节严重或者造成严重后果的，应当依法追究相关人员的责任。

负责登记和管理犯罪人员信息的部门及其工作人员应当认真登记、妥善管理犯罪人员信息。不按规定登记犯罪人员信息、提供查询服务，或者违反规定泄露犯罪人员信息，情节严重或者造成严重后果的，应当依法追究相关人员的责任。

使用犯罪人员信息的单位和个人应当按照查询目的使用有关信息并对犯罪人员信息予以保密。不按规定使用犯罪人员信息，情节严重或者造成严重后果的，应当依法追究相关人员的责任。

（三）未成年人司法保护的管理与建设

最高人民法院
关于进一步加强少年法庭工作的意见
（2010 年 7 月 23 日　　法发〔2010〕32 号）

为正确贯彻《中华人民共和国未成年人保护法》、《中华人民共和国预防未成年人犯罪法》，切实执行对违法犯罪未成年人"教育、感化、挽救"的方针和"教育为主、惩罚为辅"的原则，努力实现少年司法审判制度改革的工作目标，积极促进少年法庭工作的规范发展，大力推动中国特色社会主义少年司法制度的建立和完善，现对今后一个时期加强少年法庭工作提出如下意见。

一、提高思想认识，高度重视少年法庭工作

1. 未成年人是国家和民族的未来与希望，党和国家历来高度重视未成年人的保护工作，始终把这项工作作为党和国家事业的重要组成部分。维护未成年人合法权益，预防、矫治未成年人犯罪，保障未成年人健康成长，是人民法院的重要职责之一。少年法庭工作是人民法院开展未成年人司法维权、积极参与社会治安综合治理的重要平台。当前和今后一个时期，少年法庭工作只能加强，不能削弱。

2. 各级法院应当从实践"三个至上"工作指导思想、落实科学发展观、构建和谐社会的高度，充分认识加强少年法庭工作的重要性和必要性，切实贯彻好"坚持、完善、改革、发展"的工作指导方针，把少年法庭工作摆到重要位置。

二、加强组织领导，建立健全少年法庭机构

3. 各级法院应当进一步加强对少年法庭工作的组织领导和业务指导，切实关心和支持少年法庭机构建设，为少年法庭工作全面、健康发展创造良好条件。

4. 最高人民法院设"少年法庭指导小组"，并在研究室设"少年法庭工作办公室"，负责全国法院少年法庭的日常指导工作。

5. 高级人民法院设"少年法庭指导小组"，组长由副院长担任，小组成员应当包括涉及未成年人案件的各相关审判庭和行政部门负责人。高级人民法院少年法庭指导小组下设"少年法庭工作办公室"，负责本辖区内少年法庭的日常指导工作。"少年法庭工作办公室"设在研究室或者审判庭内。高级人民法院可以在刑事审判庭和民事审判庭内分别设立未成年人案件合议庭。暂未设立合议庭的，应当指定专职办理未成年人案件的法官。

6. 中级人民法院应当根据未成年人案件的审判需要，逐步完善未成年人案件审判机构建设。有条件的中级人民法院可以设独立建制的未成年人案件综合审判庭（以下简称少年审判庭）。暂未设独立建制少年审判庭的中级人民法院，应当在刑事审判庭和民事审判庭内分别设立未成年人案件合议庭，或者指定专职办理未成年人案件的法官。

7. 有条件的基层人民法院可以设独立建制的少年审判庭，也可以根据中级人民法院指定管辖的要求，设立统一受理未成年人案件的审判庭。未设独立建制少年审判庭或者未设立统一受理未成年人案件审判庭的基层人民法院，应当在刑事审判庭和民事审判庭内分别设立未成年人案件合议庭，或者指定专职办理未成年人案件的法官。

8. 高级人民法院少年法庭指导小组、少年法庭工作办公室及未成年人案件合议庭的设立、变更情况，应当报告最高人民法院少年法庭工作办公室。中级人民法院和基层人民法院未成年人案件审判机构的设立、变更情况，应当逐级报告高级人民法院少年法庭工作办公室。

三、注重队伍建设，提升少年法庭法官的整体素质

9. 各级法院应当高度重视少年法庭法官队伍建设，着重选拔政治素质高、业务能力强，熟悉未成年人身心特点，热爱未成年人权益保护工作和善于做未成年人思想教育工作的法官，负责审理未成年人案件。

10. 各级法院应当从共青团、妇联、工会、学校等组织的工作人员中选任审理未成年人案件的人民陪审员。审理未成年人案件的人民陪审员应当熟悉未成年人身心特点，具备一定的青少年教育学、心理学知识，并经过必要的培训。

11. 各级法院应当加强少年法庭法官的培训工作，不断提升少年法庭法官队伍的整体素质。最高人民法院、高级人民法院每年至少组织一次少年法庭法官业务培训。中级人民法院和基层人民法院也应当以多种形式定期开展少年法庭法官的业务培训。

四、完善工作制度，强化少年法庭的职能作用

12. 各级法院应当总结完善审判实践中行之有效的特色工作制度，强化少年法庭的职能作用，提高工作的实效性。

13. 有条件的人民法院在审理未成年人刑事案件时，对有关组织或者个人调查形成的反映未成年人性格特点、家庭情况、社会交往、成长经历以及实施被指控犯罪前后的表现等情况的调查报告，应当进行庭审质证，认真听取控辩双方对调查报告的意见，量刑时予以综合考虑。必要时人民法院也可以委托有关社会组织就上述情况进行调查或者自行调查。

人民法院应当在总结少年审判工作经验的基础上，结合实际情况，积极规范、完善社会调查报告制度，切实解决有关社会调查人员主体资格、调查报告内容及工作程序等方面的问题，充分发挥社会调查报告在审判中的作用。

14. 人民法院对未成年人与成年人共同犯罪案件，一般应当分案审理。对应当分案起诉而未分案起诉的案件，人民法院可以向检察机关提出建议。

15. 人民法院根据未成年人身心特点，对未成年被告人轻微犯罪或者过失犯罪案件、未成年人为一方当事人的民事和行政案件，可以采取圆桌审判方式。

16. 人民法院审理未成年人刑事案件，应当注重对未成年被告人的法庭教育。法庭教育的主要内容包括对相关法律法规的理解，未成年人实施被指控行为的原因剖析，应当吸取的教训，犯罪行为对社会、家庭、个人的危害和是否应当受刑罚处罚，如何正确对待人民法院裁判以及接受社区矫正或者在监管场所服刑应当注意的问题等。人民法院可以邀请有利于教育、感化、挽救未成年罪犯的人员参加法庭教育。

人民法院审理未成年人民事和行政案件，应当注意从有利于未成年人权益保护及解决矛盾纠纷的角度对当事人进行有针对性的教育和引导。

17. 对犯罪情节轻微，或者系初犯、偶犯的未成年罪犯，符合适用非监禁刑条件的，应当依法适用非监禁刑。对非本地户籍的未成年罪犯，人民法院应当加强与本辖区社区矫正部门的联系，或者通过未成年罪犯户籍地的人民法院与当地社区矫正部门联系，确保非监禁刑的依法适用。

18. 对判决、裁定已经发生法律效力的未成年罪犯，人民法院在向执行机关移送执行的法律文书时，应当同时附送社会调查报告、案件审理中的表现等材料。对正在未成年犯管教所服刑或者接受社区矫正的未成年罪犯，人民法院应当协助未成年犯管教所或者社区矫正部门做好帮教工作。

人民法院应当做好未成年人民事和行政案件判后回访工作，努力为未成年人的健康成长创造良好环境。

人民法院应当对判后跟踪帮教和回访情况作出记录或者写出报告，记录或者报告存入卷宗。

五、深化改革探索，推动少年法庭工作有序发展

19. 各级法院应当积极开展少年司法理论成果和工作经验的交流活动，进一步深化少年司法改革。

20. 各级法院应当从维护未成年人的合法权益，预防、矫治和减少未成年人犯罪的实际需要出发，积极探索异地社会调查、心理评估干预、刑事案件和解、量刑规范化、社区矫正与司法救助、轻罪犯罪记录封存等适合未成年人案件特点的审理、执行方式。

21. 各级法院应当坚持"特殊、优先"保护原则，大胆探索实践社会观护、圆桌审判、诉讼教育引导等未成年人民事和行政案件特色审判制度，不断开拓未成年人民事和行政案件审判的新思路、新方法。

六、积极协调配合，构建少年法庭工作配套机制

22. 各级法院应当在党委政法委的领导、协调下，加强与同级公安、检察、司法行政等部门的工作沟通，积极建立和完善"政法一条龙"工作机制，形成有效预防、矫治和减少未成年人违法犯罪的合力。

23. 各级法院应当加强与有关职能部门、社会组织和团体的协调合作，积极建立和完善"社会一条龙"工作机制，努力调动社会力量，推动未成年罪犯的安置、帮教措施的落实，确保未成年人民事和行政案件得到妥善处理，推动涉诉未成年人救助制度的建立和完善。

24. 各级法院应当加强未成年人保护的法制宣传教育工作，促进全社会树立尊重、保护、教育未成年人的良好风尚，教育和帮助未成年人维护自己的合法权益，增强自我保护的意识和能力。

25. 各级法院应当在党委政法委的领导、协调下，积极与有关部门协商，推动制定本地区关于未成年人社会调查、司法救助、复学安置等问题的规范性文件，切实解决相关问题。

七、完善考核保障，夯实少年法庭工作基础

26. 各级法院应当根据本地区少年法庭工作实际，将庭审以外的延伸帮教、参与社会治安综合治理等工作作为绩效考核指标，纳入绩效考察的范围。

27. 各级法院应当针对未成年人案件审判特点，加大少年法庭在经费、装备和人员编制方面的投入，为少年法庭开展庭审以外的延伸帮教、法制宣传教育工作以及参与社会治安综合治理工作提供必要保障。

最高人民检察院
关于进一步加强未成年人刑事检察工作的决定
（2012 年 10 月 29 日发布）

为全面贯彻对涉罪未成年人的"教育、感化、挽救"方针、"教育为主、惩罚为辅"原则和"两扩大、两减少"政策，依法保护未成年人合法权益，最大限度地挽救涉罪未成年人，最大限度地预防未成年人犯罪，保障未成年人健康成长，维护社会和谐稳定，根据《中华人民共和国刑法》、《中华人民共和国刑事诉讼法》、《中华人民共和国未成年人保护法》、《中华人民共和国预防未成年人犯罪法》等法律，现就进一步加强未成年人刑事检察工作决定如下：

一、加强未成年人刑事检察工作的重要意义、总体思路和发展目标

1. 重要意义。未成年人的健康成长关系着国家未来和民族希望，关系着亿万家庭幸福安宁和社会和谐稳定。党和国家历来重视未成年人犯罪问题，中央司法体制和工作机制改革将探索处理未成年人犯罪的司法制度作为一项重要内容。全国人大及其常委会先后颁布、修改了一系列法律，特别是修改后的刑事诉讼法专章规定了"未成年人刑事案件诉讼程序"，为办理未成年人犯罪案件提出了新的更高要求。多年来，检察机关积极开展未成年人刑事检察工作，取得了一定成绩，但仍然存在思想认识不到位、组织领导不够有力、工作开展不平衡、办案工作配套机制不完备和帮教预防社会化体系不健全等问题。检察机关作为国家法律监督机关，其职责涉及未成年人刑事案件诉讼的全过程。进一步加强未成年人刑事检察工作，是抓根本、固基础、强民族的需要，是贯彻落实党和国家有关方针、原则和法律、政策的需要，是维护社会和谐稳定的需要。各级人民检察院要切实强化思想认识，深入贯彻落实科学发展观，以学习贯彻修改后的刑事诉讼法为契机，不断研究新情况新问题，以强烈的事业心和责任感，采取更加有力的措施，认真抓好未成年人刑事检察工作，确保取得实实在在的效果。

2. 总体思路。以邓小平理论和"三个代表"重要思想为指导，深入贯彻落实科学发展观，充分认识未成年人生理和心理的特殊性，着力贯彻"教育、感化、挽救"方针、"教育为主、惩罚为辅"原则和"两扩大、两减少"政策，着力加强未成年人刑事检察工作专业化、制度化建设，着力促进政法机关办理未成年人刑事案件配套工作体系和未成年人犯罪社会化帮教预防体系建设，着力加强对未成年人刑事检察工作的领导，依法保护未成年人合法权益，最大限度地教育挽救涉罪未成年人，最大限度地预防未成年人犯罪。

3. 发展目标。经过几年的不懈努力，确保对涉罪未成年人的"教育、感化、挽救"方针、"教育为主、惩罚为辅"原则和"两扩大、两减少"政策在刑事检察工作中有效落实，促使未成年人刑事检察工作专业化建设得到强化，推动未成年人刑事检察工作制度化建设不断完善，促进政法机关办理未成年人刑事案件配套工作体系和未成年人犯罪社会化帮教预防体系建设日益健全，为发展中国特色社会主义未成年人刑事检察制度，保障未成年人健康成长，维护社会和谐稳定作出积极贡献。

二、着力贯彻党和国家对涉罪未成年人特殊的方针、原则和法律、政策

4. 坚持把"教育、感化、挽救"方针贯穿于办案始终。要在依法的前提下，充分体现未成年人刑事检察工作的特殊性，认真贯彻"教育、感化、挽救"方针、"教育为主、惩罚为辅"原则和"两扩大、两减少"政策。要以是否有利于涉罪未成年人教育、感化、挽救为标准，慎重决定是否批捕、起诉、如何提量刑建议、是否开展诉讼监督。要坚持在审查逮捕、审查起诉和出庭公诉等各个环节对涉罪未成年人进行教育、感化、挽救，寓教于审，并注重用科学的方式、方法提高帮教效果。要加强与涉罪未成年人家长、有关部门和社会力量的配合，认真分析涉罪未成年人犯罪原因、身心特点和帮教条件，制定帮教方案，落实帮教措施，有针对性地开展帮助教育和心理矫正。

5. 坚持依法少捕、慎诉、少监禁。要综合犯罪事实、情节及帮教条件等因素，进一步细化审查逮捕、审查起诉和诉讼监督标准，最大限度地降低对涉罪未成年人的批捕率、起诉率和监禁率。对于罪行较轻，具备有效监护条件或者社会帮教措施，没有社会危险性或者社会危险性较小的，一律不捕；对于罪行较重，但主观恶性不大，真诚悔罪，具备有效监护条件或者社会帮教措施，并具有一定从轻、减轻情节的，一般也可不捕；对已经批准逮捕的未成年犯罪嫌疑人，经审查没有继续羁押必要的，及时建议释放或者变更强制措施；对于犯罪情节轻微的初犯、过失犯、未遂犯、被诱骗或者被教唆实施犯罪，确有悔罪表现的，可以依法不起诉；对于必须起诉但可以从轻、减轻处理的，依法提出量刑建议；对于可以不判处监禁刑的，依法提出适用非监禁刑的建议。要把诉讼监督的重点放在强化对涉罪未成年人刑事政策的贯彻落实上，防止和纠正侵犯未成年犯罪嫌疑人、被告人合法权益的违法诉讼行为和错误判决裁定。对未成年人轻微刑事案件的立案监督、追捕、追诉以及对量刑偏轻判决的抗诉，要严格把握条件，充分考虑监督的必要性。要重视对诉后法院判决情况的分析，进一步改进工作方式，完善质量规范，不断提高审查批捕、审查起诉、提出量刑建议的能力和水平。

6. 注重矛盾化解，坚持双向保护。要加强对被告人认罪服法教育，促其认罪悔罪，主动向被害人赔礼道歉、赔偿损失。要加强与被害人的联系，听取其意见，做好释法说理工作，并注重对未成年被害人的同等保护，充分维护其合法权益。对于符合刑事和解条件的，要发挥检调对接平台作用，积极促进双方当事人达成和解，及时化解矛盾，修复社会关系。要加强办案风险评估预警工作，特别是对社会关注的重大未成年人刑事案件，主动采取适当措施，积极回应和引导社会舆论，有效防范执法办案风险。

三、着力加强未成年人刑事检察队伍专业化建设

7. 大力推进专门机构建设。省级、地市级检察院和未成年人刑事案件较多的基层检察院，原则上都应争取设立独立的未成年人刑事检察机构；条件暂不具备的，省级院必须在公诉部门内部设立专门负责业务指导、案件办理的未成年人刑事检察工作办公室，地市级院原则上应设立这一机构，县级院应根据本地工作量的大小，在公诉科内部设立未成年人刑事检察工作办公室或者办案组或者指定专人。对于专门办案组或者专人，必须保证其集中精力办理未成年人犯罪案件，研究未成年人犯罪规律，落实对涉罪未成年人的帮教措施。有些地方也可以根据本地实际，指定一个基层院设立独立机构，统一办理全市（地区）的未成年人犯罪案件。

8. 科学设定专门机构的工作模式。设立未成年人刑事检察独立机构的检察院，一般应实行捕、诉、监（法律监督）、防（犯罪预防）一体化工作模式，由同一承办人负责同一案件的批捕、起诉、诉讼监督和预防帮教等工作。要健全内外部监督制约机制，充分发挥部门负责人、分管检察长和案件管理部门的职能作用，严格案件的流程管理和质量管理，组织开展案件评查、备案审查等业务活动，严格办案纪律，确保依法公正办理好未成年人犯罪案件。

9. 合理确定受案范围。犯罪嫌疑人是未成年人或者以未成年人为主的共同犯罪案件，由未成年人刑事检察部门或者专人办理。对不以未成年人为主的共同犯罪案件、被害人是未成年人的案件以及在校成年学生犯罪的案件，各地可根据自身的情况，在保证办案质量和效率，不影响特殊政策和制度落实的前提下，确定是否由未成年人刑事检察部门或者专人办理。

10. 选好配强未成年人刑事检察干部。要挑选懂得未成年人心理、富有爱心、耐心细致、善于做思想工作，具有犯罪学、心理学、教育学、社会学等方面知识的同志从事未成年人刑事检察工作。既要配备具有一定生活阅历、经验丰富的干部，也要注重吸收、培养充满朝气活力、了解时尚潮流、熟悉网络语言、能够与涉罪未成年人顺利沟通的年轻干部。

11. 提高未成年人刑事检察干部的综合素质。要加强敬业爱岗教育，增强未成年人刑事检察干部的使命感和光荣感。要加强业务培训，既要组织未成年人刑事检察干部参加侦查监督、公诉等业务培训，又要学习未成年人刑事检察特有的业务，鼓励学习犯罪学、心理学、教育学、社会学等方面的知识，参加有关专业特别是心理咨询方面的培训和考试晋级活动，熟练掌握办理未成年人刑事案件的程序、技能和思想教育的方法。要开展具有未成年人刑事检察工作特点的岗位练兵活动。侦查监督、公诉部门开展岗位练兵时，要安排未成年人刑事检察部门的干部参加。

四、着力加强未成年人刑事检察工作制度化建设

12. 认真落实未成年人刑事检察工作的各项制度。要按照刑法、刑事诉讼法、《人民检察院办理未成年人刑事案件的规定》、《关于进一步建立和完善办理未成年人刑事案件配套工作体系的若干意见》等法律和制度规定，结合当地实际，认真研究，及时制定、完善实施细则，逐步建立健全未成年人刑事检察工作的特殊制度体系。

13. 建立健全逮捕必要性证明制度和社会调查报告制度。要进一步加强对逮捕必要性证据、社会调查报告等材料的审查。公安机关没有收集移送上述材料的，应当要求其收集移送。人民检察院也可以根据情况，自行或者委托有关部门、社会组织进行社会调查，并制作社会调查报告。要综合未成年犯罪嫌疑人性格特点、家庭情况、社会交往、成长经历、犯罪原因、犯罪后态度、帮教条件等因素，考量逮捕、起诉的必要性，依法慎重作出决定，并以此作为帮教的参考和依据。

14. 建立健全法律援助制度和听取律师意见制度。审查逮捕或审查起诉时发现未成年犯罪嫌疑人未委托辩护人的，应当依法通知法律援助机构指派律师为其提供法律援助，并认真听取律师关于无罪、罪轻或者无批捕、起诉必要的意见。要监督公安机关、人民法院保障未成年人得到法律帮助。有条件的地方，可以推动司法行政机关建立专业化的未成年人法律援助律师队伍，并将法律援助对象范围扩大到未成年被害人。

15. 建立健全法定代理人、合适成年人到场制度。对于未成年人刑事案件，在讯（询）问和审判的时候，应当通知未成年人的法定代理人到场。法定代理人不能到场或者法定代理人是共犯的，可以通知未成年人的其他成年亲属，所在学校、单位、居住地基层组织或者未成年人保护组织的代表到场。要加强与有关单位的协调，选聘一些热心未成年人工作，掌握一定未成年人心理或者法律知识，具有奉献精神和责任感的人士担任合适成年人，并开展相关培训，健全运行管理机制，逐步建立起一支稳定的合适成年人队伍。

16. 建立健全亲情会见制度。在审查起诉环节，对于案件事实已基本查清，主要证据确实、充分，而且未成年犯罪嫌疑人有认罪、悔罪表现，或者虽尚未认罪、悔罪，但通过会见有可能促其转化，其法定代理人、近亲属等能积极配合检察机关进行教育的，可以安排在押未成年犯罪嫌疑人与其法定代理人、近亲属等会见，进行亲情感化。

17. 建立健全快速办理机制。对未成年犯罪嫌疑人被羁押的案件，要在确保案件质量和落实特殊检察制度的前提下，严格控制补充侦查和延长审查起诉的次数和期限，尽可能快地办结案件。对未被羁押的案件，也应当加快办理速度，避免不必要的拖延。

18. 建立健全刑事和解制度。对于符合法定条件的涉及未成年人的犯罪案件，应当及时告知当事人双方有刑事和解的权利和可能引起的法律后果，引导双方达成刑事和解，并对和解协议的自愿性、合法性进行审查，主持制作和解协议书。对于达成刑事和解的未成年犯罪嫌疑人，一般不予批准逮捕和起诉。必须起诉的，可以建议法院从宽处罚。

19. 建立健全分案起诉制度。对于受理的未成年人和成年人共同犯罪案件，在不妨碍查清案件事实和相关案件开庭审理的情况下，应当将成年人和未成年人分案提起公诉，由法院分庭审理和判决。对涉外、重大、疑难、复杂的案件，未成年人系犯罪团伙主犯的案件，刑事附带民事诉讼案件，分案后不利于审理的，也可以不分案起诉，但应对未成年人采取适当的保护措施。对分案起诉的案件，一般要由同一部门、同一承办人办理。要加强与审判机关的沟通协调，确保案件事实认定及法律政策适用的准确和统一。

20. 建立健全量刑建议制度。对提起公诉的未成年人犯罪案件，可以综合衡量犯罪事实、情节和未成年被告人的具体情况，依法提出量刑建议。对符合法定条件的，可以提出适用非监禁刑或缓刑的建议，并视情况建议判处禁止令。要在庭审时围绕量刑建议出示有关证据材料，进一步阐述具体理由和根据。

21. 建立健全不起诉制度。要准确把握未成年犯罪嫌疑人"情节显著轻微危害不大"和"犯罪情节轻微，不需要判处刑罚"的条件，对于符合条件的，应当作出不起诉决定。要依法积极适用附条件不起诉，规范工作流程，认真做好对被附条件不起诉人的监督考察。对于既可相对不起诉也可附条件不起诉的，优先适用相对不起诉。要完善不起诉宣布、教育的程序和方式。对相对不起诉和经附条件不起诉考验期满不起诉的，在向被不起诉的未成年人及其法定代理人宣布不起诉决定书时，要充分阐明不起诉的理由和法律依据，并对被不起诉的未成年人开展必要的教育。宣布时，要严格控制参与人范围，如果侦查人员、合适成年人、辩护人、社工等参加有利于教育被不起诉未成年人的，可以邀请他们参加。

22. 建立健全未成年人犯罪记录封存制度。要依法监督和配合有关单位落实未成年人犯罪前科报告免除和犯罪记录封存制度，积极开展未成年人不起诉记录封存工作，完善相关工作程序。

23. 积极探索新的办案机制、制度。要在落实现有制度的基础上，不断探索、建立新的未成年人案件办理机制、制度。要根据各地未成年人犯罪的新情况、新特点，针对外来未成年犯罪嫌疑人实行平等保护、对留守未成年犯罪嫌疑人开展有效帮教、未成年被害人保护等问题，主动调研，研究对策。

五、着力促进政法机关办理未成年人刑事案件配套工作体系和未成年人犯罪社会化帮教预防体系建设

24. 促进政法机关办理未成年人刑事案件配套工作体系建设。要加强与人民法院、公安机关和司法行政机关的联系，争取在社会调查、逮捕必要性证据收集与移送、法定代理人或合适成年人到场、法律援助、分案起诉、亲情会见等制度上达成共识，联合出台实施细则。要完善与有关政法机关日常沟通机制，采取定期召开联席会议、联合开展调查研究等形式，共同研究未成年人犯罪形势、特点，解决遇到的问题，统一执法标准，形成对涉罪未成年人教育、感化、挽救的工作合力。

25. 促进未成年人权益保护和犯罪预防帮教社会化体系建设。要加强与综治、共青团、关工委、妇联、民政、社工管理、学校、社区、企业等方面的联系配合，整合社会力量，促进党委领导、政府支持、社会协同、公众参与的未成年人权益保护、犯罪预防帮教社会化、一体化体系建设，实现对涉罪未成年人教育、感化、挽救的无缝衔接。有条件的地方要积极建议、促进建立健全社工制度、观护帮教制度等机制，引入社会力量参与对被不批捕、不起诉的未成年人进行帮教。

26. 认真落实检察环节社会管理综合治理各项措施。要坚持以担任法制副校长等形式，以案释法，开展对未成年人的法制宣传工作。要积极参与校园周边环境整治、对重点青少年群体教育管理等工作，深挖和严厉打击成年人引诱、胁迫、组织未成年人犯罪、向未成年人传授犯罪方法等犯罪行为，为未成年人健康成长营造良好环境。要加强对未成年人犯罪原因的分析，采取检察建议等方式向党委、政府或有关方面提出预防犯罪的意见和建议，促进加强和创新社会管理工作。

六、着力加强对未成年人刑事检察工作的领导

27. 认真谋划部署未成年人刑事检察工作。要把未成年人刑事检察工作纳入各级检察院整体工作规划，进一步加强组织领导，坚持定期听取专题汇报，在领导精力、工作部署、人员配备、检务保障等方面确保未成年人刑事检察工作的需要。要把近期任务和长远目标有机结合起来，既从实际出发，脚踏实地地做好当前工作，又要把握未成年人刑事检察工作发展规律和方向，增强工作的预见性和创造性，推动未成年人刑事检察工作的科学发展。

28. 强化业务指导。上级院要加强对未成年人刑事检察工作的全面指导，提出普遍适用的工作要求和工作标准，并抓好检查落实。要针对各地不同情况，实施分类指导，经常派员深入基层调研，及时掌握情况，帮助解决突出问题，逐步提高未成年人刑事检察工作整体水平。对各地已经成熟、具有普遍意义的创新成果和经验，要认真总结推行。同时，各地在落实上级院工作要求的同时，要突出重点，突破难点，创出特色，探索符合本地特点的发展模式。

29. 做好外部协调工作。要在未成年人刑事检察专门机构设置、建立健全政法机关办案配套体系和社会化帮教预防体系等方面，强化与有关部门、单位的沟通协调。必要时，各级院检察长要亲自出面协调，争取理解和支持。

30. 建立健全符合未成年人刑事检察工作特点的考评机制。要建立完善符合未成年人刑事检察工作特点的考评机制，抓紧构建以办案质量和帮教效果为核心，涵盖少捕慎诉、帮教挽救、落实特殊制度、开展犯罪预防等内容的考评机制，改变单纯以办案数量为标准的考核模式，科学、全面地评价未成年人刑事检察工作实绩。

31. 加强对未成年人刑事检察工作的宣传。要大力宣传未成年人刑事检察工作经验、工作成效、典型案例和先进模范人物，推出具有影响力和品牌效应的"检察官妈妈"等帮教典型，展示检察机关亲民、爱民和理性、平和、文明、规范执法的良好形象，促进社会各界了解、关心和支持未成年人刑事检察工作。

32. 加强对未成年人刑事检察理论研究。有条件的检察院可以采取与专家学者、高等院校共同召开研讨会、共同承担课题、引进专家学者到检察机关挂职等方式加强合作，对未成年人刑事检察工作的执法理念、职能定位、发展思路、基本原则和工作机制等问题进行深入、系统的研究。要积极借鉴国外关于未成年人司法的理论实践成果，不断发展和完善中国特色社会主义未成年人刑事检察制度，为未成年人刑事检察工作的深入发展提供理论支持。

中央社会治安综合治理委员会
关于深化预防青少年违法犯罪工作的意见
（2004 年 9 月 8 日）

2000 年 12 月，中共中央办公厅、国务院办公厅转发《中央社会治安综合治理委员会关于进一步加强预防青少年违法犯罪工作的意见》，总结了改革开放以来我国预防青少年违法犯罪工作的经验和做法，明确提出了预防青少年违法犯罪工作的指导思想和工作措施。三年多来，各地区、各部门认真贯彻这一文件精神，狠抓综合治理各项措施的落实。目前，预防青少年违法犯罪工作体系初步形成，工作队伍逐步壮大，工作手段日益强化，青少年成长环境正在得到优化，预防青少年违法犯罪工作取得了积极成效。

在党中央、国务院的领导下，在社会各界的关心下，我国青少年健康成长的总体环境是好的。但也要看到，还存在着不少诱发青少年违法犯罪的问题。国际敌对势力与我争夺接班人的斗争日趋尖锐和复杂。社会转型时期的矛盾冲突和竞争加剧，一些人拜金主义、享乐主义、极端个人主义滋长。一些地方封建迷信、邪教和黄赌毒等社会丑恶现象严重影响青少年的健康成长，特别是互联网等大众媒介的普及，在为青少年学习知识、了解社会提供方便的同时，也给其健康成长带来一些负面影响，尤其是一些渲染暴力、色情、迷信的网络信息、图书报刊、音像制品及手机短信、电子游戏等信息产品屡禁不止。面对新的形势，社会管理和青少年教育还存在许多不适应的地方，预防青少年违法犯罪工作尚有不少亟待加强的薄弱环节。在各种因素影响下，一些青少年思想出现偏差、行为失范，走上违法犯罪歧途的有所增多，青少年违法犯罪的形势依然十分严峻。

为深入贯彻落实《中共中央、国务院关于进一步加强和改进未成年人思想道德建设的若干意见》，深化预防青少年违法犯罪工作，现提出如下意见：

一、树立和落实科学发展观，明确主要任务和工作原则

深化预防青少年违法犯罪工作的主要任务是：以邓小平理论和"三个代表"重要思想为指导，牢固树立和落实科学发展观，坚持以人为本，积极探索预防青少年违法犯罪工作的规律，逐步完善预防青少年违法犯罪工作体系，采取教育、服务、管理、矫治、优化环境等多种方式，实行综合治理，坚决遏制和减少青少年违法犯罪，促进青少年健康成长，为改革发展稳定大局服务。

深化预防青少年违法犯罪工作要遵循以下原则：

（一）坚持党政主导。各级党委、政府要切实加强对预防青少年违法犯罪工作的领导，支持社会治安综合治理委员会组织协调各方面开展好这项工作，切实解决工作中遇到的问题和实际困难。中央和地方各有关部门要切实发挥职能作用，各负其责，密切配合。

（二）坚持以关爱未成年人为本。要根据未成年人心智尚未成熟，受外界影响大，可塑性强的特点，立足于保护，从小事抓起，从早期预防抓起，把问题解决在萌芽状态，防患于未然。既要保护一般未成年人，又要保护违法犯罪未成年人，鼓励和帮助违法犯罪未成年人悔过自新。

（三）坚持教育、服务、管理三结合。要从提高青少年综合素质抓起，从维护青少年切身利益抓起，从解决青少年问题的源头抓起，把教育、服务与管理结合起来，以教育指导服务、管理，在服务、管理中体现教育，帮助青少年解疑释惑和解决实际困难，促进他们身心健康发展。

（四）坚持建设与整治相结合。要着眼于满足青少年正当需求，竭诚提供多种帮助；要净化社会环境，坚决铲除危害青少年身心健康的不良因素，严厉打击侵害青少年合法权益的不法行为，努力为青少年健康成长创造良好的社会条件。

（五）坚持全社会共同参与。要把预防青少年违法犯罪作为一项社会系统工程，广泛调动公民、家庭、学校、企业、社区以及新闻传媒、社会团体和其他非政府组织参与的积极性，特别是要注意发挥志愿者和社会工作者等社会力量的作用，形成整体合力，建立预防青少年违法犯罪工作的社会网络。

二、围绕五个群体，扎实做好教育、服务和管理工作

（一）面向中小学生，进一步加强思想道德和法制教育。

学校要发挥主渠道的作用，把德育工作摆在素质教育的首位，将爱国主义教育、革命传统教育、中华传统美德教育有机结合起来，采取喜闻乐见、生动活泼的方式进行教学。要深入实施《关于加强青少年学生法制教育工作的若干意见》，推进计划、教材、师资和课时的"四落实"，确保在九年义务教育期间，普及基本法律知识，培养学生树立自觉守法的法律意识。要认真贯彻落实中央综治委等部门《关于规范兼职法制副校长职责和选聘管理工作的意见》，完善和推广中小学兼职法制副校长（法制辅导员）制度。

各级教育行政部门，共青团、妇联组织和中小学校要切实担负起指导和推进家庭教育的责任，办好家长学校、家庭教育指导中心，积极运用新闻媒体和互联网，面向社会广泛开展家庭教育宣传，帮助和引导家长正确开展家庭教育。党政机关、企事业单位和社区、村镇等城乡基层单位要把家庭教育的情况作为评选文明职工、文明家庭的重要内容。特别要关心单亲家庭、困难家庭、流动人口家庭的未成年子女教育，为他们提供指导和帮助。

各地区、各部门要积极探索学生参加社会实践、社区服务的有效机制，建立健全学校、家庭、社会相结合的中小学生教育体系和社区综合评价体系。按照实践育人的要求，以体验教育为基本途径，精心设计和组织开展内容鲜活、形式新颖、吸引力强的社会教育活动，特别是要深化"法律进社区"、"社区青少年法律学校"创建、社区青少年"心理阳光"行动、"青春自护"行动、"关爱女孩"行动和"中国小公民道德建设计划"等活动。

（二）针对闲散青少年，加强社区教育和管理。

市、县级预防青少年违法犯罪工作领导小组办公室要通过摸底排查、建档立卡等措施，掌握闲散青少年的底数，建立横向联络各成员单位，纵向贯及各城市社区、农村村镇的区域性闲散青少年信息管理系统。有条件的地方，可建立政府专门机构，组建专业社团，聘请专业社会工作者，立足社区、村镇从事闲散青少年的教育和管理工作。要充分发挥各方面社会力量的作用，加强对闲散青少年的教育、帮助和管理。

对于闲散青少年，要区别情况，有针对性地做好教育、管理、服务工作。对有轻微违法行为的，检察院和公安、司法行政等部门要确定专人联系帮教；对需要加强监护的，民政部门和共青团、妇联组织要教育、帮助监护人履行监护责任；对失学、辍学的，教育行政部门要帮助其回到学校重新学习；对失业、无业的，劳动保障、税务、工商等部门要积极开展职业技能培训、就业服务和创业扶持等工作；对生活确有困难的，民政等部门要提供必要的救助。

（三）关爱流浪儿童，进一步加强社会救助和管理。

民政部门要会同有关部门按照《中华人民共和国未成年人保护法》，拟定流浪儿童救助办法，推进大中城市、交通枢纽城市流浪儿童救助保护中心建设，建立具有强制性的多形式、多渠道的流浪儿童救助管理制度，把流浪儿童救助场所与成年人救助场所分开。对有家可归的，要帮助其返回家庭并强化家庭监护；对生活确有困难的，要按照有关规定给予救济，防止其再次流浪；对多次流浪社会的，要追究其监护人的责任；对孤儿或无法查明家庭住址的，要送儿童福利机构安置或采取亲友监护收养、社会热心人士照顾和家庭寄养等安置措施。

民政、教育行政部门要制定相应入学政策，帮助本行政区域内流浪儿童救助保护中心、儿童福利院等福利场所的流浪儿童接受义务教育。对已经完成义务教育未继续升学的，劳动保障部门要组织开展劳动预备制培训，帮助其取得相应的职业资格或掌握一定的职业技能，并提供就业服务。司法行政部门要组织有关力量，为流浪儿童提供无偿法律援助。公安部门要加大依法打击控制、操纵流浪儿童的黑恶势力的力度。

（四）挽救违法犯罪青少年，开展帮教和矫治工作。

教育行政部门要会同有关部门完善工读教育的有关政策，改革未成年人接受工读教育的决定主体和有关程序，加强对工读学校的领导和投入，实施"大中城市工读学校建设工程"，在每个大中城市建设一所工读学校，努力把工读学校办成教育、矫治、挽救有严重不良行为的未成年人、预防青少年违法犯罪的中心。对有不良行为和严重不良行为的中小学生，教育行政部门要加强对他们的教育、转化工作，将这项工作作为考核学校和教师工作的重要指标。对于被人民法院判处缓刑、管制、免予刑事处罚的未成年犯，如果属于九年义务教育的在校学生，要留校试读帮教。

法院、检察院和公安、司法行政部门要按照以"教育、感化、挽救"为主的方针，在侦查、起诉、审判、交付执行、社区矫正等环节积极探索有利于未成年人教育、矫治的工作制度，进一步完善少年司法制度。严厉打击教唆青少年犯罪的违法犯罪活动，对于教唆不满18岁的未成年人犯罪的，要从重处罚。有关部门要贯彻落实《关于进一步做好刑满释放、解除劳教人员促进就业和社会保障工作的意见》，着重做好青少年罪犯和劳教人员刑满释放、解除劳教时的衔接、就业指导和技能培训工作，落实其社会保障。

（五）支持进城务工青年，做好维权和服务工作。

建设、劳动保障等部门要在三年内基本解决建筑等领域内进城务工人员工资的历史拖欠，建立进城务工人员工资按时足额发放的有效机制，杜绝产生新的拖欠。劳动保障、工商等部门要加强执法检查，依法查处强迫超时劳动、工作环境恶劣的企业。司法行政部门要完善进城务工人员法律援助制度。人口和计划生育部门要为育龄人口提供生殖健康教育和生殖保健服务。工会要将进城务工人员纳入工作范围，积极表达、维护他们的合法权益。共青团组织要会同工会和有关部门完善进城务工青年劳动安全监督员制度，加强对进城务工青年的权益保护。

进城务工人员流入地政府要建立和完善保障进城务工人员子女接受义务教育的工作制度和机制，流出地政府要积极配合做好各项服务工作。有关部门要深化"进城务工青年发展计划"，扎实开展"千校百万"进城务工青年培训工作，建设服务阵地，树立先进典型，弘扬务工文化，活跃业余生活，为进城务工青年多办实事。

三、进一步优化青少年成长环境

（一）着眼建设，积极创造有利于青少年健康成长的社会条件。

教育部门要认真实施《中华人民共和国义务教育法》，切实保障青少年受教育的权利。文化、广电、新闻出版等部门要制定政策，推动各类大众传媒积极制作、刊播有利于青少年身心健康的公益广告、广播电视节目和报刊栏目；要精心策划选题，创作、编辑、出版并积极推荐一批思想性、知识性、趣味性、科学性强的图书、报刊、音像制品和电子出版物等未成年人读物和视听产品；要加强少儿文艺创作、表演队伍建设，注重培养少儿文艺骨干力量，鼓励作家、艺术家多创作思想内容健康、富有艺术感染力的少儿作品。广电部门要深入实施"建设工程"，推进各级电视台的少儿频道建设，建立少年儿童电影发行放映专线，进一步做好少年儿童广播影视工作。各类互联网站要倡导文明健康的网络风气，重点新闻网站和主要教育网站要开设未成年人思想道德教育的网页、专栏。共青团组织和文化等部门要开展"青少年网络文明行动"等网络教育活动，有条件的地方要组织建设一批非营业性的互联网上网服务场所。

各地区、各部门要贯彻落实《中共中央办公厅、国务院办公厅关于加强青少年学生活动场所建设和管理工作的通知》，大力推进校内和校外青少年教育活动阵地的建设。共青团组织和教育行政等部门要发挥青少年宫等青少年活动场所的作用，积极开展青少年喜闻乐见的活动。各地区要加强公共服务设施建设，认真落实文化部、国家文物局《关于公共文化设施向未成年人等社会群体免费开放的通知》，充分发挥现有的博物馆、图书馆、体育馆（场）、展览馆、纪念馆、科技馆、烈士陵园以及其他爱国主义教育基地等场所的教育功能，动员学校、企事业单位、社会团体向青少年开放所属的科技文化体育设施。

（二）开展整治，大力净化青少年健康成长的社会环境。

文化、公安、工商、教育等部门和共青团组织要严格执行《互联网上网服务营业场所管理条例》、《国务院办公厅转发文化部等部门关于开展网吧等互联网上网服务营业场所专项整治意见的通知》，进一步加强对网吧等互联网上网服务营业场所的管理，依法严厉打击非法网吧。公安、海关、文化、信息产业等部门要建立公众举报机制，加强对文化市场、进出境环节、信息产品、计算机网络和网站的监管，有效开展打击淫秽色情网站专项行动。坚持不懈地开展"扫黄"、"打非"斗争，严把进口关，坚决把境外有害文化堵截在国门之外，坚决查处传播淫秽、色情、凶杀、暴力、封建迷信、邪教内容和伪科学的出版物、玩具、饰品以及游戏软件、手机短信、电子邮件等信息产品。广电等部门要深入实施"净化工程"、"防护工程"和"监察工程"，消除不利于青少年健康成长的内容和画面，净化荧屏声屏，加强对境外卫星电视传播的管理和整治，防止境外不良文化对青少年的影响。

各地区、各部门要深入开展禁毒斗争，坚决清除卖淫嫖娼、赌博、吸毒贩毒等社会丑恶现象。社区基层组织要会同卫生防疫、人口和计划生育部门，积极开展青少年艾滋病防治工作。教育行政等部门要深入开展学校及周边治安秩序的集中整治，开展"安全文明校园"创建活动，进一步优化校园及周边环境。共青团组织要会同有关部门，深入开展创建优秀"青少年维权岗"活动，维护青少年合法权益。

四、以社区、村镇为重心，加强基层基础工作

（一）强化机构。进一步加强基层的综治组织建设，把预防青少年违法犯罪作为其重要工作职责。发挥社区（村）和学校党团组织在预防青少年违法犯罪中的重要作用，把青少年违法犯罪状况作为对主要负责人工作考核的重要指标。有条件的地方，街道（乡镇）要建立预防青少年违法犯罪工作领导小组，社区（村）或学校要建立预防青少年违法犯罪工作联席会议，做到合理分工、制定措施、明确责任。（二）壮大队伍。要加强社区共青团和妇联干部、民警、司法干部、专业社会工作者等预防青少年违法犯罪的专门工作队伍建设，建立包括老干部、老战士、老专家、老教师、老模范及志愿者在内的辅助工作队伍，鼓励扶持以青少年为服务对象的社区社团组织发展。要规范和加强社区、单位、企业、学校以及文化娱乐场所的保安队伍建设。在军民共建活动中，要发挥人民解放军、武警部队官兵在当地预防青少年违法犯罪工作中的作用。

（三）建设阵地。街道（乡镇）和社区（村）要发挥社区治安室、治安岗亭在基层预防青少年违法犯罪中的骨干作用，利用社区服务中心、宣传栏、广播站等各种阵地资源，开展预防青少年违法犯罪的各种活动。共青团组织和教育、司法行政等部门要加强社区青少年维权和法制教育等基地建设，为预防青少年违法犯罪提供工作依托。

（四）丰富载体。各街道（乡镇）和社区（村）要以实施青少年违法犯罪社区预防计划和开展基层安全创建活动为龙头，深化"未成年人零犯罪社区"、"无毒社区"、"无毒村"等创建工作，深入开展"青少年远离毒品行动"、"不让毒品进我家"、"青春红丝带"行动、社区青年文化节、"大家乐"等活动，广泛开展"崇尚科学、反对邪教"的警示教育，把社区青少年的管理教育服务与治安防范工作紧密结合起来，努力提高基层预防控制青少年违法犯罪的能力。街道（乡镇）和社区（村）要针对青少年违法犯罪重点区域、重点人群和重点问题，广泛利用社会资源，加强与非政府组织合作，投入相应的人、财、物，通过项目化管理和运作的方式，提高预防青少年违法犯罪的工作成效。

五、切实加强领导，健全和完善工作机制

（一）建立领导机制。各级党委、政府要将预防青少年违法犯罪工作纳入本地区工作总体规划和年度计划，听取专题汇报，帮助解决工作中的困难和问题。各级社会治安综合治理委员会要将此项工作列入重要议事日程，按照"属地管理"的原则，协调、指导有关部门做好工作。社会治安综合治理委员会有关成员单位要把预防青少年违法犯罪工作纳入目标管理，确定专人负责。各级社会治安综合治理委员会办公室要会同预防青少年违法犯罪工作领导小组，定期分析研究预防青少年违法犯罪工作形势，及时总结推广典型经验，发现并解决存在的问题，检查工作的落实情况，提出加强工作的措施，主动向党政领导汇报工作情况并取得支持，推动预防青少年违法犯罪工作的开展。

（二）建立预警监测机制。各地区要在认真总结有关地方实施青少年成长环境监测评估体系经验的基础上，发挥青少年犯罪研究团体的作用，根据影响青少年成长的主要环境因素和青少年内在因素，研究制定青少年违法犯罪预警指标，采集青少年违法犯罪和预防工作的基本信息，加以综合分析，对青少年违法犯罪和预防工作的趋势作出预警报告，提高预防青少年违法犯罪工作的科学性和前瞻性。

（三）建立协调联动机制。各级预防青少年违法犯罪工作领导小组要定期召开成员会议，沟通情况，研究工作，明确各部门的工作任务，全面部署预防青少年违法犯罪工作。针对涉及多个部门的突出问题，要召开专门会议，分析情况，研究措施，加大协调力度，牵头单位和有关部门要协作配合，通力解决。对于一些区域性的重大问题，上级预防青少年违法犯罪工作领导小组要召开区域性协作会议，达到区域联动、协同工作的目的。预防青少年违法犯罪工作机构要加强与各地区、各部门的联系，及时通报信息，搞好服务。

（四）建立督导机制。各级预防青少年违法犯罪工作领导小组要采取有效形式，量化预防青少年违法犯罪工作指标，加强对各地区、各部门工作任务完成情况的督促检查，深化工作指导，帮助基层优化工作环境，促进各项工作措施的落实。对发生严重危害青少年身心健康，造成恶劣影响的案（事）件的地方、单位及部门，要加大督导力度，责成有关地方、单位和部门及时汇报情况和处理结果，有关地方、单位和部门要积极配合。要督促各地区、各部门每年办几件实事，推动预防青少年违法犯罪工作深入开展。

（五）建立激励与约束机制。各级党委、政府要把党政领导干部抓预防青少年违法犯罪工作的实绩，列为干部考核的一项内容。各级社会治安综合治理委员会要把预防青少年违法犯罪工作作为社会治安综合治理目标管理责任制、一票否决权制和领导责任督查的重要内容，在检查考核中划出专项分值，同部署，同落实，同检查。各级预防青少年违法犯罪工作领导小组要对青少年违法犯罪问题严重的地方、单位及部门提出考核建议。同时，要建立预防青少年违法犯罪工作责任制，完善量化考核体系，加强监督考评，细化各成员单位、各地区的工作责任。要加强责任追究，对因工作失职、渎职、责任落实不到位、防范措施不得力导致青少年违法犯罪的，要查究有关单位和人员的责任。对在预防青少年违法犯罪工作中做出突出贡献的单位和个人，要给予表彰和奖励。

（六）建立保障机制。有关部门要配合做好未成年人保护和预防未成年人犯罪的法律法规的修改工作，各地区要推动制定预防未成年人犯罪的地方性法规和规范性文件。各级党委、政府要加大对预防青少年违法犯罪工作的投入，强化人员编制和专项工作经费保障。

共青团中央　中央社会治安综合治理委员会办公室　最高人民法院　最高人民检察院　教育部　公安部　民政部　司法部　人力资源和社会保障部　文化部　国家工商行政管理总局　国家质量监督检验检疫总局　国家广播电影电视总局　新闻出版总署关于创建"青少年维权岗"活动指导意见

（2010 年 10 月 11 日　中青联发〔2010〕34 号）

各省、自治区、直辖市和新疆生产建设兵团团委，综治办，高级人民法院，人民检察院，教育厅（教委），公安厅（局），民政厅（局），司法厅（局），人力资源社会保障厅（局），文化厅（局），工商行政管理局，质量技术监督局，广播电影电视局，新闻出版局：

为深入贯彻《中华人民共和国未成年人保护法》和《中华人民共和国预防未成年人犯罪法》，切实做好新形势下的青少年权益保护和预防青少年违法犯罪工作，动员社会力量共同维护青少年合法权益，营造有利于青少年健康成长的良好社会环境，推动全国创建"青少年维权岗"活动广泛、深入、持久开展，共青团中央、中央综治办、最高人民法院、最高人民检察院、教育部、公安部、民政部、司法部、人力资源和社会保障部、文化部、国家工商行政管理总局、国家质量监督检验检疫总局、国家广播电影电视总局、新闻出版总署，对创建"青少年维权岗"活动提出如下意见。

一、充分认识创建"青少年维权岗"活动的重要性

创建"青少年维权岗"活动自 1998 年开展以来，各地各部门大力支持，广泛参与。各系统的维权岗单位充分发挥与青少年联系密切的优势，认真履行职责，拓展服务范围，创新工作方式，扎扎实实为青少年办实事、办好事，对于预防和减少青少年违法犯罪、化解社会矛盾、促进青少年健康成长发挥了积极作用，得到了社会各界的普遍认可和广大青少年的广泛欢迎。

当前我国正处在经济转轨、社会转型的重要时期，社会事业建设与经济发展存在一些不协调的问题，特别是社会管理领域还存在不少薄弱环节，各种影响青少年健康成长的社会问题不断出现，青少年违法犯罪形势还比较严峻，未成年人权益保护和预防犯罪工作任重道远。各地各部门要从贯彻落实科学发展观、构建社会主义和谐社会的高度，准确把握当前工作的形势和要求，充分认识创建"青少年维权岗"活动的重要性，把"青少年维权岗"作为践行"以人为本"的社会管理理念、推进社会管理创新的工作载体，共同推动创建"青少年维权岗"活动广泛、深入、持久地开展。

二、准确把握创建"青少年维权岗"活动的工作内容

（一）"青少年维权岗"的创建范围

"青少年维权岗"是指自觉履行自身职能和社会功能，在维护青少年合法权益、预防青少年违法犯罪、促进青少年健康成长方面发挥了突出作用的相关行业（系统）基层单位。

所涉及行业（系统）的单位主要包括：基层人民法院及少年法庭；基层人民检察院及侦查监督、公诉、监所检察、未成年人检察等工作部门；幼儿园、中小学校、职业院校、青少年教育研究机构；公安机关治安、刑侦、禁毒、监管、交警、消防、网监部门的基层科、所、队；基层民政部门、收养工作机关、儿童福利机构、流浪儿童救助保护中心；基层司法所、法律服务所、律师事务所、公证处、监狱、未成年犯管教所、劳教所、法律援助中心；基层人力资源社会保障行政部门、劳动保障监察机构、劳动人事争议仲裁委员会、职业培训机构；基层文化行政部门、文化市场综合执法机构和公益性文化单位；基层工商所；基层质量技术监督局、基层出入境检验检疫局；基层广播电台（站）、电视台及相关栏目；基层新闻出版单位；县（市、区、旗）、乡镇（街道）综治办；乡镇（街道）综治工作中心；基层团组织及社区中的青少年服务机构等。

（二）"青少年维权岗"基本创建标准

1. 本单位及其成员严格执行党和国家的方针政策，自觉遵纪守法，认真贯彻执行《中华人民共和国未成年人保护法》和《中华人民共和国预防未成年人犯罪法》有关规定。

2. 基层党、团组织健全，制度完善，能够面向青少年开展工作。

3. 高度重视创建工作，成立本单位创建"青少年维权岗"活动领导小组和工作机构。

4. 把创建活动纳入本单位工作计划，分工明确，责任到位，有详细的创建工作计划、规范的运行管理机制和完整的创建档案。

5. 就本单位如何维护青少年权益作出具体承诺，承诺内容在本单位显著位置公布，向社会公开维权内容、维权电话、单位地址和负责人，以便青少年知晓和社会各界监督。

6. 紧密围绕自身职能和社会功能，针对不同时期影响青少年健康成长的突出问题，开展专项整治或专题维权活动，在活动过程中亮明"青少年维权岗"或创建单位的身份。

7. 组建本单位的青少年维权服务志愿者队伍，组织志愿者经常深入学校、社区、企业或其他青少年聚集地开展有关青少年权益保护的法律法规、维权知识等相关宣传和服务活动。

8. 接到涉及青少年的咨询或投诉时，及时处理和答复，切实维护青少年合法权益。

9. 有行政级别的（或有参照行政级别的），原则上应为处级以下单位（含处级）。

（三）"青少年维权岗"分类创建标准

1. 法院系统

（1）在审理未成年人刑事案件中认真贯彻落实《关于进一步建立和完善办理未成年人刑事案件配套工作体系的若干意见》，贯彻教育、感化、挽救的方针，切实维护未成年被告人的诉讼权利，各审理环节程序到位，未发现有违反诉讼程序的情况。

（2）审理未成年人刑事案件时，根据案件具体情况积极会同人民检察院、公安机关、司法行政机关开展社会调查，综合考虑案件事实和社会调查报告的内容。

（3）积极探索有效的法庭教育模式，制定相应的规范制度。审理未成年人刑事案件时，能够根据案件的具体情况组织到庭的诉讼参与人对未成年被告人进行法庭教育。

（4）对未成年被告人适用刑罚能认真贯彻宽严相济刑事政策较好掌握从轻、减轻的幅度，具体量刑时充分考虑未成年人犯罪的动机、年龄，是否初犯、偶犯或惯犯以及有无悔罪、个人一贯表现等情况，所判同类案件的量刑相对平衡，无大的偏差；在处理民事、行政案件中充分保护未成年人的人身权、财产权、教育权等合法权益。

（5）对符合缓刑条件的未成年被告人依法适用缓刑，并积极探索对外地未成年被告人适用缓刑的有效做法。

（6）重视案件审理的法律效果和社会效果，上诉及抗诉改判或发回重审案件数少，案件审理社会效果良好。

（7）与未成年犯管教所建立工作联系，定期对未成年罪犯进行回访考察，每年度至少1次。

（8）对判处缓刑、免予刑事处罚的未成年罪犯，协助有关部门共同制定落实帮教措施，定期进行走访。

2．检察系统

（1）在办理未成年人刑事案件中认真贯彻落实《关于进一步建立和完善办理未成年人刑事案件配套工作体系的若干意见》，贯彻教育、感化、挽救的方针，切实维护未成年犯罪嫌疑人、被告人的合法权益。

（2）办理未成年人刑事案件时，认真审查公安机关移送的社会调查报告或无法进行社会调查的书面说明、办案期间表现等材料，全面掌握案情和未成年人的身心特点，作为教育和办案的参考。

（3）对开庭审理的未成年人犯罪案件，会同法庭、法定代理人、辩护人等对未成年被告人进行法庭教育，成效明显。

（4）对未成年人刑事案件侦查、审判、监管和刑罚执行活动，涉及未成年人权益的民事审判和行政诉讼活动，依法进行监督，维护未成年人合法权益。

（5）办理未成年人案件质量高，取得较好法律效果和社会效果。

（6）发现有关单位、学校、居委会在对未成年人的教育、管理、帮助等方面存在问题时，及时提出检察建议和纠正措施，帮助提高教育管理水平。

（7）与未成年犯管教所建立工作联系，定期对未成年罪犯进行回访考察，每年度至少1次。

（8）对不予起诉的未成年犯罪嫌疑人，能采取妥善措施，定期做好回访帮教工作。

3．教育系统

（1）加强校园安全管理，避免发生校园恶性伤害案件。

（2）所有学校建立法制副校长制度，聘请法院、检察、公安、司法等部门工作人员作为学校法制副校长。

（3）将青少年心理健康、青春期卫生和自我保护教育纳入教学体系，定期开展教育活动。

（4）加强对教师的管理和法律教育，杜绝体罚和变相体罚学生现象，尊重青少年隐私。

（5）严格控制流失生现象，积极实施素质教育，推进教育公平。

（6）做好对有不良行为学生的帮教转化工作，办好专门学校。对于被采取刑事强制措施的未成年学生，在人民法院的判决生效前，不得取消其学籍。

（7）关心帮助下岗职工、父母离异、服刑人员子女及生活困难的弱势青少年的生活、入学等问题。

（8）积极配合有关部门加强对学校周边环境的整治。

（9）关注非法"网吧"、毒品、不健康"口袋书"等影响青少年身心健康的社会问题，及时主动配合有关部门，予以有效解决。

4. 公安系统

（1）在办理未成年人刑事案件中认真贯彻落实《关于进一步建立和完善办理未成年人刑事案件配套工作体系的若干意见》，对未成年人优先考虑适用非羁押性强制措施，加强有效监管。

（2）在办理未成年人刑事（使用枪支、爆炸、剧毒、管制刀具等危险物品实施暴力犯罪的除外）、治安案（事）件和交通事故中，不使用戒具，不在新闻媒体上公开未成年当事人的身份。

（3）认真、快速办理未成年人被侵权的案件，及时发现、解救被拐卖的儿童，积极协助有关部门取缔非法雇佣童工。

（4）辖区内未发生中小学生、未成年人群死群伤的交通、火灾及其他治安灾害事故，未发生犯罪分子伤害师生、扰乱中小学校教学秩序的案件。

（5）辖区内无赌博性游戏机营业，学校周边200米内无营业性娱乐场所。

（6）与辖区内所有中小学校建立警校共建关系，加强校园及周边治安管理，派员担任法制副校长或法制辅导员，并开设法制教育、安全防范知识讲座。

（7）确定专门人员办理未成年人刑事案件，在办理未成年人违法犯罪案件中，严格依法办事，照顾未成年人的身心特点，尊重未成年人的人格尊严，保护未成年人的合法权益。

（8）实行审前羁押未成年人与羁押成年人的分别看管，加强对羁押青少年的监管、教育和改造工作。

（9）协同有关部门做好被判处非监禁刑、刑满释放、解除劳教和有轻微违法行为青少年的帮教工作，定期回访。

（10）加强与中小学校的联系，广泛开展文明上网、安全上网教育。严厉打击网上传播未成年人淫秽电子信息违法犯罪活动。

5. 民政系统

（1）积极发挥社区居民委员会、村民委员会的职能，大力开展社区青少年法制宣传、维权、教育等工作。

（2）对社区内的弱势青少年提供有效保护。

（3）积极做好福利机构内孤儿、弃婴的集中养育、照料护理、教育、康复等工作，切实保障其健康成长。

（4）认真做好社会散居孤儿生活保障工作。

（5）认真做好受艾滋病影响儿童福利保障工作。

（6）认真做好流浪未成年人的救助、保护，措施得力。

（7）在儿童福利机构和流浪未成年人救助保护机构中开展面向孤残儿童和流浪未成年人的心理健康教育辅导。

（8）依法做好儿童的收养审核登记工作，保护被收养儿童的合法权益，成效显著。

6. 司法行政系统

（1）在办理未成年人刑事案件中认真贯彻落实《关于进一步建立和完善办理未成年人刑事案件配套工作体系的若干意见》。司法行政机关社区矫正工作部门能够认真开展对未成年犯罪嫌疑人、被告人的社会调查。未成年犯管教所和司法行政机关社区矫正工作部门能主动了解服刑未成年人的身心特点，加强心理辅导，开展有益未成年人身心健康的活动，进行个别化教育矫治，比照成年人适当放宽报请减刑、假释等条件。

（2）积极与学校、社区协作开展青少年法制宣传教育活动，积极派员担任青少年法制教育辅导员并经常开展辅导工作。

（3）积极协调有关部门落实帮教力量，做好违法犯罪青少年的教育、挽救工作。

（4）司法所能确保有关青少年的纠纷调解成功率达95%以上；对涉及青少年的纠纷做到无因调处不当或不调处引起非正常死亡，无民事转为刑事案件，无群体性械斗，无纠纷积案；认真做好青少年社区服刑人员的社区矫正工作，矫正其不良心理和行为，使他们悔过自新、弃恶从善，成为守法公民，确保刑罚的顺利实施；积极协助基层政府做好青少年刑释解教人员的安置工作，安置率达80%以上，帮教率达95%以上。

（5）未成年犯管教所、监狱、劳教所能为未成年犯、未成年劳教人员接受义务教育提供必要的条件，监所建有教学场所，大中队建有图书（阅览）室、文体活动室等较为完善的学习活动场所，确保每人能按规定时间参加政治、文化、技术学习；根据未成年犯和未成年劳教人员的特点，坚持教育改造为主，适当辅之以习艺性劳动，培养劳动观念和技能；在接见、休假等方面，对未成年犯和未成年劳教人员给予照顾；建立心理咨询室，积极开展对未成年犯和未成年劳教人员的心理矫治工作，有专业人员定期进行心理辅导；紧跟社会需求，充分利用社会资源，按照国家职业技能标准和教学大纲组织开展职业技能培训，让他们掌握一技之长，增强就业谋生能力。

（6）律师事务所、公证处、法律服务所能够积极受理涉及青少年维权的法律服务，提供优先、优质、高效的法律服务；对无力支付法律服务费用的青少年当事人酌情减免费用，依法维护他们的合法权益。

（7）法律援助中心对符合法律援助条件的涉及青少年案件的受理率达100%；为青少年提供优质、高效、便捷的法律服务。

7. 人力资源和社会保障系统

（1）面向用人单位和青年职工开展人力资源社会保障法律、法规及政策方面的宣传教育，提高用人单位依法用工的水平，增强青年职工依法维护权益的意识。

（2）贯彻执行《禁止使用童工规定》，规范人力资源市场秩序，严厉打击使用童工的违法行为。

（3）监督用人单位执行对未成年工的特殊保护，不安排未成年工从事矿山井下、有毒有害、国家规定的第四级体力劳动强度的劳动和其他禁忌从事的劳动，对未成年工定期进行健康检查。

（4）督促用人单位为青年职工和未成年工缴纳社会保险费，对不进行社会保险登记、申报和缴费的企业，依法给予严肃处理。

（5）严厉打击不依法签订劳动合同、拖欠工资、违法延长工作时间等侵害进城务工青年合法权利的违法行为，切实保障进城务工青年的合法权益。

（6）积极组织青少年，特别是城乡应届初、高中毕业生未能继续升学的人员，开展劳动预备制培训，提升其技能水平和就业能力。

8. 文化系统

（1）加强对青少年文化活动的组织和指导，开展格调高雅、积极向上、健康有益的文化活动，丰富青少年文化生活。

（2）加强对网络游戏动漫、演出、互联网文化产品等文化市场的管理和引导，促进有益于青少年健康成长的网络游戏动漫、演出、互联网文化产品等文化产业的发展。

（3）博物馆、纪念馆、美术馆、图书馆、文化馆站等公益性文化场所对未成年人免费或优惠开放。

（4）加强面向未成年人的公益性上网场所的建设与管理，打造绿色上网空间，为未成年人提供安全、健康的上网环境。

（5）坚决查处和取缔互联网文化、游艺娱乐等文化市场中存在的宣扬反动、淫秽、色情、暴力恐怖、封建迷信内容的文化产品，依法查处和打击文化产品经营活动中的违法犯罪行为。

（6）加强对校园周边文化经营场所的管理，文化市场举报电话运行顺畅。

（7）依照《娱乐场所管理条例》规定，加强对未成年人进入娱乐场所的管理，对未成年人禁入和限入的娱乐场所，设立专门标志并经常性检查，对其中违反规定的依法查处。

（8）对网吧接纳未成年人行为做到严管重罚，有效杜绝未成年人违规进入网吧的现象。

9. 工商行政管理系统

（1）依法严厉打击经销危害青少年健康成长的各类商品的行为。

（2）配合有关部门大力开展"扫黄"、"打非"和禁毒斗争，积极营造有利于青少年健康成长的社会环境。

（3）及时受理和处理涉及青少年的消费纠纷，依法查处侵害青少年消费权益的案件，维护青少年的合法权益。

（4）依法查处危害青少年身心健康的非法涉性、低俗不良广告以及损害青少年合法权益的虚假违法广告。

10. 质检系统

（1）加大对青少年质量安全知识、质量法律法规的宣传教育，提高广大青少年的质量意识和自我维权意识。

（2）依法加强对青少年食品、用品的质量检测，对不符合质量标准的青少年食品、用品生产厂家和单位依法进行查处，监督企业保障青少年食品、用品的质量安全。

（3）依法加强对进口青少年食品、用品的质量监管，防止不符合我国质量标准的产品入境。

（4）对生产加工危害青少年健康的假冒伪劣产品的违法行为进行严厉打击，维护青少年的身心健康。

（5）对幼儿园、校园和青少年活动场所内的锅炉、压力容器（含气瓶）、电梯、大型游乐设施、客运索道等特种设备进行重点检查，给青少年创造安全的学习、活动环境。

11. 广播电影电视系统

（1）发挥广播电影电视的行业优势，制作宣传青少年法律和自我保护知识的广播、电影、电视作品。

（2）在"5·4"、"6·1"等与青少年密切相关的特殊节日期间，制作播放宣传青少年权益保护的广播、电影、电视节目和公益广告。

（3）坚决制止各种含有反动、淫秽、色情、暴力恐怖、封建迷信等危害青少年身心健康内容的广播、电影、电视节目的制作和播放。

（4）批评、揭露各种影响青少年健康成长的不良社会现象和恶性案件。

12. 新闻出版系统

（1）发挥新闻出版的行业优势，普及青少年法律保护知识，揭露、曝光侵害青少年权益的现象，并对典型案例进行报道。

（2）组织出版健康有益、丰富多彩、青少年喜闻乐见的出版物，为青少年提供优秀的精神食粮。

（3）在"5·4"、"6·1"等与青少年密切相关的特殊节日期间，在报纸、期刊等出版物上刊登宣传青少年权益保护的内容。

（4）严格监督管理报纸、期刊、图书、音像制品、电子出版物等出版物的出版、印刷、复制、发行和进口，加强对网络和数字出版的监管，坚决取缔非法出版物以及含有诱发青少年违法犯罪、宣扬淫秽色情、渲染暴力、迷信、赌博、恐怖活动等内容的出版物和盗版出版物。

（5）结合"扫黄打非"工作部署，加强对校园周边出版物经营场所的监督检查。

13. 综治系统

（1）县（市、区、旗）、乡镇（街道）综治办及乡镇（街道）综治工作中心领导班子、专职干部配备齐全，有固定的办公场所和经费保障，注重加强基层预防青少年违法犯罪工作组织建设，强化乡镇（街道）综治工作中心、村级综治办的预防青少年违法犯罪工作职能，建立健全预防工作网络，加强检查考评，落实预防工作责任制。

（2）加强调查研究，充分发挥乡镇（街道）综治工作中心、派出所、司法所、各类社区青少年活动中心等基层工作平台作用，通过专职社工、志愿者、"五老"人员发挥感情、友谊、信任等因素的作用，积极开展重点青少年群体教育帮助工作，加强对社区闲散青少年、有不良行为或严重不良行为青少年、服刑在教人员未成年子女、流浪乞讨青少年、农村留守儿童等青少年群体的教育、服务、帮助和管理。

（3）发挥社会治安综合治理体制机制优势，在组织开展群防群治、基层平安创建活动中，针对影响青少年健康成长的突出问题，组织有关部门认真开展与青少年有关的矛盾纠纷排查调处，积极开展社会文化环境专项整治行动和学校及周边社会治安专项整治行动，切实改善青少年成长的社会环境。

（4）协调辖区内有关部门做好青少年法制宣传教育，增强全社会对《中华人民共和国未成年人保护法》和《中华人民共和国预防未成年人犯罪法》等青少年法律法规的知晓率，依法保护青少年合法权益。

14. 共青团系统

（1）代表和维护青少年合法权益，对发生的侵害青少年合法权益事件，及时协调有关部门进行处理。

（2）关注辖区青少年权益状况，善于动员社会力量为青少年提供帮助、服务，促进青少年健康成长。

（3）积极引导青少年通过合法有序的渠道表达和维护自身权益。

（四）"青少年维权岗"的创建程序

"青少年维权岗"分全国、省（自治区、直辖市）、市（地、州、盟）、县（市、区、旗）四个层级，各级"青少年维权岗"原则上每两年开展一次考核命名。

1. 申报。"青少年维权岗"采用逐级申报的形式，申报创建全国级"青少年维权岗"的单位必须是省级"青少年维权岗"，依此类推。

2. 创建。申报单位通过审核后，进入两年的创建期。各级创建"青少年维权岗"活动领导小组在此期间对本级创建单位进行不定期检查。

3. 审核。在两年创建期满后，由各级创建"青少年维权岗"活动领导小组对创建单位进行审核。

4. 确定达标单位。根据创建期内对创建单位检查情况和创建期满审核结果，确定符合标准的"青少年维权岗"名单。

5. 公示。由各级创建"青少年维权岗"活动领导小组对达标拟命名的"青少年维权岗"集中公示，公示时间不少于一周，如发现不符合命名规定的，一经核实即取消该单位"青少年维权岗"命名资格。

6. 命名。由各级创建"青少年维权岗"活动领导小组授予本级"青少年维权岗"称号和牌匾。

7. 复核。"少年维权岗"命名两年期满后，创建"青少年维权岗"活动领导小组要组织复核，复核标准与命名审核标准相同。复核合格的，继续保留相应称号；复核不合格的，实行为期一年的整改，整改期满再次考核仍不合格的，取消称号并摘牌。通过两次复核的单位，如无特殊情况（注销、撤销），永久保留"青少年维权岗"称号，不再参加复核。

8. 注销。"青少年维权岗"因工作性质或工作内容变更，不再从事涉及青少年权益相关工作，其"青少年维权岗"称号自动取消，允许其将"青少年维权岗"牌匾留作纪念，但不得在公共场所悬挂。

9. 撤销。"青少年维权岗"或其成员发生以下任一情况，经检查核实，由原命名单位直接撤销其"青少年维权岗"称号，摘除其"青少年维权岗"牌匾，并将牌匾收归命名单位。

（1）创建单位集体有违反国家法律法规现象或主要负责人受刑事处罚。

（2）发生严重影响行业（系统）形象的重大工作失误。

（3）在创建和命名过程中弄虚作假，有欺报、瞒报、贿审等情况，经查属实。

（4）严重影响"青少年维权岗"荣誉的其他情形。

三、不断扩大创建"青少年维权岗"活动的社会影响

1. 深化"青少年维权岗在行动"活动。针对网络淫秽色情信息、"黑网吧"等危害青少年健康成长的突出问题，利用重要纪念性节日和寒暑假等时机，通过开展"维权岗行动月"、"维权岗行动日"等集中活动，动员组织各级"青少年维权岗"及创建单位进行联合治理。推动各级"青少年维权岗"及创建单位加强对社会文化环境的日常监管，进行有效治理。组织各级"青少年维权岗"及创建单位发挥工作场所和人员优势，广泛开展青少年喜闻乐见的自我保护和法制教育活动。发挥"青少年维权岗"贴近青少年的优势，组织开展"青少年维权岗进社区（村）"活动，就近就便解决青少年的问题。

2. 建立"青少年维权岗"激励体系。认真落实共青团与法院、检察、公安、司法行政等部门制定的"青少年维权岗"管理激励办法，其他部门也要把"青少年维权岗"纳入各自系统对基层单位的考核激励内容，推动基层党委政府制定对"青少年维权岗"单位的考核和激励制度，促进"青少年维权岗"单位更好地发挥作用。

3. 增强"青少年维权岗"的社会影响力。着力培育"青少年维权岗"品牌，通过为青少年努力办实事、求实效，培育良好的品牌形象。充分利用各种渠道，宣传"青少年维权岗"的做法和成效，提高青少年和社会各界对"青少年维权岗"的知晓度和认同度。及时发现和总结"青少年维权岗"有特色、有实效的先进经验和做法，充分发挥典型的示范引导作用，带动工作的整体发展。

四、切实加强对创建"青少年维权岗"活动的组织领导

1. 健全组织体系。共青团中央、各有关行业（系统）主管部门共同组成全国创建"青少年维权岗"活动领导小组，负责全国创建活动的总体规划和组织管理，创建活动办公室设在共青团中央维护青少年权益部。各地也应参照成立相应机构，建立健全对创建活动的组织领导体系。

2. 加强指导支持。创建活动领导小组各成员单位要结合本系统工作职能，加强对创建活动的指导，及时研究解决青少年维权工作中的新情况新问题，逐步形成具有行业特点的青少年维权服务形式和维权工作机制。各级综治部门、共青团组织要把创建工作纳入社会治安综合治理和预防青少年违法犯罪工作的考核体系，有条件的地方，可把创建"青少年维权岗"活动经费列入预防青少年违法犯罪工作预算。

3. 完善管理机制。各级创建活动办公室要建立完善档案管理制度，妥善整理保存"青少年维权岗"台账资料，每两年向上一级创建活动办公室报备本级"青少年维权岗"名单。要建立完善动态管理制度，聘请人大代表、政协委员、相关部门负责同志、新闻记者、青少年工作者、社会知名人士等担任青少年维权岗监督员，强化对"青少年维权岗"及创建单位的监督，对发现的问题，要监督"青少年维权岗"及创建单位及时整改。

中央综治委预防青少年违法犯罪工作领导小组
最高人民法院　最高人民检察院　公安部　司法部　共青团中央
关于进一步建立和完善办理未成年人刑事案件配套工作体系的若干意见
（综治委 2010 年 8 月 28 日　预青领联字〔2010〕1 号）

为进一步贯彻落实对违法犯罪未成年人"教育、感化、挽救"的方针及"教育为主，惩罚为辅"的原则，贯彻落实《中华人民共和国未成年人保护法》、《中华人民共和国预防未成年人犯罪法》和"宽严相济"的刑事政策，完善我国未成年人司法制度，现就进一步建立和完善办理未成年人刑事案件相互配套工作体系的若干问题，提出如下意见。

一、进一步建立、巩固和完善办理未成年人刑事案件专门机构

建立健全办理未成年人刑事案件的专门机构，是做好未成年人司法保护，预防、矫治、减少未成年人违法犯罪工作的重要保障。各级公安机关、人民检察院、人民法院、司法行政机关应当充分重视，加强办理未成年人刑事案件专门机构和专门队伍建设。

1. 公安部、省级和地市级公安机关应当指定相应机构负责指导办理未成年人刑事案件。区县级公安机关一般应当在派出所和刑侦部门设立办理未成年人刑事案件的专门小组，未成年人刑事案件数量较少的，可以指定专人办理。

2. 最高人民检察院和省级人民检察院应当设立指导办理未成年人刑事案件的专门机构。地市级人民检察院和区县级人民检察院一般应当设立办理未成年人刑事案件的专门机构或专门小组，条件不具备的，应当指定专人办理。

3. 最高人民法院和高级人民法院应当设立少年法庭工作办公室。中级人民法院和基层人民法院一般应当建立审理未成年人刑事案件的专门机构，条件不具备的，应当指定专人办理。

4. 司法部和省级司法行政机关应当加强对办理未成年人刑事案件配套工作的指导，成立相关工作指导小组。地市级和区县级司法行政机关所属法律援助机构应当成立未成年人法律援助事务部门，负责组织办理未成年人的法律援助事务，条件不具备的，应当指定专人办理。司法行政机关社区矫正工作部门一般应当设立专门小组或指定专人负责未成年人的社区矫正工作。

5. 各级公安机关、人民检察院、人民法院、司法行政机关应当选任政治、业务素质好，熟悉未成年人特点，具有犯罪学、社会学、心理学、教育学等方面知识的人员办理未成年人刑事案件，并注意通过加强培训、指导，提高相关人员的专业水平。对办理未成年人刑事案件的专门人员应当根据具体工作内容采用不同于办理成年人刑事案件的工作绩效指标进行考核。

6. 有条件的地区，办理未成年人刑事案件的专门机构可以根据实际情况办理被害人系未成年人的刑事案件。

二、进一步加强对涉案未成年人合法权益的保护

在办理未成年人刑事案件中，加强对涉案未成年人的保护，是维护人权、实现司法公正的客观要求，是保障刑事诉讼活动顺利进行的需要。各级公安机关、人民检察院、人民法院、司法行政机关应当在办理未成年人刑事案件的各个阶段积极采取有效措施，尊重和维护涉案未成年人的合法权益。

（一）对未成年犯罪嫌疑人、被告人、罪犯合法权益的保护

1. 办理未成年人刑事案件，在不违反法律规定的前提下，应当按照最有利于未成年人和适合未成年人身心特点的方式进行，充分保障未成年人合法权益。

2. 办理未成年人刑事案件过程中，应当注意保护未成年人的名誉，尊重未成年人的人格尊严，新闻报道、影视节目、公开出版物、网络等不得公开或传播未成年人的姓名、住所、照片、图像以及可能推断出该未成年人的其他资料。

对违反此规定的单位，广播电视管理及新闻出版等部门应当提出处理意见，作出相应处理。

3. 办理未成年人刑事案件，应当在依照法定程序办案和保证办理案件质

量的前提下，尽量迅速办理，减少刑事诉讼对未成年人的不利影响。

4. 未成年人与成年人共同犯罪的案件，一般应当分案起诉和审判；情况特殊不宜分案办理的案件，对未成年人应当采取适当的保护措施。

5. 在未成年犯罪嫌疑人、被告人被讯问或者开庭审理时，应当通知其法定代理人到场。看守所经审核身份无误后，应当允许法定代理人与办案人员共同进入讯问场所。

对未成年人采取拘留、逮捕等强制措施后，除有碍侦查或者无法通知的情形以外，应当在 24 小时以内通知其法定代理人或家属。

法定代理人无法或不宜到场的，可以经未成年犯罪嫌疑人、被告人同意或按其意愿通知其他关系密切的亲属朋友、社会工作者、教师、律师等合适成年人到场。讯问未成年犯罪嫌疑人、被告人，应当根据该未成年人的特点和案件情况，制定详细的讯问提纲，采取适宜该未成年人的方式进行，讯问用语应当准确易懂。讯问时，应当告知其依法享有的诉讼权利，告知其如实供述案件事实的法律规定和意义，核实其是否有自首、立功、检举揭发等表现，听取其有罪的供述或者无罪、罪轻的辩解。讯问女性未成年犯罪嫌疑人、被告人，应当由女性办案人员进行或者有女性办案人员参加。讯问未成年犯罪嫌疑人、被告人一般不得使用戒具，对于确有人身危险性，必须使用戒具的，在现实危险消除后，应当立即停止使用。

6. 办理未成年人刑事案件，应当结合对未成年犯罪嫌疑人背景情况的社会调查，注意听取未成年人本人、法定代理人、辩护人、被害人等有关人员的意见。应当注意未成年犯罪嫌疑人、被告人是否有被胁迫情节，是否存在成年人教唆犯罪、传授犯罪方法或者利用未成年人实施犯罪的情况。

7. 公安机关办理未成年人刑事案件，对未成年人应优先考虑适用非羁押性强制措施，加强有效监管；羁押性强制措施应依法慎用，比照成年人严格适用条件。办理未成年人刑事案件不以拘留率、逮捕率或起诉率作为工作考核指标。

对被羁押的未成年人应当与成年人分别关押、管理，有条件的看守所可以设立专门的未成年人监区。有条件的看守所可以对被羁押的未成年人区分被指控犯罪的轻重、类型分别关押、管理。

未成年犯罪嫌疑人、被告人入所后服从管理、依法变更强制措施不致发生社会危险性，能够保证诉讼正常进行的，公安机关、人民检察院、人民法院应当及时变更强制措施；看守所应提请有关办案部门办理其他非羁押性强制措施。

在第一次对未成年犯罪嫌疑人讯问时或自采取强制措施之日起，公安机关应当告知未成年人及其法定代理人有关诉讼权利和义务，在告知其有权委托辩护人的同时，应当告知其如果经济困难，可以向法律援助机构申请法律援助，并提供程序上的保障。

8. 人民检察院办理未成年人刑事案件，应当讯问未成年犯罪嫌疑人，坚持依法少捕慎诉。对于必须起诉的未成年人刑事案件，查明未成年被告人具有法定从轻、减轻情节及悔罪表现的，应当提出从轻或者减轻处罚的建议；符合法律规定的缓刑条件的，应当明确提出适用缓刑的量刑建议。办理未成年人刑事案件不以批捕率、起诉率等情况作为工作考核指标。

在审查批捕和审查起诉阶段，人民检察院应当告知未成年犯罪嫌疑人及其法定代理人有关诉讼权利和义务，在告知其有权委托辩护人的同时，应当告知其如果经济困难，可以向法律援助机构申请法律援助，并提供程序上的保障。

人民检察院应当加强对未成年人刑事案件侦查、审判、监管和刑罚执行活动的法律监督，建立长效监督机制，切实防止和纠正违法办案、侵害未成年人合法权益的行为。

9. 未成年犯罪嫌疑人及其法定代理人提出委托辩护人意向，但因经济困难或者其他原因没有委托的，公安机关、人民检察院应当依法为其申请法律援助提供帮助。

开庭时未满十八周岁的未成年被告人没有委托辩护人的，人民法院应当指定承担法律援助义务的律师为其提供辩护。

10. 对开庭审理时未满十六周岁的未成年人刑事案件，一律不公开审理。对开庭审理时已满十六周岁未满十八周岁的未成年人刑事案件，一般也不公开审理；如有必要公开审理的，必须经本级人民法院院长批准，并应适当限制旁听人数和范围。

11. 看守所、未成年犯管教所和司法行政机关社区矫正工作部门应当了解服刑未成年人的身心特点，加强心理辅导，开展有益未成年人身心健康的活动，进行个别化教育矫治，比照成年人适当放宽报请减刑、假释等条件。

12. 对于未成年犯罪嫌疑人、被告人及其法定代理人的法律援助申请，法律援助机构应当优先审查；经审查符合条件的，应当提供法律援助。人民法院为未成年被告人指定辩护的，法律援助机构应当提供法律援助。

（二）未成年被害人、证人合法权益的保护

1. 办理未成年人刑事案件，应当注意保护未成年被害人的合法权益，注意对未成年被害人进行心理疏导和自我保护教育。

2. 办理未成年人刑事案件，应当注意保护未成年被害人的名誉，尊重未成年被害人的人格尊严，新闻报道、影视节目、公开出版物、网络等不得公开或传播该未成年被害人的姓名、住所、照片、图像以及可能推断出该未成年人的资料。

对违反此规定的单位，广播电视管理及新闻出版等部门应当提出处理意见，作出相应处理。

3. 对未成年被害人、证人，特别是性犯罪被害人进行询问时，应当依法选择有利于未成年人的场所，采取和缓的询问方式进行，并通知法定代理人到场。

对性犯罪被害人进行询问，一般应当由女性办案人员进行或者有女性办案人员在场。

法定代理人无法或不宜到场的，可以经未成年被害人、证人同意或按其意愿通知有关成年人到场。应当注意避免因询问方式不当而可能对其身心产生的不利影响。

4. 办理未成年人刑事案件，应当告知未成年被害人及其法定代理人诉讼权利义务、参与诉讼方式。除有碍案件办理的情形外，应当告知未成年被害人及其法定代理人案件进展情况、案件处理结果，并对有关情况予以说明。

对于可能不立案或撤销案件、不起诉、判处非监禁刑的未成年人刑事案件，应当听取被害人及其法定代理人的意见。

5. 对未成年被害人及其法定代理人提出委托诉讼代理人意向，但因经济困难或者其他原因没有委托的，公安机关、人民检察院、人民法院应当帮助其申请法律援助，法律援助机构应当依法为其提供法律援助。

6. 未成年被害人、证人经人民法院准许的，一般可以不出庭作证；或在采取相应保护措施后出庭作证。

7. 公安机关、人民检察院、人民法院、司法行政机关应当推动未成年犯罪嫌疑人、被告人、罪犯与被害人之间的和解，可以将未成年犯罪嫌疑人、被告人、罪犯赔偿被害人的经济损失、取得被害人谅解等情况作为酌情从轻处理或减刑、假释的依据。

三、进一步加强公安机关、人民检察院、人民法院、司法行政机关的协调与配合

公安机关、人民检察院、人民法院、司法行政机关在办理未成年人刑事案件中建立的相互协调与配合的工作机制，是我国未成年人司法制度的重要内容，也是更好地维护未成年人合法权益、预防和减少未成年人违法犯罪的客观需要。为此，各级公安机关、人民检察院、人民法院、司法行政机关应当注意工作各环节的衔接和配合，进一步建立、健全配套工作制度。

（一）对未成年犯罪嫌疑人、被告人的社会调查

公安机关、人民检察院、人民法院、司法行政机关在办理未成年人刑事案件和执行刑罚时，应当综合考虑案件事实和社会调查报告的内容。

1. 社会调查由未成年犯罪嫌疑人、被告人户籍所在地或居住地的司法行政机关社区矫正工作部门负责。司法行政机关社区矫正工作部门可联合相关部门开展社会调查，或委托共青团组织以及其他社会组织协助调查。

社会调查机关应当对未成年犯罪嫌疑人的性格特点、家庭情况、社会交往、成长经历、是否具备有效监护条件或者社会帮教措施，以及涉嫌犯罪前后表现等情况进行调查，并作出书面报告。

对因犯罪嫌疑人不讲真实姓名、住址，身份不明，无法进行社会调查的，社会调查机关应当作出书面说明。

2. 公安机关在办理未成年人刑事案件时，应当收集有关犯罪嫌疑人办案期间表现或者具有逮捕必要性的证据，并及时通知司法行政机关社区矫正工作部门开展社会调查；在收到社会调查机关作出的社会调查报告后，应当认真审查，综合案情，作出是否提请批捕、移送起诉的决定。

公安机关提请人民检察院审查批捕或移送审查起诉的未成年人刑事案件，应当将犯罪嫌疑人办案期间表现等材料和经公安机关审查的社会调查报告等随案移送人民检察院。社区矫正工作部门无法进行社会调查的或无法在规定期限内提供社会调查报告的书面说明等材料也应当随案移送人民检察院。

3. 人民检察院在办理未成年人刑事案件时，应当认真审查公安机关移送的社会调查报告或无法进行社会调查的书面说明、办案期间表现等材料，全面掌握案情和未成年人的身心特点，作为教育和办案的参考。对于公安机关没有随案移送上述材料的，人民检察院可以要求公安机关提供，公安机关应当提供。

人民检察院提起公诉的未成年人刑事案件，社会调查报告、办案期间表现等材料应当随案移送人民法院。

4. 人民法院在办理未成年人刑事案件时，应当全面审查人民检察院移送的社会调查报告或无法进行社会调查的书面说明、办案期间表现等材料，并将社会调查报告作为教育和量刑的参考。对于人民检察院没有随案移送上述材料的，人民法院可以要求人民检察院提供，人民检察院应当提供。

人民法院应当在判决生效后，及时将社会调查报告、办案期间表现等材料连同刑罚执行文书，送达执行机关。

5. 执行机关在执行刑罚时应当根据社会调查报告、办案期间表现等材料，

对未成年罪犯进行个别化教育矫治。人民法院没有随案移送上述材料的，执行机关可以要求人民法院移送，人民法院应当移送。

6. 司法行政机关社区矫正工作部门、共青团组织或其他社会组织应当接受公安机关、人民检察院、人民法院的委托，承担对未成年人的社会调查和社区矫正可行性评估工作，及时完成并反馈调查评估结果。

社会调查过程中，公安机关、人民检察院、人民法院应为社会调查员提供必要的便利条件。

（二）未成年犯罪嫌疑人、被告人年龄的查证与审核

1. 公安机关在办理未成年人刑事案件时，应当查清未成年犯罪嫌疑人作案时的实际年龄，注意农历年龄、户籍登记年龄与实际年龄等情况。特别是应当将未成年犯罪嫌疑人是否已满十四、十六、十八周岁的临界年龄，作为重要案件事实予以查清。

公安机关移送人民检察院审查批捕和审查起诉的未成年人刑事案件，应当附有未成年犯罪嫌疑人已达到刑事责任年龄的证据。对于没有充分证据证明未成年犯罪嫌疑人作案时已经达到法定刑事责任年龄且确实无法查清的，公安机关应当依法作出有利于未成年人的认定和处理。

2. 人民检察院在办理未成年人刑事案件时，如发现年龄证据缺失或者不充分，或者未成年犯罪嫌疑人及其法定代理人基于相关证据对年龄证据提出异议等情况，可能影响案件认定的，在审查批捕时，应当要求公安机关补充证据，公安机关不能提供充分证据的，应当作出不予批准逮捕的决定，并通知公安机关补充侦查；在审查起诉过程中，应当退回公安机关补充侦查或自行侦查。补充侦查仍不能证明未成年人作案时已达到法定刑事责任年龄的，人民检察院应当依法作出有利于未成年犯罪嫌疑人的认定和处理。

3. 人民法院对提起公诉的未成年人刑事案件进行审理时，应当着重审查未成年被告人的年龄证据。对于未成年被告人年龄证据缺失或者不充分，应当通知人民检察院补充提供或调查核实，人民检察院认为需要进一步补充侦查向人民法院提出建议的，人民法院依法可以延期审理。没有充分证据证明被告人实施被指控的犯罪时已经达到法定刑事责任年龄且确实无法查明的，人民法院应当依法作出有利于未成年被告人的认定和处理。

（三）对未成年犯罪嫌疑人、被告人的教育、矫治

1. 公安机关、人民检察院、人民法院、司法行政机关在办理未成年人刑事案件和执行刑罚时，应当结合具体案情，采取符合未成年人身心特点的方法，开展有针对性的教育、感化、挽救工作。

对于因犯罪情节轻微不立案、撤销案件、不起诉或判处非监禁刑、免予刑

事处罚的未成年人，公安机关、人民检察院、人民法院应当视案件情况对未成年人予以训诫、责令具结悔过、赔礼道歉、责令赔偿等，并要求法定代理人或其他监护人加强监管。同时，公安机关、人民检察院、人民法院应当配合有关部门落实社会帮教、就学就业和生活保障等事宜，并适时进行回访考察。

因不满刑事责任年龄不予刑事处罚的未成年人，应当责令法定代理人或其他监护人加以管教，并落实就学事宜。学校、法定代理人或其他监护人无力管教或者管教无效，适宜送专门学校的，可以按照有关规定将其送专门学校。必要时，可以根据有关法律对其收容教养。

2. 公安机关应当配合司法行政机关社区矫正工作部门开展社区矫正工作，建立协作机制，切实做好未成年社区服刑人员的监督，对脱管、漏管等违反社区矫正管理规定的未成年社区服刑人员依法采取惩戒措施，对重新违法犯罪的未成年社区服刑人员及时依法处理。人民检察院依法对社区矫正活动实行监督。

3. 人民检察院派员出庭依法指控犯罪时，要适时对未成年被告人进行教育。

4. 在审理未成年人刑事案件过程中，人民法院在法庭调查和辩论终结后，应当根据案件的具体情况组织到庭的诉讼参与人对未成年被告人进行教育。对于判处非监禁刑的未成年人，人民法院应当在判决生效后及时将有关法律文书送达未成年人户籍所在地或居住地的司法行政机关社区矫正工作部门。

5. 未成年犯管教所可以进一步开展完善试工试学工作。对于决定暂予监外执行和假释的未成年犯，未成年犯管教所应当将社会调查报告、服刑期间表现等材料及时送达未成年人户籍所在地或居住地的司法行政机关社区矫正工作部门。

6. 司法行政机关社区矫正工作部门应当在公安机关配合和支持下负责未成年社区服刑人员的监督管理与教育矫治，做好对未成年社区服刑人员的日常矫治、行为考核和帮困扶助、刑罚执行建议等工作。

对未成年社区服刑人员应坚持教育矫正为主，并与成年人分开进行。

对于被撤销假释、缓刑的未成年社区服刑人员，司法行政机关社区矫正工作部门应当及时将未成年人社会调查报告、社区服刑期间表现等材料送达当地负责的公安机关和人民检察院。

7. 各级司法行政机关应当加大安置帮教工作力度，加强与社区、劳动和社会保障、教育、民政、共青团等部门、组织的联系与协作，切实做好刑满释放、解除劳动教养未成年人的教育、培训、就业、戒除恶习、适应社会生活及生活保障等工作。

8. 对未成年犯的档案应严格保密，建立档案的有效管理制度；对违法和轻微犯罪的未成年人，有条件的地区可以试行行政处罚和轻罪纪录消灭制度。非有法定事由，不得公开未成年人的行政处罚记录和被刑事立案、采取刑事强制措施、不起诉或因轻微犯罪被判处刑罚的记录。

四、建立健全办理未成年人刑事案件配套工作的协调和监督机制

建立健全办理未成年人刑事案件配套工作的协调和监督机制，开展规范有序的协调监督工作，是促进未成年人司法配套工作体系建设，形成工作合力的重要举措。

1. 各级预防青少年违法犯罪工作领导小组是办理未成年人刑事案件配套工作的综合协调机构，应当定期主持召开未成年人司法工作联席会议，及时研究协调解决存在的问题和困难，总结推广成熟有效的工作经验。

2. 各级预防青少年违法犯罪工作领导小组应当协调有关部门和社会组织做好被帮教未成年人的就学、就业及生活保障等问题。

3. 预防青少年违法犯罪工作领导小组负责每年对公安机关、人民检察院、人民法院、司法行政机关执行《意见》及未成年人司法制度建设的情况进行考评，考评结果纳入平安建设、社会治安综合治理目标考核体系。对于在办理未成年人刑事案件过程中涌现出的先进集体和个人予以表彰。

社区矫正实施办法（节录）

（2012 年 1 月 10 日发布　自 2012 年 3 月 1 日起施行）

第三十三条　对未成年人实施社区矫正，应当遵循教育、感化、挽救的方针，按照下列规定执行：

（一）对未成年人的社区矫正应当与成年人分开进行；

（二）对未成年社区矫正人员给予身份保护，其矫正宣告不公开进行，其矫正档案应当保密；

（三）未成年社区矫正人员的矫正小组应当有熟悉青少年成长特点的人员参加；

（四）针对未成年人的年龄、心理特点和身心发育需要等特殊情况，采取有益于其身心健康发展的监督管理措施；

（五）采用易为未成年人接受的方式，开展思想、法制、道德教育和心理辅导；

（六）协调有关部门为未成年社区矫正人员就学、就业等提供帮助；

（七）督促未成年社区矫正人员的监护人履行监护职责，承担抚养、管教等义务；

（八）采取其他有利于未成年社区矫正人员改过自新、融入正常社会生活的必要措施。

犯罪的时候不满十八周岁被判处五年有期徒刑以下刑罚的社区矫正人员，适用前款规定。

四、未成年人权利保护的国际公约和司法准则

联合国儿童权利公约

（1989 年 11 月 20 日 第 44 届联合国大会通过）

序　　言

本公约缔约国，考虑到按照《联合国宪章》所宣布的原则，对人类家庭所有成员的固有尊严及其平等和不移的权利的承认，乃是世界自由、正义与和平的基础，铭记联合国人民在《宪章》中重申对基本人权和人格尊严与价值的信念，并决心促成更广泛自由中的社会进步及更高的生活水平，认识到联合国在《世界人权宣言》和关于人权的两项国际公约中宣布和同意；

人人有资格享受这些文书中所载的一切权利和自由，不因种族、肤色、性别、语言、宗教、政治或其他见解、国籍或社会出身、财产、出生或其他身份等而有任何区别，回顾联合国在《世界人权宣言》中宣布：儿童有权享受特别照料和协助，深信家庭作为社会的基本单元，作为家庭的所有成员、特别是儿童的成长和幸福的自然环境，应获得必要的保护和协助，以充分负起它在社会上的责任，确认为了充分而和谐地发展其个性，应让儿童在家庭环境里，在幸福、亲爱和谅解的气氛中成长，考虑到应充分培养儿童可在社会上独立生活，并在《联合国宪章》宣布的理想的精神下，特别是在和平、尊严、宽容、自由、平等和团结的精神下，抚养他们成长。

铭记给予儿童特殊照料的需要已在 1924 年《日内瓦儿童权利宣言》和在大会 1959 年 11 月 20 日通过的《儿童权力宣言》中予以申明，并在《世界人权宣言》、《公民权力和政治权力国际公约》（特别是第 23 和 24 条）、《经济、社会、文化权力国际公约》（特别是第 10 条）以及关心儿童福利的各专门结构和国际组织的章程及有关文书中得到确认。

铭记如《儿童权力宣言》所示，"儿童因身心尚未成熟，在其出生以前和以后均需要特殊的保护和照料，包括法律上的适当保护"。

回顾《关于儿童保护和儿童福利、特别是国内和国际寄养和收养办法的社会和法律原则宣言》、《联合国少年司法最低限度标准规则》（北京规则）以及《在非常状态和武装冲突中保护妇女和儿童宣言》。

确认世界各国都有生活在极端困难下的儿童，对这些儿童需要给予特别的照顾。

适当考虑到每一民族的传统及文化价值对儿童的保护及和谐发展的重要性。

确认国际合作对于改善每一国家、特别是发展中国家儿童的生活条件的重要性。

兹协议如下：

第一部分

第一条　为本公约之目的，儿童系指 18 岁以下的任何人，除非对其适用之法律规定成年年龄低于 18 岁。

第二条　1. 缔约国应遵守本公约所载列的权利，并确保其管辖范围内的每一儿童均享受此种权利，不因儿童或其父母或法定监护人的种族、肤色、性别、语言、宗教、政治或其他见解、民族、族裔或社会出身、财产、伤残、出生或其他身份而有任何差别。

2. 缔约国应采取一切适当措施确保儿童得到保护，不受基于儿童父母、法定监护人或家庭成员的身份、活动、所表达的观点或信仰而加诸的一切形式的歧视或惩罚。

第三条　1. 关于儿童的一切行为，不论是由公私社会福利机构、法院、行政当局或立法机构执行，均应以儿童的最大利益为一种首要考虑。

2. 缔约国承担确保儿童享有其幸福所必需的保护和照料，考虑到其父母、法定监护人、或任何对其负有法律责任的个人的权利和义务，并为此采取一切适当的立法和行政措施。

3. 缔约国应确保负责照料或保护儿童的结构、服务部门及设施符合主管当局规定的标准，尤其是安全、卫生、工作人员数目和资格以及有效监督方面的标准。

第四条　缔约国应采取一切适当的立法、行政和其他以实现本公约所确认的权利。关于经济、社会及文化权利，缔约国应根据其现有资源所允许的最大限度并视需要在国际合作范围内采取此类措施。

第五条　缔约国应尊重父母或于适用时尊重当地习俗认定的大家庭或社会成员、法定监护人或其他对儿童负有法律责任的人以下的责任、权利义务，以符合儿童不同阶段上、接受能力的方式适当指导和引导儿童行使本公约所确认的权利。

第六条 1. 缔约国确认每个儿童均有固有的生命权。

2. 缔约国应最大限度地确保儿童的存活与发展。

第七条 1. 儿童出生后应立即登记，并有自出生起获得姓名的权利，有获得国籍的权利，以及尽可能知道谁是其父母并受其父母照料的权利。

2. 缔约国应确保这些权利按照本国法律及其根据有关国际文书在这一领域承担的义务予以实施，尤应注意不如此儿童即无国籍之情形。

第八条 1. 缔约国承担尊重儿童维护其身份包括法律所承认的国籍、姓名及家庭关系而不受非法干扰的权利。

2. 如有儿童被非法剥夺其身份方面的部分或全部要素，缔约国应提供适当协助和保护，以便迅速重新确立其身份。

第九条 1. 缔约国应确保不违背儿童父母的意愿使儿童和父母分离，除非主管当局按照适用的法律和程序，经法院的审查，判定这样的分离符合儿童的最大利益而确有必要。在诸如由于父母的虐待或忽视、或父母分居而必须确定儿童居住地点的特殊情况下，这种裁决可能有必要。

2. 凡按本条第 1 款进行诉讼，均应给予所有有关方面以参加诉讼并阐明自己意见的机会。

3. 缔约国应尊重与父母一方或双方分离的儿童同父母经常保持个人关系及直接联系的权利，但违反儿童最大利益者除外。

4. 如果这种分离是因缔约国对父母一方或双方或对儿童所采取的任何行动，诸如拘留、监禁、流放、驱逐或死亡（包括该人在该国拘禁中因任何原因而死亡所致，该缔约国应按请求将该等家庭成员下落的基本情况告知父母、儿童或适当时告知另一家庭成员，除非提供这类情况会有损儿童的福祉，缔约国还应确保有关人员不致因提出这种请求而承受不利后果。

第十条 1. 按照第九条第一款所规定的缔约国的义务，对于儿童或其父母要求进入或离开一缔约国以便与家人团聚的申请，缔约国应以积极的人道主义态度迅速予以办理。缔约国还应确保申请人及其家庭成员不致因提出这类请求而承受不利后果。

2. 方面居住在不同国家的儿童，除特殊情况以外，应有权同父母双方经常保持个人关系和直接关系。为此目的，并按照第 9 条第 1 款所规定的缔约国的义务，缔约国应尊重儿童及其父母离开包括其本国在内的任何国家和进入其本国的权利。离开任何国家的权利只应受法律所规定并为保护国家安全、公共秩序、公共卫生或道德、或他人的权利和自由所必需且与本公约所承认的其他权利不相抵触的限制约束。

第十一条　1. 缔约国应采取措施制止非法将儿童转移国外和不使返回本国的行为。

2. 为此目的，缔约国应致力缔结双边或多边协定或加入现有协定。

第十二条　1. 缔约国应确保有主见能力的儿童有权对影响到其本人的一切事项自由发表自己的意见，对儿童的意见应按照其年龄和成熟程度给以适当的看待。

2. 为此目的，儿童特别应有机会在影响到儿童的任何司法和行政诉讼中，以符合国家法律的诉讼规则的方式，直接或通过代表或适当机构陈述意见。

第十三条　1. 儿童应有自由发表言论的权利；此项权利应包括通过口头、书面或印刷、艺术形成或儿童所选择的任何其他媒介，寻求、接受和传递各种信心和思想的自由，而不论国界。

2. 此项权利的行使可受某些限制约束，但这些限制仅限于法律所规定并为以下目的所必需：

（A）尊重他人的权利和名誉；

（B）保护国家安全或公共秩序或公共卫生或道德。

第十四条　1. 缔约国应遵守儿童享有思想、信仰和宗教自由的权利。

2. 缔约国应尊重方面并于适用时尊重法定监护人以下的权利和义务，以符合儿童不同阶段接受能力的方式指导儿童行使其权利。

3. 表明个人宗教或信仰的自由，仅受法律所规定并为保护公共安全、秩序、卫生或道德或他人之基本权利和自由所必需的这类限制约束。

第十五条　1. 缔约国确认儿童享有结社自由及和平集会自由的权利。

2. 对此项权利的行使不得加以限制，除非符合法律所规定并在民主社会中为国家安全、公共秩序、保护公共卫生或道德或保护他人的权利和自由所必需。

第十六条　1. 儿童的隐私、家庭、住宅或通信不受任意或非法干涉，其荣誉和名誉不受非法攻击。

2. 儿童有权享受法律保护，以免受这类干涉或攻击。

第十七条　缔外国确认大众传播媒介的重要作用，并应确保儿童能够从多种的国家和国际来源获得信息和资料，尤其是旨在促进其社会、精神和道德福祉和身心健康的信息和资料。为此目的，缔约国应：

（A）鼓励大众传播媒介本着第29条约精神散播在社会和文化方面有益于儿童的信息和资料；

（B）鼓励在编制、交流和散播来自不同文化、国家和国际来源的这类信息和资料方面进行国际合作；

（C）鼓励儿童读物的著作和普及；

（D）鼓励大众传播媒介特别注意属于少数群体或土著居民的儿童在语言方面的需要；

（E）鼓励根据第 13 条和第 18 条的规定制定适当的准则，保护儿童不受可能损害其福祉的信息和资料之害。

第十八条 1. 缔约国应尽其最大努力，确保父母双方对儿童的养育和发展负有共同责任的原则得到确认。父母、或视具体情况而定的法定监护人对儿童的养育和发展负有首要责任。儿童的最大利益将是他们主要关心的事。

2. 为保证和促进本公约所列举的权利，缔约国应在父母和法定监护人履行其抚养儿童的责任方面给予适当协助，并应确保发展育儿机构、设施和服务。

3. 缔约国应采取一切适当措施确保就业父母的子女有权享受他们有资格得到的托儿服务和设施。

第十九条 1. 缔约国应采取一切适当的立法、行政、社会和教育措施，保护儿童在受父母；法定监护人或其他任何负责照管儿童的人的照料时，不致受到任何形式的身心摧残、伤害或凌辱，忽视或照料不周，虐待或剥削，包括性侵犯。

2. 这类保护性措施应酌情包括采取有效程序以建立社会方案，向儿童和负责照管儿童的人提供必要的支助，采取其他预防形式，查明、报告、查询、调查、处理和追究前述的虐待儿童事件，以及在适当时进行司法干预。

第二十条 1. 暂时或永久脱离家庭环境的儿童，或为其最大利益不得在这种环境中继续生活的儿童，应有权得到国家的特别保护和协助。

2. 缔约国应按照本国法律确保此类儿童得到其他方式的照顾。

3. 这种照顾除其他外，包括寄养、伊斯兰法的"卡法拉"（监护）、收养或者必要时安置在适当的育儿机构中。在考虑解决办法时，应适当注意有必要使儿童的培养教育具有连续性和注意儿童的族裔、宗教、文化和语言背景。

第二十一条 凡承认和（或）许可收养制度的国家应确保以儿童的最大利益为首要考虑并应：

（A）确保只有经主管当局按照适用的法律和程序并根据所有有关可靠的资料，判定鉴于儿童有关父母、亲属和法定监护人方面的情况可允许收养，并且判定必要时有关人士已根据可能必要的辅导对收养表示知情的同意，方可批准儿童的收养；

（B）确认如果儿童不能安置于寄养或收养家庭，或不能以任何适当方式在儿童原籍国加以照料，跨国收养可视为照料儿童的一个替代办法；

（C）确保得到跨国收养的儿童享有与本国收养相当的保障和标准；

（D）采取一切适当措施确保跨国收养的安排不致使所涉人士获得不正当的财务收益；

（E）在适当时通过缔结双边或多边安排或协定促成本条的目标，并在这一范围内努力确保由主管当局或机构负责安排儿童在另一国收养的事宜。

第二十二条　1. 缔约国应采取适当措施，确保申请难民身份的儿童或按照适用的国际法或国内法及程序可视为难民的儿童，不论有无父母或其他任何人的陪同，均可得到适当的保护和人道主义援助，以享有本公约和该有关国家为其缔约国的其他国际人权和或人道主义文书所规定的可适用权利。

2. 为此目的，缔约国应对联合国和与联合国合作的其他主管的政府间组织或非政府组织所作的任何努力提供其认为适当的合作，以保护和援助这类儿童，并为只身的难民儿童追寻其父母或其他家庭成员，以获得必要的消息使其家庭团聚。在寻不着父母或其他家庭成员的情况下，也应使该儿童获得与其他任何由于任何原因而永久或暂时脱离家庭环境的儿童按照本公约的规定所得到的同样的保护。

第二十三条　1. 缔约国确认身心有残疾的儿童应能在确保其尊严、促进其自立、有利于其积极参与社会生活的条件下享有充实而适当的生活。

2. 缔约国确认残疾儿童有接受特别照顾的权利，应鼓励并确保在现有资源范围内，依据申请斟酌儿童的情况和儿童的父母或其他照料人的情况，对合格儿童及负责照料该儿童的人提供援助。

3. 鉴于残疾儿童的特殊需要，考虑到儿童的父母或其他照料人的经济情况，在可能时应免费提供按照本条第 2 款给予的援助，这些援助的目的应是确保残疾儿童能有效地获得和接受教育、培训、保健服务、康复服务，就业准备和娱乐机会，其方式应有助于该儿童尽可能充分地参与社会，实现个人发展，包括其文化和精神方面的发展。

4. 缔约国应本着国际合作精神，在预防保健以及残疾儿童的医疗、心理治疗和功能治疗领域促进交换适当资料，包括散播和获得有关康复教育方法和职业服务方面的资料，以其使缔约国能够在这些领域提高其能力和技术并扩大其经验。在这方面，应特别考虑到发展中国家的需要。

第二十四条　1. 缔约国确认儿童有权享有可达到的最高标准的健康，并享有医疗和康复设施；缔约国应努力确保没有任何儿童被剥夺获得这种保健服务的权利。

2. 缔约国应致力充分实现这一权利，特别是应采取适当措施，以：

（A）降低婴幼儿死亡率；

（B）确保向所有儿童提供必要的医疗援助和保健，侧重发展初级保健；

（C）消除疾病和营养不良现象，包括在初级保健范围内利用现有可得的技术和提供充足的营养食品和清洁饮水，要考虑到环境污染的危险和风险；

（D）确保母亲得到适当的产前和产后保健；

（E）确保向社会各阶层、特别是向父母和儿童介绍有关儿童保健和营养、母乳育婴优点、个人卫生和环境卫生及防止意外事故的基本知识，使他们得到这方面的教育并帮助他们应用这种基本知识；

（F）开展预防保健、对父母的指导以及计划生育教育和服务。

3. 缔约国应致力采取一切有效和适当的措施，以期废除对儿童健康有害的传统习俗。

4. 缔约国承担促进和鼓励国际合作，以期逐步充分实现本条所确认的权利。在这方面，应特别考虑到发展中国家的需要。

第二十五条　缔约国确认在有关当局为照料、保护或治疗儿童身心健康的目的下受到安置的儿童，有权获得对给予的治疗以及与所受安置有关的所有其他情况进行定期审查。

第二十六条　1. 缔约国应确认每个儿童有权受益于社会保障、包括社会保险，并应根据其国内法律采取必要措施充分实现这一权利。

2. 提供福利时应酌情考虑儿童及负有赡养儿童义务的人的经济情况和环境，以及与儿童提出或代其提出的福利申请有关的其他方面因素。

第二十七条　1. 缔约国确认每个儿童均有权享有足以促进其生理、心理、精神、道德和社会发展的生活水平。

2. 父母或其他负责照顾儿童的人负有在其能力和经济条件许可范围内确保儿童发展所需生活条件的首要责任。

3. 缔约国按照本国条件并其能力范围内，应采取适当措施帮助父母或其他负责照顾儿童的人实现此项权利，并在需要时提供物质援助和支助方案，特别是在营养、衣着和住房方面。

4. 缔约国应采取一切适当措施，向在本国境内或境外儿童的父母或其他对儿童负有经济责任的人追索儿童的赡养费。尤其是，遇对儿童负有经济责任的人住在与儿童不同的国家的情况时，缔约国应促进加入国际协定或缔结此类协定以及作出其他适当安排。

第二十八条　1. 缔约国确认儿童有受教育的权利，为在机会均等的基础上逐步实现此项权利，缔约国尤应：

（A）实现全面的免费义务小学教育；

（B）鼓励发展不同形式的中学教育、包括普通和职业教育，使所有儿童均能享有和接受这种教育，并采取适当措施，诸如实行免费教育和对有需要的人提供津贴；

（C）根据能力以一切适当方式使所有人均有受高等教育的机会；

（D）使所有儿童均能得到教育和职业方面的资料和指导；

（E）采取措施鼓励学生按时出勤和降低辍学率。

2. 缔约国应采取一切适当措施，确保学校执行纪律的方式符合儿童的人格尊严及本公约的规定。

3. 缔约国应促进和鼓励有关教育事项方面的国际合作，特别着眼于在全世界消灭愚昧与文盲，并便利获得科技知识和现代教学方法。在这方面，应特别考虑到发展中国家的需要。

第二十九条　1. 缔约国一致认为教育儿童的目的应是：

（A）最充分地发展儿童的个性、才智和身心能力；

（B）培养对人权和基本自由以及《联合国宪章》所载各项原则的尊重；

（C）培养对儿童的父母、儿童自身的文化认同、语言和价值观、儿童所居住国家的民族价值观、其原籍国以及不同于其本国的文明的尊重；

（D）培养儿童本着各国人民、族裔、民族和宗教群体以及原为土著居民的人之间谅解、和平、宽容、男女平等和友好的精神，在自由社会里过有责任感的生活；

（E）培养对自然环境的尊重。

2. 对本条或第 28 条任何部分的解释均不得干涉个人和团体建立和指导教育机构的自由，但须始终遵守本条第一款载列的原则，并遵守在这类机构中实行的教育应符合国家可能规定的最低限度标准的要求。

第三十条　在那些存在有族裔、宗教或语言方面属于少数人或原为土著居民的人的国家，不得剥夺属于这种少数人或原为土著居民的儿童与其群体的其他成员共同享有自己的文化、信奉自己的宗教并举行宗教仪式或使用自己的语言的权利。

第三十一条　1. 缔约国确认儿童有权享有休息和闲暇，从事与儿童年龄相宜的游戏和娱乐活动，以及自由参加文化生活和艺术活动。

2. 缔约国应尊重并促进儿童充分参加文化和艺术生活的权利，并应鼓励提供从事文化、艺术、娱乐和休闲活动的适当和均等的机会。

第三十二条　1. 缔约国确认儿童有权受到保护，以免受经济剥削和从事任何可能妨碍或影响儿童教育或有害儿童健康或身体、心理、精神、道德或社会发展的工作。

2. 缔约国应采取立法、行政、社会和教育措施确保本条得到执行。为此目的，并鉴于其他国际文书的有关规定，缔约国尤应：

（A）规定受雇的最低年龄；

（B）规定有关工作时间和条件的适当规则；

（C）规定适当的惩罚或其他制裁措施以确保本条得到有效执行。

第三十三条　缔约国应采取一切适当措施，包括立法、行政、社会和教育措施，保护儿童不受非法使用有关国际条约中界定的麻醉药品和精神药物，并防止利用儿童从事非法生产和贩运此类药物。

第三十四条　缔约国承担保护儿童免遭一切形式的色情剥削和性侵犯之害，为此目的，缔约国尤应采取一切适当的国家、双边和多边措施，以防止：

（A）引诱或强迫儿童从事任何非法的性生活；

（B）利用儿童卖淫或从事其他非法的性行为；

（C）利用儿童进行淫秽表演和充当淫秽题材。

第三十五条　缔约国应采取一切适当的国家、双边和多边措施，以防止为任何目的或以任何形式诱拐、买卖或贩运儿童。

第三十六条　缔约国应保护儿童免遭有损儿童福利的任行方面的一切其他形式的剥削之害。

第三十七条　缔约国应确保：

（A）任何儿童不受酷刑或其他形式的残忍、不人道或有辱人格的待遇或处罚。对未满 18 岁的人所犯罪行不得判以死刑或无释放可能的无期徒刑；

（B）不得非法或任意剥夺任何儿童的自由。对儿童的逮捕、拘留或监禁应符合法律规定并仅应作为最后手段，期限应为最短的适当时间；

（C）所有被剥夺自由的儿童应受到人道待遇，其人格固有尊严应受尊重，并应考虑到他们这个年龄的人的需要的方式加以对待。特别是，所有被剥夺自由的儿童应同成人隔开，除非认为反之最有利于儿童，并有权通过信件和探访同家人保持联系，但特殊情况除外；

（D）所有被剥夺自由的儿童均有权迅速获得法律及其他适当援助，并有权向法院或其他独立公正的主管当局就其被剥夺自由一事之合法性提出异议，并有权迅速就任何此类行动得到裁定。

第三十八条　1. 缔约国承担尊重并确保尊重在武装冲突中对其适用的国际人道主义法律中有关业童的规则。

2. 缔约国应采取一切可行措施确保未满 15 岁的人不直接参加敌对行动。

3. 缔约国应避免招募任何未满 15 岁的人加入武装部队。在招募已满 15 岁但未满 18 岁的人时，缔约国应致力首先考虑年龄最大者。

4. 缔约国按照国际人道主义法律规定它们在武装冲突中保护平民人口的

义务，应采取一切可行措施确保保护和照料受武装冲突影响的儿童。

第三十九条　缔约国应采取一切适当措施，促使遭受下述情况之害的儿童身心得以康复并重返社会：任何形式的忽视、剥削或凌辱虐待；酷刑或任何其他形式的残忍、不人道或有辱人格的待遇或处罚；或武装冲突。此种康复和重返社会应在一种能促进儿童的健康、自尊和尊严的环境中进行。

第四十条　1. 缔约国确认被指称、指控或认为触犯刑法的儿童有权得到符合以下情况方式的待遇，促进其尊严和价值感并增强其对他人的人权和基本自由的尊重。这种待遇应考虑到其年龄和促进其重返社会并在社会中发挥积极作用的愿望。

2. 为此目的，并鉴于国际文书的有关规定，缔约国尤应确保：

（A）任何儿童不得以行为或不行为之时本国法律或国际法不禁止的行为或不行为之理由被指称、指控或认为触犯刑法；

（B）所有被指称或指控触犯刑法的儿童至少应得到下列保证：

（一）在依法判定有罪之前应视为无罪；

（二）迅速直接地被告知其被控罪名，适当时应通过其父母或法定监护人告知，并获得准备和提出辩护所需的法律或其他适当协助；

（三）要求独立公正的主管当局或司法机构在其得到法律或其他适当协助的情况下，通过依法公正审理迅速作出判决，并且须有其父母或法定监护人在场，除非认为这样做不符合儿童的最大利益，特别要考虑到其年龄或状况；

（四）不得被迫作口供或认罪；应可盘问或要求盘问不利的证人，并在平等条件下要求证人为其出庭和接受盘问；

（五）若被判定触犯刑法，有权要求高一级独立公正的主管当局或司法机构依法复查此一判决及由此对之采取的任何措施；

（六）若儿童不懂或不会说所用语言，有权免费得到口译人员的协助；

（七）其隐私在诉讼的所有阶段均得到充分尊重。

3. 缔约国应致力于促进规定或建立专门适用于被指称、指控或确认为触犯刑法的儿童的法律、程序、当局和机构，尤应：

（A）规定最低年龄，在此年龄以下的儿童应视为无触犯刑法之行为能力；

（B）在适当和必要时，制订不对此类儿童诉诸司法程序的措施，但须充分尊重人权和法律保障。

4. 应采用多种处理办法，诸如照管、指导和监督令、辅导、察看、寄养、教育和职业培训方案及不交由机构照管的其他办法，以确保处理儿童的方式符合其福祉并与其情况和违法行为相称。

第四十一条　本公约的任何规定不应影响更有利于实现儿童权利且可能载于下述文件中的任何规定：

（A）缔约国的法律；

（B）对该国有效。

第二部分

第四十二条　缔约国承担以适当的积极手段，使成人和儿童都能普遍知晓本公约的原则和规定。

第四十三条　1. 为审查缔约国在履行根据本公约所承担的义务方面取得的进展，应设立儿童权利委员会，执行下文所规定的职能。

2. 委员会应由 10 名品德高尚并在本公约所涉领域具有公认能力的专家组成。委员会成员应由缔约国从其国民中选出，并应以个人身份任职，但须考虑到公平地域分配原则及主要法系。

3. 委员会成员应以无记名表决方式从缔约国提名的人选名单中选举产生。每一缔约国可从其本国国民中提名一位人选。

4. 委员会的初次选举应最迟不晚于本公约生效之日后的六个月进行；此后每两年举行一次。联合国秘书长应至少在选举之日前四个月函请缔约国在两个月内提出其提名的人选。秘书长随后应将已提名的所有人选按字母顺序编成名单，注明提名此等人选的缔约国，分送本公约缔约国。

5. 选举应在联合国总部由秘书长召开的缔约国会议上进行。在此等会议上，应以三分之二缔约国出席作为会议的法定人数，得票最多且占出席并参加表决缔约国代表绝对多数票者，当选为委员会成员。

6. 委员会成员任期四年。成员如获再次提名，应可连选连任。在第一次选举产生的成员中，有 5 名成员的任期应在两年结束时届满；会议主席应在第一次选举之后立即以抽签方式选定这 5 名成员。

7. 如果委员会某一成员死亡或辞职或宣称因任何其他原因不再能履行委员会的职责，提名该成员的缔约国应从其国民中指定另一名专家接替余下的任期，但须经委员会批准。

8. 委员会应自行制订其议事规则。

9. 委员会应自行选举其主席团成员，任期两年。

10. 委员会会议通常应在联合国总部或在委员会决定的任何其他方便地点举行。委员会通常应每年举行一次会议。委员会的会期应由本公约缔约国会议决定并在必要时加以审查，但需经大会核准。

11. 联合国秘书长应为委员会有效履行本公约所规定的职责提供必要的工

作人员和设施。

12. 根据本公约设立的委员会的成员，经大会核可，得从联合国资源领取薪酬，其条件由大会决定。

第四十四条　1. 缔约国承担按下述办法，通过联合国秘书长，向委员会提交关于它们为实现本公约确认的权利所采取的措施以及关于这些权利的享有方面的进展情况的报告：

（A）在本公约对有关缔约国生效后两年内；

（B）此后每五年一次。

2. 根据本条提交的报告应指明可能影响本公约规定的义务履行程度的任何因素和困难。报告还应载有充分的资料，以使委员会全面了解本公约在该国的实施情况。

3. 缔约国若已向委员会提交全面的初次报会，就无须在其以后按照本条第 1 款（B）项提交的报告中重复原先已提供的基本资料。

4. 委员会可要求缔约国进一步提供与本公约实施情况有关的资料。

5. 委员会应通过经济及社会理事会每两年向大会提交一次关于其活动的报告。

6. 缔约国应向其本国的公众广泛供应其报告。

第四十五条　为促进本公约的有效实施和鼓励在本公约所涉领域进行国际合作：

（A）各专门机构、联合国儿童基金会和联合国其他机构应有权派代表列席对本公约中属于它们职责范围内的条款的实施情况的审议。委员会可邀请各专门机构、联合国儿童基金会以及它可能认为合适的其他有关机关就本公约在属于它们各自职责范围内的领域的实施问题提供专家意见。委员会可邀请各专门机构、联合国儿童基金会和联合国其他机构就本公约在属于它们活动范围内的领域的实施情况提交报告；

（B）委员会在其可能认为适当时应向各专门机构、联合国儿童基全会和其他有关机构转交缔约国要求或说明需要技术咨询或援助的任何报告以及委员会就此类要求或说明提出的任何意见和建议；

（C）委员会可建议大会请秘书长代表委员会对有关儿童权利的具体问题进行研究；

（D）委员会可根据依照本公约第 44 条和 45 条收到的资料提出提议和一般性建议。此类提议和一般性建议应转交有关的任何缔约国并连同缔约国作出的任何评论一并报告大会。

第三部分

第四十六条　本公约应向所有国家开放供签署。

第四十七条　本公约须经批准。批准书应交存联合国秘书长。

第四十八条　本公约应向所有国家开放供加入。加入书应交存于联合国秘书长。

第四十九条　1. 本公约自第二十份批准书或加入书交存联合国秘书长之日后的第三十天生效。

2. 本公约对于在第二十份批准书或加入书交存之后批准或加入本公约的国家，自其批准书或加入书交存之日后的第三十天生效。

第五十条　1. 任何缔约国均可提出修正案，提交给联合国秘书长。秘书长应立即将提议的修正案通知缔约国，并请它们表明是否赞成召开缔约国会议以审议提案并进行表决。如果在此类通知发出之日后的四个月内，至少有三分之一的缔约国赞成召开这样的会议，秘书长应在联合国主持下召开会议。经出席会议并参加表决的缔约国多数通过的任何修正案应提交大会批准。

2. 根据本条第 1 款通过的修正案若获大会批准并为缔约国三分之二多数所接受，即行生效。

3. 修正案一旦生效，即应对接受该项修正案的缔约国具有约束力，其他缔约国则仍受本公约各项条款和它们已接受的任何早先的修正案的约束。

第五十一条　1. 秘书长应接受各国在批准或加入时提出的保留，并分发给所有国家。

2. 不得提出内容与本公约目标和宗旨相抵触的保留。

3. 缔约国可随时向联合国秘书长提出通知，请求撤销保留，并由他将此情况通知所有国家。通知于秘书长收到当日起生效。

第五十二条　缔约国可以书面通知联合国秘书长退出本公约。秘书长收到通知之日起一年后退约即行生效。

第五十三条　指定联合国秘书长为本公约的保管人。

第五十四条　本公约的阿拉伯文、中文、英文、法文、俄文和西班牙文文本具有同等效力，应交存联合国秘书长。

下列全权代表，经各自政府正式授权，在本公约上签字，以资证明。

联合国少年司法最低限度标准规则

（1985 年 11 月 29 日联合国第 40/33 号决议在北京通过）

第一部分　总　　则

1. 基本观点

1.1　会员国应努力按照其总的利益来促进少年及其家庭的福利。

1.2　会员国应尽力创造条件确保少年能在社会上过有意义的生活，并在其一生中最易沾染不良行为的时期使其成长和受教育的过程尽可能不受犯罪和不法行为的影响。

1.3　应充分注意采取积极措施，这些措施涉及充分调动所有可能的资源，包括家庭、志愿人员及其他社区团体以及学校和其他社区机构，以便促进少年的幸福，减少根据法律进行干预的必要，并在他们触犯法律时对他们加以有效、公平及合乎人道的处理。

1.4　少年司法应视为是在对所有少年实行社会正义的全面范围内的各国发展进程的一个组成部分，同时还应视为有助于保护青少年和维护社会的安宁秩序。

1.5　应根据每个会员国的经济、社会和文化情况来执行本原则。

1.6　应逐步地建立和协调少年司法机关，以便提高和保持这些机关工作人员的能力，包括他们的方法、着手办法和态度。

说明：

这些主要的基本观点涉及总的社会政策，旨在尽可能促进少年的幸福，从而尽量减少少年司法制度进行干预的必要。这样做也可减少任何干预可能带来的害处。在不法行为发生前为青少年采取这类照管措施是旨在避免产生有适用本规则之需要的基本政策手段。

规则 1.1 至 1.3 说明了积极的少年社会政策所起的重要作用，尤其在预防少年犯罪和不法行为方面的重要作用。规则 1.4 规定少年司法是为少年取得社会公理的一个组成部分，而规则 1.6 则谈到有必要经常改进少年司法，不使其落后于一般关于少年的渐进社会政策的发展，并切记有必要不断改善工作人员的服务。规则 1.5 力求考虑到会员国的现状，这些现状势必会使会员国执行具体规则的方式互不相同。

2. 规则的范围和采用的定义

2.1　下列最低限度标准规则应公平适用于少年罪犯，不应有任何区别，例如种族、肤色、性别、语言、宗教、政治或其他见解、民族本源或社会出身、财产、血统或其他身份地位的区别。

2.2 为了本规则的目的，会员国应在符合本国法律制度和法律概念的情况下应用下列定义：

（A）少年系指按照各国法律制度，对其违法行为可以不同于成年人的方式进行处理的儿童或少年人；

（B）违法行为系指按照各国法律制度可由法律加以惩处的任何行为（行为或不行为）；

（C）少年犯系指被指控犯有违法行为或被判定犯有违法行为的儿童或少年人。

2.3 应努力在每个国家司法管辖权范围内制订一套专门适用于少年犯的法律、规则和规定，并建立受权实施少年司法的机构和机关，其目的是：

（A）满足少年犯的不同需要，同时保护他们的基本权利；

（B）满足社会的需要；

（C）彻底和公平地执行上述规则。

说明：

特意拟就本最低限度标准规则以使在不同的法律制度内适用，同时规定了一些无论根据哪种关于少年的定义和任何对待少年犯的制度都可用于处理少年犯的最低限度标准。实施本规则时应始终公平对待和不加任何区别。

因此规则 2.1 强调了公平和不加任何区别地实行本规则的重要性。这条规则遵循了《儿童权利宣言》原则 2 的拟写方式。

规则 2.2 界定"少年"和"违法行为"是"少年犯"概念的组成部分，少年犯是本最低限度标准规则的主要对象（另见规则 3 和 4）。应当指出的是，年龄限度将取决于各国本身的法律制度，并对此做了明文规定，从而充分尊重会员国的经济、社会、政治、文化和法律制度。这样，在"少年"的定义下，年龄幅度很大，从 7 岁到 18 岁或 18 岁以上不等。鉴于各国法律制度的不同，这种差别似乎是难免的，而且不会削弱本最低限度标准规则的作用。

规则 2.3 说明有必要制订具体的国家立法，以便合法地和符合实际地适当执行本最低限度标准规则。

3. 规则应用范围的扩大

3.1 本规则的有关规定不仅适用于少年犯，而且也适用于可能因犯有对成年人不予惩处的任何具体行为而被起诉的少年。

3.2 应致力将本规则中体现的原则扩大应用于所有受到保护福利和教管程序对待的少年。

3.3　还应致力将本规则中体现的原则扩大应用于年纪轻的成年罪犯。

说明：

规则 3 把少年司法最低限度标准规则的保护扩大到下列范围：

（A）各国法律制度中所称的"身份罪"，在这方面少年的违法行为范围较成人为广（如旷课、在学校和家庭不服管教、公共场所酗酒等）（规则3.1）；

（B）少年福利和教管程序（规则3.2）；

（C）处理年轻的成年罪犯的程序，当然取决于每一特定的年龄限度（规则3.3）。

将本规则的应用范围扩大到上述 3 个方面似乎是有道理的。规则 3.1 规定了这些方面最低限度的保证。人们认为，规则 3.2 是迈向对所有触犯法律的少年提供比较公正、公平、合乎人道的司法待遇的可喜的一步。

4. 刑事责任年龄

4.1　在承认少年负刑事责任的年龄这一概念的法律制度中，该年龄的起点不应规定得太低，应考虑到情绪和心智成熟的实际情况。

说明：

由于历史和文化的原因，负刑事责任的最小年龄差别很大。现代的做法是考虑一个儿童是否能达到负刑事责任的精神和心理要求，即根据孩子本人的辨别和理解能力来决定其是否能对本质上反社会的行为负责。如果将刑事责任的年龄规定得太低或根本没有年龄限度的下限，那么责任概念就会失去意义。总之，不法行为或犯罪行为的责任概念与其他社会权利和责任（如婚姻状况、法定成年等）密切有关。

因此，应当作出努力以便就国际上都适用的合理的最低年龄限度的问题取得一致意见。

5. 少年司法的目的

5.1　少年司法制度应强调少年的幸福，并应确保对少年犯作出的任何反应均应与罪犯和违法行为情况相称。

说明：

规则 5 提到了少年司法问题两个最重要的目的。第一个目的是增进少年的幸福。这是那些由家庭法院或行政当局来处理少年犯的法律制度的一个重点，但是，在那些遵循刑事法院模式的法律制度中也应当对少年的幸福给予重视强调，从而可以避免只采用惩罚性的处分（并参看规则14）。

第二个目的是"相称原则"。这一原则作为限制采取惩罚性处分的一种手段是众所周知的，而这一原则在大多数情况下表现为对违法行为的严重性有公正的估量。不仅应当根据违法行为的严重程度而且也应根据本人的情况来对少年犯作出反应。罪犯个人的情况（如：社会地位、家庭情况、罪行造成的危害或影响个人情况的其他因素）应对作出相称的反应产生影响（如：考虑到罪犯为赔偿受害人而作出的努力，或注意到其愿意重新做人过有益生活的表示）。

由于同样的原因，旨在确保少年犯的幸福所做的反应也许会超过需要，因而侵犯了少年个人的基本权利，在某些少年司法制度中就存在这类情况。在这方面，应当确保对罪犯的情况和对违法行为、包括受害人的情况所作出的反应也要相称。

实质上，规则 5 要求的正是在任何少年违法和犯罪案件中作出公正反应。这条规则中包括的问题也许会有助于促进下两个方面的进展：既需要新的和创新的反应形式，又需要防止不适当地扩大对少年的正规社会约束网。

6. 处理权限

6.1　鉴于少年的各种不同特殊需要，而且可采取的措施也多种多样，应允许在诉讼的各个阶段和少年司法的各级——包括调查、检控、审判和后续处置安排，有适当的处理权限。

6.2　但是，应尽量确保所有各阶段和各级在行使任何这种处理权时充分承担责任。

6.3　行使处理权的人应具有特别资历或经过特别训练，能够根据自己的职责和权限明智地行使这种处理权。

说明：

规则 6.1、6.2 和 6.3 结合了有效、公正与合乎人道的少年司法的几个重要特点：必须允许在各级重要的诉讼程序中行使自由处理权，这样使有决定权的人能够对每一案件采取最适当的行动；必须规定进行核查和制衡，以便制止任何滥用自由处理权的现象并保护少年犯的权利。追究责任和专业化对制止扩大处理权是一种最为恰当的手段。因此，这里强调了专业条件和培训专家的重要性，对确保明智地处理少年犯问题是一种宝贵的手段（并参看规则 1.6 和2.22）。在这方面，还强调了需要制订行使处理权的具体准则和对审查、上诉等制度作出规定，以便可以对裁决和责任进行检查。这些内容在这里没有具体列明，因为在国际最低限度标准规则中很难包含这些内容，也不可能包括各种司法制度的所有差别。

7. 少年的权利

7.1　在诉讼的各个阶段，应保证基本程序方面的保障措施，诸如假定无罪指控罪状通知本人的权利、保持沉默的权利、请律师的权利、要求父亲或母亲或监护人在场的权利、与证人对质的权利和向上级机关上诉的权利。

说明：

规则 7.1 强调了几个重要问题，这些问题是进行公平合理审判的基本内容，并且在现有的一些人权文献中已得到了国际上的承认（并参看规则 14）。例如：在《世界人权宣言》第 11 条和《公民权利和政治权利国际公约》第 14 条第 2 款中，都有假定无罪这方面的内容。

规则 14 以下的这些最低限度标准规则特别具体规定了对少年犯的诉讼程序中的一些重要问题，而规则 7.1 只是一般地确认了最基本的程序方面的保障措施。

8. 保护隐私

8.1　应在各个阶段尊重少年犯享有隐私的权利，以避免由于不适当的宣传或加以点名而对其造成伤害。

8.2　原则上不应公布可能会导致使人认出某一少年犯的资料。

说明：

规则 8 强调了保护少年犯罪享有隐私权的重要性。青少年特别易沾污名烙印。犯罪学方面对于这种加以点名问题的研究表明，将少年老是看成是"少年犯"或"罪犯"会造成（各种不同的）有害影响。

规则 8 还强调了保护少年犯不受由于传播工具公布有关案件的情况（例如被指控或定罪的少年犯的姓名）而造成的有害影响的重要性。少年犯的个人利益应当受到保护或维护，至少在原则上应如此（规则 8 的一般性内容在规则 21 中将做进一步的规定）。

9. 保留条款

9.1　本规则的任何部分都不应解释为排除应用联合国所通过的《囚犯待遇最低限度标准规则》和其他人权文书以及国际社会所承认的有关照顾和保护青少年的准则。

说明：

规则 9 旨在避免在根据现有或正在制定的国际人权文书和标准中所载原则解释和实施本规则时出现任何误解——这些文书如《世界人权宣言》；《经济、社会、文化权利国际公约》和《公民权利和政治权利国际公约》；《儿童权利宣言》和《儿童权利公约》草案。应该认识到，本规则的适用不影响可能载有适用范围更广泛的规定的任何这类国际文书（并参看规则 27）。

第二部分　调查和检控

10. 初步接触

10.1　一俟逮捕就应立即将少年犯被捕之事通知其父母或监护人，如无法立即通知，即应在随后尽快通知其父母或监护人。

10.2　法官或其他主管人员或主管机关应不加拖延地考虑释放问题。

10.3　应设法安排执法机构与少年犯的接触，以便在充分考虑到案件发生情况的条件下，尊重少年的法律地位，促进少年的福利，避免对其造成伤害。

说明：

《囚犯待遇最低标准规则》第92条在原则上已包括了规则10.1。

法官或其他主管人员应不加拖延地考虑释放问题（规则10.2）。主管人员系该词最广义所指的任何人员或机关，包括有权释放任何被捕的人的社区委员会或警察当局。（并参看《公民权利和政治权利国际公约》第9条第3款）。

规则10.3涉及警察和其他执法人员在处理少年罪行时的某些基本程序问题和行为。大家公认，"避免伤害"的措辞比较灵活，它包括可能互相影响的许多特点（例如恶语相伤，身体暴行或环境影响等）。触犯少年司法程序本身对少年就可能是"有害的"；因此，"避免伤害"应首先广义地解释为尽可能不伤害到少年，以及尽可能不造成其他任何或无故的伤害。这在与执法机构的初步接触中特别重要，因为这可能深刻地影响到少年对国家和社会的态度。而且，任何进一步的干预是否成功，在很大程度上取决于这种初步接触。在这种情况下，同情和宽厚坚定的态度极为重要。

11. 观护办法

11.1　应酌情考虑在处理少年犯时尽可能不提交下面规则14.1中提到的主管当局正式审判。

11.2　应授权处理少年犯案件的警察、检察机关或其他机构按照各法律系统为此目的规定的标准以及本规则所载的原则自行处置这种案件，无需依靠正式审讯。

11.3　任何涉及把少年犯安排到适当社区或其他部门观护的办法都应征得少年、其父母或监护人的同意，但此种安排决定在执行前需经主管当局审查。

11.4　为便利自行处置少年案件，应致力提供各种社会方案诸如短期监督和指导对受害者的赔偿和补偿等等。

说明：

观护办法，包括免除刑事司法诉讼程序并且经常转交社区支助部门，是许多法律制度中正规和非正规的通常做法。这种办法能够防止少年司法中进一步采取的诉讼程序的消极作用（例如被定罪和判刑带来的烙印）。许多时候不干预可能是最佳的对策。因而，在一开始就采取观护办法而不转交替代性的（社会）部门可能是适当的对策。当罪行性质不严重，家庭、学校或进行非正规社会约束的其他机关已经以或可能会以适当的和建设性的方式作出反应时，情况尤其是如此。

规则11.2指出，警察、检察机关或法院、仲裁庭、委员会或理事会等其他机构可在作出决定的任何阶段采用观护办法。可以由一个、几个或全部当局根据各法律制度的规则和政策并遵循本规则来施行这种做法，这些做法不一定局限于性质较轻的案件，从而能使观护办法成为一种重要的工具。

规则11.3强调取得少年犯（或父或母或监护人）对建议的观护措施的同意这一要求的重要性。（转送社区服务而不征得这种同意，将违反《废止强迫劳动公约》。）但是对这种同意也并非不能表示反对，因为，这种同意有时完全是由于少年出于走投无路的绝望心情才同意的。这一规则强调，在观护的各个阶段中，都应尽力减少强制和威胁的可能性。少年不应感到有压力（如避免出庭）或被迫同意接受观护方案。因此，最好作出规定，以便由"主管当局在执行前"客观地评价对少年犯的处置是否适宜。（"主管当局"可不同于规则14所指的当局。）

规则11.4建议，以社区观护办法作为代替少年司法诉讼程序的可行办法。特别推举以赔偿受害者的方式来了结的方案以及通过短时期监督和指导以避免将来触犯法律事件的方案。视个别案件情况有必要采取适当观护方法，即使是当犯有比较严重的罪行（例如初犯，由于同伙的压力而犯下罪行等）。

12. 警察内部的专业化

12.1　为了圆满地履行其职责，经常或专门同少年打交道的警官或主要从事防止少年犯罪的警官应接受专门指导和训练。在大城市里，应为此目的设立特种警察小组。

说明：

规则12提请人们注意，必须对从事少年司法的所有执法人员提供专门训练。由于警察是与少年司法制度发生接触的第一步，因此，他们的行为必须有充分认识而且恰当，这一点极为重要。

都市化与犯罪的关系十分复杂，少年犯罪行为的增加是与大城市的发展特别是无计划的迅速发展存在着联系的。因此，特种警察小组不仅对实施本文件中所载的具体原则（如规则1.6）是不可缺少的，而且，从广义上说，对改善少年犯罪的预防和控制及少年犯罪的处理也是不可缺少的。

13. 审前拘留

13.1　审前拘留应仅作为万不得已的手段使用，而且时间尽可能短。

13.2　如有可能，应采取其他替代办法，诸如密切监视、加强看管或安置在一个家庭或一个教育机关或环境内。

13.3　审前拘留的少年有权享有联合国所通过的《囚犯待遇最低限度标准规则》内载的所有权利和保障。

13.4　审前拘留的少年应与成年人分开看管，应拘留在一个单独的监所或拘留在成年人监所的单独部分。

13.5　看管期间，少年应接受按照他们的年龄、性别和个性所需要的照顾、保护和一切必要的社会、教育、职业、心理、医疗和物质方面的个人援助。

说明：

不应低估在审前拘留期间"犯罪污染"对少年的危害性。因此，强调需要采取替代性措施是极为重要的。为此目的，规则13.1鼓励制定新的和创新的措施以便为了少年的利益而避免采取这种拘留。

审前拘留的少年享有《囚犯待遇最低限制标准规则》以及《公民权利和政治权利国际公约》所规定的一切权利和保障，特别是第9条和第10条第2（B）款和第3款规定的权利和保障。

规则13.4不妨碍各国采取其他至少与本规则所提措施同样有效的对付少年罪犯的不利影响的措施。

列举了可能必要的各种不同的援助方式，以提请人们注意拘留少年应获解决的特别需求的广泛性质（例如少女和少男、吸毒酗酒、患精神病的少年以及由于被逮捕而精神上受到创伤的少年人等）。

受拘留少年的不同的身心特点可能要求采取分类措施，从而对审前拘留的某些人实行单独看管，这样能避免少年受害，并提供更为恰当的援助。

第六届联合国预防犯罪和罪犯待遇大会在其关于少年司法标准的第4号决议规定，本规则除其他外，应反映出这一基本原则，即审前拘留应仅作为万不得已的手段使用，未成年人不应被关押在易受成年被拘留者不良影响的设施中，并始终应考虑到他们发育成长阶段所特有的需要。

第三部分　审判和处理

14. 审判主管当局

14.1　少年罪犯的案件未（按规则11）转送观护机构时，则应由主管当局（法院、仲裁、委员会、理事会等）按照公平合理审判的原则对其加以处理。

14.2　诉讼程序应按照最有利于少年的方式和在谅解的气氛下进行，应允许少年参与诉讼程序，并且自由地表达自己的意见。

说明：

要拟订一个可充当普遍称为审判当局的主管机关或个人的定义是很困难的。"主管当局"包法院或仲裁庭的主持人（由 1 名法官或几名法官组成，包括专业和非专业地方法官）以及行政管理委员会（如苏格兰和斯堪的纳维亚的制度）或其他更加非正规的带有审判性质的社会机构和解决冲突机构。

处理少年罪犯的程序在任何时候均应遵守在称为"正当法律程序"的程序下几乎普遍适用于任何刑事被告的最低限度标准。根据正当法律程序，"公平合理审判"应包括如下的基本保障：假定无罪、证人出庭和受询问、公共的法律辩护、保持沉默的权利、在审讯时最后发言的权利、上诉的权利等（并参看规则 7.1）。

15.　**法律顾问、父母和监护人**

15.1　在整个诉讼程序中，少年应有权由 1 名法律顾问代表，或在提供义务法律援助的国家申请这种法律援助。

15.2　父母或监护人应有权参加诉讼，主管当局可以要求他们为了少年的利益参加诉讼。但是如果有理由认为，为了保护少年的利益必须排除他们参加诉讼，则主管当局可以拒绝他们参加。

说明：

规则 15.1 采用了同《囚犯待遇最低限度标准规则》第 93 条类似的词语。法律顾问和义务法律援助来确保向少年提供法律援助是必要的，规则 15.2 中所述的父母或监护人参加的权利则应被视为是对少年一般的心理和感情上的援助，在整个程序过程中都是如此。

主管当局在对案件寻求适当处理时可能特别会从少年的法律代表（或少年可以而且真正信任的某个其他个人助理）的合作中获益，如果父母或监护人的出席起了反作用，例如，如果他们对少年表现出仇视的态度，那么这种关怀就会受挫；因此必须规定有排除他们参加的可能性。

16.　**社会调查报告**

16.1　所有案件除涉及轻微违法行为的案件外，在主管当局作出判决前的最后处理之前，应对少年生活的背景和环境或犯罪的条件进行适当的调查，以便主管当局对案件作出明智的判决。

说明：

在大多数少年法律诉讼案中，必须借助社会调查报告（社会报告或判决前调查报告）。应使主管当局了解少年的社会和家庭背景、学历、教育经历等有关事实。为此，有些司法制度利用法院或委员会附设的专门社会机构和人员来达到这一目的。其他人员包括执行缓刑的人员，也可起到这一作用。因此，本规则要求提供足够的社会服务，以便提出合乎要求的社会调查报告。

17. 审判和处理的指导原则

17.1　主管当局的处理应遵循下列原则：

（A）采取的反应不仅应当与犯罪的情况和严重性相称，而且应当与少年情况和需要以及社会的需要相称；

（B）只有经过认真考虑之后才能对少年的人身自由加以限制并应尽可能把限制保持在最低限度；

（C）除非判决少年犯有涉及对他人行使暴力的严重行为，或屡犯其他严重罪行，并且不能对其采取其他合适的对策，否则不得剥夺其人身自由；

（D）在考虑少年的案件时，应把其福祉看作为主导因素。

17.2　少年犯任何罪行不得判以死刑。

17.3　不得对少年施行体罚。

17.4　主管当局有权随时撤销诉讼。

说明：

制订审判少年犯的准则，其主要困难在于存在着未解决的哲理性冲突如：

（A）教改，或罪有应得；

（B）帮助，或压制和惩罚；

（C）根据每个案件情况作出反应，或者基于保护整个社会作出反应；

（D）普遍遏制或逐个瓦解。

处理少年案件的这些做法之间的矛盾比在成人案件中的矛盾要大。少年案件所特有的各种各样的原因和反应，使得所有这些解决办法都相互交错而不可分。

少年司法最低限度标准规则应起的作用不是规定遵循哪种办法，而是确认一种最符合国际上所接受原则的办法。因此，规则17.1尤其是（A）、（C）分段中所确定的要点，基本上应视为能确保有共同起点的实际可行的准则；如果有关当局重视这些准则（并参看规则5），他们就可大大有助于确保少年的基本权利得到保护，特别是个人发育成长和受教育的基本权利。

规则17.1（B）意味着采用严厉的惩罚性办法是不合适的。在成人案件中和可能某些、严重的少年违法案件中，可能会认为罪有应得和惩罚性处分有些好处，但在少年案件中必须一贯以维护少年的福祉和他们未来的前途为重。

根据第六届联合国预防犯罪大会第 8 号决议，考虑到必须满足少年的特别要求，鼓励尽可能采用监外教养办法。因此，考虑到公共安全，应当充分应用现有的替代处分办法和制订新的替代处分办法。应当尽可能通过缓期判刑、有条件的判刑、委员会裁决和其他处置办法实行缓刑。

规则 17.1（C）与第六届大会第 4 号决议的指导原则之一相一致，这条原则旨在避免对少年实行监禁，除非没有其他适当的办法可以保护公共安全才这样做。

规则 17.2 禁止死刑的规定是与《公民权利和政治权利国际公约》第 6 条第 5 款相一致的。

禁止使用体罚的规定是与《公民权利和政治权利国际公约》第 7 条和《保护人人不受酷刑和其他残忍、不人道或有辱人格的待遇或处罚宣言》以及《禁止酷刑和其他残忍、不人道或有辱人格的待遇或处罚公约》和儿童权利公约草案 17 相一致的。

随时撤销诉讼的权力（规则 17.4）是处理少年犯与处理成年犯不同的固有特点。主管当局随时可能掌握到事实情况，以致完全停止干预似乎是对案件最好的处理。

18. 各种不同的处理办法

18.1　应使主管当局可以采用各种各样的处理措施，使其具有灵活性，从而最大限度地避免监禁。有些可以结合起来使用的这类措施包括：

（A）照管、监护和监督的裁决；

（B）缓刑；

（C）社区服务的裁决；

（D）罚款、补偿和赔偿；

（E）中间待遇和其他待遇的裁决；

（F）参加集体辅导和类似活动的裁决；

（G）有关寄养、生活区或其他教育设施的裁决；

（H）其他有关裁决。

18.2　不应使少年部分或完全地离开父母的监管，除非其案情有必要这样做。

说明：

规则 18.1 的目的是列举在不同的法律制度下一些已经实行而且至今证实有成效的重要反应和处分。总的来说，它们是一些很有希望的做法，值得效法和进一步加以发展。本规则没有对人员编制提出要求，因为可能某些地区会缺乏足够人员，可在这些地区试行或制定出需要较少人员的措施。

规则 18.1 所举例子都有共同的情况，即它们依靠和求助于社区有效执行监外教养办法。以社区为基础的改造是一种传统办法，现在已有多种形式。在这个基础上，应当鼓励有关当局提供以社区为基础的服务。

规则 18.2 指出家庭的重要性，根据《经济、社会、文化权利国际公约》第 10 条第 1 款，家庭是"社会的自然和基本的单元"。在家庭里，父母不仅有权利，而且有责任照料和监督其子女。因此，规则 18.2 要求把孩子与父母隔离开来这种办法当作万不得已的措施。只有当案情事实证明确实到了需要采取这一重大步骤（例如虐待儿童）时才可采取这种措施。

19. 尽量少用监禁

19.1　把少年投入监禁机关始终应是万不得已的处理办法，其期限应是尽可能最短的必要时间。

说明：

进步的犯罪学主张采用非监禁办法代替监禁教改办法。就其成果而言，监禁与非监禁之间，并无很大或根本没有任何差别。任何监禁机构似乎不可避免地会对个人带来许多消极影响；很明显，这种影响不能通过教改努力予以抵消。少年的情况尤为如此，因为他们最易受到消极影响的侵袭。此外，由于少年正处于早期发育成长阶段，不仅失去自由而且与正常的社会环境隔绝，这对他们所产生的影响无疑较成人更为严重。

规则 19 的目的是从两个方面对监禁加以限制：从数量上（"万不得已的办法"）和从时间上（"最短的必要时间"）。规则 19 反映出第六届联合国大会第 4 号决议的基本指导原则之一：除非在别无任何其他适当办法时，不得把少年罪犯投入监狱。因此，本规定要求，如果不得不对少年实行监禁，则应将剥夺其自由的程度限制在最低限度，并就监禁作出特殊安排，同时注意区别罪犯、罪行和监禁机构的种类。实际上，应首先考虑采用"开放"而不是"关闭式"监禁机构。此外，任何设施均应是教养或感化性的，而不是监禁性的。

20. 避免不必要的拖延

20.1　每一案件从一开始就应迅速处理，不应有任何不必要的拖延。

说明：

在少年案件中迅速办理正式程序是首要的问题。否则法律程序和处置可能会达到的任何好效果都会有危险。随着时间的推移，少年理智和心理上就越来越难以（如果不是不可能）把法律程序和处置同违法行为联系起来。

21. 档案

21.1　对少年罪犯的档案应严格保密，不得让第三方利用。应仅限于与处理手头上的案件直接有关的人员或其他经正式授权的人员才可以接触这些档案。

21.2　少年罪犯的档案不得在其后的成人诉讼案中加以引用。

说明：

本条规则在于在关系档案或案卷的相互冲突利益之间取得平衡，即加强控制的警察、检查机关和其他当局的利益同少年罪犯的利益。（并参看第 8 条）"其他经正式授权的人员"一般包括除其他人员外，还有研究人员。

22. 需要专业化和培训

22.1　应利用专业教育、在职培训、进修课程以及其他各种适宜的授课方式，使所有处理少年案件的人员具备并保持必要的专业能力。

22.2　少年司法工作人员的组成应反映出触犯少年司法制度的少年的多样成分，应努力确保少年司法机构中有合理的妇女和少数民族工作人员。

说明：

处理案件的主管当局人员背景可能非常不同（在大不列颠及北爱尔兰联合王国及受习惯法系影响区域的地方法官；采用罗马法的国家及受这些国家影响的地区的经过正式训练的法官；其他一些地方推选的或任命的非专业审判员或陪审人员、社区委员会的成员等）。对于所有这些人员都要求具有最低限度的法律、社会学、心理学、犯罪学和行为科学的知识，这是同组织专业化和主管当局的独立性同等重要的。

对于社会工作者和缓刑监督人员来说，要求把职业专门化作为承担处理少年罪犯任务的前提条件可能是行不通的。因此，受过在职专业教育应为最低条件。

专业资格是确保公正有效地执行少年司法的一个重要因素。因此，有必要改进人员的聘用、晋升和专业培训工作，并为其提供必要的手段，以便他们能有效地履行其职能。

在遴选、任命、提升少年司法人员时，应避免政治、社会、性别、种族、宗教、文化或其他任何种类的歧视，以便在少年司法工作中保持公正。这是由联合国第六届大会所建议的。此外，该届大会还要求会员国确保给予从事刑事司法工作的妇女公正平等的待遇，并建议应采取特别措施，聘用、培训妇女从事少年司法工作并为其晋升提供便利。

第四部分　非监禁待遇

23. 处理的有效执行

23.1　应为执行以上规则 14.1 所提到的主管当局所作裁决作出适当的规定，这些裁决可由当局本身或视情况需要由某个其他当局来执行。

23.2　这种规定应包括当局认为有必要时随时更动裁决的权力，其条件是应根据本规则所制订的原则来决定这种更动。

说明：

处理少年案件比处理成人案件更易于对罪犯的一生产生长期影响，因此重要的是主管当局或原来处理案件的具备主管当局同样条件的独立机关（假释委员会、缓刑办公室、保护少年福利机构或其他机构）应监督对处理决定的执行。有些国家为此目的任命了执行法官。

主管当局的组成、权力和职能应是灵活的；规则 23 大体地对它们进行了说明，目的是使该条能被广泛地接受。

24. 提供必要的援助

24.1　应作出努力在诉讼的各个阶段为少年提供诸如住宿、教育或职业培训，就业或其他任何有帮助的实际援助，以便有利推动改造的过程。

说明：

增进少年的福利应是最优先的考虑。因此，规则 24 强调，提供必要的设施、服务以及其他必要的协助是十分重要的，因为这样可以通过改造过程增进少年的最佳利益。

25. 动员志愿人员和其他各项社区服务

25.1　应发动志愿人员、自愿组织、当地机构以及其他社区资源在社区范围内并且尽可能在家庭内为改造少年犯作出有效的贡献。

说明：

本规则反映出为所有教改少年犯的工作制定改造方针的必要性。要使主管当局的指令得到有效的执行，社区方面的合作是必不可少的。志愿人员特别是自愿服务业经证明是非常有价值的资源，但目前未得到充分利用。在某些情况下，前科犯（包括已戒除的前吸毒者）的合作，可以提供相当大的帮助。

规则 25 是根据规则 1.1 至 1.6 中所列诸项原则和《公民权利和政治权利国际公约》中的有关规定制订的。

第五部分　监禁待遇

26. 监禁待遇的目标

26.1　被监禁少年的培训和待遇的目标是提供照管、保护、教育和职业技能，以便帮助他们在社会上起到建设性和生产性的作用。

26.2　被监禁少年应获得由于其年龄、性别和个性并且为其健康成长所需要的社会、教育、职业、心理、医疗和身体的照顾、保护和一切必要的援助。

26.3　应将被监禁的少年与成年人分开，应将他们关押在分别的一个监所或关押在成年人的监所的一个单独部分。

26.4　对被监禁的少女罪犯个人的需要和问题，应加以特别的关心。她们应得到的照管、保护、援助、待遇和培训绝不低于少男罪犯。应确保她们获得公正的待遇。

26.5　为了被监禁少年犯的利益和福祉，父母或监护人应有权探望他们。

26.6　应鼓励各部会和部门之间的合作，给被监禁的少年提供适当的知识或在适当时提供职业培训，以便确保他们离开监禁机关时不致成为没有知识的人。

说明：

规则26.1和26.2所确定的监禁待遇目标是任何制度和文化都可以接受的，但很多地方尚未达到这些目标，在这方面还需做更多的工作。

医疗特别是心理上的帮助，对被监禁的吸毒成瘾的、狂暴的和患精神病的少年，是极重要的。

规则26.3规定，使处于监禁的少年免受成人罪犯的不利影响和保障他们的福祉，正如第六届大会第4号决议所规定的，是与本规则的一项基本指导原则相一致的。这一规则不妨碍各国采取至少与这一规则中所提措施同样有效的其他对付成人罪犯的不利影响的措施（并参看规则13.4）。

规则26.4是针对第六届大会所指出的女性罪犯一般得到的注意较男性罪犯差这一事实。特别是第六届大会的第9号决议要求在刑事司法程序的每一阶段对女性罪犯给予公正的待遇，并在监禁时期对她们的特殊问题和需要给予特别的关心。此外，还应根据第六届大会的《加拉加斯宣言》——该宣言特别要求在刑事司法中给予平等待遇——并以《消除对妇女歧视宣言》和《消除对妇女一切形式歧视公约》为背景来考虑本规则。

探访权（规则26.5）是根据规则7.1、10.1、15.2和18.2的规定而来的。部会与部门之间的合作（规则26.6）对普遍提高监禁待遇和培训的质量有特别的重要意义。

27. 联合国所通过的《囚犯待遇最低限度标准规则》的适用

27.1　《联合国囚犯待遇最低限度标准规则》和有关各项建议应就其有关方面适用于对待被监禁的包括被拘留尚待审判的少年罪犯。

27.2　应尽最大的努力执行《囚犯待遇最低限度标准规则》所规定的有关原则，以便根据少年的年龄、性别和个性满足他们不同的需要。

说明：

《囚犯待遇最低限度标准规则》是联合国最早颁布的这类文书之一。人们普遍认为该规则已在全世界范围内产生影响。尽管在一些国家，其执行只是一种愿望而不是一个事实，但是该规则对监禁机关的人道和公平管理仍起着重要的影响作用。

《囚犯待遇最低限度标准规则》包括了一些涉及被监禁的少年罪犯的基本保护（住宿、建筑、被褥、衣服、申诉和要求、与外界的接触、食物、医疗、参加宗教仪式、按年龄分组、工作人员、工作等），其中也包括了处罚和纪律的规定以及对危险罪犯的管束。如果要在少年司法最低限度标准范围内，根据少年罪犯监禁机关的特点，来更动该最低限度标准规则，是不适当的。

规则27着重于被监禁少年的必要需求（规则27.1）以及根据他们年龄、性别和个性的不同需要（规则27.2）。因此，本规则的目标和内容是与《囚犯待遇最低限度标准规则》的有关规定互相关联的。

28. 经常、尽早地采用假释办法

28.1　有关当局应尽最大可能并尽早采用从监禁机关假释的办法。

28.2　有关当局应对从监禁机关假释的少年给予帮助和监督，社区应予充分的支持。

说明：

如规则14.1所提到的主管当局或某些其他当局具有就假释作出决定的权力。因此，本规则提到"有关"而不是"主管"当局，这是恰当的。

如果情况允许，应采取假释，不一定要服满刑期。当表明有改过自新进步良好的证据时，甚至在监禁时曾经被认为危险的罪犯，在可行时，也可予以假释。像缓刑一样，假释是有条件的，需做到在有关当局判决规定的一段时间内有良好的表现，例如，罪犯"行为良好"，参加社区教改方案、重返社会训练所居住等。

从监禁机关获得假释的罪犯，应由1名缓刑工作人员或其他人员（尤其是尚未采用缓刑的地方）给予帮助和监督，也应鼓励社区的支持。

29. 半监禁式的办法

29.1　应努力提供帮助少年重获社会新生的半监禁式办法，如重返社会训练所、教养院、日间训练中心及其他这类适当的安排办法。

说明：

不应低估在监禁期后加以照管的重要性。本规则强调有必要组成一系列半监禁式的安排办法。

本规则也强调有必要提供各种不同的设施和服务，以满足少年犯重返社会的不同需要，并且把提供指导和结构上的支助作为帮助顺利重获社会新生的一项重要措施。

第六部分　研究、规划、政策制订和评价

30. 研究作为规划、政策制订和评价的基础

30.1　应作出努力组织和促进必要的研究工作，把它作为有效规划和制定政策的基础。

30.2 应作出努力定期地审查和评价少年不法行为和犯罪的趋势、问题和原因以及被拘禁的少年的各种特殊需要。

30.3　应作出努力在少年司法制度中建立经常的评价研究体制，收集和分析供有关评价和今后改善和改革管理用的有关数据和资料。

30.4　在少年司法方面的提供服务工作应作为国家发展努力的一个组成部分来进行系统的规划和执行。

说明：

人们普遍承认，利用研究作为制定一项通晓情况的少年司法政策的基础，是保持实践和知识同时提高并不断发展和改进少年司法制度的一个重要方法。在少年司法方面，研究同政策的相互反馈是尤其重要的。由于少年的生活方式及少年犯罪方式和领域的迅速而且往往急剧的变化，社会和司法机关对少年犯罪和不法行为的反应很快就变得不合时宜和不适当了。

因此规则 30 为把研究结合到少年司法政策的制定和应用的过程，规定了一些标准。本规则指出，应特别注意有必要对现行的方案和措施做经常的审查和评价，并从总体发展目标这一更大的角度进行规则。

对少年的需要及其不法行为的趋势和问题进行不断的评价，是正规地和非正规地改进制订有关政策和确定适当干预方法的一个条件。在这方面，负责机构应促进独立人士和团体进行研究，获得并考虑到少年本身的意见，不仅是那些触犯过少年司法制度的少年的意见，也许是有价值。

在规划过程中必须特别强调更加有效和公平地提供必要服务的制度。为此应对少年普遍和特定的需要和问题进行全面和经常的评价，并定出明确的优生事项。在这方面，在使用现有资源、包括适于建立具体程序以执行和监督既定方案的监外教养办法和社区支持方面，也应进行协调。

联合国预防少年犯罪准则

（1990 年 12 月 14 日联合国第 45/112 号决议在利雅得通过）

一、基本原则

1. 预防少年违法犯罪是社会预防犯罪的一个关键部分。青少年通过从事合法的、有益社会的活动，对社会采取理性态度和生活观，就可以形成非犯罪型的态度。

2. 要成功地预防少年违法犯罪，就需要整个社会进行努力，确保青少年的均衡发展，从其幼童期起尊重和促进其性格的发展。

3. 为诠释本《准则》的目的，应遵循以儿童为中心的方针。青少年应发挥积极作用，参与社会活动，而不应被看作仅仅是社会化的或控制的对象。

4. 在实施本《准则》时，根据国家法律制度，青少年从其幼年开始的福利应是任何预防方案所关注的重心。

5. 应认识到制定进步的预防少年违法犯罪政策以及系统研究和详细拟订措施的必要性和重要性。这些政策措施应避免对未造成严重损害其发展危害他人行为而给儿童定罪和处罚。这种政策和措施应包括：

（1）提供机会，特别是受教育的机会，以满足青少年的不同需要，作为对所有青少年，特别是那些明显处于危险或面临社会风险而需要特别照顾和保护的青少年的一种辅助办法，以保障所有青少年的个人发展；

（2）在法律、程序和建立机构、设施和服务网的基础上，采取专门化的防止不端行为的理论和方法，以减少发生违法的动机、需要和机会或诱发的条件；

（3）官方干预，首先应着重于青少年的整体利益并以公正、公平的思想作为指导；

（4）维护所有青少年的福利、发展、权利和利益；

（5）要考虑青少年不符合总的社会规范和价值的表现或行业，往往是成熟和成长过程的一部分，在他们大部分人中，这种现象将随着其步入成年而消失；

（6）要认识到绝大多数专家的意见是，把青少年列为"离经叛道"、"违规闹事"或"行为不端",往往会助成青少年发展出不良的一贯行为模式。

6. 在防止少年违法犯罪中,应发展以社区为基础的服务和方案,特别是在还没有设立任何机构的地方。正规的社会管制机构只应作为最后的手段来利用。

二、本《准则》的范围

7. 本《准则》应在下列国际文书的广义范围内予以诠释和执行:《世界人权宣言》、《经济、社会、文化权利国际公约》、《公民权利和政治权利国际公约》、《儿童权利宣言》和《儿童权利公约》,并符合《联合国少年司法最低限度标准规则》(北京规则)的内容以及有关儿童和青少年权利、利益和福祉的其他文书和规范。

8. 本《准则》应结合每个会员国当前的经济、社会和文化条件予以执行。

三、总的预防

9. 全面性的预防计划应由各级政府制订,并包括下列内容:

(1) 深入地分析问题,查明现有的方案、服务、设施和可取得的资源;

(2) 明确划定参与预防工作的合格机关、机构和人员的责任;

(3) 制定具体办法,适当协调各政府机构和非政府机构间的预防工作;

(4) 根据有预见性的研究制定政策、方案和战略,以便不断进行监测,并在执行过程中认真作出评估;

(5) 制定有效减少发生不端行为的机会的方法;

(6) 促进社区通过各种服务和方案进行参与;

(7) 国家、州省和地方政府之间开展密切的跨学科合作,吸收私营部门、所针对社区的公民代表,劳工、儿童保育、卫生教育、社会、执法、司法机关等部门参加,采取协调一致共同行动防止少年违法和犯罪行为;

(8) 让青少年参与制定防止不端行为的政策和程序,包括借助社区资源、青少年自助、受害者赔偿和援助方案等;

(9) 各级的专业人员。

四、社会化过程

10. 预防政策的重点应促使所有儿童和青少年尤其是通过家庭、社区、同龄人、学校、职业培训和工作环境以及通过各种自愿组织成功地走向社会化和达到融合。应对儿童和青少年适当的个人发展给予应有的尊重,并应在其社会化和融合的过程中把他们视为完全的、平等的伙伴。

A. 家庭

11. 每个社会均应将家庭及其所有成员的需要和福利置于高度优先地位。

12. 由于家庭是促使儿童初步社会化的中心环节,政府和社会应竭力维护家庭、包括大家庭的完整，社会有责任帮助家庭提供照料和保护，确保儿童的身心福祉。应提供适当安排，包括托儿服务。

13. 各国政府应制定政策以利儿童在稳定和安定的家庭环境中成长。凡在解决不稳定状况或冲突状况中需要帮助的家庭，均应获得必要的服务。

14. 如缺乏稳定和安定的家庭环境，而社区在这方面向父母提供帮助的努力又归于失败，同时不能依靠大家庭其他成员发挥这种作用的情况下，则应考虑采取其他的安置办法，包括寄养和收养。这种安置应尽最大可能仿造成一种稳定和安定的家庭环境，与此同时还应为孩子建立永久感，以避免引起由于连续转移寄养而连带产生的问题。

15. 对受到经济、社会和文化上迅速而不平衡变化影响的家庭的儿童，尤其是土著、移民和难民家庭的儿童，应给予特别的关注。由于这类变化可能破坏家庭的社会能力，而往往由于角色和文化冲突的结果，无法按照传统方式抚养培育孩子时，则必须采用创新性的、有利于社会的方式来保证儿童的社会化过程。

16. 应采取措施和制定方案，为家庭提供机会，学习在孩子发展和照顾方面父母的角色和义务，同时促进亲子之间的关系，使父母能敏锐地发现孩子的种种问题，并鼓励参与家庭和社区范围的活动。

17. 各国政府应采取措施，促进家庭的和睦团结，并劝阻使孩子与父母分开的做法，除非出现特殊情况，影响到孩子的幸福和前途，而没有别的可行办法。

18. 强调家庭和大家庭的社会化功能十分重要；认识到青少年在社会上的未来作用、责任、参加与合作精神也同样十分重要。

19. 为确保儿童适当社会化的权利，各国政府及其他机构应依靠现有的社会和法律机构，但当传统的制度和习俗不起作用时，还应提供和允许创新措施。

B. 教育

20. 各国政府有义务使所有青少年都能享受公共教育。

21. 教育系统除其学术和职业培训活动外，还应特别注意以下方面：

（1）进行基本价值观念的教育，培养对孩子自身的文化特性和模式、对孩子所居住国家的社会价值观念，对与孩子自身不同的文明、对人权和基本自由的尊重；

（2）促使青少年的个性、才能、身心方面的能力得到最充分的发展；

（3）青少年应作为教育过程的积极而有效的参加者，而不仅是作为教育的对象；

（4）举办一些活动，培养学生对学校和社区的认同感和从属感；

（5）鼓励青少年理解和尊重各种不同的观点和意见以及文化上和其他的差异；

（6）提供职业培训、就业机会及职业发展方面的信息和指导；

（7）对青少年提供正面的情绪支助并避免精神方面的不适待遇；

（8）避免粗暴的处分方式，特别是体罚。

22. 教育系统应设法与家长、社区组织和关注青少年活动的机构共同合作。

23. 应让青少年及其家庭认识法律，知道他们的法定权利和责任以及普遍的价值体系，包括联合国的各项文书。

24. 教育系统应对面临社会风险的青少年给予特别的关怀和注意。应编制专门的预防方案、教材、课程、方法和工具，并予以充分利用。

25. 应特别重视制订防止青少年酗酒吸毒及滥用其他药物的全面政策和战略。教师和其他专业人员应充分准备并得到培训来防止和对付这些问题。应向全体学生提供关于包括酒精在内的药物使用和滥用情况资料。

26. 各学校应成为向青少年提供医疗、辅导及其他服务的中心和介绍中心，特别是应向那些受到虐待、忽视以及受到伤害和剥削利用而有特殊需要的青少年提供上述服务。

27. 应通过各种教育方案使教师及其他成年人以及全体学生能敏锐地注意到青少年的问题、需要和见解，尤其是贫困阶层、处境不利阶层、少数族裔或其他少数人及低收入阶层的青少年。

28. 学校系统应致力要求在课程、教学方法以及聘请和培训合格教师方面，达到并推动最高的专业水平和教育水平。应确保由合适的专业组织和当局对成绩进行定期监测并作出评估。

29. 学校系统应与社区团体合作，规划、制定和实施青少年感兴趣的课外活动。

30. 对难以办到遵守出勤规定的学生和对中途退学者，应给予特别的帮助。

31. 各学校应推动定出公平合理的政策和规定；在制订学校政策包括纪律政策以及决策的委员会上应有学生代表参与出席。

C. 社区

32. 社区应制订或加强现有的符合青少年特殊需要、适应他们的问题、兴趣和忧虑的各种社区性服务和方案，以及向青少年及其家庭提供的辅导和指导。

33. 社区应提供或加强现有的各种社区性支助青少年的措施，其中包括设立社区发展中心、文娱活动设施和服务，以解决面临社会风险的儿童的特殊问题。在提供这些协助措施时，应确保尊重个人的权利。

34. 对已无法再在家里生活或无家可归的青少年，应建立专门设施，向他们提供适当的收容住所。

35. 应提供各种服务和帮助措施，解决青少年步入成年期所经历的种种困难。这种服务应包括对吸毒青少年的特别方案，其中应强调关怀、辅导、协助和着重治疗的干预。

36. 向青少年提供服务的自愿组织，应由各国政府及其他有关机构提供财政及其他支助。

37. 应建立或加强地方一级的青少年组织，并给予管理社区事务的充分参加资格。这些组织应鼓励青少年举办集体性和自愿性的项目，尤其是帮助那些需要协助的青少年的项目。

38. 政府机构应负责起特别责任，向无家可归的流浪街头儿童提供必要的服务；应随时向青少年提供当地设施、住所、就业及其他帮助形式和来源的信息。

39. 应建立各种适合青少年的特别兴趣的文娱设施和服务，并方便他们使用。

D. 大众传播媒介

40. 应鼓励大众传播媒介确保青少年能获得本国和国际的各种信息和资料。

41. 应鼓励大众传播媒介表现青少年对社会的积极贡献。

42. 应鼓励大众传播媒介向社会上青少年提供关于现有的服务、设施和机会等方面的信息。

43. 应促使一般的大众传播媒介、特别是电视和电影尽量减少对色情、毒品和暴力行为的描绘，在展现暴力和剥削时要表现出不赞成的态度，特别是对儿童、妇女和人际关系要避免卑贬、污辱性的陈现，提倡平等的原则和角色的平等。

44. 大众传播媒介在播放有关青少年吸毒酗酒的消息时，应意识到自身的广泛社会作用、责任和影响。应通过平衡的方式播放始终一贯的信息，发挥其防止药物滥用的威力。应促进在各个层次开展有效的认识毒品的宣传。

五、社会政策

45. 政府机构应把帮助青少年的计划和方案放在高度优先地位。并应拨付足够资金及其他资源，以有效地提供服务、设施和配备人员，进行适当医疗、精神保健、营养、住房及其他有关服务，包括吸毒酗酒的预防和治疗，保证这些资源真正用于青少年身上，使青少年得到益处。

46. 将青少年安置教养的做法，作为最后的手段，而且时间应尽可能短，应把他们的最大利益放在最重要的位置。应严格规定允许采取此种正规干预的标准，并且一般只限于下述几种情况：（a）孩子受到父母或监护人的伤害；（b）孩子受到了父母或监护人的性侵犯或身体上、精神上的虐待；（c）孩子受到了父母或监护人的疏忽、遗弃和剥削；（d）孩子因父母或监护人的行为而遭到身体或道德方面的危险；（e）孩子的行为表现对其有严重的身心危险，如采取非安置教养办法，其父母、监护人或孩子本身，或任何社区服务，均无法应付此种危险。

47. 政府机构应向青少年提供机会，使其可继续接受全日制教育，如果父母或监护人不能供养，则应由国家提供经费，并且得到工作的锻炼。

48. 防止不端行为的方案应以可靠的、科学的研究结果为依据，进行规划和制定，并应定期监测、评价和作出相应的调整。

49. 应向专业界和一般公众传播关于何种行为或情况显示或可导致青少年身心受到伤害、损害、虐待和剥削的科学知识。

50. 参与各种计划和方案应以自愿为原则，应使青少年本身参与计划和方案的规划、制订和执行。

51. 各国政府应在刑事司法系统内和系统外，开始或继续探讨、制订和执行各项政策、措施和战略，以防止对青少年的和影响到青少年的家庭暴力，并确保家庭暴力的受害者得到公正待遇。

六、立法和少年司法工作

52. 各国政府应颁布和实施一些特定的法律和程序，促进和保护所有青少年的权利和福祉。

53. 应颁布和实施防止伤害、虐待、剥削儿童和青少年以及利用他们进行犯罪活动的法规。

54. 不应使儿童或青少年在家庭、学校、或任何其他机构内受到粗暴或污辱性的纠正或惩罚措施的对待。

55. 应制订立法，限制和控制儿童和青少年获取任何种类武器的可能，并予以执行。

56. 为防止青少年进一步受到污点烙印、伤害和刑事罪行处分，应制定法规，确保凡成年人所做不视为违法或不受刑罚的行为，如为青少年所做，也不视为违法且不受刑罚。

57. 应考虑设立一个监察处或类似的独立机关，确保维护青少年的地位、权利和利益并适当指引他们得到应有的服务。监察官或指定的其他机关也应监督《利雅得准则》、《北京规则》和《保护被剥夺自由少年规则》的执行情况。监察官或其他机关应定期出版 1 份关于执行这些文书的进展情况和在执行过程中所遭遇困难的报告，还应建立推动儿童福利的机构。

58. 为适应青少年的特殊需要，应培训一些男女执法人员及其他有关人员，尽可能地使他们熟悉和利用各种方案和指引办法，不把青少年放在司法系统中处置。

59. 应颁布立法，保护儿童和青少年免受吸毒和贩毒之害，并予以严格执行。

七、研究、政策制订和协调

60. 应作出努力并建立适当机制，以促进各经济、社会、教育和卫生机构和服务、司法系统、青少年、社区和发展机构及其他有关机构之间开展多学科和部门内的协调和配合。

61. 应加强在国家、区域和国际各级交流通过执行项目、方案、实践和创新活动所得的有关防止青少年犯罪和违法行为以及少年司法的信息、经验和专门知识。

62. 应进一步发展和加强包括开业者、专家和决策者在内的关于防止少年犯罪和违法行为以及少年司法的区域和国际合作。

63. 关于某些实际问题和政策性问题，特别是培训、试点和示范项目以及有关防止青少年犯罪和违法行为的具体问题的技术和科学合作，各国政府和联合国系统及其他有关部门应给予强有力的支持。

64. 应鼓励开展协作，进行防止青少年犯罪和违法行为的有效办法的科学研究，并将研究结果广为散播和予以评价。

65. 联合国各有关机关、研究所、机构和部门应就有关儿童、少年司法以及防止青少年犯罪和违法行为的各种问题，继续进行密切的合作与协调。

66. 根据本《准则》，联合国秘书处应与有关机构合作，在进行研究、科学协作、提出政策选择以及审查和监测其执行情况方面发挥积极的作用，并应作为取得有关防止不端行为有效办法的可靠信息的来源。

联合国保护被剥夺自由少年规则

（1990 年 12 月 14 日联合国第 45/113 号决议通过）

一、基本原则

1. 少年司法系统应维护少年的权利和安全，增进少年的身心福祉，监禁办法只应作为最后手段加以采用。

2. 只应根据本《规则》和《联合国少年司法最低限度标准规则》所规定原则和程序来剥夺少年的自由。剥夺少年的自由应作为最后的一种处置手段，时间应尽可能短，并只限于特殊情况。制裁的期限应由司法当局确定，同时不排除今后早日释放的可能性。

3. 本《规则》旨在制订出符合人权和基本自由为联合国所接受保护以各种形式被剥夺自由少年的最低限度标准，目的在避免一切拘留形式的有害影响，并促进社会融合。

4. 本《规则》应公正无私地适用于所有少年，不得由于种族、肤色、性别、年龄、语言、宗教、国籍、政治观点或其他见解、文化信仰或习俗、财产、出生或家庭地位、族裔本源或社会出身、或残疾而有任何歧视。少年的宗教文化信仰、习俗及道德观念应得到尊重。

5. 制订《规则》是为了向管理少年司法系统的专业人员提供一种现成的参考标准、鼓励和指导。

6. 本《规则》应以本国语文印发给少年司法工作人员。不熟悉拘留所内工作人员所用语文的少年应有权在必要时获得传译服务，特别应有权在体格检查和纪律程序过程中获得这种服务。

7. 各国酌情将本《规则》纳入本国立法或对本国立法作出相应修正，并对违反本《规则》情事规定有效补救措施，包括少年受到伤害时为其提供赔偿。各国还应监测本《规则》的适用情况。

8. 主管机构应不断致力，使公众认识到，照料好被拘留的少年，让他们为重返社会作好准备，是一项非常重要的社会服务，为此目的，应采取积极步骤，促进少年与当地社区的公开接触。

9. 本《规则》中的任何规定不得解释为免予执行国际社会所公认有助于少年儿童和所有青年人的权利、照料和保护的有关联合国人权文书和标准。

10. 遇本《规则》第二至第五部分所载某些规则的实际应用与第一部分所载规则发生任何冲突时，遵守第一部分则应视为主要要求。

二、规则的范围和适用

11. 为本《规则》的目的，应采用以下定义：

（a）少年系指未满 18 岁者。应由法律规定一年龄界限，对在这一年龄界限以下的儿童不得剥夺其自由；

（b）剥夺自由系指对一个人采取任何形式的拘留或监禁，或将其安置于另一公私拘禁处所，由于任何司法、行政或其他公共当局的命令而不准自行离去。

12. 剥夺自由的实施情况应以确保尊重少年的人权为条件。应当保证拘留在各种设施内的少年能得益于有意义的活动和课程，这些活动和课程将有助于增进他们的健康，增强他们的自尊心，培养他们的责任感，鼓励他们培养有助于他们发挥社会一员的潜力的态度和技能。

13. 被剥夺自由的少年不应因有关这一身份的任何理由而丧失其根据国内法或国际法有权享有并与剥夺自由情况相容的公民、经济、政治、社会或文化权利。

14. 少年各项权利的保护特别是关于执行拘留措施的合法性应由司法当局加以保证，而社会融合的各项目标则应根据国际标准、本国法律和条例，由获准探访少年但不属于拘留设施的一个适当组成机关进行定期检查及执行其他管理措施来加以保证。

15. 本《规则》适用于被剥夺自由少年所在的任何类别和形式的拘留设施。本《规则》第一、第二、第四和第五部分适用于扣押少年的一切拘留设施和机构处所，第三部分则针对被逮捕或待审讯的少年。

16. 本《规则》应根据每个会员国普遍的经济社会和文化条件加以实施。

三、被逮捕或待审讯的少年

17. 被逮捕扣押的少年或待审讯（"未审讯"）的少年应假定是无罪的，并当作无罪者对待。应尽可能避免审讯前拘留的情况，并只限于特殊情况。因此，应作出一切努力，采用其他的替代办法。在不得已采取预防性拘留的情况下，少年法院和调查机构应给予最优先处理，以最快捷方式处理此种案件，以保证尽可能缩短拘留时间。应将未审讯的拘留者与已判罪的少年分隔开来。

18. 未审讯少年拘留的待遇条件应与下述各项规定相一致，必要时还可酌情根据假定无罪的要求、拘留期限和有关少年的法律地位和状况，作出具体的补充规定。这些规定应包括但不一定只限于下列各项：

（a）这些少年应有权得到法律顾问，并应能申请免费法律援助（如有这种援助的话），并能经常与法律顾问进行联系。此种联系应保证能私下进行，严守机密；

（b）如果有可能，应向这些少年提供机会从事有酬工作或继续接受教育或培训，但不应要求他们一定这样做。而工作、教育或培训都不应引致继续拘留；

（c）这些少年应可得到和保留一些消遣和娱乐用具，只要符合司法管理的利益。

四、少年设施的管理

A. 记录

19. 所有报告包括法律记录、医疗记录和纪律程序记录以及与待遇的形式、内容和细节有关的所有其他文件，均应放入保密的个人档案内，该档案应不时补充新的材料，非特许人员不得查阅，其分类编号应使人一目了然。在可能情况下，每个少年均应有权对本人档案中所载任何事实或意见提出异议，以便纠正那些不切确、无根据或不公正的陈述。为了行使这一权利，应订立程序，允许根据请求由适当的第三者查阅这种档案。释放时，少年的记录应封存，并在适当时候加以销毁。

20. 任何拘留所在未获得司法、行政或其他公共当局的有效拘留令时，均不得接受任何少年入所。拘留令的内容应立即登记入册。不得将少年拘留在任何没有这种登记册的设施内。

B. 入所、登记、迁移和转所

21. 在所有拘留少年的场所，均应保存下列关于所接受的少年的完整而可靠的资料记录：

（a）关于该少年的身份的资料；

（b）拘留的事实和理由以及有关负责当局；

（c）入所、转所和释放的日期和时间；

（d）每一次接收少年入所、或将其照料下的少年转所或释放时，将情况通知其家长或监护人的具体内容；

（e）已知身心健康问题的细节，包括吸毒和酗酒在内。

22. 应毫不迟延地向有关少年的家长和监护人或关系最近的亲属提供上述入所、安置、转所和释放的资料。

23. 接收后应尽快就每一少年的个人情况和处境拟写全面报告和有关资料，提交管理部门。

24. 少年入所时，应发给每人一本以其易懂语文刊印的有关拘留设施的规定及其权利和义务的书面说明，连同负责受理申诉的主管当局的地址以及能提供法律协助的公私机构或组织的地址，如少年为文盲或看不懂书面资料，应以能使他充分理解的方式向他传达资料内容。

25. 应帮助所有少年了解有关该拘留所内部组织的条例、所提供照料的目的和方法、纪律要求和程序、获取资料和提出申诉的其他所允许方法以及所有为使他们充分理解其拘留期间的权利和义务所必要的其他事项。

26. 运送少年的费用应用管理部门负担，运送工具应通风良好、光线充足，其条件应是不使他们感到难受或失去尊严。不得任意将少年从一所转到另一所。

C. 分类和安置

27. 少年入所后，应尽快找他们谈话，撰写一份有关心理及社会状况的报告，说明与该少年所需管教方案的特定类型和等级有关的任何因素。此报告应连同该少年人所时对其进行体格检查的医官报告一起送交所长，以便在所内为该少年确定最适宜的安置地点及其所需和拟采用的特定类型和等级的管教方案。如需要特别感化待遇，且留在该所的时间许可，则应由该所训练有素的人员拟定一项个别管教书面计划，说明管教目的和时间构想以及应用以达到目标的方式、阶段和延迟情况。

28. 拘留少年的环境条件必须根据他们的年龄、个性、性别、犯罪类别以及身心健康充分考虑到他们的具体需要、身份和特殊要求，确保使他们免受有害的影响和不致碰到危险情况。将被剥夺自由的各类少年实行分开管理的主要标准是提供最适合有关个人特殊需要的管教方式，保护其身心道德和福祉。

29. 在各种拘留机构内，少年应与成人隔离，除非他们属于同一家庭的成员。作为确经证明有益于所涉少年的特别管教方案内容的一部分，可在管制情况下让少年与经过慎重挑选的成人在一起。

30. 应为少年设立开放性的拘留所，开放性的拘留所是完全没有或很少警备设施的场所。这类拘留所内人数应尽可能不多。拘留在完全关闭的拘留所内的少年人数也应不多以便进行个别管教。少年拘留所应进行分权管理，且其规模应便于少年与其家庭的联系和接触。应设小型拘留所，与社区的社会、经济和文化环境融合。

D. 物质环境和住宿条件

31. 被剥夺自由的少年有权享有可满足一切健康和尊严要求的设施和服务。

32. 少年拘留所的设计和物质环境应符合收容教养改过自新的目的，并应适当顾及少年的隐私、对感官刺激、与同龄人交往和参加文体娱乐活动的需要。少年拘留所的设计和结构应尽量减少火灾危险，确保能从房舍中安全撤出。应装置有效的火警系统，建立正规的经常演习制度来保证少年的安全。拘留所不得建造在明知有害健康或有其他危险的地区。

33. 寝室通常应为小组集体宿舍或个人睡房，并须注意到当地的标准。于睡眠时间应经常对所有住宿地区包括单人房间和集体宿舍进行不打扰人的检查，以保证每个少年的安全。应按照地方或国家标准，向每一少年发放足够的干净被褥，并应保持整齐和经常更换以确保干净。

34. 便所的位置和标准应使所内每一少年于需要时可正当方便，并应清洁隐蔽。

35. 持有个人财物是隐私权的一项基本内容，对少年的心理健康至关重要。应充分承认和尊重每一个少年持有个人财物和拥有充分设施来存放这些财物的权利。少年个人财物中本人不想保留的或予以没收的部分，应置于安全保管之下。保管财物的清单应由少年签字。应采取措施使这些财物保持完好。除准许其花掉的钱或向外界寄送的财物外，所有这些物件和金钱均应在该少年获释时如数归还。如少年收到或被发现持有任何药品，应由医官决定应如何使用。

36. 所内少年应有权尽可能穿用自己的衣服。拘留所应确保每一少年得到适合气候和足以保持其健康的衣服，这种衣服绝不得是污辱性或屈辱性的。应允许出于任何原因调离或离开拘留所的少年穿自己的衣服。

37. 每个拘留所应确保所内少年均应有权享用经过适当制作并在正常用餐时间提供的食品，其质量和数量应满足营养、卫生和健康标准，并尽可能考虑到宗教和文化方面的要求。应随时向每一少年提供清洁饮水。

E. 教育、职业培训和工作

38. 达到义务教育年龄的所有少年均有权获得与其需要和能力相应并以帮助其重返社会为宗旨的教育。这种教育应尽可能在拘留所外的社区学校里进行，但无论如何应有合格的教师，其课程应与本国的教育制度一致，以便获释后能继续学业而不感到困难。拘留所管理部门应特别注意外籍的或具有特殊文化或族裔需要的少年的教育。文盲或有认知或学习困难的少年应有权接受特殊教育。

39. 应允许和鼓励超过义务教育年龄但仍想继续学习的少年继续学习，应尽力为他们提供获得适当的教育课程的机会。

40. 向拘留所内的少年颁发毕业文凭或学历证明时，不应以任何方式表示该少年曾受拘留教养。

41. 每一拘留所均应有图书馆，藏有数量足够宜于少年阅读的知识性和娱乐性图书，应鼓励所内少年能够充分利用这些图书。

42. 所内少年均应有权获得职业培训，所选职业应能使其为今后的就业做好准备。

43. 在正当选择职业并合乎拘留所管理部门的要求范围内，所内少年应能按照自己的愿望选择所想从事的工作。

44. 适用于童工和青年工人的所有国家和国际保护性标准均应适用于被剥夺自由的少年。

45. 应尽可能让所内少年最好在当地社区从事有报酬的劳动，以补充所提供的职业培训，增加其在重返社区后获得适当就业的可能性。所提供的工作应能作为适当的培训，对少年获释后有所助益。拘留所内提供工作的安排和方法应尽量与社区内类似工作的安排和方法相同，以便少年适应正常的职业生活条件。

46. 参加工作的所内少年均有权获得公平的报酬。为拘留所或为第三方赢利的这一目的不得高于少年及其职业培训的利益。通常应将少年收益的一部分作为储蓄金另立，在少年获释时交还。少年应有权利用这些收益的剩余部分购买物品供自己使用，或者赔偿因其违法行为而受到伤害的受害者，或者寄给家里或拘留所外的其他人。

F. 娱乐

47. 所内少年应有权每天做适当时间的自由活动，如天气允许，活动地点应为室外，活动期间通常应提供适当的娱乐或体能训练。应为这些活动提供适当的场地、设施和设备。每一少年每天均应另有闲暇活动时间，根据少年的要求，其中部分时间应用于帮助学习手工艺技能。拘留所应确保每一少年的体格上能够参加向其提供的体育活动。应在医护人员指导下，向有需要的少年提供补救性的体育锻炼和理疗。

G. 宗教

48. 应允许所内每一少年满足其对宗教和精神生活的需要，特别是参加在拘留所内举行的仪式或聚会或自行联系仪式并持有其宗教派别进行宗教仪式和宣讲时所必要的书籍或物品。如果拘留所内信仰某一宗教的少年达到一定人数，应指定或批准该宗教一名或数名合格代表，允许他们定期举行仪式并应所内少年的要求对他们进行个别的宗教探望。每一少年均应有权接受其选择的任一宗教合格代表的探望，也应有权不参加宗教仪式和自由表示不接受宗教教育、辅导或宣传。

H. 医疗护理

49. 所内少年均应有权获得充分的预防性和治疗性的医疗护理，包括牙医、眼科和精神科护理以及医疗所需药品和特别膳食。如可能，所有这种医疗护理通常应由拘留所所在社区的有关卫生机构和服务部门向被拘留少年提供，以防止他们受人以特殊眼光看待，而培养他们的自尊，并促使他们与社区融合。

50. 所内少年有权在入拘留所时立即由医生进行体检，以便记录进所前受过任何虐待的迹象，并查明需要医疗护理的任何身心方面的情况。

51. 向所内少年提供医疗服务时应设法检查和治疗任何可能影响少年重返社会的身心疾病、药物滥用或其他情况。每一少年拘留所应能随时获得足够的医疗设施和设备，这些设施和设备应与收容人数及其要求相称，并配合所内医疗人员所受预防性保健护理和处理紧急医疗事件的培训。生病、感觉不适或有身心不适症状的少年，应迅速由医官检查。

52. 任何医官如有理由认为某一少年的身心健康已受到或将受到长期拘留、绝食或任何拘留条件的损害，应立即将实际情况报告有关拘留所的所长和负责保障少年福祉的独立当局。

53. 患有精神病的少年应送往受独立的医疗管理的专门机构接受治疗。应与有关机构作出安排，采取措施确保必要时在释放后继续进行精神病治疗。

54. 少年拘留所应采用由合格人员管理的预防吸毒戒毒康复专门方案，这些方案应与有关少年的年龄、性别及其他要求相符，应向吸毒酗酒少年提供解毒设施和服务，并配备训练有素的工作人员。

55. 基于医疗理由为进行必要治疗时方得施药，可能时应事先通知有关少年并征得其同意。施药的目的绝不是为了套取资料或口供，也不是一种惩罚或管束手段。绝不能对少年进行药物试验和治疗试验。任何药物均应由合格的医护人员批准和施给。

I. 生病、受伤和死亡通知

56. 所内少年的家属或监护人以及少年指定的任何其他人均有权查问并于该少年的健康发生任何重大变化时及时了解他的健康状况。遇所内少年死亡、因生病而需要将他转送到所外医疗机构或因其健康状况而需要在拘留所内接受了门诊治疗 48 小时以上时，拘留所所长应立即将此情况通知该少年的家属或监护人或其他指定者。遇所内少年为外国公民时，应将此事通知其所属国家领事当局。

57. 遇所内少年在其被剥夺自由期间死亡，关系最近的亲属应有权查验死亡证明书、验看遗体和决定处置遗体的方法。遇少年在拘留期间死亡，应对死因进行独立的调查，调查报告应提供给关系最近的亲属。如系释放后六个月内死亡，并有理由认为死亡原因与拘留期间有关，也应进行这种调查。

58. 所内少年如有近亲死亡、重病或重伤时应立即获通知，该少年应有机会参加已逝近亲的葬礼或探望病况濒危的亲属。

J. 与外界的接触

59. 应提供一切手段确保所内少年与外界充分接触，这是他们有权享有的公正人道待遇的一个组成部分，对使青少年作好准备重返社会来说也极其重要。应允许所内少年与其家人、朋友以及外界有信誉组织的人员或代表接触，允许他们离开拘留所回家探亲，并应特准由于教育、职业或其他重要原因而外出。如系服刑少年，则其离拘留所外出时间应计入服刑时间。

60. 所内少年均应有权经常定期地接受探访，原则上每周一次，至少每月一次，探访的环境应尊重少年的隐私及其与家人和律师接触并进行无拘束交谈的需要。

61. 除非有法定限制，所内少年均应有权与其选择的人进行书面或电话联系，必要时应助其有效地享有此一权利。每一少年均应有权收取信件。

62. 所内少年均应有机会阅读报纸、期刊及其他出版物，听收音机和看电视节目及电影，以及接受他感兴趣的任何合法俱乐部或组织的代表的探访，借此经常了解新闻。

K. 身体束缚和使用武力的限制

63. 禁止为任何目的使用束缚工具和武力，但规则 64 规定者除外。

64. 束缚工具和武力只有在特殊情况下，当所有其他控制方法都已用尽并证明无效时才能使用，并必须有法律和条例的明文授权和规定。使用束缚工具和武力不应造成屈辱或侮辱，使用范围应有限，时间应尽可能短。为了防止少年自我伤害、伤害他人或严重毁坏财物，可根据所长的命令使用束缚工具。如发生这种情况，所长应立即与医护及其他有关人员磋商，并报告上级管理当局。

65. 在任何少年拘留所内所方人员禁止携带和使用武器。

L. 纪律程序

66. 任何纪律措施和程序均应确保安全，确保共同生活的秩序，并应符合维护少年自身尊严的原则和拘留所管教的根本目的，即灌输一种正义感、自尊感和尊重每个人的基本权利的意识。

67. 应严格禁止任何构成残酷、不人道或有辱人格的待遇的纪律措施，其中包括体罚、关在暗室、密闭或单独禁闭或其他任何有害有关少年身心健康的惩罚。禁止以任何理由减少供食的限制或不准与家人接触的做法。劳动应视为一种培养少年自尊的教育手段，以便为其重返社会做好准备，因而不应强行劳动以之作为一种纪律处罚。任何少年不应由于同一违反纪律事件而受到一次以上的处罚。禁止进行集体处罚。

68. 主管管理当局所采立法或条例应充分考虑到少年的基本特点、需要和权利，定出关于下述各项规范：

  （a）构成违反纪律的行为；

  （b）可施加的纪律处罚的种类和时限；

  （c）有权施加此种处罚的官员；

  （d）有权审理上诉的官员。

69. 关于越轨行为的报告应立即送交主管当局，主管当局应及时对之作出决定。主管当局应对事件进行彻底的检查。

70. 除严格按现行法律和条例办事的情况外，任何少年不应受到纪律处罚。除非先将所指控的违反纪律行为以少年充分理解的适当方式告知当事人并给予提出申辩的适当机会，包括向公正无私的主管当局上诉的权利，任何少年不应受到处罚。所有纪律程序均应作出完整记录。

71. 任何少年不应担负执行惩戒的责任，除非是在监管某一社会、教育或体育活动中或在自行管理方案中。

M. 视察和投诉

72. 有资格的视察人员或相当资格的不属于拘留所管理部门的当局，应有权经常进行视察和自行进行事先不经宣布的视察，在行使这一职责时，其独立性应享有充分的保证。在少年被剥夺或可能被剥夺自由的任何设施，视察人员应不受限制地接触到这些设施所雇用或在其中工作的所有人员、其中的所有少年以及阅看此类设施的所有记录。

73. 属于视察机关或公共卫生部门的合格医官应参加视察，评估有关环境、卫生、住宿、膳食、体操和医务等各项规定的执行情况，并评估所内生活关系到少年身心健康的任何其他方面或其他情况。每一少年都应有权同任何视察人员进行秘密交谈。

74. 在完成一次视察后，视察人员应就其视察结果提出一份报告。此项报告应包括评价各拘留所是否充分执行本规则和本国有关法律的规定，并提出为保证执行本规则和本国法律规定而认为必要的任何步骤的建议。视察人员所发现的情况之中，如有任何事实表明发生了违反关于少年权利或少年拘留所作业方面的法律规定的现象，应将有关事实通知有关当局以进行调查和起诉。

75. 每一少年应随时有机会向拘留所所长及其委托的代表提出请求或申诉。

76. 每一少年应有权通过核准的渠道向少年拘留所的中枢管理部门、司法部门或其他适当部门提出请求或申诉，其内容不受检查，而且应及时得到答复。

77. 应采取努力，设立一个独立的部门（监察专员），接受和调查被剥夺自由的少年提出的申诉，并协助达成公平的解决方案。

78. 每一少年应有权请求家人、法律顾问、人道主义团体或可能时请求其他人提供帮助，以便提出申诉。如文盲少年需要利用提供法律顾问或有权接受申诉的公私机构和组织的服务，则应向他们提供协助。

N. 重返社会

79. 有所内少年都应得到安排，帮助他们在释放后重返社会，重过家庭生活、重新就学或就业。应为此设立有关的程序，包括提前释放和特别课程。

80. 主管当局应提供或确保提供一些服务，帮助少年在社会上重新立足并减少对这些少年的偏见。这些服务应在可能的情况下确保向该少年提供适当的住所、职业、衣物和足够的生活资料，使获释后能够维持生活，以便顺利融入社会。应与提供此种服务机构的代表磋商，并让他们与拘留中的少年接触，以便帮助他们重返社会。

五、管理人员

81. 管理人员应具适当的条件并包括足够数量的专家，例如教育人员、职业教导员、辅导人员、社会工作者、精神病专家和心理学家。这些专家及其他的专门人员一般应长期聘用。但在合适情况下按其所能提供协助和培训的程度，并不排除聘用兼职人员或志愿人员的做法。各拘留所应根据被拘留少年的个别需要和问题，利用社区可提供的所有合宜的补救、教育、道德和精神及其他来源和形式的帮助。

82. 管理当局应认真挑选和聘用各级和各类的工作人员，因为各拘留所是否管理得好，全靠他们的品德、人道、处理少年的能力和专业才能以及个人对工作的适应性。

83. 为达致上述目的，管理人员应作为专业人员加以任用，给以优厚报酬以便吸引和留住合适的男女人才，应不断鼓励少年拘留所的管理人员努力做到人道、负责、专业、公平和有效率地履行自己的职责和义务，他们任何时候都应以身作则，使自己的言行赢得少年的尊敬，为他们树立好榜样。

84. 管理当局应建立合宜的组织形式和管理形式，以利拘留所内不同类别的工作人员之间的联系，从而保证照顾少年的各个部门之间的合作，还应有利于工作人员同管理当局之间的联系，以保证直接与少年接触的人员能够很好地发挥作用，便于其有效地履行职责。

85. 所有管理人员应受适当培训，以便能够有效地执行其责任，尤其包括关于儿童心理、儿童福利和国际人权和儿童权利标准和规范、包括本规则各项内容的培训。所有管理人员应通过参加在其任内定期举办的在职人员进修班，保持并提高其专业知识和业务能力。

86. 拘留所所长应在管理能力、学历和经验方面充分符合其工作所要求的条件，并应按专职进行工作。

87. 拘留所管理人员在履行其职责时应尊重和保护所有少年的人格尊严和基本人权，特别是：

（a）拘留所任何人员不得以任何藉口或在任何情况下施加、唆使或容忍发生任何严刑拷打行为或施加其他粗暴、残酷、不人道或有辱人格的待遇、处罚、感化或纪律手段；

（b）所有管理人员应坚决反对和制止任何贪污受贿行为，并在发现时立即报告主管当局；

（c）所有管理人员均应遵守本《规则》。凡有理由相信发生了或要将发生严重违反本《规则》情事的人员，应将情况报告其上级机关或掌有审查或纠正权力的机关；

（d）所有管理人员应确保少年的身心健康得到充分保护，包括保护其不受性侵犯、身体上和精神上的虐待以及剥削利用，必要时应立即采取行动，给予医疗处置；

（e）所有管理人员应尊重少年的隐私权，尤其应对其作为专业人员身份从中得知的有关少年或其家庭的机密情事保守秘密；

（f）所有管理人员应致力减少拘留所内外生活上的区别，因为这种区别往往会削弱对拘留所内少年人格尊严的尊重。

关于在涉及罪行的儿童被害人和证人的事项上取得公理的准则

一、目标

1. 本准则涉及为罪行的儿童被害人和证人取得公理，提出了当代知识体系和相关的国际及区域规范、标准和原则所共同确认的良好做法。

2. 准则应当依照相关的国家法规和司法程序加以实施，并应当考虑到法律、社会、经济、文化和地理方面的条件。但是，各国应当不断努力克服在适用准则方面所遇到的实际困难。

3. 准则为实现下述目标提供了实际框架：

（a）协助审查国内法律、程序和做法，以便使它们能够确保充分尊重罪行的儿童被害人和证人的权利并促进《儿童权利公约》缔约方对《公约》的实施；

（b）协助政府、国际组织、公共机构、非政府组织和社区组织以及其他有关方面设计和执行各种处理与罪行的儿童被害人和证人有关的关键问题的法规、政策、方案和做法；

（c）指导专业人员并在适当情况下指导致力于罪行的儿童被害人和证人工作的自愿人员本着《为罪行和滥用权力行为受害者取得公理的基本原则宣言》，在国家、区域和国际各级的成年和少年司法程序中进行日常工作；

（d）协助和支持那些关爱儿童的人以敏感的态度与罪行的儿童被害人和证人接触。

4. 在执行准则时，考虑到受害情形对不同类型儿童的影响不同，例如对儿童，特别是对女孩的性侵犯，每一法域都应确保为保护罪行的儿童被害人和证人并满足他们的特殊需要而提供适当的培训，采取的适当挑选办法和实行适当的程序。

5. 准则所涉及的领域是一个正在不断积累和改进知识和做法的领域。准则既非面面俱到，也不是要限制进一步的发展，关键是这种发展应与准则的基本目标和原则相辅相成。

6. 准则还可适用于诸如恢复性司法等非正规和习惯司法系统中的程序和非刑法领域中的程序，其中包括但不限于监护、离婚、收养、儿童保护、心理健康、入籍、移民和难民等方面的法律。

二、特别考虑

7. 准则的制订顾及到以下诸方面：

（a）认识到全世界千百万儿童因犯罪和滥用权力行为而受到伤害，儿童的权利尚未得到充分承认，他们在协助司法过程时还可能遭受更多痛苦；

（b）认识到儿童易受损害，需要得到与其年龄、成熟程度和个人特殊需要相当的特别保护；

（c）认识到女孩特别易受损害，有可能在司法系统的各个阶段受到歧视；

（d）重申必须作出一切努力防止儿童受害，主要办法包括执行《预防犯罪准则》；

（e）认识到事实上是被害人和证人的儿童如果被错误地当成违法者就有可能遭受更多的痛苦；

（f）回顾《儿童权利公约》阐明了争取儿童权利得到有效承认的要求和原则，《为罪行和滥用权力行为受害者取得公理的基本原则宣言》阐明了为被害人提供了解情况、参与、受保护、获得赔偿和援助的权利的原则；

（g）回顾为落实《为罪行和滥用权力行为受害者取得公理的基本原则宣》中的各项原则而发起的国际和区域举措，其中包括联合国药物管制和预防犯罪办事处1999年印发的《为被害人争取公理手册》和《关于基本原则宣言的决策人员指南》；

（h）承认儿童权利国际事务局在为编写为罪行的儿童被害人和证人争取公理的准则奠定基础方面所作的努力；

（i）认为改进对待罪行的儿童被害人和证人的做法可使儿童及其家庭更乐于披露受害情形和更加支持司法过程；

（j）回顾必须保证为罪行的儿童被害人和证人取得公理，同时保障被指控者和被定罪者的权利；

（k）考虑到法律制度和法律传统的多样性，应注意到犯罪日趋具有跨国性质，因此需要确保罪行的儿童被害人和证人在所有国家受到同等的保护。

三、原则

8. 如国际文书特别是《儿童权利公约》所指出并且如儿童权利委员会的工作所体现的那样，为了确保为罪行的儿童被害人和证人取得公理，专业人员和其他负责这些儿童福祉的人必须尊重以下普遍原则：

（a）尊严。每个儿童都是一个独特和宝贵的人，因此其个人尊严、特殊需要、利益和隐私应当得到尊重和保护；

（b）不歧视。每个儿童都有权得到公平和平等的对待，而不因其父母或法定监护人的种族、肤色、性别、语言、宗教、政治或其他见解、民族、族裔或社会出身、财产、伤残、出生或其他身份而有任何差别；

（c）儿童的最大利益。虽然应保障被控告的和已定罪的罪犯的权利，但每个儿童都有权要求对其最大利益给予首要考虑。这包括得到保护的权利和有机会和谐发展的权利：

（一）受到保护。每个儿童都享有生命权和生存权，而且享有免受任何形式的苦难、虐待或忽视，包括身心、精神和情感虐待和忽视的权利；

（二）和谐发展。每个儿童都享有获得和谐发展机会的权利，而且享有获得足以保证身心、精神、道德和社会发展的生活条件。对于受过创伤的儿童，应当采取一切步骤使其能够享受健康的发展；

（d）参与权。在不违反本国程序法的情况下，每个儿童都有权用自己的语言自由表达其看法、意见和信念，有权特别对影响其生活的决定，包括在任何司法程序中作出的决定发表意见，并有权要求按其能力、年龄、智力成熟程度和不断变化的行为能力将这些意见考虑进去。

四、定义

9. 本准则通篇适用以下定义：

（a）"儿童被害人和证人"指 18 岁以下的儿童和青少年，他们是犯罪的被害人或罪行的证人，而不论其他们在犯罪或者在对被指控的罪犯或罪犯团伙的起诉中所起的作用；

（b）"专业人员"指在其工作范围内与罪行的儿童被害人和证人接触的人或负责考虑对其适用本准则的司法系统中的儿童的需要的人。这包括但不限于以下各种人：儿童被害人的维护人和支持人；儿童保护服务机构从业人员；儿童福利机构工作人员；检察官并酌情包括辩护律师；外交人员和领事人员；家庭暴力行为方案工作人员；法官；法院工作人员；执法官员；医疗和精神保健专业人员；社会工作者；

（c）"司法过程"包括侦破犯罪、提出申诉、侦查、起诉以及审判和审判后程序，而不论案件是在针对成年或少年的国内、国际或区域刑事司法系统中

还是在习惯或非正式司法系统中处理;

（d）"儿童敏感性"指兼顾儿童受保护的权利，同时又考虑到儿童个人需要和意见的做法。

五、受到有尊严和有同情心的对待的权利

10. 在整个司法过程中应当以关爱和敏感的态度对待儿童被害人和证人，考虑到他们的个人处境和紧迫需要、年龄、性别、伤残情况和成熟程度，并充分尊重他们的身体、精神和道德的完整性。

11. 每个儿童都应当被当作是有个人需要、意愿和情感的个人来对待。

12. 在为确保司法过程的公平和公正结果而必须保持证据收集工作高标准的同时，应当将对儿童私生活的干涉限制到最低必要程度。

13. 为了避免给儿童造成更多的痛苦，应当由受过训练的专业人员以敏感的、尊重人的和周密的方式进行面谈、检查和其他形式的调查。

14. 本准则中所说明的所有互动均应在考虑到儿童特殊需要的适当环境中根据儿童的能力、年龄、智力成熟程度和不断变化的行为能力以具有儿童敏感性的方式进行。它们还应当以一种儿童能够使用并且理解的语言进行。

六、免受歧视的权利

15. 儿童被害人和证人应当享有利用司法过程的权利，使其受到保护，不遭受基于儿童的、父母的或法定监护人的种族、肤色、性别、语言、宗教、政治或其他见解、民族、族裔或社会出身、财产、伤残、出生或其他身份的歧视。

16. 向儿童被害人和证人及其家庭提供的司法过程和支助服务应当以敏感的态度对待儿童的年龄、愿望、理解、性别、性趋向、种族、文化、宗教、语言和社会背景、种姓、社会经济条件以及移民或难民地位，同时还应以敏感的态度注意到儿童特殊需要，包括健康、能力和行为能力。专业人员应当接受有关这些差别的培训和教育。

17. 在某些情况下，有必要提供考虑到性别和某些针对儿童的犯罪（例如涉及儿童的性侵犯）的不同性质的特别服务和保护。

18. 年龄不应当是儿童有权充分参与司法过程的障碍。每个儿童都应当被当作有行为能力的证人，但须经过检查，而且只要其年龄和成熟程度使其能够无论是否获得辅助交流的手段和其他援助都能提供让人明白而可信的证词，即不得仅以儿童的年龄为由而推定其证词为无效和不可信。

七、获知权

19. 儿童被害人和证人、他们的父母或监护人和法律代表从第一次与司法过程打交道而且在整个司法过程中都应当被迅速而充分地告知以下方面的情况，但以可行和恰当为限：

（a）是否提供健康、心理、社会和其他有关方面的服务以及利用这些服务并在适当情况下获得法律或其他咨询或代理、赔偿和紧急资助的途径；

（b）成年和少年刑事司法程序，包括儿童被害人和证人的作用，提供证据的重要性、时机和方式，以及在侦查和审判期间进行"诘问"的方式；

（c）为儿童提出申诉和参与侦查和法院程序而提供的现有支助机制；

（d）庭审和其他相关步骤的具体地点和时间；

（e）是否提供保护措施；

（f）对影响儿童被害人和证人的判决进行复审的现有机制；

（g）根据《儿童权利公约》和《为罪行和滥用权力行为受害者取得公理的基本原则宣言》儿童被害人和证人享有的相关权利。

20. 此外，儿童被害人、他们的父母或监护人和法律代表应当被迅速而充分地告知以下方面情况，但以可行和恰当为限：

（a）具体案件的进展情况和处理情况，包括被指控人的逮捕和拘押情况以及此种情况即将发生的任何变化、检察机关的决定和审判后的有关变化发展以及案件的结果；

（b）通过司法过程、通过替代的民事诉讼程序或通过其他渠道从罪犯或从国家获得赔偿的现有机会。

八、表达意见和关切的权利

21. 专业人员应当尽一切努力使儿童被害人和证人能够就其参与司法过程有关的问题表达自己的看法和关切，其办法包括：

（a）确保就上文第 19 段中提出的事项听取儿童被害人并在适当情况下听取证人的意见；

（b）确保儿童被害人和证人能够自由地并以其自己的方式就其参与司法过程、他们对涉及被告的安全问题的关切、他们愿意提供证词的方式以及他们对司法过程结论的感受表达其看法和关切；

（c）适当考虑到儿童的看法和关切，如果专业人员和其他相关者无法满足这些关切，应向儿童解释原因。

九、获得有效援助的权利

22. 儿童被害人和证人以及在适当情况下他们的家庭成员应当有权利用按下文第 40 至 42 段所述接受过相关培训的专业人员提供的援助。这种援助可以包括各方面的援助和支助服务，例如资金、法律、咨询、健康、社会和教育方面的服务，生理和心理恢复服务以及儿童重返社会所需要的其他服务。所有这些援助都应考虑到儿童的需要并使其能够有效地参与司法过程的各个阶段。

23. 在协助儿童被害人和证人时，专业人员应当尽一切努力协调各种支助服务，以使儿童不受到过多的干预。

24. 儿童被害人和证人应当从儿童被害人/证人专家等支助人员那里接受援助，这种援助应从最初报案时开始并一直延续不再需要此种服务为止。

25. 专业人员应当制定并采取各种措施，以使儿童更易于提供证词或提供证据，从而加强审判前阶段和审判阶段的沟通和理解。这些措施可以包括：

（a）儿童被害人和证人方面的专家考虑儿童的特殊需要；

（b）包括专家在内的支助人员和适当的家庭成员在儿童出庭作证期间陪伴儿童；

（c）必要时指定监护人保护儿童的法律权益。

十、隐私权

26. 儿童被害人和证人的隐私应当作为首要事项得到保护。

27. 对儿童参与司法过程的情况应当加以保护。为此可以采取的做法包括保密和限制披露某些可能导致在司法过程中认出成为被害人和证人的儿童的情况。

28. 应当采取措施保护儿童，以免发生将其不恰当地暴露给公众的情况，例如，可在国家法律允许的情况下限制公众和媒体在儿童出庭作证期间进入法庭。

十一、在司法过程中免受痛苦的权利

29. 专业人员应当采取措施，防止在侦破、侦查和起诉过程中造成痛苦，以便确保儿童被害人和证人的最大利益和尊严得到尊重。

30. 专业人员应当以敏感的态度对待儿童被害人和证人，以便：

（a）为儿童被害人和证人提供支助，包括在符合儿童的最大利益的情况下在儿童参与司法过程的整个期间陪伴儿童；

（b）就司法过程提供确切性，包括以尽量确切的方式使儿童被害人和证人清楚地了解司法过程中预期发生的事情。儿童参与庭审和审判，应当提前安排，并应尽力确保儿童与同其打交道的专业人员之间的关系在整个过程中具有连续性；

（c）确保在可行情况下尽快进行审判，除非延误符合儿童的最大利益。对涉及儿童被害人和证人的犯罪的侦查也应从速进行，而且应当订有关于从速处理涉及儿童被害人和证人的案件的程序、法律或法院规则；

（d）使用注意儿童敏感性的程序，包括专门为儿童设计的面谈室、在同一地点为儿童被害人配备的多学科综合服务、照顾儿童证人需要而重新配置的法院环境、儿童出庭作证期间休庭、在白天适合儿童年龄和成熟程度的时间安排庭审、确保儿童只在必要时出庭的适当的通知制度以及其他有利于儿童出庭作证的适当措施。

31. 专业人员还应采取措施：

（a）限制面谈次数：应当采用特别程序向儿童被害人和证人取证，以减少面谈、陈述、庭审、特别是与司法过程的不必要接触的次数，采取的办法包括使用事先录制的录相；

（b）在与法律制度不抵触并且适当尊重辩护权的情况下，确保儿童被害人和证人不受到被指控的加害人的盘问：如有必要，应当在被指控的加害人看不到儿童被害人和证人的情况下对儿童被害人和证人进行面谈和法庭诘问，并应提供单独的法院等候室和专用面谈区；

（c）确保对儿童被害人和证人的诘问以注意儿童敏感性的方式进行，同时允许法官行使监督权，便利作证并减少可能的恐吓，为此采取的办法包括使用取证辅助手段或指定心理学专家。

十二、安全受保护的权利

32. 如果儿童被害人和证人的安全可能有危险，应当采取适当措施，要求将这些安全风险报告给有关当局，并在司法过程之前、期间和之后保护儿童免遭此种风险。

33. 与儿童被害人和证人接触的专业人员，如果怀疑被害人或证人已经、正在或可能受到伤害，必须立即向有关当局报告。

34. 应当对专业人员进行察觉和防止对儿童被害人和证人的恐吓、威胁和伤害的培训。如果儿童被害人和证人有可能成为恐吓、威胁或伤害的目标，即应提供适当条件确保儿童的安全。这种保障措施可以包括：

（a）在司法过程的任何期间避免儿童被害人和证人与被指控的加害人直接接触；

（b）使用法院下达的限制令并辅之以登记制度；

（c）下令对被告实行审前拘留并规定"不许接触"的特别保释条件；

（d）对被告实行软禁；

（e）在可能和适当的情况下，警方或其他有关机构对儿童被害人和证人提供保护，并确保其行踪不被泄露。

十三、获得赔偿的权利

35. 只要有可能，儿童被害人应当获得赔偿，以便实现充分补救、重返社会和恢复。获得和强制执行赔偿的程序应当通俗易懂并注意儿童敏感性。

36. 在有关程序注意儿童敏感性和尊重本准则的情况下，应当鼓励刑事诉讼程序与赔偿程序两者相结合的做法，同时配合恢复性司法等非正规和社区司法程序。

37. 赔偿金可以包括刑事法院命令罪犯给予的补偿金、由国家管理的被害人赔偿方案提供的资助以及民事诉讼程序下令偿付的赔偿金。如有可能，应当考虑到重返社会和学校、治疗、精神保健和法律服务方面的费用。还应当建立程序，确保强制执行赔偿令和在支付罚金之前支付赔偿金。

十四、要求采取特别防范措施的权利

38. 除了为所有儿童制定的防范措施之外，还应为特别容易被再次加害或侵犯的儿童被害人和证人制定特别战略。

39. 对于存在着儿童被害人可能再次被害的风险的情形，专业人员应当制定和实施有具体针对性的综合战略和干预措施。这些战略和干预措施应当考虑到受害情形的性质，包括与家庭中的虐待行为、性剥削行为、机构环境下的虐待行为和贩运有关的受害情形。这些战略可以考虑到基于政府、街道和市民倡议的战略。

十五、执行

40. 应当向与儿童被害人和证人接触的专业人员提供适当培训、教育和信息，以期改进和持久地采用专门的方法、做法和态度，有效而敏感地保护和应对儿童被害人和证人。

41. 专业人员应当接受培训，包括在专门机构和服务部门接受培训，以便有效地保护和满足儿童被害人和证人的需要。

42. 这种培训应当包括下述方面：

（a）包括儿童权利在内的有关人权规范、准则和原则；

（b）专业人员职务的准则和道德职责；

（c）发现针对儿童犯罪的迹象和征兆；

（d）危机评价技能和方法，包括转诊方法，侧重于保密需要；

（e）针对儿童的犯罪所造成的影响、后果（包括生理和心理方面的不利影响）和创伤；

（f）旨在协助儿童被害人和证人参与司法过程的特别措施和方法；

（g）跨文化和年龄相关的语言、宗教、社会和性别问题；

（h）成年人与儿童沟通的有关技巧；

（i）可尽量减少对儿童的任何创伤，同时又可尽量提高儿童提供的情况的质量的面谈和评价方法；

（j）以富有敏感性、通情达理、有建设性和令人感到宽慰的方式与儿童被害人和证人打交道的技巧；

（k）保护和出示证据以及诘问儿童证人的方法；

（l）与儿童被害人和证人打交道的专业人员的作用和所使用的方法。

43. 专业人员应当尽力采取一种多学科和协作办法，协助儿童熟悉各种可利用的服务，例如被害人支助、维护、经济资助、咨询、教育、健康、法律和社会服务等。这种办法可以包括为司法过程的不同阶段制定的规程，以鼓励向儿童被害人和证人提供服务的各种实体之间开展合作，并进行有在同一地点工作的警察、检察官、医疗、社会服务人员以及心理学人员参加的其他形式的多学科工作。

44. 应当在国家和国际一级加强各国之间的国际合作以及社会不同部门之间的合作，包括为便利收集和交换信息以及为侦破、侦查和起诉涉及儿童被害人和证人的跨国犯罪而相互提供援助。

45. 专业人员应当考虑以本准则为依据制订旨在协助儿童被害人和证人参与司法过程的法律和书面政策、标准和程序。

46. 应当允许专业人员与司法过程中的其他机构一道定期审查和评价其对确保保护儿童权利和有效执行本准则所发挥的作用。

后　记

　　本书是由广西大学张鸿巍教授在挂任广西壮族自治区南宁市人民检察院副检察长期间提议、南宁市人民检察院发起并具体组织编写的。最高人民检察院侦查监督厅刘雅清，北京市海淀区人民检察院杨新娥，北京市大兴区人民检察院黄海悠，上海市奉贤区人民检察院彭丽娜，天津市河北区人民检察院汪杰，湖北省人民检察院毕敏，广东珠海市人民检察院郭瑞霞，广西壮族自治区南宁市人民检察院黄素卿、蒙旗、卢赛环、朱琳，广西壮族自治区北海市海城区人民法院邹瑛，澳门大学犯罪学系博士研究生马岩，广西大学刑法学研究生宁羚好等，参与了本书的写作。自2011年8月开始筹划篇目，随着修改后的刑事诉讼法的颁行和最高人民检察院《人民检察院刑事诉讼规则（试行）》等司法解释的出台，我们对原来设计的篇目作了调整和补充完善。书稿几易其稿，经副主编刘雅清、张鸿巍初审，由主编万春、黄建波原则审定。

　　本书第一章第一部分"未成年人刑事检察的概念与性质"、第二部分"未成年人刑事检察的任务与职权"由黄海悠、蒙旗撰写，第三部分"未年人刑事检察的兴起与发展"、第四部分"未成年人刑事检察与犯罪预防"由刘雅清、黄建波、黄素卿撰写；第二章"未成年人刑事检察制度"由彭丽娜撰写；第三章第一部分"大陆法系未成年人刑事检察制度"由毕敏撰写，第二部分"英美法系未成年人刑事检察制度"由张鸿巍撰写，第三部分"我国港澳台地区未成年人刑事检察制度"由郭瑞霞、马岩、宁羚好、韦尧瀚撰写；第四章第一部分"未成年人刑事检察地方实践"中，"北京市海淀区未成年人刑事检察实践"由杨新娥撰写，"上海市奉贤区未成年人刑事检察实践"由彭丽娜撰写，"天津市河北区未成年人刑事检察实践"由汪杰撰写，"南宁市兴宁区未成年人刑事检察实践"由黄建波、蒙旗撰写；第二部分"未成年人刑事检察个案研究"中，"北京市未成年人刑事检察个案研究"由杨新娥撰写，"上海市未成年人刑事检察个案研究"由彭丽娜撰写，"天津市未成年人刑事检察个案研究"由李华清、李龙跃、汪杰撰写，"南宁市未成年人刑事检察个案研究"由卢赛环、朱琳、邹瑛撰写。附录由蒙旗整理。

　　本书的编写与出版得到了最高人民检察院侦查监督厅和广西壮族自治区人

民检察院崔智友检察长的具体指导和大力支持，最高人民检察院侦查监督厅联系和确定各章节的撰写人，崔智友检察长在百忙中审阅原稿，提出宝贵意见，并欣然作序。中国检察出版社俞骊、原编审苏晓红为本书的出版给予大力帮助。广西大学法学院硕士研究生邹瑛、郭瑞霞、宁羚妤、姚学宁、易榆杰在统稿会后参与了编写事务的联络、校稿等工作。在此一并表示谢忱！

由于水平所限，书中难免有不当之处，敬请读者批评指正。

编者
2013 年 8 月